청소년육성 제도론

| 박선숙 윤기혁 한승협 공저 |

YANGSEOWON
양서원

머리말

청소년은 성인으로의 발달과정에 있으면서 무한한 잠재력과 발전 가능성을 지닌 존재이다. 청소년은 우리 사회의 중요한 인적자원으로서의 역할과 더불어 사회에 필요한 자질과 능력, 인성과 책임감을 갖춘 민주시민으로 건강하게 성장·발달해야 한다. 따라서 국가와 사회는 청소년이 현재 사회의 구성원으로 존중받으며 독립된 인격체로 성장할 수 있도록 지원할 필요가 있다.

청소년육성제도란 청소년육성을 위한 「한국청소년기본계획」(1991)과 「청소년 기본법」(1991)이 제정되면서 마련된 청소년육성 정책의 제도적·법적 영역이다. 청소년육성은 「청소년 기본법」 제2조 제2항에 명시된 것처럼 "청소년활동을 지원하고 청소년의 복지를 증진하며 근로 청소년을 보호하는 한편, 사회 여건과 환경을 청소년에게 유익하도록 개선하고 청소년을 보호하여 청소년에 대한 교육을 보완함으로써 청소년의 균형 있는 성장을 돕는 것을 말한다."

청소년육성제도론은 청소년 전문가가 되기 위해 반드시 알아야 하는 전문 영역이며 급변하는 환경에 대응하기 위해서 이에 따라 개정되는 법과 제도를 숙지할 필요가 있다. 청소년 전문가는 청소년육성제도를 통해 청소년들이 주체적인 삶의 주인공으로 살아갈 수 있도록 방향을 제시할 수 있으며, 현장에서 필요한 시설 운영과 재원 마련을 위하여 노력하여야 한다.

이 책은 청소년을 둘러싸고 있는 법률과 정책, 행정에 대한 기본 개념을 익힐 수 있도록 다양한 청소년 관련 법을 중심으로 설계되었다. 청소년육성제도론은 청소년 전문가를 준비하는 학생들과 예비 청소년지도사에게 필수과목이면서 꼭 필요한 교재이다. 따라서 청소년육성제도를 통해 청소년문제 해결과 청소년의 삶의 질을 향상하는 데 기여하기를 기대한다.

제1부에서는 법의 기초와 청소년정책 및 행정을 다루고 있으며 제2부는 청소년 관련 법률 위주로 구성하였다. 청소년 관련 법률은 청소년들에게 직·간접적으로 영향을 미치면서 청소년의 권리 의무와 청소년을 위한 서비스에 관계된 모든 법을 말한다. 본서에서는 「아동복지법」, 「청소년 기본법」, 「청소년 보호법」, 「아동·청소년의 성보호에 관한 법률」, 「청소년활동 진흥법」, 「청소년복지 지원법」, 「학교폭력예방 및 대책에 관한 법률」, 「아동학대범죄의 처벌 등에 관한 특례법」, 「학교 밖 청소년 지원에 관한 법률」, 「소년법」, 「보호소년 등의 처우에 관한 법률」, 「한국청소년연맹 육성에 관한 법률」, 「한국과학우주청소년단 육성에 관한 법률」 순서로 정리하였다.

최근 한국청소년정책연구원에서는 청소년정책 포럼(2020)을 통하여 청소년활동과 청소년수련시설 관련 용어를 재정비하고자 「청소년 기본법」과 「청소년활동 진흥법」의 개정을 준비하고 있으며, 여성가족부(2020)에서 최근에 발표한 '포용국가 청소년정책 방향'을 통해 청소년을 '육성과 수련'의 대상에서 '성장과 체험'의 주제로 청소년정책의 패러다임을 바꾸고자 하였다. 이러한 노력이 관련 법 개정으로 이어져 청소년의 바른 성장과 역량을 지원하는 청소년정책 환경이 마련되길 기대한다.

교재 준비를 위해 의견 주신 교수님들과 청소년지도사 여러분께 감사드리며 어려운 여건 속에서도 출판을 맡아 주신 양서원 출판그룹 박철용 회장님과 편집부 여러분께 감사드린다.

2022년 3월

저자 일동

목 차

제2부

청소년 관련 법

제 1 부

법의 기초와 청소년정책 및 행정

제 1 장 법과 청소년

1. 법의 이해

1) 법의 개념

사람은 누구나 이 세상에 태어나면서부터 부모와 자(子)의 관계를 맺으며, 가정의 구성원이 되고, 사회의 일원이 되며, 국민의 한 사람이 된다. 좀 더 생각해 보면, 가정에는 가정 나름대로 법이 있고(예를 들면, 가훈, 가풍 또는 관습), 국가사회에는 그에 따른 많은 법이 있다(예를 들면, 헌법, 형법, 민법, 소송법 등). 오늘날 대부분의 국가에서는 법에 따라 정치를 해야 하고, 법에 따라 일상생활이 규율되면서 영위되고 있다. 이를 법치주의(法治主義)라고 하고, 법의 지배(rule of law)라고 한다.

이와 같이 우리네의 생활이 법에 따라서 유지되며 법과 밀접한 관계를 맺고 있지만, 법의 의미를 밝히는 것은 쉬운 일이 아니다. 법이란 무엇이냐 하는 것이 법학을 공부하고자 하는 사람이 부딪히는 최초의 문제이고, 법학을 연구한 사람들이 밝혀야 할 최후의 과제라고 할 수 있다. 일반적으로 법의 정의(定義)를 "법이란 사람이 사회생활을 하는 데 지켜야 할 행위(行爲)의 준칙(準則)으로서, 자기(自己)의 의사에 관계없이 강행(强行)되는 사회의 규범(規範)"이라고 한다. 그리고 라드부르흐(Gustav Radbruch)는 "법이란 사회생활을 위한 일반적·실정적 규범의 총체이다"라고 정의를 내리고 있다. 결론적으로 법이란 국가구성원들의 사회적 지위와 역할을 규정하고 각각의 구성원들이 자신의 지위와 역할에 따른 행위를 수행하도록 함으로써 사회질서를 유지하는 국가의 강제규범이다.

2) 법과 사회규범

(1) 의의

사회규범이란 사회질서를 유지하기 위하여 그 구성원들이 지켜야 할 행동양식을 말한다. 사회규범에는 법, 관습, 도덕, 종교 등이 있는데, 특히 법을 위반하는 경우 강제력이 발동된다는 점에서 다른 사회규범인 관습, 종교, 도덕과 구별된다. 대체로 관습은 오랫동안 계속되어 온 관행적 생활양식을, 도덕(윤리)은 인간으로서 지켜야 할 도리를, 종교는 종교사회에서 지켜야 할 규율을 의미한다.

(2) 법과 관습

관습(慣習)이란 오랫동안 계속되어 온 관행이며, 이에 대해 법적 확신이 부여되는 경우를 말한다. 이를 관습법이라고 한다. 법과 관습을 비교하면 대체로 첫째, 법은 인위적임에 비해 관습은 자연발생적이다. 둘째, 법은 강제력을 수반하나 관습에는 무형의 강제가 뒤따른다.

(3) 법과 도덕(윤리)

도덕(道德)에서 도(道)란 사람으로서 마땅히 행하여야 할 인륜을 성립시키는 도리나 예법이고, 덕(德)이란 이를 체득, 실천하고 있는 상태를 말한다. 윤리는 인륜도덕의 원리라는 의미에서 대체로 같은 뜻이다.

옐리네크(Jellinek)는 법은 도덕의 최소한이라고 하였고, 예링(Jhering)은 법과 도덕의 관계는 법철학에서 희망봉(Capehorn)이라 하여 법과 도덕의 구별이 어렵다는 것을 말하고 있다. 법과 도덕을 비교하면 대체로 다음과 같다. 첫째, 법은 보통인 내지 평균인을 기준으로 하나, 도덕은 이상적 인간을 기준으로 한다. 둘째, 법은 외면적 행위를 규제함에 반하여 도덕은 내면의 의사를 규제한다. 셋째, 법은 타율적 내지 강제적임에 비하여 도덕은 자율적이다. 넷째, 법은 쌍면적이나 도덕은 편면적 내지 일면적이다. 다섯째, 중복되는 면이 있으나 법에는 강제력이 있고 도덕에는 강제력이 없다.

(4) 법과 종교

종교는 절대자인 신에게 의지하는 생활현상이다. 고대에는 종교와 법, 그리고 관습이 혼재되어 있었으나(모세의 십계명, 고조선의 팔조법금, 신라의 세속오계), 중세에 와서는 종교가 법보다 우월한 지위에 있었고, 근세 이후에는 정치와 종교가 분리되어 현재 대부분의 국가에서 종교의 자유가 인정되고 있다. 다만, 이슬람법계에서는 국교가 인정되고, 영국의 경우는 성공회가 국교이지만 종교의 자유가 인정되고 있다.

3) 법의 분류

(1) 자연법과 실정법

자연법(自然法)이란 인간의 본성 등 자연적 성질에 기초하여 시대와 국경에 관계없이 변하지 않는 보편적이고 항구적인 법률 및 규범을 말한다. 이러한 생각은 현대에까지 확대되어 오늘날에도 일반적으로 자연법이라고 하면 인간의 본성과 사물의 본성을 근거하여 시대와 민족, 국가와 사회를 초월하여 보편타당하게 적용되는 객관적 질서라고 의식되고 있다. 인간의 법인 실정법(實定法)에 대비하여 하나님의 법이라고 불리기도 한다.

이에 비하여 실정법(實定法)이란 현실적으로 우리의 생활을 규율하는 법으로서 국가기관에 따라 제정된 제정법(성문법)이나 관습법 또는 판례법을 말한다. 실정법은 민족이나 사회에 따라 내용이 달라질 수 있다. 그리고 자연법과 실정법이 충돌할 경우 악법의 문제와 저항권의 문제가 발생한다.

(2) 국제법과 국내법

국제법(國際法)은 국제사회에 통용되는 국가 상호 간의 권리·의무와 국제기구에 관한 법을 말한다. 이에 비하여 국내법(國內法)은 한 국가에 따라 인정되어 그 국가에 적용되는 국가와 국민 또는 상호 간의 권리·의무관계를 규정하는 법을 말한다. 참고로 섭외사법(涉外私法)이라고 불리는 국제사법(國際私法)이라는 것이 있는데, 이는 국내법에 속하여 한 국가 안에서의 국민과 외국인과의 법률관계를 정함에 있어서 자국법(自國法)을 적용하느냐 그 외국인의 본국법(本國法)을 적용하느냐를 정하는 법이 대부분이다.

(3) 공법·사법(私法)·사회법

국내법을 공법과 사법으로 분류하는 것은 로마법 시대 울피아누스(Ulpianus)가 공법은 국가와 관련된 법이고, 사법은 개인의 이익과 관련된 법이라고 나누었던 것에 기인하고 있다. 서양에서 공·사법의 구별이 크게 부각된 것은 자본주의가 생성된 18~19세기의 개인주의적 사회경제체계 아래에서였다. 이 체제에서는 인간의 사적 자치가 최대한 인정되고 국가는 개인 생활에 간섭을 최소한으로 해야 하는 것으로 생각되었다. 그러나 자본주의가 고도화되면서 여러 가지 사회병리현상이 속출하고 부익부(富益富) 빈익빈(貧益貧)의 부조리가 근대 시민법의 사적 자치라는 미명 아래에 팽배해 갔다. 그리하여 20세기에 들어서면서 국가가 다시금 적극성을 띠고 사회적 약자를 돕는 법적 조치를 하지 않으면 안 되었다. 이것을 일반적으로 사법의 공법화 경향이라고 하고, 전통적인 공·사법의 구별이 불분명하게 된 제3의 영역으로서 사회법이 등장한 것이다. 대체로 그 속에는 경제법, 소비자법, 노동법, 사회보장법(사회복지법), 환경법 등을 포함한다.

(4) 실체법과 절차법

실체법(實體法)은 권리·의무의 실체, 즉 권리와 의무의 종류·성질·범위 및 발생·변경·소멸 등을 규율하는 법이고, 절차법(節次法)은 권리·의무의 실현절차 등을 규율하는 법이다. 실체법은 주법(主法)이라고 하며, 절차법은 조법(助法)이라고 한다.

분쟁이 발생하면 실체법의 내용은 절차법을 통하여 현실화함으로써 비로소 그 목적을 달성하게 된다. 예를 들어 사인(私人)이 범죄를 저지른 경우, 「형법」(실체법)의 규정에 정해 놓은 형벌을 「형사소송법」(절차법)에 따라 재판하게 되는 것이다.

(5) 일반법과 특별법

일반법(一般法)이란 사람·시간·장소·사항 등에 대하여 일반적으로 적용되는 법을 말하고, 특별법(特別法)이란 특정 사항에 국한되어 적용되는 법을 말한다. 대체로 특별법이 일반법에 우선하여 적용된다(특별법 우선의 원칙). 「민법」은 모든 국민들에게 적용되지만 상인이 거래를 하는 경우라면 「상법」이 먼저 적용된다. 이때 「상법」은 「민법」

의 특별법이다. 그리고 주택임대차에 관한 분쟁이 있다면 「민법」의 특별법인 「주택임대차보호법」이 먼저 적용된다.

4) 법의 효력

(1) 법의 시간적 효력

법은 시행일부터 폐지일까지 효력을 갖는다. 법률의 효력은 시행일부터 발생하는 것이므로 그 시행 이전에 일어난 사항에 대해서는 소급하여 적용할 수 없다. 이를 법률불소급의 원칙이라고 한다. 그러나 예외적으로 당사자에게 유리한 경우나 중대한 공익상의 필요가 있는 경우에는 소급이 가능하다.

(2) 법의 장소적 효력

법은 그 나라의 영역(영토·영해·영공) 전반에 걸쳐 그 효력이 미친다. 다만, 자국의 선박, 항공기는 타국의 영역에 있더라도 자국의 법이 적용된다. 이를 기국주의(旗國主義)라고 한다. 「대한민국헌법」 제3조는 "대한민국의 영토는 한반도와 그 부속도서로 한다"고 규정하고 있다.

(3) 법의 인적 효력

한 나라의 국민은 국내·외 어디에 있든지 그가 속해 있는 국가의 법에 따라야 한다는 원칙(속인주의)과 한 나라의 영토에 있는 모든 사람은 자국민이든 외국인이든 국적에 관계없이 그 나라의 법을 따라야 하는 원칙(속지주의)이 있다. 대체로 속지주의를 원칙으로 하고 있으나, 대한민국 「국적법」은 속인주의를 원칙으로 하고 속지주의를 보충적으로 채택하고 있다. 외교특권(면책특권)을 가진 외교사절 등이 주재국의 법을 적용받지 않고 본국법의 적용을 받는 것이 속인주의의 대표적인 예이다.

5) 법의 목적

(1) 정의

정의의 이념은 과거에는 동서양 사이에 많은 차이가 있었으나, 오늘날은 세계 각국에서 어느 정도 통일성을 보이고 있다. 정의의 개념은 아리스토텔레스에 따라 평등으로 파악하는 것이 전통이나, 오늘날에 와서는 이에 더하여 인권의 존중을 드는 것이 일반적인 경향이다. 제2차 세계대전 이후 국제연합헌장은 인권의 존중과 정의 원칙에 입각하여 국제사회를 건설하려 하고 있다. 어쨌든 정의의 본질은 평등에 있으며, 평등은 보편타당한 성격을 띠는 것이다.

(2) 합목적성

합목적성이란 법이 구체적 정당성을 실현시킬 수 있도록 그 가치관에 합치되어야 한다는 것을 의미한다. 민주주의 국가에서 법의 목적은 개인의 자유와 권리를 보장하여야 하고, 공공복리에 합치되어야 한다.

(3) 법적 안정성

법은 인간이 법에 따라 안심하고 생활할 수 있도록 유지되어야 한다. 이것이 법적 안정성이다. 사회는 끊임없이 발전하고 변화함에도 불구하고 법이 사회적 현실을 무시한 채 고정되어 있다거나, 반대로 사회현실과 맞지 않게 법이 수시로 변경되는 경우에는 법적 안정성이 유지되지 않는다.

6) 법의 해석

법의 해석이란 일반적·추상적 법규범을 구체적인 사건에 적용하기 위하여 법규범의 의미와 내용을 밝히고 확정하는 것을 말한다. 법해석의 대상이 되는 것은 주로 성문법이며, 법관이 법 규정을 구체적인 사건에 적용하기 위해서 특히 필요한 일이다. 법해석은 성문법의 불완전성과 법규정상 불확정개념의 존재로 인하여 필요하다.

법의 해석의 종류에는 크게 국가기관이 그 권한에 근거하여 해석하는 유권해석과 법학적 입장에서 해석하는 학리해석 내지 무권해석으로 나눌 수 있다.

(1) 유권해석

① 입법해석

법을 제정한 입법기관인 국회에서 해석규정을 두어서 해석하는 것으로서 법정해석이라고도 한다.

② 사법해석

사법(司法)해석이란 법원에서 구체적 소송사건의 해결을 위해 내리는 해석이며 재판해석이라고도 한다. 이러한 해석은 판례에서 나타난다.

③ 행정해석

행정해석이란 법을 집행하는 행정기관이 법을 집행하는 과정에서 내리는 해석을 말하며, 사법해석에 따라 바뀔 수 있다.

(2) 학리해석

문리해석이란 법규의 문장이나 문자의 의미를 밝혀내는 해석방법을 말한다.

① 축소해석

법조문의 문구를 문리적으로 해석하여 법조문의 표현보다 좁게 해석하는 방법이다. 예를 들어 「형법」 제329조의 절도죄의 객체인 재물에는 부동산은 포함되지 않는다고 하는 경우이다.

② 확장해석

법규의 문장의 의미를 확장해서 널리 이해하는 해석의 한 방법이다. 여성의 두발을 절단하여 외관상 손실을 초래하는 경우 상해죄를 적용하는 경우가 그 예이다. 그리고 「민법」 제752조의 생명침해로 인한 위자료청구권자의 범위 중 배우자의 개념을 사실상의 배우자도 포함시켜서 해석하는 것이 그 예이다.

③ 유추해석

어떤 사항에 대해 직접 규정한 법규가 없는 경우 이와 가장 유사한 사항을 규정한 법규를 적용하는 것이다. 형법에서는 죄형법정주의의 원칙상 유추해석을 적용하지 않는다.

(3) 논리해석

① 비교해석

비교해석이란 법규를 구법이나 외국법 등과 비교, 대조하여 해석하는 방법이다.

② 목적해석

목적해석이란 법의 목적에 따라 행하는 해석의 한 방법이다.

③ 의사해석

의사해석이란 입법 당시의 자료를 보고 입법자의 의사를 탐구하여 법규의 내용을 해석하는 방법이다.

④ 보정해석

보정해석이란 법문의 어구가 잘못되었을 경우 이를 보충한다거나 변경하여 해석하는 방법이다. 「민법」 제7조는 취소할 수 있다고 규정하지만, 이 경우 소급효가 없는 철회로 해석하는 것이 그 예이다.

⑤ 물론해석

물론해석이란 다른 사례의 경우에도 당연히 그 규정에 포함되는 것으로 해석하는 방법이다. 과실상계에 관한 「민법」 제396조에서 채권자에게 과실 아닌 고의가 있는 경우에는 당연히 적용된다는 것을 그 예로 들 수 있다.

⑥ 반대해석

반대해석이란 법문에 명시되지 않은 경우 그와 반대로 된다고 해석하는 방법이다.

「민법」 제832조의 부부의 일상가사 대리권에서 딸이 일상의 가사에 관하여 부담한 채무에 대하여는 책임을 지지 않는다고 하는 것이 그 예이다.

2. 청소년 관련 법의 법원

1) 법원

(1) 의의

법이 어떻게 존재하고 있는가 내지는 인식근거와 관련된 것이 법의 존재 형식이며, 법원(法源)이라고도 한다. 법은 크게 성문법(成文法)과 불문법(不文法)으로 존재한다. 성문법에는 다시 헌법, 법률, 명령, 자치법규, 조약이 있으며, 불문법에는 관습법, 판례법, 조리가 있다. 독일·프랑스를 중심으로 한 대륙법계에서는 원칙으로 성문법주의를 채택하고 있고, 영미법계에서는 원칙으로 불문법주의를 채택하고 있다.

(2) 성문법

① 헌법

헌법은 국가의 기본법이며 한 나라의 최고의 법이다. 따라서 헌법은 국가의 기본조직, 통치작용, 국민의 기본권 등을 규정하고 있다. 헌법은 최상위법으로 가장 강력한 효력을 지니고 있기 때문에 법률이나 명령 등과 같은 헌법의 하위법은 헌법에 위반되어서는 아니 된다(상위법 우선의 원칙).

② 법률

법률이란 입법기관인 국회의 의결을 거쳐 제정되는 성문법으로 헌법의 하위에 속하므로 헌법에 위반되어서는 아니 된다. 법률에는 「민법」, 「형법」, 「상법」, 「민사소송법」, 「형사소송법」 등이 있다.

③ 명령·규칙

명령과 규칙은 국회의 의결을 거치지 않고 권한이 있는 기관(대통령, 국무총리, 각부 장관 등)에 따라 제정되는 법규를 말한다. 입법권은 국회에 있는 것이 원칙이지만, 국회는 근본적인 중요한 점만 법률의 형식으로 정하고 실체로 법률을 집행하는 데 필요한 세부적인 사항은 각 행정기관이 정하도록 하고 있다.

④ 자치법규

자치법규란 지방자치단체가 법령의 범위 안에서 제정한 자치에 관한 규정으로 헌법상 자치권에 따라 제정된다. 자치법규에는 조례와 규칙이 있다. 조례는 지방의회의 의결을 거쳐 제정되고 규칙은 지방자치단체의 장이 제정한 것이다.

⑤ 조약

조약은 문서에 따른 국가 간의 합의로서 대통령령에 따라 체결되고 국회의 동의를 얻어 대통령이 공포함으로서 그 효력이 발생한다(「대한민국헌법」 제6조 제1항). 이 조약은 법률과 같은 효력을 가지고 있다.

(3) 불문법

① 관습법

관습법은 사회의 생활 속에서 관습이 반복하여 행하여짐으로써 법으로서의 효력을 가지게 된 것을 말한다. 관습법이 성립되기 위해서는 첫째, 관습이 오랫동안 계속하여 반복되어야 한다. 둘째, 관습이 선량한 풍속 그 밖의 사회질서에 반하지 않아야 한다. 셋째, 지켜야 할 만한 가치가 있다는 법적 확신이 있어야 한다.

관습은 법으로서의 효력을 갖는다고 하여도 법령이 존재하지 않는 범위에서 보충적으로 효력을 갖는 것이 원칙이지만, 예외적으로 법률을 개폐하는 효력을 갖기도 한다.

② 판례법

법원이 구체적 사건에 관하여 내린 판례는 동종의 유사한 사건에 반복됨으로써 일정한 법적 구속력을 갖는다. 이를 판례법이라고 한다. 그러나 우리나라와 같은 성문법주의 국가에서는 판례법은 사실상 하급심(下級審)을 구속하지만, 법원이 되지 못한다. 이를 준법원이라고 부를 수 있을 것이다. 대법원이 판례를 변경하기 위해서는 대법관 3분의 2 이상이 모이는 전원합의체에서 과반수의 찬성을 얻어야 한다.

③ 조리

조리(條理)란 사물의 이치 또는 본질적 법칙을 말하는 것으로서 공서양속, 신의성실의 원칙, 정의, 자연법 등으로 표현되기도 한다. 구체적 사건의 재판에서 적용할 성문법이나 관습법이 없는 경우에 법원은 조리에 따라 재판을 진행할 수밖에 없다. 대한민국 「민법」 제1조는 민사에 관하여 법률의 규정이 없으면 관습법에 따르고 관습법이 없으면 조리에 따른다고 규정하고 있다.

2) 청소년 관련 법의 체계

(1) 헌법과 청소년 관련 법

「대한민국헌법」 제10조의 행복추구권 규정과 제31조에서부터 제36조까지의 규정은 사회권 또는 생존권 규정이 사회복지법의 기본방향이자 기본근거임을 말해주고 있다. 「대한민국헌법」 제10조는 인간의 존엄과 가치 및 행복추구권을 규정하고 있으며, 제34조는 인간다운 생활을 할 권리를 규정하고 있는데, 특히 제34조 제4항은 청소년의 복지향상을 위하여 규정하고 있다.

(2) 일반 법체계 하에서의 청소년 관련 법

청소년 관련 법은 지역적인 적용 범위를 기준으로 볼 때 국내에서만 적용되는 국내 청소년 관련 법과 국가 간에 적용되는 국제 청소년 관련 법으로 나눌 수 있다. 청소년 관련 법의 내용은 나라에 따라 서로 다르다. 청소년 관련 법은 주로 국내법적인 성격을 띠지만, 사회보장협약, ILO와 같은 국제기구의 국제적 권고, 국제선언 그리고 1964년 제정된 유럽사회보장법전의 내용 등은 국제적인 성격을 갖는다.

청소년 관련 법은 성문법에 속한다. 즉 제정법, 관습법, 판례법 등의 실정법 가운데, 청소년 관련 법은 주로 제도상 입법권을 가지는 자에 따라 만들어지고, 그 내용이 문서로 작성되어 일정한 형식과 절차를 밟아 공포된 제정법(성문법)에 속한다. 청소년 관련 법은 사회법에 속한다.

(3) 청소년 관련 법의 분류체계

사회복지법은 하나의 법적으로 체계화되지는 않았지만, 「사회보장기본법」의 분류에 따라 크게 3가지 영역으로 구분되는 사회복지 관련 법들로 이루어져 있다. 사회복지법은 내용적으로 「사회보험법」, 「공공부조법」, 「사회서비스법」으로 구분된다. 이 중 「사회서비스법」은 사회복지사업에서 정하는 복지 27법 중 「공공부조법」을 제외한 법률 및 사회복지와 관련된 법률로 구성된다. 따라서 청소년 관련 법은 「사회서비스법」에 속한다.

(4) 청소년 관련 법과 자치법규

지방자치란 일정 지역의 주민이 그 지역의 공공사무를 자주적으로 결정하고 처리하는 제도로, 일반적으로 주민자치와 단체자치로 나누어진다. 주민자치는 지방자치단체가 지방주민들의 생활에 관련되는 사무를 국가에 따르지 않고 자기들의 의사와 책임 아래 스스로 또는 대표자를 선출하여 처리하는 것이다. 반면 단체자치는 법률상으로 법인격을 가진 자치단체가 국가로부터 상대적으로 독립된 지위를 가지고 일정한 권한을 부여받아 국가의 간섭을 받지 않고 자주적으로 처리하는 것이다.

① 자치법규(조례, 규칙)

「대한민국헌법」 제117조는 "지방자치단체는 주민의 복리에 관한 사무를 처리하고 재산을 관리하며, 법령의 범위 안에서 자치에 관한 규정을 제정할 수 있다"고 규정함으로써 지방자치단체에 자치법규의 제정권을 부여하고 있다.

지방자치단체는 법률에 따라 인정된 자치권의 범위 내에서, 즉 법령의 범위 내에서 자기의 사무 또는 주민의 권리·의무와 자치에 관한 규칙인 자치법규를 제정한다. 자치법규에는 조례와 규칙이 있다. 조례와 규칙에 대한 세부적인 내용은 「지방자치법」에 규정되어 있다.

• 조례의 의의 및 특성

조례란 지방자치단체가 그 자치입법권에 의거하여 법령의 범위 안에서 지방의회의 의결을 거쳐 그 사무에 관하여 제정한 법이다. 조례의 제정과 개폐는 의결기관으로서 지방의회의 권한에 속한다. 지방자치단체는 조례제정권을 갖고 있다. 지방자치단체는 법령의 범위 안에서 그 사무에 관하여 조례를 제정할 수 있다. 다만, 주민의 권리 제한 또는 의무 부과에 관한 사항이나 벌칙에 정할 때에는 법률의 위임이 있어야 한다(「지방자치법」 第22조).

조례는 위계(位階)적 특성을 갖고 있다. 시·군 및 자치구의 조례나 규칙은 시·도의 조례나 규칙에 위반하여서는 아니 된다(「지방자치법」 第24조). 일부 지방자치단체에서는 독자적인 청소년 관련 조례를 제정하여 다른 지방자치단체가 실시하고 있지 않은 청소년관련 사업을 독자적으로 실시하고 있다. 조례는 내용상 포괄성을 갖는다. 조례는 특정 분야에 한해서 제정되는 것이 아니라, 자치업무의 수행에 필요한 모든 분야를 포함하고 있다. 따라서 지방자치단체는 청소년복지에 관련된 업무의 수행을 위한 청소년복지 관련 조례도 제정하고 있다. 조례는 법질서 유지적 특성을 갖고 있다. 조례는 법령의 범위 내에서만 제정할 수 있도록 함으로써 법질서를 유지하고 법적 일관성을 기하고 있다. 또한 조례는 지역제한적인 특성을 갖고 있다. 자치법규는 원칙적으로 그 지방자치단체의 지방 내에서만 효력을 갖는다.

• 규칙의 의의 및 특성

규칙은 지방자치단체의 장이 법령 또는 조례가 위임한 범위 내에서 그 권한이 속하는 사무에 관하여 정립한 법이다(「지방자치법」 第23조). 따라서 규칙제정권은 지방자치단체의 장에게 속한다. 일반적으로 조례가 제정되면 조례의 시행에 관하여 필요한 사항을 규칙으로 정하고 있다. 즉 조례시행규칙 또는 조례운영규칙을 정한다.

• 조례·규칙의 심의·의결

지방자치단체의 장이 조례·규칙의 제정·개폐 및 공포 등을 하고자 하는 경우에 이를 심의·의결하기 위하여 지방자치단체의 장 소속 아래에 조례·규칙심의회를 두고 있다.

② 지방의회와 지방자치단체의 장

• 지방의회

지방의회는 조례의 제정·개정 및 폐지뿐만 아니라 예산의 심의·확정, 결산의 승인 등과 그 밖의 법령에 따라 그 권한에 속하는 사항을 의결한다(「지방자치법」 제39조).

• 지방자치단체의 의의

지방자치단체는 국민기초생활보장제도와 같은 공공부조나 사회서비스(청소년복지 관련 법)를 직접 국민들의 삶의 현장에서 집행하는 데 중요한 역할을 하고 있다. 지방자치가 발전되어 오늘날 공공 사회복지 주체로서 지방자치단체는 그 역할이 점차 증가하고 있다.

• 지방자치단체의 사무

사무처리의 기본원칙을 보면 지방자치단체는 법령이나 상급 지방자치단체의 조례를 위반하여 그 사무를 처리할 수 없다(「지방자치법」 제8조). 지방자치단체의 사무범위를 보면 지방자치단체는 그 관할구역의 자치사무와 법령에 따라 지방자치단체에 속하는 사무를 처리한다.

주민의 복지증진에 관한 사무로는 주민복지에 관한 사업, 사회복지시설의 설치·운영 및 관리, 생활곤궁자의 보호 및 지원, 노인·아동·심신장애인·청소년 및 여성의 보호와 복지증진, 보건진료기관의 설치·운영, 전염병 및 그 밖의 질병의 예방과 방역 등의 사무가 있다.

• 지방자치단체의 장

지방자치단체의 장은 지방자치단체를 대표하고, 그 사무를 총괄한다. 시·도와 시·군 및 자치구에서 시행하는 국가사무는 법령에 다른 규정이 없으면 시·도지사와 시장·군수 및 자치구의 구청장에게 위임하여 행하고 있다.

3. 청소년의 법적 지위

1) 청소년의 기본권

최근 선거법 개정으로 만 18세 청소년들에 대한 사회의 관심이 높아지고 있으며, 이에 따른 청소년의 인권 내지는 기본권에 대한 관심도 증가하고 있다. 청소년이 당면하고 있는 문제를 기본권 차원에서 접근하여 청소년이 정당한 권리를 가지고 사회에 참여할 수 있도록 하기 위해서다. 청소년은 하나의 인격체로 존중받아야 하는 존재이며 인간으로서의 기본적 인권을 보장받아야 한다. 청소년의 기본권이라고 하면 원칙적으로 '모든 인간이 누려야 할' 기본권 주체로서의 능력을 의미한다.

「대한민국헌법」의 기본권 규정은 '존엄과 가치'를 보존하면서, 행복을 증진하는 데 필요한 평등권, 자유권(신체의 자유, 사회경제적 자유, 정신적 자유, 정치적 자유), 생존권(인간다운 생활을 할 권리, 교육을 받을 권리, 근로의 권리, 근로3권, 복지권, 환경권, 가족 및 혼인에 관한 권리, 보건권), 청구권, 참정권 등을 보장하고 있다. 이러한 헌법의 기본권에 대한 이해는 청소년의 법적 지위를 정리하는 데 매우 중요하다.

「대한민국헌법」 제10조는 "모든 국민은 인간으로서의 존엄과 가치를 가지며, 행복을 추구할 권리를 가진다. 국가는 개인이 가지는 불가침의 기본적 인권을 확인하고 이를 보장할 의무를 진다."고 밝히고 있으며, 제11조에서는 "모든 국민은 법 앞에 평등하다. 누구든지 성별·종교 또는 사회적 신분에 의하여 정치적·경제적·사회적·문화적 생활의 모든 영역에 있어서 차별을 받지 아니한다."라고 천명하고 있다. 이러한 원칙은 청소년이 연령에 의한 차별을 받지 않고 단순히 인간으로서의 권리를 주장하고 있는 것이다.

그러나 청소년은 '심신이 미숙하고 다양한 가치과 지식에 대하여 비판적으로 취사선택할 수 있는 독자적 능력이 부족하므로' 일반 성인과는 다른 특별한 지원과 보호를 받아야 한다(조영승, 2003). 이에 「대한민국헌법」은 청소년의 인간다운 생활과 성장발달권의 실효성을 보장하기 위해서 '교육을 받을 권리', '연소자의 근로보호를 받을 권리', '청소년의 복지향상권' 등을 별도로 보장하고 있다.

「대한민국헌법」이 청소년보호와 관련하여 규정하고 있는 것은 크게 3가지 측면에서 설명할 수 있다(조영승, 2003). 첫째, 모든 국민은 「대한민국헌법」 제10조 이하의 기본권의 주체이므로 청소년도 당연히 모든 국민에 포함되는 기본권 주체로서 보호받는다. 둘째, 「대한민국헌법」 제34조 제4항에서 규정한 국가의 청소년 복지향상의무에서 청소년의 육성, 복지의 측면을 생각해 볼 수 있고, 헌법 제32조 제5항의 근로권에 대한 특별한 보호이다. 셋째, 「대한민국헌법」이 명시적으로 규정하고 있지는 않으나, 「대한민국헌법」 제10조, 제31조, 제36조, 제37조에 근거한 부모의 양육권과 국가의 청소년 보호 의무에서 도출할 수 있는 보호 객체의 지위로서 청소년보호이다. 그런데 마지막에서 논하고 있는 청소년보호는 성인의 기본권 보호와는 차이가 있다. 즉, 청소년은 청소년이라는 법적 지위(보호객체로서의 지위) 때문에 기본권이 제한되는데, 청소년을 더욱 강하게 보호하기 위해서는 성인보다도 청소년의 기본권이 더욱 제한받으며, 보호의 정도가 약하면 약할수록 기본권이 덜 제한된다는 특징을 가진다. 그 외에도 청소년보호를 위해 청소년의 기본권뿐 아니라 성인의 기본권이 제한된다는 특징을 가진다.

2) 청소년의 법적 연령

우리나라 법률에 의하면 법의 목적과 지위에 따라 청소년의 법적 연령이 상이하게 정의되어 있다. 법에 따른 청소년의 기준과 법의 규정 내용은 다음과 같다.

법률	연령	호칭	내용
청소년 기본법 청소년활동 진흥법 청소년복지 지원법	만 9세 이상 24세 이하	청소년	
청소년 보호법	19세 미만	청소년	19세가 되는 1월 1일을 맞이한 자는 제외
아동·청소년의 성보호에 관한 법률	19세 미만	청소년	
아동복지법	만 18세 미만	아동	
공연법	만 18세 미만	청소년	유해한 공연물 관람 금지

법률	연령	호칭	내용
근로기준법	만 15세 미만	연소자	취업제한(노동부장관의 취업 인허증 소지자는 제외)
	15세 이상 18세 미만	연소자	근로가능(연소자 증명서, 친권자 동의서 필요) 유해하거나 위험한 사업에서 근로자로 사용할 수 없음
	19세 이상		단독 근로 계약 가능
소년법	만 19세 미만	소년	형사 처분에 관한 특별 조치를 적용, 가정 법원 소년부에서 재판을 받음
	만 10세 이상 14세 미만	촉법소년	보호처분/형벌불가
	만 14세 이상 19세 미만	범죄소년	형벌가능/보호처분가능, 사형·무기형 불가
형법	14세 미만	형사 미성년자	형사상 책임능력 무(처벌 불가능)
민법	만 19세 미만	미성년자	
	20세 이상		단독 약혼, 혼인 가능
	18세 이상		부모 동의하에 약혼, 혼인 가능
	17세 이상		단독 유언 가능
	16세 이상		원동기 장치 자전거 운전면허(도로교통법)
	12세 이상		민사상 책임능력자
	※ 성년의제: 민법상 성인과 같은 대우를 받아 법정 대리인의 동의 없이 단독으로 법률 행위 가능		
주민등록법	17세 이상		주민등록증 발급
헌법, 공직선거법	18세 이상		선거권 행사
병역법	17세 이상		군 지원 입대
	19세 이상		징병 검사(병역 의무자)

3) 청소년의 정치참여

정치참여는 정부의 정책과정이나 결과에 영향을 미치는 시민의 행동을 의미한다(이재철, 2019). 청소년의 정치참여는 민주주의 핵심요소로서 시민성 함양의 기제가 될 수 있으며, 이를 통해 민주주의를 경험할 수 있다는 측면에서 의의가 있다.

세계 인권선언에서도 “모든 사람은 평화적인 집회 및 결사의 자유에 대한 권리를 가진다.(제20조)”, “모든 사람은 직접 또는 자유로이 선출된 대표를 통하여 자국의 정부에 참여할 권리를 가진다.(제21조)”고 명시되어 있으며, 이는 시민으로서의 기본권을 강조하는 것이다.

청소년의 경우, 그동안 투표권이 없어 선거를 통한 정치활동영역이 제한되었기에 집회나 서명운동과 같은 비통상적인 참여활동을 주로 해왔다. 그러나 2020년 「공직선거법」 개정으로 선거권자의 연령을 19세 이상에서 18세 이상으로 조정하고, 선거운동을 할 수 없는 사람의 연령을 19세 미만에서 18세 미만으로 조정(「공직선거법」 제15조 및 제60조)함으로써 향후에는 청소년들의 온라인과 오프라인을 통한 정치참여가 보다 활성화될 것으로 기대한다.

정치참여를 설명하는 이론 중에는 자원모델과 시민자발성모델, 합리적 선택이론에 기반을 둔 보상이론 등이 있다(민희·윤성이, 2016; 김영인, 2007; 이창호, 2020). 자원모델은 교육, 소득, 나이 등과 같은 사회경제적 요인이 정치참여에 큰 영향을 미친다고 보는 관점이다. 즉 교육수준이 높고 소득수준이 높은 사람들이 정치적 참여를 보다 활발하게 할 가능성이 크다는 것이다. 보상이론은 참여의 대가로 다양한 형태의 보상이 주어질 때 사람들이 정치에 참여한다는 관점에 기초한다. 시민자발성모델(city voluntarism model)은 참여의 물질적 기반인 자원, 정치적 관여, 동원네트워크를 중시한다. 이 모델은 경제적이고 교육적인 자원뿐 아니라 시간과 같은 자원도 중요하게 고려한다(Pattie, Seyd & Whiteley, 2003). 즉 정치에 참여할 수 있는 충분한 시간이 있어야 적극적으로 정치적 행동을 한다는 것이다. 또한 정치적 관여를 중요하게 여긴다. 따라서, 참여를 위한 시간과 돈이 충분하고 정치적 관심이나 효능감이 높으며 주위 사람들로부터 참여 권유를 받을 때 정치참여를 할 가능성이 크다는 것이다(이창호, 2020). 이 밖에도 사회자본모델도 정치참여와 관련이 높은 이론이다. 이 모델에 의하면, 타인에 대한 신뢰가 높고 동호회나 지역사회모임 등 자발적 모임 네트워크에 속한 사람들이 정치참여를 할 가능성이 높다는 것이다(Pattie, Seyd & Whiteley, 2003).

이러한 이론을 바탕으로 청소년이 정치적 의사결정에 보다 적극적으로 참여할 수 있도록 학교나 청소년시설을 통하여 일상의 삶 속에서 민주시민으로서의 역할을 교육시킬 필요가 있다. 따라서 청소년의 정치참여 확대를 위해서는 다음과 같은 과제가 우선 해결되어야 한다.

첫째, 청소년참여위원회나 청소년운영위원회 등의 청소년참여기구를 통해 실질적으로 청소년이 정치에 참여할 수 있도록 적극적인 방법이 제시될 필요가 있다.

둘째, 청소년을 미성숙한 존재 또는 부정적인 존재로 바라볼 것이 아니라 사회의 구성원으로서 주체적인 청소년으로 바라볼 필요가 있다.

셋째, 모의선거와 학생회 등을 법제화하여 청소년들이 정치에 참여할 수 있는 법과 제도의 개선이 필요하다. 특히 교육부의 발행 지침과 학칙 개정을 통하여 학생들과 관련된 의사결정 과정 및 교내외 정치활동의 적극적인 참여의 보장이 필요하다.

넷째, 정치교육프로그램과 민주시민교육의 활성화가 필요하다. 더불어 청소년들로 하여금 미디어리터러시 역량을 갖추도록 하여 선거보도에 대한 비판적인 시각을 함양할 필요가 있다.

제 2 장

청소년정책

1. 정책의 이해

1) 정책과 청소년정책의 개념

(1) 정책의 개념

정책(政策)의 政은 나라를 다스리는 일이고, 策은 꾀 책으로, 정책은 나라를 다스리기 위한 책략을 뜻한다. 사전적 의미로는 정치적 목적을 실현하기 위한 방책으로 정부·단체·개인이 앞으로 나아갈 노선이나 취해야 할 방침을 말한다. 정책은 제도의 한 방편이며 관점에 따라 여러 해석이 있으나, 대체로 "공공기관이 바람직하다고 판단하는 사회적 목표를 세운 후 이를 달성하는 데 필요한 공공적 수단을 확보하고, 확보된 수단을 해당하는 대상을 향하여 적용해 나갈 수 있도록 권위를 가지고 결정한 기본방침"으로 정의할 수 있다(배정수 외, 2021 : 15).

정책(policy)이라는 의미는 "police"라는 그리스어에서 파생된 것으로, police는 원래 도시국가를 뜻한다. 이후 라틴어와 만나면서 "politia"라는 의미로 변화되었으며, 중세에 이르러 "공공문제의 처리" 또는 정부의 행정관리를 뜻하는 "police"라는 의미로 변화되었다(Dunn, 1981 : 7-8). 따라서 어원적으로 볼 때, 정책이라는 의미에는 도시국가(police), 경찰(police), 정치(politics)와 같은 의미가 내포되어 있다. 이것은 곧 정책이 정치의 영역에 속하는 것임을 말해주고 있다. 정치가 국가 또는 정부의 활동이라는 점에서 정책 역시 국가나 정부의 활동이라 할 수 있다(최봉기, 2004 : 91). 그러나 정책의 개념은 정책의 종류, 정책의 기능, 정책연구자의 관점이나 연구목적에 따라 개념도 다양하다(박경일, 2020).

한편 정책과 유사한 용어로 흔히 시책, 대책, 정부방침, 정부지침 등의 말들이 사용되고 있을 뿐만 아니라 법률, 규칙, 기획, 계획 등도 혼용되고 있다. 일반적으로 정책은 다음의 관계를 설명하는 용어이다(전희일 외, 2018: 111-112).

첫째, 시책, 대책, 사업과의 관계이다. 이들은 거의 같은 뜻으로 사용되는 것처럼 보이지만 정책 중에서도 하위 정책을 의미한다. 정책구조에서 상위 목표의 구체화는 하위 목표로 나타나는데, 하위 목표는 상위 정책의 집행 과정에서 발생하는 것으로서 보통 시책이라고 한다.

둘째, 계획과의 관계이다. 계획은 사회계획, 경제계획, 경제개발계획, 사회복지계획, 그리고 부문계획으로 볼 수 있는 자원계획, 지역계획, 도시계획 등 무수히 많다. 일반적으로 계획을 수립하는 행위, 또는 과정을 기획(planning)이라고도 한다. 계획은 그 구성요소로서 목표와 수단을 지니고 있으며, 정부계획의 경우는 수립주체도 정부이므로 정책과 공통적인 요소를 포함하고 있다.

셋째, 법률과의 관계이다. 법률은 본질적으로 정책과 동일하다. 즉 법률도 목표가 있고, 최후수단으로서 강제력이 보유되고 대상 집단으로 규제된 대상자가 있으며 법의 내용을 실현한 정부의 강력한 의지가 있다는 것에서 정책과 본질적으로 동일한 것이다. 이 법률은 입법부인 국회에서 의결을 거치고 국가의 중요한 정책도 반드시 국회의 의결을 거쳐야 하므로 법이 곧 정책이라는 것이다. 즉 정책의 한 형태가 법률인 것이다. 특히 강제력을 동원하여 국민의 권리행사나 행동의 자유를 제한하는 규제정책은 대부분 국회의 의결을 거쳐 정부에 의한 남용을 방지하는 법률의 형태를 띤다. 그러나 모든 정책이 법률의 형태를 띠는 것은 아니다. 예를 들면, 전문기술과 권한을 지닌 행정부가 법의 형태를 띠지 않고 결정하는 배분정책도 많다.

정책학의 연원

1960년대 미국에서는 대외적으로는 커다란 정책과제가 등장하였다. 즉, 내외적으로는 쿠바위기와 베트남전쟁이 골치를 앓게 하고 있었으며, 내정에서는 시민권운동·도시문제 특히 빈곤문제가 심각하게 대두되었다. 특히 연방정부는 빈곤에 대한 대책으로 '위대한 사회(great society)'의 건설을 목표로 하는 '위대한 사회계획(great society programs)'을 추진하였다. 즉, 존슨행정부는 빈곤·

청소년문제·실업·도시황폐화·인종차별 등을 해결하기 위하여 각종 사회입법과 정책을 결정하여 추진하였지만 성과를 올리지 못하고 실패하고 말았다. 왜냐하면 당시 정부의 지도이념은 관리지향적 '절약과 능률(economy and efficiency)'이어서 선례가 없는 현실문제를 파악하고 분석하며, 그것을 해결하기 위한 최선 또는 최적의 대안을 만들어서 구체적으로 실행하고 평가하는 능력에 대하여 관료들은 관심을 갖고 있지 않았으며, 능력도 갖고 있지 못하였기 때문이다. 이것은 현실문제를 해결하기 위한 적절한 정책이 입안되고 집행되어야 함을 의미하며, 또한 그것에 대한 적절한 평가와 환류에 대한 필요성을 제기하는 것이다. 결국 1960년대에 '사회적 형평성(social equity)'이란 새로운 행정이념이 등장하게 되었고, 정책은 새로운 중요한 분야로 자리 잡게 되었다. 이처럼 정책학은 1951년에 Lerner와 Lasswell에 의하여 시작되어 1960년의 미국사회의 위기를 거쳐서 1971년 미국정책학회의 성립을 계기로 급격히 발전하였다.

출처: 박광덕(1998); 양정하 외(2020)

(2) 청소년정책의 개념

일반적으로 청소년정책은 '청소년에 대한 가치의 권위 있는 배분'(Easton, 1953)이라고 정의하거나 '청소년정책의 목적이나 가치를 지향하는 의사결정이나 행위'(Lasswell & Kaplan, 1970)라고 정의하였다. 반면에 청소년정책을 '청소년문제 해결을 위한 정부의 활동(Dubnick & Bardes, 1983)'으로 정의하기도 한다(전희일 외, 2018: 130). 국내 연구자의 경우 이용교(1994)는 청소년정책을 '모든 청소년의 바람직한 상태를 목표로 하여 국가와 지방자치단체가 청소년의 사회적 욕구를 충족시키고 청소년문제를 해결하고자 법령과 시책을 통하여 밝힌 기본방침'이라 하였고, 박진규(1999)는 청소년정책을 '청소년 관계제도가 기초하고 있는 청소년에 관한 국가적 목표와 이를 실천하기 위한 행동 지침'이라 정의하였다(전희일 외, 2018). 그리고 임동호 외(2017)는 청소년정책을 '청소년을 위한', '청소년에 관한', '청소년에 의한 정책'이라고 정의하였다. 한국청소년개발원(2003)은 '청소년에 관한 모든 공공 정책으로' 파악하였고, 천정웅과 김윤나(2013)는 '청소년들이 그 본래 역할과 사명을 다할 수 있도록 육성. 지원하기 위한 정책과제와 재정운용의 기본방침과 청소년활동의 지침을 국가가 제시한 것'으로 보고 있다(기은광, 2021: 51). 배정수 외(2021)는 청소년정책은 '국가에 의해서 바람직한 청소년의 성장을 지원하기 위하여 혹은 이와 비슷한 목적을 위하여 이를 달성할 수 있는 인적·물적·사회적·경제적 자원을 동원하여 공식적으로 결정한 기본방침'으로 정의하였다.

전술한 청소년정책을 종합해 보면 '정부와 공공기관 등이 청소년의 바람직한 성장을 위해, 인적·물적 자원 등을 동원하여 청소년 문제를 해결하고 욕구를 충족시켜 나가도록 결정한 기본방침'이라고 할 수 있다.

모든 청소년은 궁극적으로 청소년의 조화로운 성장, 발달이라는 현실의 과제를 해결하는 데 뿌리를 두고 있으나, 그 구체적 기능이나 수행되는 공간을 고려하면, 먼저 학교를 중심으로 지적 능력 배양에 주력하는 학교 안의 청소년정책을 의미하는 학교교육정책을 생각할 수 있다(김애숙, 2010). 이는 학교 교육정책이 학교 밖의 지역사회와 밀접한 관련이 있으며, 그 기능에 있어서도 지적 능력배양에 국한하는 것이 아니라 도덕적 능력 함양에도 깊은 관심을 가지고 있다는 것이다. 그러나 현실적으로 학교를 '중심'으로 하며, 지적 능력 배양에 '주력'하고 있다는 점은 부인할 수 없기 때문에(김애숙, 2010) 청소년정책과 학교교육정책은 그 차이가 있다(임동호 외, 2019: 21).

한편 청소년현장에서 많이 쓰여 온 단어로는 '청소년육성정책'이 있다. '청소년육성'이란 "청소년활동을 지원하고 청소년의 복지를 증진하며 근로 청소년을 보호하는 한편, 사회 여건과 환경을 청소년에게 유익하도록 개선하고 청소년을 보호하여 청소년에 대한 교육을 보완함으로써 청소년의 균형 있는 성장을 돕는 것을 말한다"고 정의하고 있다(「청소년 기본법」 제3조). '청소년육성'이라는 용어는 1990년대 초반 학교교육제도와 구별되면서도 청소년을 대상으로 하는 별도의 독자적인 정책적 영역을 확보하고 이를 제도화하기 위해 전략적으로 등장시킨 개념이다(전희일 외, 2018). 즉 한국의 청소년정책은 청소년활동을 중심으로 한 청소년육성정책으로, 종래의 교육정책과 차별되는 국가정책으로서 청소년정책을 독자적인 영역으로 자리매김했다는 점에서 그 가장 중요한 특징이 있다(김광웅, 2009: 23).

2) 청소년정책의 3대 구성요소

정책의 중요한 구성요소는 정책목표, 정책수단, 정책대상이다. 이들 중 정책목표와 정책수단이 가장 핵심적 요소이며 정책대상을 합하여 정책의 3대 구성요소라고 한다(정정길 외, 2017). 따라서 청소년정책의 3개 구성요소는 청소년정책목표, 청소년정책수단, 청소년정책대상자로 설명할 수 있다(전희일 외, 2018: 131).

(1) 청소년정책목표

정책목표란 '정책을 통해서 달성하려는 미래의 바람직한 상태', '현재는 존재하지 않지만 정책을 통하여 미래에 있어서 발생하도록 하고자 하는 상태'를 일컫는다(박경일, 2020). 따라서 청소년정책목표란 청소년정책을 통해 달성하고자 하는 바람직한 상태를 의미하며, 권위 있는 청소년담당기관이 공식적으로 청소년에 관한 기본방침을 정하게 되는데 이러한 기본방침을 청소년정책의 목표라 할 수 있다. 예를 들면, 제6차 청소년육성기본계획의 비전을 '현재를 즐기는 청소년, 미래를 여는 청소년, 청소년을 존중하는 사회'로 정하고, 그 목표로서 첫째, 청소년 참여 및 권리증진, 둘째, 청소년 주도의 활동 활성화, 셋째, 청소년 자립 및 보호지원 강화, 넷째, 청소년정책 추진체계 혁신이 그것이다.

한편, 「청소년 기본법」 제2조에서 "이 법은 청소년이 사회구성원으로서 정당한 대우와 권익을 보장받음과 아울러 스스로 생각하고 자유롭게 활동할 수 있도록 하며 보다 나은 삶을 누리고 유해한 환경으로부터 보호될 수 있도록 함으로써 국가와 사회가 필요로 하는 건전한 민주시민으로 자랄 수 있도록 하는 것"을 기본이념으로 제시하고 있는데, 이를 청소년육성정책목표로 정하고, 이를 구현하기 위해서 「청소년 기본법」 제2조 제2항에서 장기적·종합적 청소년정책의 추진방향으로 청소년의 참여 보장, 창의성과 자율성을 바탕으로 한 청소년의 능동적 삶의 실현, 청소년의 성장 여건과 사회 환경의 개선, 민주·복지·통일 조국에 대비하는 청소년의 자질 향상 등을 제시하고 있다(전희일 외, 2018: 132).

(2) 청소년정책수단

정책수단은 정책의 목표를 달성하기 위한 수단이다. 즉 정책목표를 달성하기 위한 구체적인 방법이나 도구를 뜻하는 것과 마찬가지로 청소년정책수단은 청소년정책의 목표를 효과적으로 달성하기 위한 구체적 방법이나 도구를 말한다. 예를 들어 청소년 관련 법령과 제도, 물적 인프라 등으로 구성될 수 있다(전희일 외, 2018: 132). 그리고 정책수단은 정책목표와 밀접한 연관성을 갖는다. 정책목표를 상위목표, 중위목표, 하위목표로 구분해 보면, 중위목표는 상위목표의 수단이 되고, 하위목표의 정책목표가 된다. 제6차 청소년정책기본계획을 예로 보면, 비전으로 제시된 「현재를 즐기는 청소년, 미래를 여는 청소년, 청소년을 존중하는 사회」에 대한 수단은 중위목표인 청소년 참여 및 권리증진 등 4개의 정책목표가 된다. 또 이 4개의 정책목표에 대한 수단은 각 정책목표의 하부에 제시된 12개의 중점 과제가 된다. 한 집단의 이익이 다른 집단의 손해를 수반하는 속성 때문에 수단이 구체화될수록 저항이 커질 수 있다. 청소년 참여 및 권리증진을 예로 들 때 정책목표로서의 참여와 권리증진에 반대할 사람은 거의 없을 것이다. 그리고 그 수단으로 모든 시군구에 의무적으로 청소년의회를 설치한 후에 매월 회의를 진행하고 그 결과를 보고하는 방안이 제시된다면, 이를 부담해야 하는 공무원이나 시설의 담당자는 부담을 느끼게 될 것이고 실행과정이 부실화되거나 거부될 가능성이 있다. 목표의 수립과 마찬가지로 수단의 강구에도 담당자의 지식과 안목, 경험과 가치관이 매우 중요하게 작용하는 이유가 바로 이것이다(배정수 외, 2021: 26).

(3) 청소년정책대상자

일반적으로 정책대상자는 정책의 적용을 받는 집단이나 사람들을 의미한다. 이는 정책의 수혜를 받는 자들인 수혜집단(beneficiary group)과 정책 때문에 희생을 당하는 사람들로서, 넓은 의미의 정책비용부담자들이다. 청소년정책도 마찬가지로 청소년정책의 대상자는 청소년정책에 적용을 받는 집단이나 사람들을 의미한다. 특히 청소년정책에서의 주 대상자는 청소년이다. 그러나 경우에 따라서는 대상자가 다양할 수 있다. 「청소년 보호법」에서 처벌하는 청소년보호정책의 경우 성인을 대상으로 한다. 예를 들면, 유해한 환경을 제공한 성인도 대상자가 될 수 있다(전희일 외, 2018: 132-133).

3) 청소년정책의 범주

여성가족부(2020)는 청소년정책을 그 개념 및 정의에 따라 크게 광의적 범주와 협의적 범주로 구분하고 있다.

먼저 넓은 의미의 청소년정책은 청소년을 대상으로 하는 모든 국가정책으로서 청소년정책 주무부처인 여성가족부와 함께 청소년과 관계된 중앙정부 각 부처의 청소년 관련 정책 및 사업을 모두 포괄하는 개념이다. 실제로 1965년 '중앙청소년보호대책위원회'가 펴낸 청소년백서는 당시 청소년을 대상으로 하는 학교·사회교육 정책을 포함해 복지, 노동, 비행 및 농어촌 청소년지도 등 청소년과 관계된 범정부 차원의 정책 모두를 청소년정책의 범주로 포함하였다. 이러한 맥락에서 2019년까지 발간된 청소년백서도 청소년 관련 업무를 여성가족부 및 중앙정부 각 부처의 고유 기능과 연계한 정책 영역별로 분류해 제시하고 있다. 이렇게 다양한 기관에 산재되어 있는 청소년정책을 적절히 수행하기 위해서는 국가 청소년정책의 총괄 조정이 중요한데, 현재 우리나라 청소년정책의 총괄 조정은 「청소년 기본법」(제9조 청소년정책의 총괄·조정)에 따라 여성가족부 장관의 권한으로 부여되어 있다.

청소년정책을 좁은 의미에서 살펴보면, 청소년의 권리와 참여, 청소년활동, 청소년복지, 청소년 안전과 보호, 청소년의 교육, 청소년과 노동, 청소년의 비행 및 범죄, 청소년정책 추진체제 등 대체로 여성가족부가 주도하는 청소년정책들을 말한다. 물론 청소년 유관부처인 '보건복지부(청소년복지의 일부 업무)', '교육부(청소년의 안전과 보호, 청소년의 교육 중 일부 업무)', '고용노동부(청소년과 노동의 일부 업무)' 등이 청소년 관련 정책 및 업무 중 일부에 대해 여성가족부와 정책적 협력관계를 유지하면서 추진하고 있다. 이러한 협의적 범주의 청소년정책은 대체로 「청소년 기본법」을 근간으로 하여 「청소년활동 진흥법」, 「청소년복지 지원법」, 「청소년 보호법」, 「아동·청소년의 성보호에 관한 법률」, 「학교 밖 청소년 지원에 관한 법률」 등 관계 법령이나 중장기 청소년정책기본계획에 근거하여 추진된다.

한편, 정책대상을 아동과 청소년으로 구분하지 않고 아동정책과 청소년정책을 통합하여 접근하는 광의의 시각이 있는 반면, 아동과 청소년에 관한 근거 법률, 즉 「아동복지법」 및 「UN아동권리협약」에 따라 아동(0~18세 미만)과 「청소년 기본법」 등에 따른 청소년(9~24세)의 연령을 나누어 아동정책과 청소년정책을 구분하기도 한다. 이 가운데 정책대상으로 중복되는 만 9~17세 청소년이 포함되는 경우 각기 정책의 수립과 추진부처에 따라 아동정책 혹은 청소년정책으로 구분하기도 한다.

표 2-1 청소년정책의 범주

범주	개념	범주
좁은 의미	여성가족부와 함께 청소년과 관계된 중앙정부 각 부처의 청소년 관련 정책 및 사업을 모두 포괄	학교·사회교육 정책을 포함해 복지, 노동, 비행 및 농어촌 청소년지도 등 청소년과 관계된 범정부 차원의 정책
넓은 의미	여성가족부가 주도하는 청소년정책 (보건복지부, 교육부, 고용노동부 등과 일부 연계)	청소년의 권리와 참여, 청소년활동, 청소년복지, 청소년 안전과 보호, 청소년의 교육, 청소년과 노동, 청소년의 비행 및 범죄, 청소년정책 추진체제

4) 청소년정책의 형성 과정

(1) 정책 형성 과정

정책이 그 본래의 목적을 달성하기까지는 정책의제 설정, 정책결정, 정책집행, 정책평가, 정책결과 환류(feedback) 등의 과정을 겪는데, 이러한 일련의 과정을 정책과정이라 한다. 라스웰(1971)은 정책과정을 ① 정보의 수집 및 처리 ② 관심유발 ③ 처방 ④ 행동화 ⑤ 적용 ⑥ 종결 ⑦ 평가의 7단계로 제시하였고, 드로어는 ① 기본방침결정단계(Mata Policymaking Stage) ② 정책결정 단계(Policymaking Stage) ③ 정책대안의 채택단계(adaptation) ④ 정책집행 단계(implementation) ⑤ 정책평가 단계(evaluation)로 제시하였다. 앤더슨(1984)은 ① 문제의 인식과 의제형성(problem identification and agenda formation) ② 정책형성(policy formulation) ③ 정책채택(policy adoption) ④ 정책집행(policy implementation) ⑤ 정책평가(policy evaluation) 등의 5단계로 유형화하였다. 여기서는 다이(Dye)의 일반적인 정책과정으로 ① 정책의제설정 단계 ② 정책결정 단계 ③ 정책집행 단계 ④ 정책평가 단계를 살펴본다(전희일 외, 2018: 119–125).

첫째, 정책의제설정 단계는 특정 사회문제가 정책적 해결을 위한 정책담당기구의 관심의 대상으로 부각되어 그것이 정책 결정대상 항목으로 선정 혹은 채택되는 과정을 의미한다. 간단히 말해 정책의제설정 단계란 사회적 문제를 인지하고 이를 정책으로 받아들이는 것이라고 할 수 있다.

둘째, 정책의제설정 단계에서 정부의제로 채택된 정책문제를 바람직한 상태로 해결하기 위해 정부는 정책목표를 세우고 정책수단을 강구하게 되는데, 이때 정책목표와 정책수단 간의 여러 형태의 조합을 정책대안이라고 하며, 이 정책대안을 개발하고 비교 분석하여 정책 선택을 하게 되는 일련의 활동 또는 행위를 정책결정이라고 한다. 즉 정책결정이란 정책과정 중 의제설정 단계에서 정부의제로 채택된 정책문제를 해결할 수 있는 정책대안을 선택하는 일련의 활동이라 할 수 있다(권기헌, 2008). 이러한 정책결정 과정은 미래지향적이며 행동지향적이고, 합리적·분석적 과정이며 가치적·정치적 과정이다.

셋째, 정책집행 단계란 일련의 정책과정 가운데 정책결정과 정책평가 단계 사이에서 이루어지는 실천적 단계로서 정책내용을 실현시키는 것이다. 성공적 정책집행을 좌우하는 요인은 정책집행의 수단으로서 예산, 인원, 정보, 권위 등 자원의 확보, 설득, 유인, 강압의 방법 등 정책대상집단의 순응을 확보하는 것이 중요하며, 집행자의 능력과 태도, 정책내용의 정확성과 일관성, 집행조직의 구조 등도 그 요인에 해당한다. 정책집행 단계는 ① 정책지침의 작성 단계(정책지침의 기능과 SOP 개발; PERT, GPM) ② 자원의 확보와 배분 단계(예산 등) ③ 실현활동 단계 ④ 감시·감독 단계로 이루어진다.

넷째, 정책평가 단계는 ① 정책의 결과에 관해 알게 하는 것이며 ② 정책 집행의 결과로 무엇이 발생하였는가를 파악하기 위해 과학적 방법을 적용하는 것이고 ③ 정책이나 사업이 의도하는 목표에 어느 정도 효과적으로 달성되었는가에 관한 정보를 제공하는 것이다(조영승, 2003). 이러한 정책평가의 유형은 평가자가 누구인가에 따라 자체평가, 내부평가, 외부평가 등으로 나눌 수 있고, 평가 단계에 따라 사전평가, 과정평가, 사후평가 등으로 나뉠 수 있으며, 횟수에 따라 1회의 종합평가, 수시평가, 주기적 평가 등으로 나뉠 수 있으며, 횟수에 따라 총괄적 평가와 형성적 평가로 구분한다.

총괄적 평가는 프로그램의 일반적인 효과성에 대하여 요약된 언명(summary statement)을 산출하는 것으로, 이미 집행된 정책이 정책목표를 얼마나 달성하였는지 분석하는 것을 의미하는데, 영향평가, 산출평가, 효과성평가라고 한다(이창호 외, 2016). 반면 형성적 평가는 과정평가라고도 하며, 프로그램을 개선하기 위하여 수행하는 평가이자 프로그램의 개념화와 설계를 위한 평가이다. 즉, 형성평가는 집행이 어느 정도 진행된 정책을 대상으로 그 활동을 모니터링 하여 정책프로그램의 수정과 개선을 탐색한다(이창호 외, 2016). 그 밖에 프로그램 모니터링, 정책영향평가, 프로그램 전략평가, 능률성 평가, 적합성평가, 내부평가, 메타평가, 발전적 평가 등이 있다.

(2) 청소년정책 형성 과정

전술한 일반적인 정책과정의 입장에서 청소년정책도 청소년정책의 의제설정, 청소년정책 결정, 청소년정책의 집행, 정책평가의 일련의 체계적 형성과정을 중심으로 살펴본다(전희일 외, 2018: 133-135).

① 청소년정책의 의제설정 단계

청소년정책의 의제설정 단계는 특정 청소년과 관련된 사회문제가 정책적 해결을 위한 정책담당기구의 관심의 대상으로 부각되어 그것이 정책결정대상 항목으로 선정 혹은 채택되는 과정을 의미한다. 의제설정에는 여러 가지 환경적 요인이 영향을 미치게 된다. 예를 들어 청소년문제에 대한 언론매체의 보도 관련 내용, 세월호 참사 이후의 청소년안전에 대한 적극적인 대응, 청소년 인터넷 게임 중독에 따른 시민단체와 학부모의 인터넷 중독 예방 시스템 요구, 자연권 청소년수련시설들의 청소년참여 감소, 청소년 성매매 증가, 청소년정책 관련 부처의 대처 능력 등을 들 수 있다. 이것이 사회문제인 동시에 사회적 쟁점이 되기도 한다.

② 청소년정책의 결정 단계

정책결정이란 정책과정 중 의제설정 단계에서 정부의제로 채택된 정책문제를 해결할 수 있는 정책대안을 선택하는 일련의 활동이라 할 수 있다. 이러한 정책결정은 미래 지향적이며 행동 지향적이고, 합리적·분석적 과정이며 가치적·정치적 과정이다. 이와 같이 청소년정책의 결정 단계 또한 의제설정 단계에서 정부의제로 채택된 정책문제를 해결할 수 있는 정책대안을 선택하는 일련의 결정 과정이다. 정책결정의 과정은 통상적으로 문제의 정의와 목표설정, 정책목표들 사이의 우선순위 결정, 정책대안의 탐색, 개발 및 설계, 대안결과의 비교평가 및 미래 예측, 최적대안의 선택으로 각 단계를 간략하게 설명하면 다음과 같다(배정수 외, 2021: 29-30).

① 문제의 정의와 목표설정은 정책의제로 선정된 문제의 본질을 정확히 인지하고 효율성, 효과성, 능률성, 공정성, 실현가능성 등 여러 요건을 감안하여 문제해결을 위

한 정책목표를 설정하는 단계이다. ② 정책목표들 사이의 우선순위 결정은 하나의 의제에 다양한 해결방안, 즉 정책목표가 도출될 수 있으므로 이 정책목표들 사이의 여러 요건을 검토하여 선행할 것과 배제할 것 등 우선순위를 정하는 단계이다. ③ 정책대안의 탐색, 개발 및 설계는 우선순위가 결정된 정책목표를 합리적·효율적으로 달성할 수 있는, 동원가능한 모든 정책대안을 탐색하고 개발하는 단계이다. ④ 대안결과의 비교평가 및 미래 예측은 개발된 대안을 비교, 분석하는 단계로 비용-편익분석(Cost-Benefit Analysis), 계량분석, 정책실험 등을 통해 정책의 결과를 예측해 보는 단계이다. ⑤ 최적대안의 선택은 도출된 대안들을 비교·분석하여 목표달성을 위한 가장 효과적인 대안을 선택하는 단계이다.

③ 청소년정책의 집행 단계

청소년정책의 집행 단계란 일련의 청소년정책 과정 가운데 청소년정책결정 단계와 청소년정책평가 단계 사이에서 이루어지는 실천적 단계로서 청소년정책내용을 실현시키는 것이다. 성공적인 청소년정책을 집행하기 위해서는 집행 수단인 예산, 인원, 정보, 권위 등 자원의 확보, 설득, 유인, 강압의 방법 등으로 정책대상집단의 순응을 확보하는 것이 중요하며, 집행자의 능력과 태도, 정책내용의 정확성과 일관성, 집행조직의 구조 등이 중요한 것도 일반적인 정책집행의 내용과 같다. 이에 관한 절차로 ① 청소년정책집행에 필요한 정책지침을 작성한다. ② 청소년정책을 실현하기 위해서는 실현에 필요한 자원을 마련한다. ③ 청소년정책을 실현하는 활동을 한다. ④ 활동 도중이나 종료 후 점검·평가·시정하는 단계로 진행한다. 집행조직은 여성가족부가 청소년정책의 조정 기능을 갖고 있으며, 이를 뒷받침하는 기구로는 청소년정책위원회가 있고, 지방자치단체는 지역청소년정책을 집행하고 청소년육성에 관한 지방자치단체의 주요 시책을 심의하기 위하여 지방청소년육성위원회가 있다. 또한 청소년업무를 전담할 청소년육성전담공무원과 집행기구인 청소년육성정책기구를 「청소년 기본법」에 규정하고 있다.

④ 청소년정책의 평가 단계

청소년정책평가는 정부간여 프로그램의 개념화와 설계, 집행, 효율을 평가하는 데

사회과학적 연구절차를 체계적으로 응용하여 모니터링하고 효과성과 능률성을 판단하고 증진시키기 위한 것이다. 청소년정책의 평가 유형은 일반적인 정책평가 유형과 마찬가지로 형성평가, 총괄평가, 능률성 평가, 적합성 평가로 나뉠 수 있다.

첫째, 형성평가란 과정적 평가로 청소년프로그램이 집행 과정에 있으며 아직도 유동적일 때 프로그램을 개선하기 위하여 수행하는 평가이다.

둘째, 총괄평가란 영향평가, 산출평가, 효과성 평가라고 하는데, 특정 청소년정책이 집행된 후 그 특정의 청소년정책이 효과를 가져왔는가를 알아보는 평가이다.

셋째, 능률성 평가란 특정 청소년정책에 의해 판단된 효과나 편익이 투입된 비용에 비추어 정당화될 수 있느냐 하는 것을 검토하기 위한 평가이다.

넷째, 적합성 평가란 청소년정책이나 사업이 정책적 입장에서 바람직한 것이냐 하는 것을 체계적으로 검토하는 평가이다.

여기서 청소년정책의 평가는 특성상 정책종결이 아니라 매년마다 시행되고 청소년을 대상으로 하는 것이므로 단기적인 정책이 아닌 장기적인 정책이다. 그러므로 성과물도 단시간에 나타나지 않고 사후평가보다 과정상 시행하는 형성평가가 중요하다.

그리고 정책평가의 기준으로 〈표 2-2〉와 같이 효과성, 능률성, 적정성, 형평성, 반응성, 적절성 등이 고려된다(류지성, 2010; 이창호 외, 2016).

표 2-2 정책평가의 기준

유형	평가를 위한 질문	평가기준의 예
효과성	의도한 가치는 성취되었는가?	서비스의 단위
능률성	의도한 가치창출을 위한 비용은?	비용의 단위, 순편익, 비용편익 비율
적정성	정책결과가 문제를 해결한 정도는?	고정비용, 고정효과
형평성	정책 대상 집단에게 비용과 편익은 공정하게 분배되었는가?	파레토 최적기준, 칼도 - 힉스기준, 라울의 기준
반응성	정책결과는 정책 대상 집단의 요구, 기호, 가치를 만족시키고 있는가?	시민의 만족도, 조사와 일치 정도
적절성	정책결과의 실질적 가치는 어느 정도인가?	적합성과 효율성

출처: 류지성(2010). p.487; 이창호 외(2016). p.14.

2. 청소년정책 변천과정

우리나라 청소년정책의 변천 과정은 중앙정부 청소년정책 담당부처 및 주요 관계 법령 제정과 맥을 같이 한다. 청소년정책의 변천과정은 일반적으로 다음의 〈표 2-3〉과 같이 7단계로 나눌 수 있다(여성가족부, 2020: 3-6).

표 2-3 청소년정책의 변천과정

단계	시기	특성	명칭	주무부처(기구)	주요 관계 법령
1단계	1948.8.- 1964.9.	부처별 산발추진	부처별 관련 업무 추진	각 부처	
2단계	1964.10.- 1977.8.	부처차원의 조정	청소년보호 대책 위원회	내무부 무임소장관실	
3단계	1977.8.- 1988.6.	정부차원의 조정	청소년대책 위원회	국무총리식 문교부	청소년육성법 제정
4단계	1988.6.- 2005.4.	정부차원의 조정 부처차원의 총괄 집행	청소년육성위원회	체육부 체육청소년부 문화체육부 문화관광부 문화관광부 국무총리실(청소년보호위원회)	청소년 기본법 제정 청소년 보호법 제정 청소년성보호법 제정 청소년활동 진흥법 제정 청소년복지 지원법 제정
5단계	2005.4.- 2008.2.	청소년조직 통합, 단일청소년 전담 조직 출범	청소년위원회 국가청소년위원회	국무총리실	
6단계	2008.3.- 2010.2.	아동정책과 청소년정책 통합	보건복지가족부	보건복지가족부	
7단계	2010.3.- 현재	여성가족부 개편 및 이관	여성가족부	여성가족부	「학교 밖 청소년 지원에 관한 법률」 제정 「2023 새만금 세계잼버리 스카우트 지원특별법」 제정

출처: 여성가족부(2020). 2020 청소년백서. p. 3-4.

1단계는 1948년 8월부터 1964년 9월까지로, 이 기간은 특별히 청소년정책을 조정하는 정부 행정기구나 전담기구가 없던 시기다. 이 시기 청소년정책은 각 부처별로 청소년과 관련된 정책을 산발적으로 추진하는 것이 전부였다.

2단계는 1964년 10월부터 1977년 8월까지 약 13년간의 시기로서 내무부 및 무임소 장관실에 청소년보호대책위원회를 설치·운영하였다. 주요 업무는 문제청소년에 대한 규제 및 보호위주정책으로 이 시기 청소년정책의 특징은 부처 차원의 조정과 규제·보호위주의 청소년정책으로 요약할 수 있다.

3단계는 1977년 8월부터 1988년 6월까지 11년간으로 볼 수 있다. 이 시기의 가장 중요한 특징은 정부 차원의 청소년 관계정책의 조정이 이루어지기 시작하였다는 것이다. 즉, 국무총리실에 '청소년대책위원회'를 설치하여 범정부적 차원의 청소년정책 조정이 시작되었으며, 1983년 4월부터 1985년 1월까지 청소년정책이 문교부 소관으로 이관되었다가 다시 1985년 2월 국무총리실로 이전되었다. 이때 「청소년문제개선종합대책」(1985~1987)이 수립되었고, 1987년 11월 28일에 청소년정책 발전의 모태라 할 수 있는 「청소년육성법」이 제정 및 공포되었으며, 1988년 7월 1일에 동 법률이 시행되었다.

「청소년육성법」이 제정되기 전까지의 단계는 보호가 필요한 청소년 중심으로 청소년일탈 및 비행 예방, 규제 등 청소년의 긍정적 개발보다는 청소년을 청소년 비행과 같은 사회적 문제를 야기하는 주체이거나 피해대상으로 간주하여 이들을 선도하고 보호하고자 하는 관점이 우세하였다.

4단계는 1988년 6월부터 2005년 4월 청소년위원회가 설치되기 전까지의 시기로 「청소년육성법」의 시행과 함께 출발하였다. 「청소년육성법」이 본격 시행되면서 비로소 청소년에 대한 새로운 시각의 수립과 인식의 전환이 이루어졌다. 하지만 「청소년육성법」의 시행은 단지 선언적 의미로 그쳐 실질적인 청소년정책의 발전을 이루지 못했다는 비판도 있었다. 한편 이 시기는 청소년 관련 전담조직의 설치·운영이 시작되던 시기였다. 즉 이 시기에 전체 청소년에 대한 종합적·장기적 정책을 수립하고 이를 추진하기 위하여 체육부가 관장하는 '청소년육성위원회'가 설치되었으며, 체육부 내에 청소년국이 신설되었다. 이는 청소년정책 조정실로 확대·개편 되었으며, 「청소년 헌장」(구)이 제정(1990. 5. 12.)되었다.

1990년 12월, 체육부의 명칭이 체육청소년부로 변경되면서 청소년업무의 영역이 확장되고 청소년정책이 활성화되기 시작하였다. 이 시기에 우리나라 청소년정책의 근간이 되는 「한국청소년 기본계획」이 수립(1991. 6.)되었고, 「제1차 청소년육성 5개년계획」

이 수립(1993. 6.)되었으며, 「청소년육성법」을 대체하는 「청소년 기본법」이 제정(1991. 12.)되었다. 이후 1993년 문화체육부로 통합되면서 청소년정책조정실은 청소년정책실로 명칭이 변경되었다. 또한 1998년부터 2002년까지 「제2차 청소년육성 5개년계획」이 수립되었으며, 1998년 10월 25일 새로운 「청소년헌장」이 제정되었다. 이와 함께 청소년정책 전담기구에 대한 조정도 함께 이루어졌는데, 문화체육부 청소년정책실 산하에 '청소년보호위원회'를 따로 두게 되었다. '청소년보호위원회'가 1998년 2월 국무총리 산하로 이관됨에 따라 청소년정책은 청소년육성을 전담하는 문화관광부와 청소년보호를 전담하는 '청소년보호위원회'로 분리되었다.

특히 이 기간 동안에 청소년에 관한 주요 관계 법령의 제정과 시행이 이어졌고, 중앙정부 차원의 청소년 중장기 기본계획이 수립·추진되면서 청소년에 대한 긍정적인 관점과 개발(참여와 권리존중)이 본격적으로 확산되었다. 또한 이 시기부터 청소년정책에 대한 국가와 사회의 책임이 강조되기 시작하였다.

5단계는 2005년 4월 청소년정책 조직의 통합과 단일 청소년전담조직이 출범한 이후부터 2008년 2월까지의 시기이다. 그동안 문화관광부와 청소년보호위원회로 이원화되어 있던 청소년 관련 중앙행정조직은 체계적·종합적 정책수행의 곤란과 함께 새로운 청소년정책 환경변화에 능동적으로 대처하는 데 한계를 노정하였고, 나아가 각 부처에 산재한 청소년정책의 총괄조정 역할을 수행하는 과정에서도 어려움을 경험하였다. 이를 극복하기 위해 2004년 12월 17일 '정부혁신 지방분권위원회'는 정부의 청소년기능(육성 및 보호) 통합을 위해 국무총리 소속 '청소년위원회' 설치를 확정·발표하였다. 2004년 12월 20일, '청소년위원회 설립추진단'을 구성·운영하였고, 2005년 4월 27일 국무총리 소속 하의 '청소년위원회'를 공식적으로 발족하였으며, 「청소년 기본법」 개정에 따라 2006년 3월 30일 '국가청소년위원회'로 명칭을 변경하였다. 이 시기에는 위기청소년통합지원체계 등 청소년복지기반이 조성되었고, 청소년참여와 인권 향상을 위한 정책들이 지속적으로 확대되었다.

6단계는 2008년 3월 정부조직 개편으로 인해 아동과 청소년정책의 통합이 추진되면서 청소년정책이 보건복지가족부로 편입된 이후 2010년 2월 여성가족부로 이관되기까지의 시기를 말한다. 하지만 아동정책과 청소년정책의 통합 추진은 상당한 갈등을 겪으면서 결국 여성가족부로 이관되어 다시 분리되기에 이르렀다.

7단계는 2010년 1월 18일 가족 해체 및 다문화가족 등 현안사항에 적극 대응하기 위하여 보건복지가족부의 청소년 및 다문화가족을 포함한 가족 기능을 여성가족부로 이관하는 내용의 「정부조직법」을 개정하고, 여성부가 여성가족부로 개편(2010. 3. 19. 시행)되어 지금에 이르는 시기다. 이 기간에 여성정책의 조정과 종합, 여성의 권익증진 등 지위 향상뿐만 아니라 가족정책이 일층 강화되면서 청소년정책이 여성·가족정책과 연계하는 발전 전략을 지향하게 되었다. 2014년 5월, 「학교 밖 청소년 지원에 관한 법률」이 제정되고, 2015년 5월 동 법률이 시행되면서 학교 밖 청소년을 포괄하여 모든 청소년으로 청소년정책의 대상이 확대되었다. 아울러 이 시기는 사설 해병대 캠프 사고, 세월호 참사 등의 안전사고들로 인해 청소년정책 및 사업에 있어 청소년의 안전이 무엇보다 강조되었다. 또한 2018년 12월, 「2023 새만금 세계스카우트잼버리 지원 특별법」이 제정되고 시행되면서, 세계잼버리 조직위원회 추진단을 구성하여 잼버리 행사 준비를 추진하고 있다.

2018년부터 추진되어 온 「제6차 청소년정책기본계획」은 청소년의 참여를 활성화하고, 청소년이 주도하는 활동을 확대하고 내실화하는 과제 등을 통해 4차 산업혁명에 대처할 수 있는 역량을 신장한다는 적극적인 정책 기조가 강조되고, 이에 대한 구체적인 과제가 추진되고 있다. 청소년정책 변천 과정을 법령, 행정조직, 계획, 정책기조 및 과제, 주요 성과로 나타내면 〈그림 2-1〉과 같다.

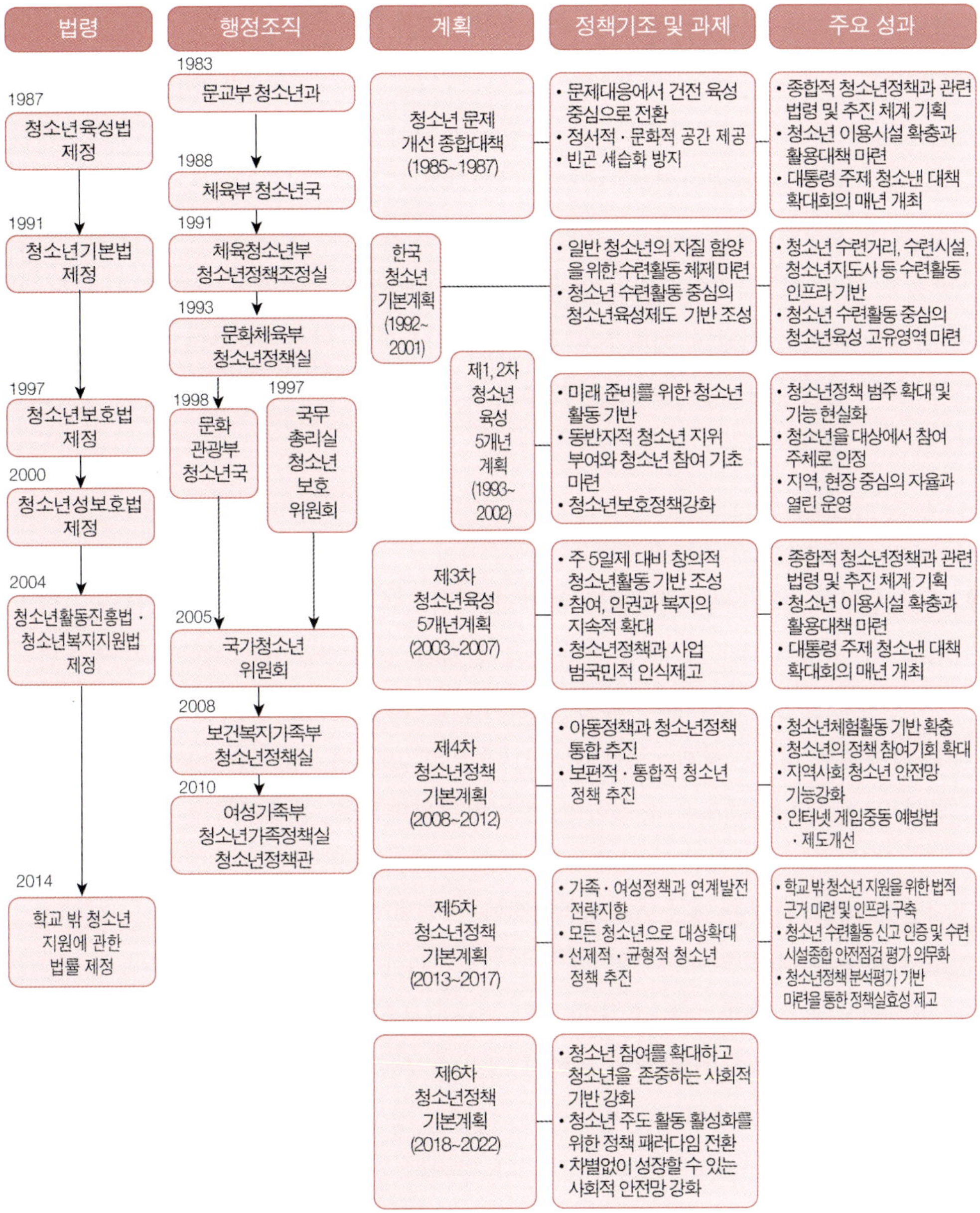

그림 2-1 청소년정책의 변천 과정

출처: 여성가족부(2020). 2020 청소년백서

3. 청소년정책 추진기관

청소년정책 주요 추진기관은 여성가족부이고, 청소년정책과 관련 있는 소관부처는 교육부, 보건복지부, 행정안전부, 법무부, 문화체육관광부, 과학기술정보통신부, 고용노동부, 산업통상자원부, 외교부, 통일부, 중소벤처기업부, 국토교통부, 경찰청, 병무청, 방송통신위원회, 국가인권위원회 등 거의 대부분의 정부부처가 관련되어 있다. 청소년 업무를 최초로 전담한 체육부의 청소년국에서 현재 여성가족부의 탄생까지의 과정은 다음과 같다(여성가족부, 2020: 557-558).

1) 여성가족부

청소년 업무를 전담하는 최초의 정부조직은 청소년 관련 최초의 종합법률인 「청소년육성법」이 시행된 1988년 당시 체육부에 설치된 청소년국이다. 체육부의 청소년국은 1991년 청소년정책 조정실로 확대 · 개편되었고, 1993년 3월에는 정부조직의 통합에 따라 문화체육부 청소년정책실로 변화되었다. 이후 1997년 3월, 늘어나고 있는 유해환경으로부터 청소년을 보호하기 위하여 청소년 유해매체물 · 유해약물에 대한 유통규제와 단속, 유해업소의 청소년 출입 · 고용금지를 주요 내용으로 하는 「청소년 보호법」이 제정되었고 이를 시행할 청소년보호위원회가 1997년 7월 문화체육부에 설치되었다.

청소년 조직은 다시 1998년 2월 정부의 조직개편에 따라 청소년정책실이 청소년국으로 변화되어 문화관광부에 존치되었고, 청소년보호위원회는 국무총리실 소속으로 변경되어 활동하여 왔다. 이렇게 이원화된 청소년 중앙행정조직은 행정기관 분리에 따라 체계적 · 종합적 정책수행이 곤란하였고, 새로운 정책 환경 변화에 능동적으로 대처하기 위한 대응능력이 미비하였다. 또한 각 부처에 산재한 청소년정책의 총괄 · 조정 역할을 시행하기가 어려웠다. 이러한 문제점들을 해결하기 위해 2004년 12월 17일 정부혁신지방분권위원회는 정부의 청소년정책 기능(육성 및 보호)을 통합하는 방안으로 국무총리소속 하에 '청소년위원회' 설치방안을 확정 · 발표하였다.

2004년 12월 20일에 '청소년위원회' 설립 추진단을 구성 · 운영하였으며, 2005년 3월

24일에는 합의제 행정기관인 '청소년위원회' 설치를 위한 관계법률(「청소년 기본법」, 「청소년 보호법」, 「정부조직법」)을 개정·공포하였다. 또한 2005년 4월 11일 국무회의 의결을 거쳐 청소년위원회 직제를 제정하였으며, '청소년위원회'를 공포하였다. 이러한 과정을 거쳐 2005년 4월 27일 국무총리 소속하의 '청소년위원회'가 발족되었으며 이후 「청소년 기본법」 개정에 따라 2006년 3월 30일 '국가청소년위원회'로 그 명칭을 변경하였다.

2008년 3월에는 이명박 정부의 조직 개편에 따라 종전 보건복지부의 아동정책, 여성부의 보육정책, 국가청소년위원회의 청소년 정책을 통합하여 보건복지가족부 아동청소년정책실로 개편되었다. 이와 함께 2008년 2월 29일 유연하고 창의적으로 일하는 정부를 구축하기 위하여 정부기능을 효율적으로 재배치하는 내용으로 「정부조직법」을 개정하였다. 이에 따라 여성가족부가 수행했던 가족 및 보육정책 기능은 보건복지가족부로 이관되었고, 여성가족부는 여성정책의 조정·종합, 여성의 권익증진 등 지위 향상 기능을 수행할 수 있도록 개편되었다.

2010년 1월 18일 가족해체 및 다문화가족 등 현 사안에 적극 대응하기 위하여 보건복지가족부의 청소년 및 다문화가족을 포함한 가족기능을 여성가족부로 이관하는 내용의 「정부조직법」의 개정으로 '여성부'가 '여성가족부'로 개편되어 가족정책 및 청소년 육성· 보호기능 등을 수행하고 있다.

2) 청소년 관련 업무 추진기관

여성가족부를 포함한 중앙정부 부처는 고유기능에 따라 청소년관련 업무를 추진하고 있다. 이에 각 부처의 청소년 관련 업무를 「제6차 청소년정책기본계획」(2018~2022) 상의 정책 영역별로 분류하면 〈표 2-4〉와 같다(여성가족부, 2020: 562).

표 2-4 청소년정책 영역별 소관부처 현황

영역		세부과제	소관부처
1. 청소년 참여 및 권리증진	1-1. 청소년 참여 확대	1-1-1. 지역사회에서의 청소년 참여 확대	여성가족부, 행정안전부
		1-1-2. 학교에서의 참여 및 권익 증진	여성가족부, 교육부, 법무부
		1-1-3. 청소년 참여 방식의 다변화	전 부처

영역		세부과제	소관부처
	1-2. 청소년 권리증진 기반 조성	1-2-1. 청소년 인권 및 권리 의식 제고	여성가족부, 보건복지부, 국가인권위원회, 교육부, 문화체육관광부, 방송통신심의위원회
		1-2-2. 청소년 근로권익 침해 예방 및 보호	여성가족부, 고용노동부, 교육부
		1-2-3. 아동·청소년 여가권 신장	여성가족부, 교육부, 문화체육관광부, 보건복지부
		1-2-4. 청소년 정신 건강권 보호	여성가족부, 보건복지부, 교육부
		1-2-5. 청소년 신체 건강권 보장	법무부, 교육부, 보건복지부, 여성가족부, 식품의약품안전처, 병무청
	1-3. 청소년 민주시민 성장 지원	1-3-1. 청소년 시민의식 함양	선거관리위원회, 여성가족부, 교육부, 법제처, 방송통신위원회, 통일부
		1-3-2. 양성평등 의식제고	여성가족부, 교육부
		1-3-3. 청소년 인성 함양을 위한 지원 강화	여성가족부, 교육부, 문화체육관광부, 방송통신위원회
2. 청소년 주도의 활동 활성화	2-1. 청소년활동 및 성장지원 체계 혁신	2-1-1. 역량 기반 청소년활동 지원체계 구축	여성가족부, 교육부, 중소벤처기업부
		2-1-2. 청소년 주도 프로젝트 활동 활성화	여성가족부, 교육부
		2-1-3. 과학기술·산업분야 핵심인재 양성	교육부, 산업통상자원부, 과학기술정보통신부, 여성가족부, 고용노동부, 중소벤처기업부, 특허청
		2-1-4. 수요자 중심으로 청소년활동 인프라 재구조화	여성가족부
	2-2. 청소년 체험활동 활성화	2-2-1. 청소년 문화예술활동 지원	여성가족부, 문화체육관광부
		2-2-2. 청소년 스포츠 활동 활성화	교육부, 문화체육관광부, 여성가족부
		2-2-3. 국제교류 활성화 및 내실화	여성가족부, 교육부, 외교부
		2-2-4. 남·북한 청소년 교류 기반 조성	여성가족부, 통일부
		2-2-5. 청소년 체험활동 안전관리 강화	여성가족부, 행정안전부, 문화체육관광부, 보건복지부, 교육부, 해양경찰청
	2-3. 청소년 진로교육 체계 강화	2-3-1. 대상별 맞춤형 진로활동 내실화	여성가족부, 교육부, 과학기술정보통신부, 고용노동부
		2-3-2. 학교 밖 청소년 대상 진로교육 강화	여성가족부, 문화체육관광부, 중소벤처기업부
		2-3-3. 진로교육 활성화를 위한 협력 체계 구축	여성가족부, 교육부
		2-3-4. 청소년(청년) 취업 지원 기반 강화	고용노동부, 여성가족부
		2-3-5. 청소년(청년) 창업 활성화	과학기술정보통신부, 금융위원회, 중소벤처기업부, 고용노동부, 교육부

영역		세부과제	소관부처
3. 청소년 자립 및 보호지원 강화	3-1. 청소년 사회안전망 확충	3-1-1. 촘촘한 청소년 복지지원체계 운영	여성가족부
		3-1-2. 위기청소년 조기 발견 및 보호·지원 확대	교육부, 여성가족부, 국토교통부
		3-1-3. 청소년 폭력예방 및 아동 안전 강화	교육부, 보건복지부, 행정안전부, 여성가족부, 경찰청
		3-1-4. 가족관계증진을 위한 서비스 기반 조성	여성가족부, 보건복지부, 문화체육관광부, 법무부, 교육부
		3-1-5. 성범죄로부터 안전한 환경 조성	법무부, 여성가족부, 방송통신위원회, 경찰청
	3-2. 대상별 맞춤형 지원	3-2-1. 학교 밖 청소년 지원 강화	교육부, 법무부, 보건복지부, 여성가족부
		3-2-2. 가출 청소년 지원 강화	고용노동부, 여성가족부
		3-2-3. 비행 청소년 재범 예방 및 회복 지원	법무부, 경찰청, 보건복지부, 여성가족부
		3-2-4. 다문화 청소년 지원 강화	교육부, 통일부, 법무부, 여성가족부
		3-2-5. 청소년 한부모 지원 강화	교육부, 여성가족부
		3-2-6. 저소득층 청소년 자립기반 마련	교육부, 보건복지부, 여성가족부
		3-2-7. 나홀로 청소년 활동·돌봄 지원 강화	교육부, 보건복지부, 여성가족부
	3-3. 청소년 유해환경 개선 및 보호지원 강화	3-3-1. 청소년이 안전한 생활환경 조성	교육부, 보건복지부, 여성가족부, 경찰청
		3-3-2. 유해매체로부터 청소년 보호	교육부, 경찰청, 과학기술정보통신부, 문화체육관광부, 여성가족부, 방송통신위원회, 방송통신심의위원회
		3-3-3. 청소년의 미디어 과의존 예방 및 치유 지원 강화	과학기술정보통신부, 문화체육관광부, 여성가족부, 방송통신위원회
4. 청소년 정책 추진체계 혁신	4-1. 청소년정책 총괄·조정 강화	4-1-1. 청소년정책의 실효성 제고	보건복지부, 여성가족부
		4-1-2. 통합형 청소년정책 전달체계 구축	여성가족부
		4-1-3. 청소년정책 위상 강화	여성가족부
	4-2. 지역·현장 중심의 청소년정책 활성화	4-2-1. 지역사회 청소년활동 지원 확대 및 운영 내실화	여성가족부
		4-2-2. 지자체 청소년정책 추진기반 강화	여성가족부
		4-2-3. 청소년 사업과 기업의 사회공헌활동(CSR)을 이어주는 플랫폼 마련	여성가족부
	4-3. 청소년지도자 역량 강화	4-3-1. 청소년지도자 전문성 강화	여성가족부
		4-3-2. 청소년지도자 처우 개선	여성가족부

출처: 여성가족부(2020). pp. 562-564.

4. 청소년정책기본계획

청소년정책기본계획 수립의 법적 근거는 「청소년 기본법」에서 찾을 수 있다. 「청소년 기본법」 제13조는 국가는 청소년육성에 관한 기본계획을 5년마다 수립하여야 한다고 명시하고 있다. 이 기본계획에는 ① 이전의 기본계획에 관한 분석. 평가, ② 청소년육성에 관한 기본방향과 추진목표, ③ 청소년육성에 관한 기능의 조정, ④ 분야별 주요시책, ⑤ 청소년육성에 소요되는 재원의 조달방법 등 5가지를 반드시 포함하도록 하고 있으며, 국가와 지방자치단체는 기본계획에 의거, 연도별 시행계획을 각각 수립하고 시행하도록 하고 있다. 현재는 청소년기본계획으로 불리는 이 계획은 1차와 2차는 청소년육성5개년계획, 3차는 청소년정책5개년계획으로 명명되었다가 4차부터 현재의 청소년정책기본계획으로 명칭을 변경하였다(배정수 외, 2021: 60).

제1차 청소년육성5개년계획은 1993년부터 1997년에 시행되었고, 그 후 5년마다 순차적으로 청소년정책기본계획을 마련하고 있다. 1998년도 추진된 제2차 청소년육성5개년계획은 정책의 패러다임을 종전의 문제청소년의 선도와 보호 중심에서 정책의 파트너십으로 강조하였고, 중앙 및 공급자 중심에서 지역·현장·수요자 중심으로 정책을 변화하는 성과가 있었다. 2003년도부터 추진된 제3차 청소년정책기본계획은 그동안 청소년육성정책과 청소년보호정책이 이원화된 것을 국무총리 산하의 중앙 행정부처로서 국가청소년위원회를 설치하여 청소년정책을 일원화하여 추진함으로써, 청소년육성정책의 제 개념을 확립하여 청소년활동정책, 청소년복지정책, 청소년보호정책으로 나뉘는 계기가 되었다. 2008년도부터 시행하려던 제4차 청소년정책기본계획은 아동정책과 청소년정책을 통합하려는 의도가 있었으나 청소년정책업무가 여성가족부로 이관됨에 따라 제4차 청소년정책기본계획을 수정·보완하는 정책을 수립하였다. 2013년부터 2017년까지는 제5차 청소년정책기본계획을 수립하여 추진하였고, 2018년부터 2022년까지 제6차 청소년기본정책기본계획이 수립되었다(전희일 외, 2018: 137).

1) 제1차 청소년육성5개년계획

제1차 청소년육성5개년계획의 기본 이념은 우수한 전통문화를 바탕으로 건전한 청소년문화를 창달하고 덕·체·지·예를 고루 갖춘 전인적 민주시민의 자질을 함양하여 청소년들이 신한국의 주인으로 개혁의 성과를 계승 발전시켜 나가도록 하는 것이다(임동호 외, 2019: 34).

(1) 비전과 목표

제1차 청소년육성5개년계획의 비전은 ① 우수한 전통문화를 바탕으로 건전한 청소년문화를 창달하고 ② 덕·체·지·예를 고루 갖춘 전인적 민주시민의 자질을 함양하여 ③ 청소년들이 신한국의 주인으로서 개혁의 성과를 계승·발전시켜 나가도록 함이다.

목표는 ① 투철한 윤리의식을 가진 정직한 청소년 ② 산업사회 역군으로서 근검, 절약하는 청소년 ③ 신한국 건설을 계승할 진취적인 청소년 ④ 통일조국의 미래를 끌고 갈 유능한 청소년이다. 이러한 목표를 추진할 기본방향은 ① 청소년이 각자의 취미와 능력에 따라 자발적으로 심신을 단련하며 소질을 계발할 수 있는 여건을 조성하고 ② 청소년의 활동공간을 확보하고 우수한 프로그램을 개발·보급하며 청소년 단체와 지도자를 육성하며 ③ 청소년이 밝고 건강하게 성장할 수 있도록 건전한 사회 환경을 조성하고 ④ 청소년에 대한 가정·학교·사회의 관심을 제고하고 청소년 대책에 대한 범국민적 참여 분위기를 확산시키는 것이다(전희일 외, 2018: 138).

(2) 추진과제

제1차 청소년육성5개년계획의 정책과제별 주요 사업은 다음과 같다(전희일 외, 2018: 138–139).

첫째, 가정과 학교의 역할 증대이다. 이 사업의 목표달성을 위해 가정의 교육기능을 회복시키고자 가족수련활동프로그램 개발·운영, 청소년사랑방교실 운영, 청소년의 건전한 성장을 위한 부모모임 지원, 학교의 전인교육과 문제학생 지도 강화, 문화체육부와 교육부 간의 실무협의회를 구성·운영하여 학생들의 교외생활 지도 강화, 학생들의 특기 적성 분야를 개발하고 학생수련활동을 강화하고자 1인 1단체 가입을 권장하였고, 중도 탈락한 학생에 대한 대책을 강구하는 과제를 선정하여 추진하였다.

둘째, 청소년 보호 및 선도이다. 이 사업의 목표달성을 위해 무직·미진학 청소년,

농어촌청소년 등 어려운 청소년들에 대한 지원강화, 유흥업소 미성년자 고용단속 등 청소년 유해환경에 대한 감시체계를 구축하였고, 청소년비행의 예방 및 제도 분야에 대한 사업으로 청소년선도반 구성·운영, 가출청소년 신고센터 운영, 청소년 약물남용 예방사업, 다양한 비행청소년 교정 및 교화 프로그램을 개발·운영하였다.

셋째, 건전한 청소년 활동의 지원이다. 이 사업의 목표달성을 위해 다양한 수련활동 프로그램을 개발하여 청소년시설·단체에서 실시하였고, 청소년 관련 단체육성을 계획 실시, 우수청소년지도자를 양성하기 위한 제도적 장치 마련, 청소년 수련시설을 확충·운영 및 적극 지원하였고, 문화·체육시설 등에 청소년수련활동 공간을 확보하여 청소년 수련활동 활성화에 기여하였고, 청소년수련시설 분야에 민간참여를 극대화·활성화하여 청소년수련시설 운영의 내실화를 기하였다.

넷째, 청소년 교류확대의 지원이다. 이 사업의 목표달성을 위해 2가지 영역에서 사업을 시행하였다. 먼저 국제화시대를 맞이하여 국제청소년행사를 개최하여 다문화 등 청소년국제교류를 증진하고 민족동질성 회복을 위해 남북청소년교류를 기획·추진하였다.

다섯째, 국민 참여 확산 및 추진체제를 강화하는 것이다. 이는 청소년육성을 위한 국민 참여의 확산을 위해 신문·잡지를 통한 제도 활동을 강화하였고, 청소년 보호·육성을 위한 건전 캠페인 전개, 청소년육성용 홍보용 영화·비디오를 제작·보급하였으며, 우수청소년 사례집을 발간하여 청소년육성의 중요성을 널리 홍보하였다. 또한 국가청소년육성 추진체계 강화를 위해 관계 기관 협조를 강화하고, 한국청소년개발원의 운영 활성화 및 한국청소년상담원 운영을 시작하였다.

2) 제2차 청소년육성5개년계획

제1차 청소년육성5개년계획의 청소년정책 목표는 청소년 보호·선도·교화로 정하고, 청소년을 미래의 주역에 중점을 둠으로써 청소년들의 현재의 삶이 유보되어 청소년문제와 청소년의 삶의 질의 근원을 해결하기 어려웠다. 이에 제2차 청소년정책기본계획은 청소년을 '오늘의 사회에 중요한 구성원'으로 인정하여 청소년의 권리가 존중되고, 독립된 인격체로서 스스로 생각하고 행동하며 발고 활기찬 창의적인 삶을 영위할 수 있도록 정책의 방향을 설정하였다. 아울러 청소년을 미래의 주역으로서 바른 사고와 행동을 하며, 문화적 감성, 과학능력과 정보화 마인드, 모험심과 개척정신, 봉사와 협력정신, 전문적 직업능력, 국제감각 등 「21세기 청소년상」을 실현함으로써 미래사회가 요구하는 인성과 책임감, 자질과 능력을 갖춘 민주시민으로 성장할 수 있게 하는 것이다(문화관광부, 1998).

1998년에 수립되어 2002년까지 추진된 5개년 중장기 계획이며, 추진부처인 문화관광부의 청소년국에서 청소년육성정책을, 국무총리실 청소년보호위원회에서 청소년보호정책으로 청소년정책을 이원화하여 추진되었다. 제2차 청소년육성5개년계획은 청소년사회의 주인공으로서뿐만 아니라 오늘의 사회구성원으로서 그 권리를 존중해야 한다는 사회적 인식 전환의 토대를 마련하는 데 있었다(전희일 외, 2018: 140).

(1) 비전과 목표

제2차 청소년육성5개년계획의 비전은 ① 청소년이 '오늘의 사회구성원'으로서 행복을 추구하며 스스로 생각하고 활동하는 주체적인 삶을 영위하도록 하고 ② 내일의 주역으로서 21세기 사회가 필요로 하는 인성과 자질을 함양하고, 건강한 정신과 체력을 가꾸어 건강하고 책임의식 있는 민주시민으로 성장해 나갈 수 있도록 하는 것이다. 목표는 ① 청소년의 삶의 질 향상과 건전한 민주시민 의식 함양 ② 21세기 사회를 주도할 수 있는 자질과 능력 배양이다.

중점 추진과제는 5가지로, ① 청소년의 권리보장과 자율적인 참여기회 확대 ② 청소년이 주체가 되는 문화·체육중심의 수련활동 체제 구축 ③ 국제화·정보화 시대의 주도 능력 배양 ④ 청소년의 복지증진 및 자립지원 ⑤ 가정과 지역사회의 역할강화와 참여 확산이다.

이로써 지금까지의 청소년정책의 방향이 전환되었다. 즉 오늘의 사회구성원 및 독립된 인격체로서 ① 미래의 주인공으로서의 권리 유보에서 오늘의 사회구성원으로서의 권익증진으로 ② 성인 주도적 정책대상의 청소년에서 청소년 참여적 정책주체로서의 청소년으로 ③ 공급자 중심시설 위주의 양적 성장에서 수요자 중심 프로그램 중심의 질적 향상으로 ④ 중앙중심의 규제와 닫힌 운영에서 지역 중심의 현장 중심의 자율과 열린 운영으로 정책의 전환이 이루어졌다.

(2) 추진과제

첫째, 청소년의 권리보장과 자율적인 참여확대이다. 세부 추진과제는 청소년의 정책참여 기회 확대, 청소년의 자생·자율 활동지원, 공동체의식을 함양하는 청소년봉사활동 생활화, 청소년의 권리와 시민권 신장이다.

둘째, 청소년이 주체가 되는 문화·체육 중심의 수련활동 체제 구축이다. 세부 추진과제는 청소년이 활동주체가 되는 공간 확충과 운영 활성화, 특성화·차별화된 수련프로그램 개발·보급, 청소년단체의 자율화·자기 특성화, 전문화된 청소년지도사의 양성·배치이다.

셋째, 국제화·정보화 시대의 주도 능력 배양이다. 세부과제는 청소년의 창조적 문화감수성 함양, 지역 간·국가 간 청소년교류의 내실화, 남북 청소년교류 기반 조성, 청소년 정보능력 향상과 정보문화 육성이다.

넷째, 청소년의 복지증진 및 자립지원이다. 세부과제는 청소년 상담활동의 강화, 소외 및 농어촌 청소년을 위한 복지증진, 장애청소년의 자활지원, 청소년의 직업 및 자립 능력 향상이다.

다섯째, 가정과 지역사회의 역할 강화와 참여 확산이다. 세부과제는 올바른 자녀지도를 위한 부모교육, 도덕성 회복을 통한 시민의식 함양, 문제청소년 선도예방, 청소년 유익환경 조성과 유해환경 정화이다.

한편 제2차 청소년육성5개년계획의 원활한 진행을 위해서 추진체제 정비의 세부과제로 청소년육성기금의 조성 확대, 법령제도의 개선과 협의 기능 강화, 청소년 관련 조직의 보강을 제시하였다.

3) 제3차 청소년육성기본계획

제3차 청소년육성기본계획은 제2차 청소년육성5개년계획에서 추진해 온 평가결과를 중시하였다. 당시의 시대적 배경은 청소년인권 상황이 열악하고, 청소년수련활동의 안전사고와 음란사이트 노출, 유해업소 증가 등 청소년문제가 늘어나는 불안한 고용이 점차 증가되었으며, 아울러 노령인구 증가가 가속화되는 고령화 사회로 진입하는 시기였다. 또한 주5일제 근무제 또는 주5일 수업제를 맞이하여 청소년 여가의 수요와 청소년활동의 수요가 증가하는 등 새로운 수요에 다른 정책반영이 필요한 시기이었다.

이 기본계획은 2003년에 수립되어 2007년까지 추진하였다. 추진부처인 문화관광부의 청소년국에서 청소년육성정책, 국무총리실 청소년보호위원회에서 청소년보호정책을 이원화하여 추진해오다가 2005년 참여정부로 청소년정책업무가 이관되면서 양쪽의 청소년육성정책업무와 청소년보호정책업무가 일원화되어 국무총리실 산하의 국가청소년위원회에서 추진하였다. 제3차 청소년육성5개년계획에서는 청소년을 둘러싼 환경변화에 대응하는 적극적이고 포괄적이며 국제적 준거에 맞는 청소년정책의 비전과 목표 및 정책과제 등을 제시하였다(전희일 외, 2018: 142).

(1) 비전과 목표

제3차 청소년육성기본계획은 비전은 ‘도전하는 청소년, 꿈이 있는 사회’이고, 추진이념은 참여, 소통, 체험이다. 이는 효과적인 청소년 참여를 통하여(참여), 적절한 정보제공과 지원을 하고(소통), 지적인 역량강화를 통하여(체험) 양질의 계속적 관계 유지(소통)를 효과적인 청소년 참여라는 순환구조로 형성해 가는 것이었다(전희일 외, 2018).

정책방향은 ① 국가 청소년육성정책의 총괄 기능 강화이다. 이는 제1차 및 제2차 청소년육성5개년계획이 지향했던 문화관광부(청소년국)고유사업 위주의 정책에서 탈피하여 전 부처 청소년육성정책을 포괄하는 종합적인 국가 청소년육성정책 수립하는 것이다. ② 문화예술, 관광, 체육 등과의 연계를 강화하여 시너지효과를 극대화하는 것이다. 이는 문화예술, 관광, 체육 분야의 다양한 인적·물적 자원을 활용하여 연계·협력사업을 개발하고, 지역 문화 기반시설 및 학교교육과의 연계를 통한 협력 사업을 추진하는 것이다. ③ 청소년과 함께하는 청소년정책 추진이다. 이는 청소년정책수립·집행·평가의 전 과정에 청소년의 실질적 참여를 보장하고, 청소년의 인권과 권리를 보장하며 기성세대와의 파트너십을 형성하는 것이다. ④ 과학적 정책 입안 및 관리 시스템을 도입하는 것이다. 이는 청소년개발지표 등 객관적 근거에 입각한 정책입안 및 평가를 정례화하는 것이다. 그리고 시범사업제 도입, 사업지속 여부 판단 및 시행착오를 예방하는 것이다. 또한 청소년을 포함한 국민의 참여를 통해 정책을 입안하여 청소년 정책의 적시성, 현장성을 확보하는 것이다.

추진 전략은 주류화 전략, 지역화 전략, 차별화 전략, 파트너십 전략 이 4가지를 수립하였다. 첫째, 주류화 전략은 이는 청소년의 권익과 지위를 향상하고, 그들의 에너지를 국가발전과 성장의 동력으로 활용하는 것이다. 둘째, 지역화 전략은 중앙정부 중심의 청소년정책 개발과 시행에서 탈피하여 지방자치단체와 지역사회의 역할 및 역량을 강화하는 것이다. 셋째, 차별화 전략은 정책 대상을 연령별, 집단별, 성별로 세분화하여 각각의 요구와 필요에 적합한 맞춤형의 정책과 프로그램을 발굴 및 추진하는 것이다. 넷째, 파트너십 전략은 청소년과 기성세대 간의 파트너십, 지역사회의 청소년 관련 기관·자원 간의 파트너십, 중앙부처 및 지방자치단체 상호 간의 파트너십을 형성하는 것이다.

(2) 추진과제

첫째, 청소년 권리신장 및 자발적 참여기반 구축이다. 세부 추진과제는 청소년 정책 참여 기회 확대, 청소년의 시민·자치권 향상, 청소년 자율·봉사활동 강화이다.

둘째, 주5일제 대비 창의적 청소년활동 여건 조성이다. 세부 추진과제는 청소년활동 시설확충 및 운영 활성화, 특청소년단체 활성화 및 청소년지도자 양성, 청소년 활동 지원 및 특성화, 청소년 문화·예술 활성화, 창조적인 청소년 사이버문화 진흥, 국내·외 청소년교류활동 지원이다.

셋째, 취약계층 청소년 복지 지원 강화이다. 세부 추진과제는 청소년 사회진출 연계 서비스 추진, 소외계층 청소년의 학습권 보장, 학교밖 청소년 지원 확대, 학교 부적응 청소년 지원체제 구축이다.

넷째, 청소년 건강 보호 및 유해환경 정화이다. 세부 추진과제는 청소년 안전과 건강 증진, 청소년 선도·보호 인프라 확충, 청소년 유해환경 정화, 청소년 약물 오·남용 및 성비행 대책 추진, 청소년 폭력 및 학대 예방이다.

다섯째, 추진체제 정비 및 범국민적 참여 확산이다. 세부추진과제는 청소년 관계 법령 및 조직 정비, 청소년 원스톱 지원체제 구축, 청소년육성 재원의 획기적 확충, 범국민적 참여 확산이다.

국가청소년위원회 청소년정책의 방향

제3차 청소년정책기본계획은 2008년도까지 추진기간이었지만 2005년 참여정부가 들어섬에 따라 청소년정책기조도 변화를 맞아 2007년도에는 청소년정책의 방향이 전환되었다. 국가청소년위원회의 청소년정책의 '대한민국 청소년을 세계의 주역으로'라는 슬로건 아래 3가지의 비전을 제시하였다.
첫째, 청소년의 안전과 행복을 추구하는 청소년정책,
둘째, 꿈·희망·도전과 기회를 만들어가는 청소년정책,
셋째, 청소년·부모·지역사회와 함께하는 청소년정책이다.

그 하위 정책목표로는 4가지로 정하였다.
첫째, 청소년잠재역량계발이다. 이는 청소년활동수준제고, 청소년글로벌 리더십함양, 청소년방과후아카데미활성화 등 세부 과제를 선정하고 있다.
둘째, 청소년사회안전망을 구축하는 것이다. 이는 위기청소년통합지원체계구축, 청소년지원서비스확대, 폭력 없는 사회 만들기 국민운동 확상 등 세부 과제를 선정하였다.
셋째, 청소년 참여·권리를 증진하는 것이다. 이는 청소년정책참여확대, 청소년사회참여내실화, 청소년의 권리신장 및 공동체 의식함양 등 세부과제를 선정하였다.
넷째, 청소년의 성장환경을 개선하는 것이다. 이는 청소년생활환경개선, 건강한매체환경조성, 성범죄로부터 안전한 환경조성 등 세부과제를 선정하였다. 또한 혁신과제로서는 청소년시설·단체 DB 및 사전 예약시스템 구축이 있었다.

* 2005년 당시 국가청소년위원회는 청소년정책의 종합 조정기구의 명칭을 기존의 '청소년육성위원회'에서 '청소년정책기관협의회'로 변경하여 청소년육성정책의 제한된 범위에서 벗어나 명실상부한 청소년정책에 대한 협의기구로 전환하고자 하는 정책적 의도를 담고 있었던 것으로 해석된다. 그러나 전반적인 청소년정책의 기조는 여전히 청소년의 건전 육성을 위한 청소년육성정책의 틀에서 탈피하지 못하고 있었다(이광호, 2014).

4) 제4차 청소년정책(수정·보완)기본계획

제4차 청소년정책(수정·보완)기본계획은 수립과 이행에 우여곡절이 많았다. 참여정부에 의해 2007년에 수립된 애초의 계획은 청소년업무가 국가청소년위원회에서 보건복지가족부로, 이후 다시 여성가족부로 이관됨에 따라 2년간 이행계획의 수립이 이루어지는 않는 등 그 정책조정력과 실효성을 상실하였다. 이러한 배경에서 수정과 보완 필요성이 대두되고 잔여기간을 대상을 한 수정계획이 수립되었다(배정수 외, 2021: 71).

구체적인 제4차 청소년정책(수정·보완)기본계획의 배경을 살펴보면, 고령사회 진입과 저출산으로 인한 미래세대 역량강화 동력 부재에 따른 미래인재 양성에 필수적인 핵심역량에 대한 강화가 필요하였고(OECD, DeSeCo, 2005), 청년실업 확대 및 학업·일·훈련도 받지 않는 젊은 층 증가(NEET)에 따른 청소년 진로 및 직업지도 증가가 무엇보다도 필요한 시점이기도 하였으며, 핵가족화, 1인 가구 증가, 맞벌이 증가 등 가족이 전통적 기능이 약화되고 있었다. 이로 인해 부모－자녀 간 소통 및 자녀에 대한 정서적 지지 약화 등 가족 기능 약화에 따른 대책을 강구하여야 했으며, 컴퓨터, 인터넷, TV시청, 게임 등 미디어 관련 생활습관, 비만 등 청소년들의 신체적·정신적 건강 및 안전 위해요인이 증가하였고, 다문화 아동·청소년, 학업중단, 가출, 비행 등 위기청소년이 증가하였다. 또한 아동·청소년대상 성범죄 증가 및 학교 폭력 저연령화, 청소년 음주율·흡연율·아동 학대 증가 등 청소년 유해환경이 급증함에 따라 제4차 청소년정책기본계획이 수정·보완되었다(전희일 외, 2018: 147).

(1) 비전과 목표

제4차 청소년정책기본계획의 비전은 '꿈을 키우는 청소년, 희망을 더하는 가족, 밝은 미래사회'이다. 즉 청소년은 자기주도적 역량을 바탕으로 꿈을 키우고 실현하고, 꿈이 있는 청소년으로 성장하면서 건강한 가족 구성원으로 자리 잡고, 행복하고 안정적인 가족 관계를 형성하고, 함께 키워낸 청소년과 행복한 가족을 통해 지속 발전하는 미래사회를 구현토록 하는 것이다.

목표인 기본방향은 ① 통합적 청소년정책 ② 보편적 청소년정책 ③ 수요자 중심 청년정책이다. 통합적 청소년정책은 가족, 학교, 지역사회가 함께 청소년을 보호·지원하는 정책 구현으로, 청소년정책과 가족·여성정책을 연계하여 시너지 효과 창출, 범부처적으로 교육·고용·복지 등 청소년을 둘러싼 모든 정책영역과의 연계발전을 위한 실효성 있는 방안을 모색하는 것이다. 보편적 청소년정책은 모든 청소년의 '역량강화' 및 '기회균등'을 통한 미래 성장동력을 양성하고, 성, 인종, 문화, 국적, 지역, 계층에 관계없이 소외되거나 배제되지 않는 보편적인 서비스망을 구축하는 것이다. 수요자 중심

청소년정책은 중앙부처 중심에서 청소년·부모의 정책 체감도 제고를 위한 지역수요 맞춤형 정책 추진과 청소년·부모, 교사·청소년지도자 등 중간수요자, 지자체 등 다층적 수요자의 수요를 충족시키는 것이다.

(2) 추진과제

제4차 청소년정책(수정·보완)기본계획은 4대 분야 12대 중점 과제와 100대 세부 추진 과제를 선정하였다.

첫째, 청소년의 자기 주도적 역량 증진이다. 중점 과제는 다양한 체엄활동기회 확대, 시민역량 증진 및 인성교육 강화, 자기 주도적 진로개척 지원이다.

둘째, 가족 기능 및 사회안전망 강화이다. 중점 과제는 건강한 가족 기능 강화, 청소년 사회안전망 조성, 청소년 유형별 맞춤형 서비스 강화이다.

셋째, 건강하고 안전한 성장환경 조성이다. 중점 과제는 유해환경으로부터 보호, 도시계획 수립 시 유해업소 접촉 최소화 방안 마련 등 청소년 인터넷 게임중독 및 유해환경매체로부터 보호, 유익한 환경조성, 청소년 친화적 사회문화조성이다.

넷째, 청소년정책 추진체계 정비이다. 중점 과제는 청소년시설·단체·전문 인력의 역량 강화, 지역 중심 추진체계 개편, 범부처정책 총괄 조정 기능 강화이다.

(3) 추진방향의 한계

기본방향은 3가지 정책으로 나타났는데 그 한계는 다음과 같다(전희일 외, 2018: 147–148).

첫째, 통합적 청소년정책 추진이다. 이것은 특히 가족, 학교, 지역사회가 함께 청소년을 지원·보호하는 정책을 구현하고, 가족·여성정책을 연계하여 시너지를 창출하는 한편 범부처적으로 교육·고용·복지 등 청소년을 둘러싼 모든 정책영역과의 연계발전을 위한 실효성 있는 방안을 모색하고자 하는 것이다. 그러나 국가 청소년정책은 20여개 중앙부처 분산, 추진되어 총괄조정기구인 '청소년정책관계기관협의회'가 거의 제 기능을 발휘하지 못하였고, 정책의 추진 목표설정과 추진체계의 체계성 부족으로 소기의 성과를 달성하지 못했다.

둘째, 보편적 청소년정책 추진이다. 이는 모든 청소년의 '역량강화' 및 '기회균등'을 통한 미래 성장 동력을 양성하는 것이다. 그러나 청소년지도자의 역량개발지원 미흡,

국민의 정책인지도·체감도의 낮음으로 인한 정책의 한계를 드러냈다.

셋째, 수요자 중심 청소년정책 추진이다. 이는 중앙 중심에서 청소년·부모의 정책체감도 제고를 위한 지역수요 맞춤형 정책을 추진하는 것이다. 그렇지만 아직도 공급자 중심의 정책 추진과 종적인 정책전달체계의 미흡으로 나타났다. 또한 앞서 지적한 바와 같이 이 계획은 각 과제들이 2010년 12월에 확정된 관계로 2011년 정부예산을 반영할 시간적 여유가 없었고, 제4차 청소년정책기본계획이 2012년에 만료되고 2012년에 다시 제5차 기본계획을 마련해야 하는 행정절차뿐만 아니라 「청소년 기본법」 등 관련 법령 개편을 통한 통합적 정책 추진의 가시적 성과를 나타내는 것이 쉽지 않았다.

5) 제5차 청소년정책기본계획

제5차 청소년정책기본계획은 그 수립 배경을 청소년을 둘러싼 환경의 변화와 청소년들의 현실 요구를 반영한 미래지향적이고 실효성 있는 계획의 필요에 두고 있다. 구체적으로 환경의 변화 측면에서는 청소년 인구의 감소, 가족구조 및 형태의 변화, 청소년 생활환경의 변화, 사회적 양극화 심화, 한국사회의 다문화 가속, 스마트 미디어의 영향력 증가, 기타 사회·경제적 환경의 변화를 들고 있다. 청소년 현실 요구의 반영 측면에서는 청소년들의 가장 큰 고민거리는 공부나 직업 선택의 어려움, 청소년 핵심역량 수준의 미흡, 청소년 신체, 정신건강 수준의 약화, 청소년 가치관의 부정적 변화 등을 들고 있다. 제4차 청소년정책기본계획에 대한 평가를 기반으로 전문가 T/F 및 분야별 자문단 구성, 의견수렴을 위한 토론회, 시설, 단체, 공무원 등 지역 현장 의견수렴과 정책간담회 및 관계 부처 협의 등 여러 단계를 거쳐 수립되었다(배정수 외, 2021: 74).

제5차 청소년정책기본계획의 수립방향을 4가지로 제시하였다(여성가족부, 2012). 첫째, 기본성격은 선제적 청소년정책이다. 급변하는 청소년 관련 사회·경제적 환경을 미리 예측하고 선제적으로 대응할 수 있도록 청소년정책의 국가정책 우선순위를 부여하는 것으로, 환경변화에 적극적으로 대응하고 범부처 및 지역사회 연계·발전과 주관부처의 총괄·조정기능을 강화하는 것이다.

둘째, 정책대상으로 포괄적 청소년정책이다. 문제 중심의 청소년정책이 아닌 모든 청소년을 대상으로 정책수요자인 청소년의 요구와 참여에 기초한 정책수립으로, 「청소년 기본법」에서 명시하는 청소년(9~24세)을 모두 포괄하고 청소년이 직접 참여하는 정책을 추진하는 것이다.

셋째, 정책내용은 균형적 청소년정책이다. 미래 국가성장 동력으로 균형 있는 성장을 위해 청소년 활동·복지·자립·보호 등 정책 영역 전반에 걸쳐 정책을 추진하는 것으로, 청소년 개인의 역량강화뿐만 아니라 청소년의 성장에서 자립에 이르기까지 세심한 정책서비스를 지원하는 것이다.

넷째, 정책효과는 실질적 청소년정책이다. 정책수요자인 청소년을 최우선적으로 고려하여 실질적으로 청소년을 위하고 국민이 공감하는 체감도 높은 정책을 추진하는 것으로, 정책 추진체계를 효율적으로 정비하고 정책의 성과평가 및 환류체계를 강화하는 것이다.

(1) 비전과 목표

제5차 청소년정책기본계획의 비전은 '청소년이 행복한 세상, 청소년이 꿈꾸는 밝은 미래'이다. 목표는 청소년의 역량 함양 및 미래핵심인재 양성, 청소년의 자기주도적 참여와 권리증진, 청소년의 균형 있고 조화로운 성장, 청소년의 안전하고 건강한 생활환경 조성이다. 정책과제는 5대 영역으로 청소년의 다양한 역량강화, 청소년 참여 및 권리증진, 청소년 복지 및 자립 지원, 청소년 친화적 환경 조성, 청소년정책추진체계 강화이다. 15대 중점과제와 75개 세부과제로 구성되어 있다.

(2) 추진과제

제5차 청소년정책기본계획에서 추진하고 있는 5대 영역별 15대 중점과제는 다음과 같다.

첫째, 청소년의 다양한 역량강화이다. 중점과제는 청소년역량증진 활동 강화, 글로벌·다문화 역량강화, 청소년의 인성 및 민주시민 교육 강화이다.

둘째, 청소년의 참여 및 권리증진이다. 중점과제는 청소년의 참여 활성화, 청소년의 건강권보호, 청소년 권리증진 기반 조성이다.

셋째, 청소년의 복지 및 자립 지원이다. 중점과제는 대상별 맞춤형 서비스 강화, 위기청소년 보호·지원 강화, 청소년(청년) 진로체험 및 자립 지원이다.

넷째, 청소년 친화적 환경 조성이다. 중점과제는 건강한 가정 및 지역사회 조성, 안전한 생활환경 조성, 건전한 매체환경 조성 및 의식제고이다.

다섯째, 청소년정책 추진체계 강화이다. 중점과제는 범부처 정책 총괄·조정 기능 강화, 청소년 지원 인프라 보강, 청소년정책 추진 기반 강화이다.

6) 제6차 청소년정책기본계획

제6차 청소년정책기본계획(2018~2022)은 청소년이 미래를 준비하는 존재일 뿐만 아니라 현재 삶을 영위하는 존재라는 인식에 기초한다. 이에 따라 제6차 청소년정책기본계획은 청소년들이 공정하고 안전한 사회 환경 속에서 자기주도적 참여와 활동을 통해 현재를 즐길 수 있도록 하고, 미래사회에서 요구되는 역량을 갖추는 데 필요한 종합적인 지원을 추진하는 것을 핵심 방향으로 설정하고 있다. 이와 더불어 청소년들이 스스로 기획하고 도전하는 활동을 통해 민주시민으로 성장할 수 있도록 청소년 참여를 확대하고 청소년을 존중하는 사회적 기반을 강화하는 데 필요한 과제들이 제시되어 있다. 또한 청소년들이 급속한 사회변화에 적응할 뿐만 아니라 도전하고 협력하는 창의·융합인재로 성장하도록 지원하기 위해서는 청소년정책의 패러다임을 공급자 중심이 아닌 수요자인 청소년 중심으로 전환하여야 하므로, 청소년이 주도하는 활동으로 프로그램을 개편하고 수요자 중심의 청소년 인프라를 구축하기 위한 과제들도 포함한다(여성가족부, 2020).

아울러 사회적 격차와 빈곤 등 어려운 여건에 있는 청소년들이 차별 없이 성장할 수 있도록 사회적 안전망을 강화하며, 청소년들이 찾아오기를 기다리기보다는 직접 찾아가는 서비스를 확대하여 지속적이고 충분한 지원 아래 성인기로 이행할 수 있도록 종합적 보호·지원 체계를 마련하기 위한 정책들을 포함한다(여성가족부, 2020).

청소년정책의 추진체계와 관련하여 지방자치단체의 청소년정책에 대한 관심과 이행을 촉구함으로써 청소년정책에 대한 투자를 확대하도록 유도하고, 지역과 현장의 전문성을 제고하며, 청소년시설의 체질을 성과 지향적 조직으로 개선하는 것을 주요 정책

방향으로 설정하고 있다(여성가족부, 2020).

(1) 비전과 목표

제6차 청소년정책기본계획의 비전은 '현재를 즐기는 청소년, 미래를 여는 청소년, 청소년을 존중하는 사회'를 조성하는 것이다.

목표는 청소년 참여 및 권리증진, 청소년 주도의 활동 활성화, 청소년 자립 및 보호지원 강화, 청소년정책 추진체계 혁신이다. 12개 중점과제와 144개 세부과제로 구성되어 있다.

(2) 추진과제

제6차 청소년정책기본계획에서 추진하고 있는 4대 목표별 12개 중점과제는 다음과 같다.

그림 2-2 제6차 청소년정책기본계획(2018~2022)의 비전, 정책목표, 중점과제

출처: 여성가족부(2020). p. 8.

첫째, 청소년 참여 및 권리증진이다. 중점과제는 청소년참여 확대, 청소년 권리증진 기반 조성, 청소년 민주시민 성장 지원이다.

둘째, 청소년 주도의 활동 활성화이다. 중점과제는 청소년활동 및 성장지원 체계 혁신, 청소년 체험활동 활성화, 청소년 진로교육 지원 체제 강화이다.

셋째, 청소년 사회안전망 확충이다. 중점과제는 대상별 맞춤형 서비스 강화, 대상별 맞춤형 지원, 청소년 유해환경 개선 및 보호지원 강화이다.

넷째, 청소년정책 추진체계 혁신이다. 중점과제는 청소년정책 총괄·조정 강화, 지역 중심의 청소년정책 추진체계 강화, 청소년지도자 역량 제고이다.

제6차 청소년정책기본계획 비전, 정책목표, 중점과제는 〈그림 2−2〉와 같다.

우리나라 청소년육성정책은 「청소년 기본법」 제13조, 제15조에 근거하여 청소년의 건강한 성장 지원을 위해 매 5년마다 수립되는 법정 국가 기본 계획으로 1993년 9월 제1차 청소년정책 기본계획을 수립한 이래 제6차 청소년기본계획을 수립하여 시행하고 있다. 그동안 추진해 온 청소년육성정책 기본계획의 기본 방향에 대한 내용을 정리하면 〈표 2−5〉와 같다(여성가족부, 2016; 임동호 외, 2019: 33−34).

표 2-5 청소년육성정책의 변천과 내용

구분	정책기조	주요 성과
청소년대책 관련 사업 추진계획 수립(1977~1984) 청소년종합대책 세부추진계획 수립(1985~1987) 청소년육성종합계획(1988~1990)	• 사후교정보다 사전예방 강조 • 정서적·문화적 공간 제공 • 빈곤의 세습화 방지	• 종합적 청소년정책 계획의 기본 틀 마련 • 청소년 건전활동 지원 강화 • 대통령 주재 청소년 대책 확대회의 개최(매년)
한국청소년정책 기본계획(1992~2001)	• 일반 청소년의 자질 함양을 위한 수련활동 체제 마련 • 청소년 수련활동 중심의 청소년 육성제도 기반 조성	• 청소년정책의 법·제도·기반 시설 확충 • 수련시설 건립 및 수련활동 제도화
제1차 청소년육성 5개년계획(1993~1997)	• 청소년을 학생, 미래의 주역으로 • 선도, 보호, 교화 위주의 청소년 정책	• 독자적 국가정책 영역 설정 • 93종의 수련 프로그램 개발 • 청소년지도사 자격제도 시행 • 청소년수련시실의 양적 증가

구분	정책기조	주요 성과
제2차 청소년육성 5개년계획(1998~2002)	• 동반자적 청소년 지위 부여 • 소수문제 청소년보호 위주의 다수 청소년육성정책 시도 • 청소년을 정책의 참여 및 파트너로 인식	• 청소년을 사회 구성원으로 독립된 인격체로 상정 • 청소년을 참여·정책 주체로 인식 • 다수의 청소년활동지원 • 지역·현장 중심의 자율과 열린 운영 시도
제3차 청소년육성 5개년계획(2003~2007)	• 주 5일제 대비 창의적 청소년활동 기반조성 • 참여, 인권과 복지의 지속적 확대	• 청소년행정체계의 통합 일원화 • 위기청소년 통합지원 등 청소년복지 기반 조성 • 청소년정책과 사업 추진체계 정비
제4차 청소년정책기본계획(2008~2012)	• 생애주기적 접근 • 수요자 맞춤형 접근 • 전문영역 간 체계적 연계 • 보편적, 통합적 청소년정책추진	• 청소년체험활동 기반 확충 • 청소년의 정책 참여기회 확대 • 지역사회 청소년 안전망 기능 강화 • 인터넷 게임 중독 예방 법·제도 개선
제5차 청소년정책기본계획(2013~2017)	• 가족·여성 정책과 연계발전 전략 지향 • 모든 청소년으로 대상 확대 • 신체적·균형적 청소년정책 추진	• 학교 밖 청소년 지원을 위한 법적 근거 마련 및 인프라 구축 • 청소년 수련활동 신고 인증 및 수련시설 종합 안전점검 평가 의무화 • 청소년정책 분석 평가 기반 마련을 통한 정책 실효성 제고
제6차 청소년정책기본계획(2018~2022)	• 청소년 참여 및 권리증진 • 청소년 주도의 활동 활성화 • 청소년 자립 및 보호지원 강화 • 청소년정책 추진체계 혁신	

출처: 임동호 외(2019). p. 32

첫째, 청소년의 다양한 역량강화 영역으로서, 청소년들의 균형 있는 성장을 위해 다양한 체험활동 기회를 확대하고 글로벌 역량강화를 위한 청소년 국제 교류를 활성화하며, 청소년문화의집 등 청소년 역량개발 추진체제를 확대하고 지역사회 협력을 통한 청소년 체험활동을 꾸준히 활성화하고 있다. 또한 인성·배려·나눔 함양을 위해 청소년 시기에 꼭 필요한 자원봉사활동, 기부활동, 인성 및 민주시민 교육을 지원하고 있다.

둘째, 청소년의 참여 및 권리 증진 영역으로서, 정책의 주체인 청소년들이 직접 정책 결정과정에 참여할 수 있는 기회를 확대하고 다양함 매체를 활용해 적극적인 참여를 유도하며, 청소년들의 의견이 실질적으로 반영될 수 있는 제도적 장치를 마련하고 있다. 또한 청소년의 신체적·정신적 건강 강화를 위한 지원 및 UN아동권리협약 권고 사항에 대한 이행을 점검하여 청소년 권리교육을 강화하는 내용을 담고 있다.

셋째, 청소년의 복지 및 자립 지원 영역으로서, 소득 양극화에 따른 취약계층 청소년 지원 확대 및 대상별 맞춤형 서비스를 강화하고 지역사회 청소년 통합지원체계를 확대·강화하고 있다. 이로써 빈곤, 학교폭력, 가출, 인터넷 중독, 학업중단 등 위기 청소년 및 취약계층 청소년을 체계적으로 지원하며, 학교에서의 진로교육 강화 및 지역사회 진로체험 기회를 확대·추진하는 한편, 원활한 성인기로의 이행을 위하여 창업, 취업지원 및 주거 문제 해결을 위한 실질적 정책을 추진하고 있다.

넷째, 청소년 친화적 환경 조성 영역으로서, 청소년들의 삶의 질을 높이기 위한 종합적인 사회안전망을 구축하고 청소년들이 안전하고 폭력 없는 환경에서 건강하게 성장할 수 있도록 가정 및 학교, 지역사회 등 생활환경 전반을 청소년 친화적으로 조성하며 청소년유해매체에 대한 체계적·통합적인 관리체계를 구축하여, 청소년유해매체 대응능력 제고를 위한 매체교육을 강화하고 있다.

다섯째, 청소년정책 추진체계 강화 영역으로서, 청소년정책에 관한 주요 사항의 심의·조정 기능을 실질적으로 강화하기 위하여 기존의 청소년정책 관계기관 협의회를 청소년정책위원회로 개편하고, 지방자치단체 청소년육성위원회의 위상을 강화하고 청소년전담과 설치 등 지방자치단체 청소년 정책 추진 체계를 정비하며, 청소년정책 추진에 있어서 민간의 참여와 역할 확대, 청소년지도자의 처우개선 및 역량강화, 청소년 정책 영향 평가제 도입을 위한 청소년 정책의 합리적이고 과학적인 정책 추진 기반 마련을 도모하고 있다.

제 3 장 청소년행정

1. 행정의 이해

1) 행정과 청소년행정의 개념

(1) 행정의 개념

행정의 사전적 의미는 국가 통치 작용 가운데 입법 작용과 사법 작용을 제외한 국가 작용으로, 법 아래에서 법의 규제를 받으면서 국가 목적 또는 공익을 실현하기 위하여 행하는 능동적이고 적극적인 국가 작용을 말한다. 일반적으로 행정이란 조직의 공동목표를 설정하고 설정된 공동목표를 달성하기 위한 체계적·합리적인 수행방법 및 집단적 협동행위를 의미하며, 공공행정은 국가 또는 공공기관에서 행하는 행정을 말한다(배정수 외, 2021: 85).

행정은 일반적으로 행정법에서 바라보는 측면과 행정학에서 바라보는 측면에 있어서 다르게 정의하고 있다. 행정학에서 행정은 만족할 만한 정설이 없다. 일반적으로 정치행정의 이원론과 정치행정 일원론으로 구분하기도 한다. 즉 과학과 기술을 강조하는 이원론과 정치성을 강조하는 일원론으로 구분할 수 있다. 이러한 토대로 행정관리설, 정치기능설, 행정행태설, 발전기능성, 신행정학으로 나누어 다음과 같이 설명할 수 있을 것이다(전희일 외, 2018: 38–39).

① 행정관리설

1880년에서 1930년대까지로 윌슨(W. Wilson) 등이 행정을 하나의 관리 분야로서 법이나 정책을 구체적으로 집행하고 관리하는 것으로 보는 정치·행정 이원론 입장이다.

② 정치 기능설

1930년대 이후, 디목(M. E. Dimock), 애플비(P. H. Appleby) 등이 주장한 설로 행정관리설과 달리 적극적인 정책결정 및 입법 기능까지 담당하는 정치·행정 일원론 입장이다.

③ 행정행태설

1940년대에서 사이먼(H. A. Simon)이 주장한 것으로, 행정의 연구에 있어서 가치판단이나 제도보다는 인간 형태의 경험적·실증적 연구를 통한 행정의 과학화를 도모하는 것이다. 새 이원론이라고 한다.

④ 발전기능설

1960년대의 발전행정론자인 에스먼(M. J. Esman), 와이드너(E. W. Weidner) 등이 주장한 것으로, 행정이 정치에 대한 우의적 입장에서 스스로 정치, 경제, 사회의 발전목표 설정에 적극적으로 참여하여 국가발전을 주도하는 역할을 담당하는 것이다. 새 일원론이라고도 한다.

⑤ 신행정학

1960년대 말에 반전통주의적인 신행정론 운동에서 비롯되어 1968년 9월 Minnowbrook 회의에서 왈도(D. Waldo)와 전통적인 행정학에 대한 반감으로 가치 중심주의적인 새로운 방향이 논의되어 행정의 대외적 관계인 대응성(고객, 환경 등)을 보다 중요시하고 능률성과 효과성을 바탕으로 사회적 형평성의 지향을 주장한다. 또한 공통적인 특징으로는 적실성 있는 행정의 추구, 실증주의에서의 탈피, 환경적 격동성에의 적응, 사회적 형평성, 광범위한 참여, 가치규범의 중시, 통태적 환경 등이 있다.[1)]

행정법학자들이 바라보는 행정의 정의는 형식적 의미의 행정과 실질적 의미의 행정

1) 1960년대의 광범위한 대학가의 반전 운동, 민권 운동의 확산, 베트남전쟁에서의 패배, 소수민족문제, 사회적 형평의 요구, 풍요 속의 빈곤 등이 소용돌이 속에서 주체성을 잃어 가는 행정의 역할과 영역에 대한 회의로부터 출발하여 행정의 적극적 봉사 기능 수행의 주장을 배경으로 전개하였다.

을 사용하는 입장에서 논의할 수 있다(전희일 외, 2018: 39-41).

첫째, 형식적 의미의 행정이란 행정의 실질적 내용이나 기능과 관계없이 제도나 조직상의 권한을 토대로 행정을 인식하는 입장으로 보는 것과 국가의 삼대 기능인 입법, 집행, 사법 중 사법부가 주로 담당하는 집행을 행정으로 정의하는 입장을 말한다.

둘째, 실질적 의미의 행정이란 행정의 고유 성질과 그 기능을 중심으로 행정의 개념을 파악하려는 입장으로 부정설, 긍정설, 다수설로 설명된다.

① 부정설은 법단계설과 기관양태설로 구분된다. 법단계설이란 켈젠(Kelsen)이 주장한 것으로서 입법은 헌법의 직접적 작용이고, 행정·사법은 헌법의 간접적 작용으로 본질적 차이는 없다는 의미이다. 기관양태설이란 머클(Merkle)이 주장한 것으로 입법은 합의체 기관, 사법은 독립체 기관, 행정은 상하 계층제 기관과 같이 기관의 모양이 다를 뿐이라는 설이다.

② 긍정설은 소극설과 적극설, 결과실현설, 결합설로 구분된다. 소극설은 다른 말로 국가공권설 또는 공제설이라고도 한다. 이 설은 국가작용 중에서 입법과 사법을 제외한 나머지 작용을 행정으로 간주하는 설을 말한다. 적극설은 다른 말로 목적설 또는 이익설이라고도 한다. 이 설은 오토 마이어(Otto Mayer)가 주장한 학설로 국가가 자신의 목적을 달성하기 위해서 활동하는 것이며 입법 작용도 사법 작용도 아니라는 설이다. 결과실현설은 다른 말로 양태설 또는 성질설이라고도 한다. 프린너(F. Fliner)가 주장한 학설로 법 아래서 국가 목적을 달성하려는 능동적이고 형성적인 국가 활동이라는 설이다. 결합설은 소극설에 따라 비행정의 영역을 제외한 후 적극설에 따라 행정의 개념적 징표를 구체화하자는 설을 말한다.

③ 다수설은 포르스트호프(E. Forsthoff)가 주장한 학설로 행정은 정의할 수 없고 다만 기술만 할 수 있을 뿐이라는 설을 말한다.

한편 청소년행정도 일반 행정과 마찬가지로 목표달성을 위해 조직을 효과적으로 관리하기 위해 일반 행정에서 적용되고 있는 8개의 관리기능인 POSDCoRBE을 따른다. 귤릭(Gulick)과 어윅(Urwick)이 제시한 POSDCoRBE는 기획(Planning) 조직화(Organizing), 인사(Staffing), 지휘(Directing), 조정(Coordinating), 보고(Reporting), 예산(Budgeting)을 말한다.

(2) 청소년행정의 개념

청소년행정이란 '정부의 청소년정책과 계획들을 실행하는 데 관련된 국가 통치 작용'이다(김광웅 외, 2009: 5). 청소년행정의 개념 정의는 행정을 정의하는 입장에 따라 많은 차이가 있으나, 여기에서는 일반적으로 행정을 정의하는 입장에 따라 국가공권설, 조건정비설, 정책집행설 및 행정행위설로 나누어 살펴보기로 한다(국무총리 청소년보호위원회, 2002: 16-18).

① 국가공권설

행정을 국가통치권 중 하나의 작용으로 파악하는 것으로, 행정이란 삼권분립의 헌법체제를 전제로 하여 입법과 사법을 제외한 일체의 국가작용을 의미한다(흔히 공제설이라고 한다). 따라서 청소년행정이란 청소년을 대상으로 하여 이미 규정된 법을 해석하여 실제로 적용하는 과정으로 볼 수 있다.

행정이란 법규를 해석하여 적용한다는 점에서 국가공권설의 입장을 법규해석적 정의라고도 한다. 따라서 국가의 여러 행정작용 중 특히 청소년에 관한 법규를 집행하는 행정 즉, '청소년에 관한 행정'이 청소년행정이라고 쉽게 이해할 수 있다.

이러한 청소년행정은 국가가 주체가 되어 행하는 관료적 성격을 띤 관치행정이며, 지방자치단체는 국가가 위임하는 사무일 뿐이고 고유사무는 아니라는 입장이며, '위에서 아래로(from the top down)'의 행정으로서 권위주의적, 비민주적 행정이라고 볼 수 있다.

② 조건정비설

국가공권설과 달리 청소년행정이란 어디까지나 청소년을 위한 행정이며 청소년의 욕구와 필요를 충족시켜주고 청소년이 건전하게 성장·발달하고, 그들을 정신적·육체적·정서적·사회적으로 건전하게 육성할 수 있도록 하는 데 요구되는 제반여건을 조성해 주는 것이라는 입장이다.

제반 여건에는 인적·물적·재정적 측면이 다 포함되며, 따라서 행정이 청소년 위에 군림하는 것이 아니라 청소년을 상위에 놓고, 그 밑에서 그들을 위해 봉사하고 지원하는 보조적·수단적 성격을 띠는 것이 청소년 행정의 모습이다. '아래에서 위로(from the bottom up)'의 행정으로서 지방분권적, 민주적 행정이라고 볼 수 있다.

③ 정책집행설

자유민주주의 국가라 하더라도 권력적 요소를 수반하지 않는 행정이란 생각할 수 없는 것이기 때문에 행정을 실제로 움직이고 있는 여러 사회적 힘을 기초로 해서 파악하려는 움직임과, 단순한 법규의 해석 및 적용이 아닌 정책의 결정까지도 행정으로 보는 입장, 즉 정치와 행정을 이원적으로 보지 않고 일원적으로 파악하려는 움직임에서 나온 것이 정책집행설이다.

이 입장에서 청소년행정을 정의한다면 청소년에 관한 정책을 수립하고 이를 국가권력을 통해서 실현하는 과정을 의미한다.

④ 행정행위설

오늘날 행정의 연구동향은 여러 분야의 행정, 예컨대 공공행정, 교육행정, 기업행정, 병원행정, 호텔행정 등 특수분야의 행정들이 공통적으로 가지는 속성, 즉 공통성을 강조하는 경향이 있다. 이러한 공통성을 추구하기 위해 행동과학이나 사회과학 등 종합과학적 또는 관련 분야 상호 간의 협동적 노력에 의해 개념을 규정하려는 접근에서 나온 것이 행정행위설이다. 이를 청소년 행정에 적용해 보면, 청소년행정이란 청소년을 위해 설립된 조직의 목표를 합리적으로 달성하기 위해 조직 구성원의 협동행위를 이룩하려는 작용을 의미한다.

⑤ 포괄설

앞에서 청소년행정의 개념을 4가지 입장에서 정의하여 보았으나, 그 어느 하나의 입장만이 배타적으로 타당하거나 최선의 것이라고 주장할 수는 없다. 왜냐하면 청소년행정이라는 하나의 동일한 현상을 각각의 시점과 시각에 따라 강조점을 달리하였다고 볼 수 있기 때문이다. 따라서 이들 네 입장을 이해하고 용납하면서 각각의 부족한 점을 상호보완하여 포괄적으로 파악할 때 비로소 청소년행정의 의의가 분명해진다는 것이 포괄설이다.

즉 국가공권설의 입장에서는 청소년에 관한 법을 무시하거나 국가권력 작용 없이 이루어질 수 없고, 청소년행정의 지침이 되는 청소년에 관한 정책집행설 또한 헌법을 위시한 실정법 체계에서는 국가공권설과 상호 불가분의 관계에 있다. 청소년을 위한 행정으로서 청소년의 욕구와 필요를 충족시키는 등 청소년을 전신적, 육체적, 정서적, 사회적으로 건전하게 육성할 수 있도록 하는 데 요구되는 제반 여건을 조성해 주는 조건정비설도 반드시 관련 법규의 규정을 따라야 하기 때문에 국가공권설을 배제할 수 없다. 한편, 청소년의 특수성으로 인해 청소년행정이 다른 여러 분야의 행정과의 상호 협력적 노력 없이는 청소년행정의 목적이나 성과를 달성할 수 없다는 점에서 행정행위설을 수용하지 않을 수 없다. 이와 같은 입장을 포괄적으로 정의해 보면 다음과 같이 청소년행정을 정의할 수 있을 것이다(남정걸, 1994; 전희일 외, 2018: 53-54).

청소년행정이란 '청소년들의 인격을 완성하고 국가와 사회에 기여할 수 있는 건전한 자질을 향상시키기 위해 청소년에 관한 법규와 정책을 집행하고 청소년육성에 필요한 제반 조건을 정비·확립하며, 청소년 단체나 시설의 조직 구성원들의 합리적 협동행위를 조성하는 수단적, 지원적 봉사활동 과정'이라고 구체적이며 포괄적으로 정의할 수 있다(전희일 외, 2018: 54).

2) 행정 이념과 청소년행정의 기본원리

(1) 행정 이념

행정 이념이란 행정발전의 평가 기준으로서 흔히 행정은 어떠하여야 된다든가 바람직한 행정은 어떠한 것이라고 말하는 경우의 지침이 되는 것, 또는 이상을 제시하는 것을 의미한다. 바꾸어 말해 행정이 지향하는 최고 가치, 이상적인 미래상 또는 행정철학, 행정의 지도정신을 의미한다고 할 수 있다. 행정의 이념과 관련된 범주에는 정의, 공익, 복지, 형평, 자유, 평등 등의 개념뿐만 아니라 능률성, 효과성, 합법성, 합리성, 민주성 등도 포함될 수 있다. 이와 같이 다양한 행정 이념은 모두 필요하고 중요하지만 당시의 시대적 요청과 정신에 따라 우선적으로 강조되는 이념이 부각될 수 있다. 본서에서는 행정 이념을 합법성, 능률성, 민주성, 효과성, 효율성으로 설명할 수 있다(신복기 외, 2019: 23).

① 합법성

합법성은 행정 활동이나 과정이 법의 테두리 내에서 법률적 합법성을 지니고 이루어져야 한다는 것을 의미한다.

② 능률성

능률성은 행정의 투입에 대한 산출의 비율 즉, 적은 투입으로 산출을 극대화시키는 것이며 제한된 자원으로 최대의 산출을 성취할 수 있는 대안을 선택하는 것을 의미한다.

③ 민주성

민주성은 행정과정의 민주화를 통하여 국민 의사가 우선하고 국민 의사를 존중·반영시키는 행정, 국민 전체의 복리를 위한 행정, 국민에게 책임을 지는 행정을 의미한다.

④ 효과성

효과성은 목표의 달성도를 의미한다. 즉 행정이 어떠한 시기에 성취하고자 내세운 목표를 최대한 달성하여야 한다는 것으로 질적 개념이라는 점에서 양적 개념인 능률성과 차이가 있고, 능률성과 효과성을 합쳐서 효율성이라고 부른다.

⑤ 효율성

효율성이란 조직이 공공서비스를 산출하는 데 필요한 비용과 제공된 공공서비스의 비율이다. 효율성은 주어진 비용과 인원 범위 내에서 성과를 최대로 올리려고 노력하는 행정 활동을 평가하기 위해서 필수적인 가치이다.

(2) 청소년행정의 기본원리

청소년행정의 원리란 청소년정책의 수립과 집행 및 평가에 이르는 전 과정에서 지켜야 할 기본방향이나 지침 또는 준거를 말하며, 타당성, 참여성, 포괄성, 안정성, 실현성으로 설명할 수 있다(국무총리 청소년보호위원회, 2002: 21-23).

① 타당성

청소년행정의 정당성은 새시대와 미래사회의 주역이 되는 청소년의 건전 육성을 지원한다는 목표를 도외시하여서는 안 된다는 것으로 합목적성의 원리라고도 할 수 있다.

② 참여성

참여성은 민주사회에서 일반 공공정책 결정 과정의 공리처럼 되어 있는 것으로, 결정된 정책에 의해 영향을 받는 집단이나 인사를 가능한 한 많이 참여시켜야 한다는 것이다. 청소년정책의 목표집단인 청소년의 인구규모와 단체·시설이 다양하고 정부 관련 부처만 하더라도 거의 모든 부처가 망라되어 있으며, 가정, 학교, 대중매체, 사회의 일반인에 이르기까지 관심집단이 많기 때문에 청소년정책의 수립에서 평가에 이르는 과정까지 이들의 참여를 도외시할 수 없는 것이 청소년행정의 특수성이라 할 수 있다.

③ 포괄성

정책의 내용범위가 다양하므로 이를 다 포함시켜야 한다는 것이다. 청소년 교육, 수련, 보건, 노동, 환경, 가정, 문화, 오락, 여가활동, 비행, 범죄, 교정, 선도, 보호 등 정책내용이 매우 광범위하므로 어느 한 분야에 편중됨 없이 포괄적으로 정책이 수립되어야 하고 상호 관련적으로 시행되어야 한다.

④ 안정성

청소년행정은 안정성, 계속성, 일관성이 있어야 한다. 청소년들은 각자 나름대로의 존엄한 가치를 인정받아야 할 인격체이므로 이들을 대상으로 하는 정책이나 활동이 시행착오를 거듭하여서는 안 되며, 청소년행정이 상사나 상부지향, 행정편의주의적, 실적위주나 졸속적으로 결정되고 시행, 평가된다면 청소년의 건전 육성을 지원하기는커녕 오히려 이를 저해하는 장애요인이 되어 문제만 낳는 결과를 초래할 수 있다.

⑤ 실현성

청소년정책은 구체적으로 실현 가능해야 한다. 청소년행정이 행정과 청소년단체 및 시설의 활동 프로그램으로 구체화되어 청소년의 삶의 질과 복지가 향상되고 청소년들이 자주적 민주시민으로서, 국가사회의 유능한 구성원으로서 구실을 할 수 있을 때 비로소 정책의 효과가 나타날 수 있다.

3) 청소년행정의 특징

일반적으로 우리 사회에서 행정이라 함은 공공행정(public administration)을 지칭한다. 공공행정은 정부조직에서 이루어지는 행정과정이지만 행정은 기업, 학교, 병원 등 다른 조직에서도 존재한다. 따라서 행정이 기업조직에서 이루어지면 기업행정 또는 경영, 학교조직에서 이루어지면 교육행정, 병원조직에서 행해지면 보건행정이라 한다(황성철 외, 2020: 23). 이러한 맥락에서 청소년조직에서 이루어지는 행정은 청소년행정이라고 할 수 있다. 청소년행정이 일반 행정과 다른 점은 휴먼서비스이며 청소년에게 직접 제공하는 모든 서비스를 포괄한다는 점이다. 즉, 도덕적 가치를 지닌 사람 그 자체를 서비스대상으로 한다(신복기 외, 2019). 청소년에게 직접적으로 서비스를 전달하고 서비스 이용과정에 당사자의 선택과 자기결정 등 직접 참가하는 과정이 강조된다는 점에서 일반 행정과 다르다.

(1) 행정의 보편적 특성

행정의 보편적인 특성으로는 첫째, 행정은 공익을 추구하고 둘째, 행정은 사회적 형성 작용을 한다. 셋째, 행정은 주로 공공주체에 의하여 수행되며 공익의 효율적 실현을 위하여 일반적으로 법적 의무를 본질로 하는 고관적 지위를 가진다. 넷째, 행정은 개별적 사안과 특정한 계획의 실현을 위하여 구체적 조치를 취하는 작용이며 일반적·추상적 규율을 정립하는 입법과 구별한다(전희일 외, 2018: 53-54).

청소년행정은 넓은 의미에서 사회복지행정의 영역으로 볼 수도 있다. 왜냐하면 사회복지영역에 청소년영역이 포함이 되고, 또한 「사회복지사업법」 제2조(정의) ①항의 사회복지업 유형에 「청소년복지 지원법」이 포함되기 때문이다. 이러한 맥락에서 한국복지행정학회(2015: 22-23)가 사회복지행정과 일반 행정의 공통점으로 제시한 11가지를 살펴보면 다음과 같다. ① 행정은 일차적으로 문제해결의 과정으로서 문제의 확인, 문제가 지닌 다양한 측면의 연구, 문제해결을 가능하게 할 계획의 개발, 계획의 집행, 후속의 효과성 평가 등을 포함한다. ② 행정은 상호 연관되고, 상호 작용하는 부분들의 체계나 집합체이다. ③ 행정은 대안선택에서 가치판단의 요소를 포함한다. ④ 행정은 개인이나 집단이 보다 효과적으로 기능할 수 있도록 해주는 '역량부여 과정(enabling process)'으로 간주된다. ⑤ 행정은 상당 부분 '미래(futures)'와 관련되어 있다. ⑥ 행정에서 지식과 기술의 사용은 일상화된 관례적인 절차이기보다는 창조적인 측면을 지닌다. ⑦ 행정은 재화와 서비스의 생산 및 최대의 효율성을 촉진하기 위하여 프로그램, 서비스, 직원을 구조화하는 일과 관련되어 있다. ⑧ 행정은 어느 정도 공공 의지(public will)를 집행하는 일과 관련되어 있다. ⑨ 행정은 관리운영을 객관화하여 공정성을 기하는 것과 인적 자원을 활용하는 것 사이에 적절한 균형을 유지하는 일을 포함한다. ⑩ 행정은 개별 직원들을 지위와 인정에 따라 대우해 주는 일과 그들이 조직의 목표, 가치, 방법들을 긍정적인 방향으로 인식하도록 하는 일과 관련되어 있다. ⑪ 의사소통, 직원 간 집단관계, 그리고 기관 행정에 대한 참여 등이 전문적 관심의 주된 영역들이다.

(2) 청소년행정의 특성

청소년행정의 고유한 특성은 다음과 같다(전희일 외, 2018: 55-56).

첫째, 청소년행정은 청소년을 위한 행정이다. 청소년행정의 이념이나 목표는 청소년의 욕구나 필요를 충족하고 청소년이 개인적으로나 사회적으로 유능한 인격을 함양시킨다. 또한 청소년이 사회공동체의 일원으로서 건전한 자질을 갖도록 지원하고 봉사하며 청소년의 복지를 증진할 수 있도록 조장하는 것이다.

둘째, 청소년행정은 청소년을 대상으로 하는 행정이다. 청소년은 아동기에서 성인기로 넘어가는 과도기적 단계인 사회심리학적 특성을 고려하여 이루어져야만 한다.

셋째, 청소년행정은 고도의 탄력성, 비정형성을 지닌다. 청소년이 학생 청소년, 근로청소년, 비행청소년 등 다양하게 유형화될 수 있고, 학생청소년은 중학생, 일반계 고등학생, 실업계 내지 특성화 고등학생 등으로 구분된다. 그리고 유형별로 욕구와 필요에 차이가 있고 이러한 차이를 행정에 반영하기 위하여 청소년행정은 탄력성을 지닐 필요가 있다.

넷째, 청소년행정은 고도의 협력성을 지닌다. 청소년행정업무는 국무총리, 여성가족부, 교육부, 문화체육관광부, 보건복지부 등 여러 조직에 분산되어 있고, 이 조직들 간의 협력이 절실히 필요하며 이를 위한 조정 기능이 발휘되어야 한다.

다섯째, 청소년행정은 여론을 반영하고 공개적으로 이루어져야 한다. 청소년이 사회

각계각층의 관심이 되고 있고 청소년뿐만 아니라 청소년 관련 단체들도 청소년 정책 결정에 직·간접적으로 참여하며, 청소년보호대상인 경우 청소년 보호자의 의견을 경청하는 등 여론에 민감해야 한다. 그리고 청소년 NGO 등에 의한 정부감시 기능수행으로써 공개적으로 이루어져야 한다.

여섯째, 청소년행정은 전문성이 요구된다. 청소년행정은 청소년이라는 고유의 대상을 지니고 있으므로 청소년에 대한 전문적 지식을 갖춘 사람들에 의하여 청소년행정이 이루어져야 한다. 예를 들어, 「청소년 기본법」 제25조 및 제26조에 의하면 지방자치단체에 청소년육성전담기구와 청소년 육성전담공무원을 둘 수 있고 그 자격은 청소년지도사, 청소년상담사로 한정하고 있다.

4) 청소년행정의 범주와 분류

(1) 청소년행정의 범주

청소년행정의 범주는 청소년수련활동, 청소년복지, 청소년환경, 청소년문화, 청소년교류, 협의의 청소년문제, 청소년상담 등으로 구분할 수 있다(국무총리 청소년보호위원회, 2002: 23-25).

① 청소년수련활동

청소년수련활동(youth activities)[2]은 청소년들이 조화로운 인격체를 형성하기 위하여 자발적으로 공동체를 구성하고, 생활권이나 자연권 속에 마련된 수련터전의 수련모임에 참여하여 청소년지도사의 도움을 받아 심신단련, 자질배양, 취미개발, 정서함양, 봉사활동 등 배움을 실천하는 전문적·의도적·집단적·체계적 체험활동이다. 청소년수련활동은 학교교육의 학업활동이 지향하는 지성 개발을 포함하면서도 지성을 덕성으로 연결시켜 참된 지성으로 승화시키는 적극적인 목적과 기능을 가진다.

2) 청소년수련활동은 일반적인 청소년의 여가활동과는 구별된다. 즉, 청소년수련활동은 전문적 수련거리, 기준에 따른 수련시설, 유자격 지도자(청년지도사) 등의 요건을 갖추어야 하는 「청소년 기본법」상의 수련활동 영역에 해당하는 전문적·체계적 활동이다.

② 청소년복지

청소년복지는 청소년의 도덕적 능력 함양에 영향을 미치는 기본적 욕구를 충족케 하고 사회적 위험을 해소하기 위하여 정신적·신체적·물질적 요소를 지원하는 사회적 기능을 말한다. 이러한 청소년복지의 영역은 일반 청소년의 복리신장, 결손 청소년의 복지증진 등으로 구분하여 살펴볼 수 있다. 청소년복지는 보통의 청소년들이 일반 사회생활을 하는 가운데서 인권, 건강, 근로가 보호되고 신장되도록 하는 기능과 장애, 빈곤, 가정불우 등 결손 청소년이 그 결손을 보완하여 보통 청소년으로 자랄 수 있게 하는 기능을 포함하는 것이다.

③ 청소년환경

청소년환경이라 함은 자연적 환경과 사회적 환경을 대상으로 하여 도덕적 능력의 함양에 좋은 영향을 미치는 청소년환경을 보존하거나 조성하는 기능과 유해한 영향을 미치는 청소년환경을 순화, 제거하는 역할을 수행한다. 청소년환경은 도덕적 능력 함양에 큰 영향을 미치므로, 청소년육성에서 정책적으로나 이론적으로 새로운 관점에서 적극적으로 다루어야 하며, 21세기에는 청소년 성장발달에 있어서 가장 중요한 과제가 될 것으로 전망된다.

④ 청소년문화

청소년문화는 청소년의 입장을 이해하여 지원하고 지도하는 가운데 조화로운 성장발달을 도모할 수 있고, 전통문화와 미풍양속을 전승하도록 함으로써 현대적 문화의 흡수와 아울러 민족공동체의 문화적 정체성을 이어갈 수 있도록 역할을 수행한다.

⑤ 청소년교류

청소년교류는 국내 지역 간, 국가 간, 해외동포 간, 남북한 간의 청소년들이 상호 교류하게 함으로써 청소년들의 인간관계 조절능력을 배양하고, 다양한 문화를 접촉하게 하며, 국내 지역 간의 이해심을 높이고, 한민족의 동질성을 회복하며, 세계정신을 함양하는 의도적인 활동을 의미하는 것이다.

⑥ 협의의 청소년문제

협의의 청소년문제는 외부적으로 나타난 비행이나 일탈, 고민, 갈등, 불만 등 내면적 문제까지 포함하여 구체적인 접근으로 사전에 문제를 해결하는 예방적 기능을 수행하는 것으로, 관용과 포용으로 청소년을 올바른 삶의 길로 인도하는 역할을 수행하여야 한다.

⑦ 청소년상담

청소년문제는 기존에는 협의의 입장에서 일부 문제청소년을 대상으로 하여 왔으나, 광의의 입장에서 본다면 청소년문제는 고민, 욕구좌절, 문제의식 등을 포함하며 전체 청소년들이 논의의 대상이 되어야 한다. 이러한 청소년문제를 해결하기 위해 보통의 청소년을 대상으로 하는 청소년상담이라는 개념의 도입이 필요하며, 청소년상담은 청소년행정이 지향하는 청소년의 도덕적 능력 함양을 위해 여타의 청소년행정의 영역을 지원한다는 점에서 보완적 기능을 담당한다고 할 수 있다.

(2) 청소년행정의 분류

청소년행정은 그 내용에 따라 행정주체, 목적, 법적 효과, 법적 기속, 법적 형식에 따른 분류 등으로 구분할 수 있다(정하중, 2012; 전희일 외, 2018: 64-69).

① 행정주체에 따른 분류

행정주체라 함은 행정권을 담당하고 행정법상의 권리와 의무의 구속주체가 되는 당사자를 의미한다. 행정은 그것을 수행하는 주체에 따라 직접국가행정, 간접국가행정, 위임행정으로 구분한다.

첫째, 직접국가행정은 보통 시원적인 행정주체라고도 한다. 국가가 행정주체가 되어 자신의 고유기관을 통하여 행하는 행정을 말하며, 자신의 존재와 권한을 어떤 다른 기관으로부터 위임 내지 수권하지 않는다.

둘째, 간접국가행정은 국가의 고유기관을 통하여 수행될 뿐만 아니라 조직상으로 그리고 법적으로 독립된 공공단체들인 지방자치단체, 공공조합, 영조물법인 등의 행정주체에 의하여 수행되는 경우를 말한다.

셋째, 위임행정은 국가나 공공단체, 특히 지방자치단체가 스스로의 행정기관을 통하여 행정사무를 처리하지 않고 다른 행정주체나 사법상의 단체 및 사인에게 위임하여 처리하는 경우를 말한다.

② 목적에 따른 분류

목적에 따른 분류는 내용에 의한 분류라고도 하며, 질서행정, 급부행정, 유도행정, 계획행정, 공과행정, 조달행정으로 구분된다.

첫째, 질서행정이란 명령과 강제를 특징으로 공공의 안녕과 질서에 대한 위해방지를 목적으로 하는 행정을 말한다. 예를 들어, 도로교통의 단속, 영업활동의 규제, 재난구호 등을 들 수 있다.

둘째, 현대사회가 복지국가를 지향함에 따라 점차 확대되고 있는 급부행정은 행정주체가 주는 수단을 통하여 개인 또는 단체를 돌보며 이들의 이익 추구를 촉진시켜주는 행정을 말한다. 예를 들어, 위기청소년에 대한 특별지원, 생활 무능력자의 생활보호, 가난한 청소년에 대한 장학금 지급, 각 지역에 청소년수련시설, 도서관, 각급학교 등의 설립과 유지 등을 통하여 시민의 제반 생활 조건을 보장하고 개선시키는 행정을 들 수 있다.

셋째, 유도행정이란 행정주체가 사회·경제·문화생활 등 모든 영역에 걸쳐 촉진시키며 일정한 방향으로 이끌어 가는 행정을 말한다. 예를 들어, 청소년활동 진흥을 위하여 문화적 욕구 충족을 위한 예술이나 동아리 활동의 장려, 지역의 균형 발전과 건전한 청소년육성을 위해 청소년수련시설 설치에 대한 자금지원 및 조세감면 등을 들 수 있다.

넷째, 계획행정이란 사회변화를 예측하고 이에 따라 필요한 인적·물적 자원의 수급계획을 마련하는 행정을 말한다.

다섯째, 공과행정이란 행정주체가 주어진 임무를 수행하기 위하여 자금이 필요한데 이러한 자금을 조달하기 위하여 국가가 국민에게 조세, 수수료, 분담금 등을 부과·징수하는 활동을 말한다.

여섯째, 조달행정이란 행정주체가 자신의 임무를 수행하기 위하여 필요한 자금 이외에 제반 인적·물적 수단이 필요한데 이러한 제반 인적·물적 수단을 확보하고, 유지 및 관리하는 활동을 말한다. 예를 들어, 청소년육성을 위한 청소년 관계법, 「국가재정법」 및 「국유재산법」 등이 이를 뒷받침하고 있다.

③ 법적 효과에 따른 분류

행정이 국민에게 주는 법적 효과의 성질을 기준으로 할 때 침해행정과 수익행정, 복효행정으로 구분된다.

첫째, 침해행정은 행정주체의 명령·강제의 활동 수단으로 개인의 법적 보호 영역을 침해하는 행정을 말한다. 즉 국민의 자유와 재산을 제한하거나 국민에게 새로운 의무나 부담을 부과하는 행정을 말한다. 예를 들어, 토지수용, 교통제한, 영업금지, 조세금 부과 등을 들 수 있다.

둘째, 수익행정은 개인에게 금전이나 편익을 주거나 또는 이미 부과된 의무나 부담을 해제하는 행정 작용을 말한다. 예를 들어, 청소년수련시설에 보조금을 교부하거나 위기청소년의 생활을 보호하고 공공시설을 설치·유지하는 작용을 의미한다.

셋째, 복효행정은 제3자 효행정행위라고도 하는데 침해행정과 수익행정을 동시에 가지는 행정을 말한다. 즉 일방에게 이익을 주고, 타방에게는 불이익을 주는 행정행위를 말한다. 예를 들어, 공해업체의 설립허가와 같이 기업체에게는 수익적 효과를 주지만 인근 주민에게는 불이익을 주는 경우이다.

④ 법적 기속에 따른 분류

행정은 법적 기속의 강도에 따라 기속행정, 재량행정 그리고 법으로부터 자유로운 행정으로 구분할 수 있다.

첫째, 기속행정이란 행정법규가 어떠한 요건 하에서 어떠한 행정활동을 할 것인가를 임의적·확정적으로 규정하기 때문에 행정주체는 다만 기계적으로 법규를 집행하는 경우를 말한다. 예를 들어, 조세행정은 전형적인 경우로 일정한 소득이 있는 자는 반드시 법률에서 정한 세금을 납부하여야 한다.

둘째, 재량행정이란 행정법규가 법률요건이 충족되는 경우 행정청에게 수 개의 동가치적인 법률효과에 관한 선택의 권한을 주는 경우를 말한다. 예를 들어, 「청소년 기본법」 제25조에서 "시·도, 시·군·구 및 읍·면·동 또는 제26조에 따른 청소년육성전담기구에 청소년육성 전담공무원을 둘 수 있다."라고 규정한 경우에 해당 지방자치단체에 청소년육성 전담공무원을 배치할 수도 있고, 하지 않을 수도 있다.

셋째, 법으로부터 자유로운 행정이란 행정활동이 법률에 의하여 전혀 규율되지 않고 순전히 행정주체의 창의와 주도하에서 수행되고 있는 경우를 말한다. 즉 청소년수련시설을 설치하고자 하더라도 인근 도로건설의 여부, 도로건설의 장소나 방법 등이 법에 전혀 규정되어 있지 않아 행정청에 스스로 맡겨지는 경우이다.

⑤ 법적 형식에 따른 분류

행정은 공법의 형식으로 행하여지는 것이 원칙이지만 부분적인 영역에서 사법형식으로 행하여지는데, 이는 공법행정(고권적 행정, 권력행정)과 사법행정(좁은 의미의 국고행정, 넓은 의미의 국고행정)으로 구분한다.

첫째, 공법행정을 고권적 행정이라고 하며, 행정이 공법의 규율을 받아가며 공법의 형식으로 행하여지는 경우를 말한다. 공법행정에서도 명령·강제수단을 사용하여 행하여지는 행정을 권력행정이라고 한다. 예를 들어, 경찰처분, 조세부과, 고용부담 등을 들 수 있다. 공물과 영조물의 설치 및 관리, 공기업의 운영 등 명령·강제적 성격이 약하고 공법상의 계약 등 비권력적 행정수단을 사용하는 행정을 관리행정 또는 단순 고권적 행정이라 한다.

둘째, 사법행정(국고행정)이란 제한된 범위에서 사법의 규율을 받으며 사법의 형식으로 행하여지고 있는 행정을 말한다. 이는 좁은 의미의 국고행정과 행정사법(行政私法)에 의한 행정으로 구분된다. 좁은 의미의 국고행정이란 행정주체가 자신에게 필요한 물자를 조달하는 행정이나 행정주체의 영리 경제적 활동을 말한다. 예를 들어, 은행 또는 기업 등의 대주주로서 경영에 참여 등이 이에 속한다. 행정사법에 의한 행정이란 급부행정 영역에서 행정목적을 직접 수행하기 위해서 사법형식으로 활동하는 경우를 말한다.

2. 청소년행정 전달체계

사회복지에서 전달체계란 급여 또는 서비스를 효율적으로 수혜자에게 전달하기 위하여 어떠한 조직을 통해서 실천할 것인지 전략을 선택하는 것이다(Gilbert & Specht, 1986 : 119). 따라서 청소년행정에서 전달체계는 청소년서비스의 공급자인 공·사 기관과 수혜자인 청소년을 연결시키기 위한 조직적 장치라고 말할 수 있다. 이와 같은 정의에 비추어 볼 때, 전달체계는 조직체인 모든 공·사 기관들이 정부의 정책 혹은 민간기관의 방침에 따라서 그 조직에 속해 있는 인력이 클라이언트에게 어떤 성질의 서비스를 제공하느냐를 결정 짓게 되는 것이므로, 청소년행정을 효과적으로 실현하기 위해서는 전달체계의 활동이 필수적임을 알 수 있다(신복기 외, 2019).

1) 중앙조직의 행정체계

(1) 여성가족부의 행정조직체계

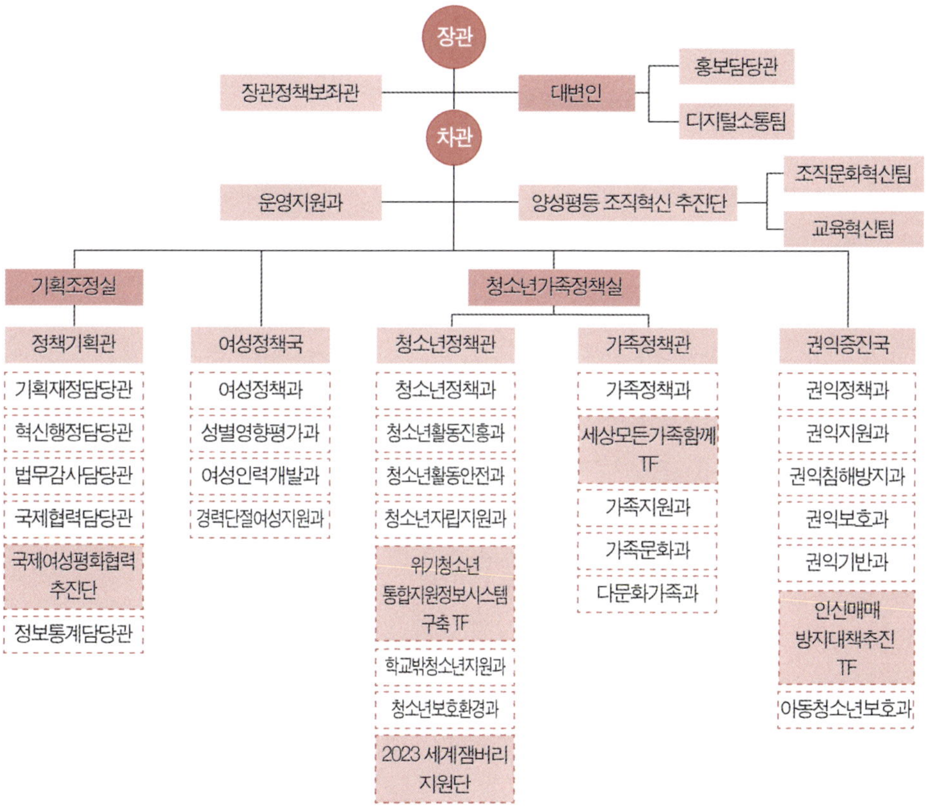

그림 3-1 여성가족부 조직

출처: 여성가족부(2020). p. 558.

여성가족부의 행정조직체계는 〈그림 3-1〉과 같이 장관과 차관 아래 기획조정실과 청소년가족정책실의 2개실로 구성되어 있고, 청소년정책과 관련된 담당 행정체계는 청소년정책관 아래 청소년정책과, 청소년활동진흥과, 청소년활동안전과, 청소년자립지원과, 학교밖청소년지원과, 청소년보호환경과의 6개과와 권익증진국의 아동청소년보호과로 구성되어 있다.

(2) 여성가족부 청소년가족정책실 업무

여성가족부 청소년가족정책실의 조직은 청소년정책관과 가족정책관으로 구성되며, 그중 청소년정책관은 청소년정책과, 청소년활동진흥과, 청소년활동안전과, 청소년자립지원과, 위기청소년 통합지원정보시스템 구축 TF, 학교밖 청소년지원과, 청소년보호환경과, 2023 세계잼버리 지원단의 업무를 관장하고 있다. 여성가족부 청소년가족정책실 청소년정책관의 조직과 기능은 〈표 3-1〉과 같다.

표 3-1 청소년정책관의 조직과 기능

구분	내용
청소년정책과	• 청소년정책에 관한 중장기 기본계획의 수립 및 조정 • 중앙부처 및 지방자치단체 청소년정책의 협의·조정 총괄 • 청소년정책 관련 법령의 관리·운영 • 청소년정책관계기관협의회의 운영 • 청소년정책 전담 기구·공무원 등 전달체계에 관한 사항 • 관계 기관 청소년정책의 평가 및 지원에 관한 사항 • 청소년의 달 등 청소년 관련 행사 및 포상에 관한 사항 • 청소년 정책 관련 조사·연구 및 제도개선 • 청소년 관련 통계의 유지 및 백서 등의 발간 • 청소년 관련 산하기관 및 법인 관리 총괄 • 한국청소년활동진흥원의 지도·감독 • 청소년 관련 기관·단체 종사자의 교육· 훈련 • 청소년지도자 자질향상에 관한 사항 • 청소년 인권 보호 등 청소년 권리증진에 관한 사항 • 청소년 특별회의 및 참여위원회 등 청소년 정책참여기구 구성·운영 지원 • 청소년 정책참여 활성화 프로그램의 개발·보급 • 청소년 우대정책의 수립 및 교육·홍보 • 청소년증의 발급 및 운영에 관한 사항 • 그 밖에 실 내 다른 과의 주관에 속하지 아니하는 사항

구분	내용
청소년활동진흥과	• 청소년 활동진흥, 역량개발 및 국제교류에 관한 계획의 수립·시행 • 지방청소년활동진흥센터의 설치·운영 지원 • 청소년 프로그램·사업의 개발·보급 및 평가 • 청소년의 수련활동 및 문화·예술체험 활성화에 관한 사항 • 청소년 축제, 동아리, 자원봉사 활성화에 관한 사항 • 청소년 활동정보 제공·지원 • 청소년지도사의 자격검정·연수 및 활동 지원 • 청소년방과후아카데미 등 방과 후 활동프로그램의 개발·지원 • 청소년의 국제교류를 위한 프로그램 개발 및 운영 지원 • 청소년 관련 국제행사 개최 및 국제교류에 관한 사항
청소년활동안전과	• 청소년수련활동 안전에 관한 정책의 총괄 및 계획의 수립·시행 • 숙박형 청소년수련활동 및 비숙박형 청소년수련활동 계획의 신고업무관리, 온라인 종합정보제공 시스템 구축·운영 • 청소년수련활동 인증제도의 운영·관리에 관한 사항 • 청소년수련활동 이행 실태 점검 및 안전관리에 관한 사항 • 청소년수련시설 운영관리, 지도·감독 및 제도 개선에 관한 사항 • 청소년수련시설 종합 안전점검 및 종합평가 실시·공개에 관한 사항 • 국·공립 청소년수련시설 확충계획 수립 및 건립에 관한 사항 • 한국청소년수련시설협회 지도·관리 및 감독에 관한 사항 • 국립청소년수련원의 지도·감독 및 국유재산 관리에 관한 사항
청소년자립지원과	• 청소년복지에 관한 정책의 총괄 및 계획의 수립·시행 • 청소년복지 관련 법령의 관리·운영 • 청소년복지서비스의 조사·연구 및 통계에 관한 사항 • 청소년복지시설의 운영·지원 및 청소년복지·지원업무 종사자의 교육·훈련 • 한국청소년상담복지개발원의 지도·감독 • 청소년상담사의 자격검정·연수 등에 관한 사항 • 취약계층 청소년의 보호·상담·자립 등에 대한 계획의 수립·조정 및 시행 • 가출 등 청소년에 대한 보호 및 자립 지원에 관한 사항 • 청소년 비행·폭력 등의 예방 및 선도에 관한 사항 • 폭력, 학대 등에 노출된 청소년의 상담, 치료 및 법률 서비스 지원 • 위기 청소년을 위한 사회안전망 구축을 위한 종합대책의 수립·조정 • 청소년상담복지센터 등 청소년상담·구조 관련 기관·단체에 대한 지도·지원 • 청소년 전화·청소년 모바일 상담 및 청소년동반자 프로그램의 운영 • 청소년의 사회진출 및 취업·창업 지원에 관한 사항
학교밖청소년지원과	• 학교 밖 청소년에 관한 정책의 총괄 및 계획의 수립·시행 • 학교 밖 청소년 관련 법령의 관리·운영 및 제도개선에 관한 사항 • 학교 밖 청소년에 대한 사회적 편견과 차별 예방 및 사회적 인식 개선에 관한 사항 • 학교 밖 청소년 지원 프로그램의 개발 및 지원에 관한 사항 • 학교 밖 청소년 지원을 위한 관련 기관 간 협력체계 및 지역사회 중심의 지원체계 구축·운영에 관한 사항

구분	내용
	• 학교 밖 청소년 지원을 위한 실태조사 및 결과 공표에 관한 사항 • 학교 밖 청소년 지원 위원회 운영에 관한 사항 • 학교 밖 청소년 지원을 위한 상담 및 교육지원에 관한 사항 • 학교 밖 청소년의 취업 및 자립지원에 관한 사항 • 학교 밖 청소년의 지원센터의 설치·운영에 관한 사항 • 「청소년복지 지원법」 제18조에 따른 이주배경청소년의 사회 적응 및 학습능력 향상을 위한 지원에 관한 사항 • 특별지원 대상 청소년에 대한 지원계획의 수립 및 시행
청소년보호환경과	• 청소년보호에 관한 계획의 수립·시행 • 청소년보호위원회 운영에 관한 사항 • 매체물·업소·약물·물건 등의 청소년 유해성 심의·결정 등에 관한 사항 • 청소년 유해환경에 대한 점검, 단속, 규제 및 개선 활동 지원에 관한 사항 • 인터넷 중독 등 매체의 역기능 피해의 예방·치료 및 재활 지원 • 청소년의 건전한 매체 활용능력증진 및 건전한 매체 문화 조성 등에 관한 사항 • 청소년 대상 인터넷 게임 제공시간 제한제도 등의 운영 및 평가에 관한 사항 • 청소년치료재활센터의 운영에 관한 사항 • 신·변종 유해업소 등 청소년유해환경 점검·단속활동 • 지방행정기관 청소년유해환경 개선 유도 및 평가 • 청소년보호종합대책 추진상황 종합 점검·관리 • 청소년유해환경감시단 운영
2023 세계잼버리 지원단	• 세계잼버리 조직위원회 설립 준비 • 세계잼버리 특별법 시행령 제정 • 세계잼버리 기반시설 설치 협업 • 세계잼버리 6대 유치공약(글로벌 청소년 리더센터 등) 추진 • 세계잼버리 홍보 및 붐업 조성 • 세계잼버리 영내외 프로그램 개발·지원

출처: 여성가족부(2020). pp. 559-561.

2) 지방조직의 전달체계

보건복지부, 여성가족부, 국가청소년위원회로 구분되어 추진되던 아동·보육·청소년정책은 보건복지가족부로 통합되어 추진되어 오다가 2010년 1월에 청소년정책이 여성가족부로 이관되었다. 17개 시·도의 청소년 관련 행정은 여러 부서에서 추진되고 있으며, 지방청소년육성위원회 설치 운영 및 시·도 청소년 업무 총괄 기능을 수행함으로써 중앙정부와의 청소년 업무 연계 및 추진체계를 구축하고 있다. 각 시·도 청소년관련 행정조직은 다음과 같다(여성가족부, 2020: 564-565).

(1) 지방자치단체 청소년담당 행정조직

1991년 한국청소년기본계획이 수립된 이래 당초 체육청소년부의 청소년정책업무 책임부서로서 청소년국이 있었다. 지방자치단체는 '체육청소년과'라는 통일된 단일 명칭으로 사용해 온 것이 문화체육부, 문화관광부, 국가청소년위원회, 보건복지가족부, 보건복지부, 여성가족부로 청소년정책업무가 이관되면서 청소년정책업무를 담당하는 정책부서 명칭도 〈표 3-2〉와 같이 다양한 명칭으로 사용되어 왔고, 일관되고 통일된 정책업무 수행에 혼선을 야기하게 되었다. 따라서 지방자치단체는 중앙부처인 여성가족부의 청소년정책을 일관되고 통일성 있게 추진할 수 있는 행정부서 명칭을 개정하여 청소년행정조직체계 구축의 주요 원칙 중 결합의 원칙에 맞는 법령을 마련하여야 할 것이다.

표 3-2 시·도 청소년 관련 행정조직 현황

시·도	담당 실·국	청소년 분야
서 울	평생교육정책관	청소년담당관
부 산	여성가족국	아동청소년과
대 구	시민행복교육국	교육청소년정책관
인 천	여성가족국	아동청소년과
광 주	여성청소년가족정책관실	여성청소년가족정책관
대 전	보건복지여성국	여성가족청소년과
울 산	복지여성국	여성가족청소년과
세 종	행정복지국	여성가족과
경 기	여성가족국	아동청소년과
강 원	보건복지여성국	여성청소년가족과
충 북	여성정책관	여성정책관
충 남	여성가족정책관실	여성가족정책관
전 북	복지여성보건국	여성청소년과
전 남	여성가족정책관	여성가족정책관
경 북	여성가족정책관	여성가족정책관
경 남	여성가족정책관	여성가족정책관
제 주	보건복지여성국	복지청소년과

출처: 여성가족부(2020). p. 565.

(2) 지방청소년육성위원회

「청소년 기본법」 제11조에 따르면 청소년육성에 관한 지방자치단체의 주요 시책을 심의하기 위하여 특별시장·광역시장·특별자치시장·도지사·특별자치도지사 및 시장·군수·구청장(자치구의 구청장에 한함)의 소속 하에 지방청소년육성위원회를 두도록 되어 있다. 지방청소년육성위원회의 구성, 조직, 그 밖의 운영에 관하여 필요한 사항은 조례로 정하도록 되어 있다.

표 3-3 지방청소년육성위원회의 기능

<table>
<tr><th>시·도</th><th>기능</th><th>시·도</th><th>기능</th></tr>
<tr><td>서 울</td><td>자문기구</td><td>강 원</td><td rowspan="3">자문기구</td></tr>
<tr><td>부 산</td><td rowspan="2">심의기구</td><td>충 북</td></tr>
<tr><td>대 구</td><td>충 남</td></tr>
<tr><td>인 천</td><td>자문기구</td><td>전 북</td><td>심의기구</td></tr>
<tr><td>광 주</td><td rowspan="2">심의기구</td><td>전 남</td><td>자문·심의</td></tr>
<tr><td>대 전</td><td>경 북</td><td rowspan="2">자문기구</td></tr>
<tr><td>울 산</td><td rowspan="2">자문기구</td><td>경 남</td></tr>
<tr><td>세 종</td><td>제 주</td><td>심의기구</td></tr>
<tr><td>경 기</td><td>자문·심의</td><td></td><td></td></tr>
</table>

출처: 여성가족부(2020). p. 566.

위원회의 성격은 각 시·도별로 상이한데, 부산, 대구, 인천, 광주, 대전, 전북, 제주는 심의기구로 운영되고 있고, 울산, 세종, 충북, 충남, 경북, 경남은 자문기구로 운영되고 있으며, 서울, 경기, 강원, 전남은 자문기구와 심의기구의 역할을 겸하고 있다. 지방청소년육성위원회의 기능은 〈표 3-3〉과 같이 구성하여 운영되고 있다.

3) 정부산하 주요 청소년기관

정부 산하 주요 청소년기관은 한국청소년활동진흥원, 한국청소년상담복지개발원이 있고, 청소년관련 연구개발기관으로는 한국청소년정책연구원, 세계청소년연구개발협의회(WARDY)가 있다. 또한 대표적인 청소년단체로는 한국청소년단체협의회, 한국청소년수련시설협회 등이 있다. 각 기관별 주요 내용은 다음과 같다(여성가족부, 2020: 553-556, 567-568, 570-580).

(1) 한국청소년활동진흥원

한국청소년활동진흥원은 「청소년활동 진흥법」 제6조에 의해 청소년활동 현장과 정책을 총괄 지원하여 청소년 육성을 지원하고자 설립된 공공기관이다. 한국청소년활동진흥원이 수행하고 있는 주요 정책지원 사업으로는 청소년활동프로그램을 인증하고 그 기록을 유지·관리·제공하는 청소년수련활동 인증제, 청소년 자원봉사활동의 지원과 기록 관리, 청소년들이 신체단련·자기개발·자원봉사·탐험활동을 고르게 수행하여 지속적으로 자기 개발을 할 수 있도록 지원하는 국제청소년 성취포상제, 수련시설 종합 안전점검 지원 및 안전 관련 컨설팅 홍보, 그리고 국내·외 청소년 및 청소년지도자의 글로벌 역량강화를 위한 교류활동의 진흥 및 지원 사업 등이 있다. 이와 함께 청소년활동 활성화의 근간이 되는 국립 청소년수련시설의 운영과 청소년지도자 양성 및 전문성 제고를 주된 기능으로 하고 있다.

한국청소년활동진흥원은 국가가 설치하는 수련시설에 대한 유지·관리 및 운영을 담당하여 2020년 말 현재 국립중앙청소년수련원(충남 천안), 국립평창청소년수련원(강원 평창), 국립청소년우주센터(전남 고흥), 국립청소년농생명센터(전북 김제), 국립청소년해양센터(경북 영덕) 총 5개소의 국립 청소년수련시설을 각 원별 특성을 살려 운영하고 있다.

청소년지도자 양성과 관련하여 국가자격증인 청소년지도사(1급, 2급, 3급) 자격 부여를 위한 자격연수와 함께 현직 청소년지도사에 대한 보수교육을 운영하고, 청소년지도사 자격관리 업무를 전담하고 있으며, 이와 함께 다양한 전문연수를 개설하고 운영함으로써 청소년지도를 위한 전문인력 양성 및 전문성 함양을 목표로 한 전문 연수기관으로서의 기능을 수행하고 있다.

한국청소년활동진흥원은 다양하고 창의적인 청소년 체험 활동을 진흥시켜 청소년의 잠재역량 계발과 인격형성을 도모하고 안전하고 신뢰받는 청소년활동을 조성하며, 수련·참여·교류·권리증진 활동을 종합적으로 지원함으로써 궁극적으로 청소년의 삶의 질 향상에 기여하고 있다. 또한, 청소년들이 다양한 체험활동을 통해 건강하게 성장하며 자신의 꿈과 열정을 펼칠 수 있는 역량을 키워 나가는 데 이바지하고 있다. 주요 사업은 〈표 3-4〉와 같다.

표 3-4 한국청소년활동진흥원의 사업

1. 청소년활동, 「청소년 기본법」 제3조 제4호에 따른 청소년복지, 같은 법 제3조 제5호에 따른 청소년보호에 관한 종합적 안내 및 서비스 제공
2. 청소년육성에 필요한 정보 등의 종합적 관리 및 제공
3. 청소년수련활동 인증위원회 등 청소년수련활동 인증제도의 운영
4. 청소년 자원봉사활동의 활성화
5. 청소년활동 프로그램의 개발과 보급
6. 국가가 설치하는 수련시설의 유지·관리 및 운영업무의 수탁
7. 국가 및 지방자치단체가 개발한 주요 청소년수련거리의 시범운영
8. 청소년활동시설이 실시하는 국제교류 및 협력 사업에 대한 지원
9. 청소년지도자의 연수 / 9의2. 제9조의2에 따른 숙박형 등 청소년수련활동 계획의 신고 지원에 대한 컨설팅 및 교육
10. 제18조의3에 따른 수련시설 종합 안전·위생 점검에 대한 지원
11. 수련시설의 안전에 관한 컨설팅 및 홍보 / 11의2. 제18조의2에 따른 안전교육의 지원
12. 그 밖에 여성가족부장관이 지정하거나 활동진흥원의 목적을 수행하기 위하여 필요한 사업

(2) 한국청소년상담복지개발원

한국청소년상담복지개발원(Korea Youth Counseling & Welfare Institute: KYCI)은 「청소년복지 지원법」 제22조에 의해 설립된 여성가족부 산하 공공기관이다. 한국청소년상담복지개발원의 주요 기능으로는 지자체가 설치·운영하는 청소년상담복지센터를 중심으로 한 지역사회 위기청소년통합지원체계(청소년안전망) 관계자 회의, 지도·지원 등을 실시하고, 종합정보망을 운영하고 있으며, 사회적 이슈가 되는 청소년 문제들을 분석·연구함으로써 문제 해결과 예방에 도움을 주고 있다. 이를 위해 청소년상담복지 정책에 대한 중장기적 연구를 수행하고, 다양하고 심각해진 청소년 문제를 해결하고 예방하기 위한 맞춤형 프로그램을 개발하여 전국 청소년 유관 기관에 보급·운영하는 등 청소년 상담기법의 연구 및 상담 자료의 제작·보급에 주력하고 있다. 또한, 변화하고 다양화되는 청소년 문제의 적극적인 해결을 위해 「청소년 기본법」에 근거하여 청소년 상담의 전문화, 청소년 상담자들의 자질향상을 위한 청소년상담사 국가자격제도를 위탁 운영하여 자격연수 및 보수교육을 담당하고 있다. 이 외에도 청소년 상담복지 관련 종사자들의 전문성 강화를 위한 직무연수를 실시하고 있으며 자녀 양육을 위한 부모교육, 친구의 문제해결을 돕는 또래상담자 양성, 건강한 청소년 성장에 목적을 둔 인성 및 품성교육 등을 실시하고 있다.

경제적, 환경적 어려움으로 학업을 중단하고 진로를 포기하거나 보호시설 등에 입소된 학교 밖 청소년들을 대상으로 자립의지를 심어주고, 학교복귀, 진로 및 취업을 지원하는 등 학교 밖 청소년 지원사업을 운영하고 있다. 또한, 인터넷·스마트폰을 과다하게 사용하여 건강한 생활이 어려운 청소년들을 위해 인터넷·스마트폰치유캠프(11박 12일, 중·고생 대상), 가족치유캠프(2박 3일, 초등생 및 보호자 대상)를 전국 청소년상담복지센터와 연계·지원할 뿐만 아니라 국립청소년인터넷드림마을을 위탁 운영하여 인터넷·스마트폰 중독 예방·해소사업을 수행하고 있다. 이 외에도 정서·행동장애 청소년들의 조화로운 성장을 위하여 상담·치료, 대안교육, 자립지원 등의 장·단기과정을 수행하고 있으며, 청소년들이 쉽게 접근하고 이용할 수 있도록 개인상담·집단상담·심리검사 등의 전문상담과 사이버상담 등 청소년상담 사업을 운영함으로써 청소년들의 건강한 성장을 돕고 있다.

한국청소년상담복지개발원은 청소년의 건강한 성장과 밝은 미래를 위해 다양한 상담복지 사업을 수행함으로써 청소년 및 청소년 가족이 가진 문제를 해소하고 건강한 사회구성원으로 성장할 수 있도록 지원하고 있다. 주요사업은 〈표 3-5〉와 같다.

표 3-5 한국청소년상담복지개발원의 사업

1. 청소년 상담 및 복지와 관련된 정책의 연구
2. 청소년 상담·복지 사업의 개발 및 운영·지원
3. 청소년 상담기법의 개발 및 상담자료의 제작·보급
4. 청소년 상담·복지 인력의 양성 및 교육
5. 청소년 상담·복지 관련 기관 간의 연계 및 지원
6. 청소년상담복지센터, 청소년복지시설 및 「학교 밖 청소년 지원에 관한 법률」 제12조에 따른 학교 밖 청소년 지원센터에 대한 지도 및 지원
7. 청소년 가족에 대한 상담 · 교육
8. 통합정보시스템의 운영
9. 국가가 설치하는 청소년치료재활센터 및 「청소년 보호법」 제35조 제1항에 따른 청소년 보호 · 재활센터의 유지 · 관리 및 운영
10. 그 밖에 청소년상담원의 목적을 수행하기 위하여 필요한 부수사업

(3) 한국청소년정책연구원

한국청소년정책연구원은 「청소년육성법」 제19조에 의거하여 1989년 7월 1일에 한국청소년연구원(National Youth Policy Institute: NYPI)으로 설립되어 청소년분야 국책연구기

관으로 국가 청소년정책 수립에 기여해오고 있다. 1991년 12월 31일에 제정·공포된 「청소년 기본법」 제50조에 의거하여 1993년 1월 1일에 한국청소년개발원으로 확대 및 개편되었고, 1999년 1월 29일 「정부출연연구기관 등의 설립·운영 및 육성에 관한 법률」이 시행됨에 따라 국무총리 산하 인문사회연구회에 소속되었다. 한편, 2005년 국무총리 산하 인문사회연구회와 경제사회연구회가 통합되어 국무총리 산하 경제·인문사회연구회(National Research Council for Economics, Humanities And Social Sciences: NRC)로 소속이 이관되었고, 2007년 5월 「정부출연연구기관 등의 설립·운영 및 육성에 관한 법률」이 개정됨에 따라 한국청소년정책연구원으로 명칭이 변경되었다.

한국청소년정책연구원은 청소년의 올바른 인성 함양과 잠재력 계발, 청소년의 디지털·글로벌역량 강화, 청소년 인권과 참여를 위한 사회 환경 개선, 소외계층 청소년에 대한 복지·지원 등의 정책개발에 필요한 기초연구와 자료축적을 통하여 미래사회의 새로운 국가발전 동력 창조에 기여하는 것을 목적으로 한다.

한국청소년정책연구원은 청소년 기초조사 및 정책연구 수행, 청소년정책평가 및 자문·지원, 국내·외 교류 및 협력사업 추진, 정책 및 연구자료 제공 등 국책연구기관으로서의 역할을 수행한다.

특히 국가·지방자치단체의 청소년 관련 정책수립을 위한 연구 및 정책 현안에 대한 대응방안과 프로그램을 개발하고, 민간부문에서 이루어지는 각종 청소년 관련 사업의 원활한 추진을 위한 지원 및 자문을 제공하는 등 청소년분야의 중추정책기관으로서의 역할을 수행하고 있다.

한국청소년정책연구원의 주요 기능은 다음과 같다. 첫째, 청소년의 육성 및 보호를 위한 기초조사 및 이론연구를 수행하고, 그 결과를 바탕으로 미래를 전망한다. 둘째, 청소년정책 연구 및 평가·분석을 통한 고객 만족을 실현한다. 셋째, 국내·외 교류협력과 결과 홍보를 통하여 청소년분야 국책연구기관으로서의 위상을 제고한다.

이와 같이 한국청소년정책연구원의 주요 기능에 따른 주요 업무는 크게 5가지로 구분된다. ① 청소년 생활·의식 실태와 변화양상에 대한 종합적 조사연구를 통해 청소년 정책 수립의식 계열적 기초자료를 축적한다. ② 국가·지방자치단체의 청소년관련 정책 수립을 위한 연구 및 정책 현안에 대한 대응방안과 프로그램을 개발한다. ③ 국가·지방자치단체의 청소년정책효과 분석을 위한 평가 사업 추진 및 자문 등을 지원한다. ④ 국내·외 청소년 전문기관 및 관련 기관과의 국제 교류 및 학술 심포지엄을 개최하는 등 교류·협력활동을 수행한다. ⑤ 청소년 연구 및 정책 개발에 대해 방향을 제시하고, 관련 의견을 수렴하기 위한 세미나·협의회 등을 개최하며 정책연구 자료 및 관련 정보를 제공한다.

(4) 세계청소년연구개발협의회(WARDY)

세계 각국의 청소년에 대한 연구 및 개발관련 기관 간의 협의회로 세계청소년연구개발협의회(World Association of Research and Development Youth: WARDY)가 운영되고 있다. 협의회의 설립목적은 세계 각국의 청소년연구개발기관 간 정보 및 학술교류 확대를 통한 상호 협력을 도모함으로써 청소년 건전 육성 및 연구에 도움이 되고, 21세기 지구촌 공동체의 이상을 실현하는 데 기여하는 것이다.

협의회의 추진경과를 살펴보면, 1995년 11월 24일 한국청소년정책연구원, 일본청소년 연구소, 중국 사회과학원(청년사회학연구회)은 이러한 취지의 세계협의기구 구성에 원칙적인 합의를 하였다. 이를 기점으로 하여 1997년 10월 7일 중국, 독일, 일본, 한국, 영국, 미국 6개국의 8개 기관 대표들이 한국에 모여 세계청소년연구개발협의회(WARDY)를 발족하였고, 2020년 현재까지 11개국 18개 기관 1개 국제학회가 참여하고 있다.

세계청소년연구개발협의회의 주요 사업은 크게 4개로 구분된다. 첫째, 청소년 연구 및 개발에 관한 공동사업 추진, 둘째, 청소년 및 청소년 전문가의 상호방문을 통한 교류 추진, 셋째, 청소년 관련 국제학술회의 등 회원국 간의 상호 교류와 연대를 통한 연구협력 강화, 넷째, 청소년관련 정보와 자료의 상호교환 등이다.

협의회는 1997년 이후 매년 1~3개의 공동연구를 수행하고 있다. 최근 2010년대에는 '청년기에서 성인기로의 이행과정 연구', '청소년 생활실태 국제비교연구(한·중·일·미)', '한·중 청소년의 온라인 게임 이용 및 정책에 관한 국제비교 연구', '아시아 청소년 진로체험활동 국제비교 연구', '4개국(한·중·미·일) 청소년 건강실태조사' 등이 수행되었으며, 2018년에는 '한·중·일·미 청소년 장래 및 유학의식에 관한 비교' 연구가 수행되었다.

(5) 한국청소년단체협의회

한국청소년단체협의회(韓國靑少年團體協議會, The National Council of Youth Organizations in Korea)는 1965년 12월 8일 대한민국 15개 민간 청소년단체들의 자발적인 협의체로 창설되었다. 청소년문제에 대한 공동연구와 정보교환 및 상호 협력을 도모하고, 청소년 관련 행정부처와 유관 사회단체, 각급 학교, 그리고 세계의 청소년기구와 연계적인 협력체계를 구축하기 위해 청소년 및 지도자들을 위한 연합활동을 전개하였다. 현재 「청소년 기본법」 제40조에 근거하여 2005년 특수법인체제를 갖추고 대한민국 청소년 협의체의 역할 및 기능수행을 위한 활동을 추진해 나가고 있다.

한국청소년단체협의회는 법인으로 하고(「청소년 기본법」 제40조 제2항), 주된 사무소의 소재지에서 설립등기를 함으로써 성립하며(동법 동조 제3항), 이 법에 규정된 것을 제외하고는 민법 중 사단법인에 관한 규정을 준용한다(동법 동조 제4항). 또한 국가는 운영과 활동에 필요한 경비를 지원할 수 있고, 설립 목적에 지장이 없는 범위에서 수익사업을 할 수 있으나 발생한 수익은 운영 외의 목적에 사용할 수 없으며, 개인·법인 또는 단체는 한국청소년단체협의회의 운영과 사업 등을 지원하기 위하여 금전이나 그 밖의 재산을 출연하거나 기부할 수 있고, 제1항에 따른 활동의 일부를 정관에서 정하는 바에 따라 회원단체에 위탁할 수 있다고 정하고 있다(같은 조 제5항~제7항). 실질적으로 운영되는 사업으로는 연구 및 연수활동으로 청소년단체 전문연수, 청소년정책연수세미나, 청소년단체 발전프로젝트 등이 있고, 청소년참여증진활동으로 청소년회의가 있으며, 간행물 발간 등 정보지원활동과 국제교류활동이 주축인 청소년국제센터를 운영하고 있다. 그 밖의 같은 법 제41조 제1항은 특정 지역을 활동 범위로 하는 청소년단체는 청소년육성을 위하여 그 지역을 관할하는 시·도의 조례로 정하는 바에 따라 시·도지사의 인가를 받아 지방청소년단체협의회를 설립할 수 있으며, 같은 조 제2항에서는 지방자치단체는 예산의 범위에서 해당 지방청소년단체협의회의 운영경비의 전부 또는 일부를 지원할 수 있다고 정하고 있다. 청소년단체의 청소년육성을 위해 한국청소년단체협의회가 「청소년 기본법」 제40조에 따라 〈표 3-6〉의 활동을 할 수 있도록 정하고 있다.

표 3-6 한국청소년단체협의회 사업

1. 회원단체의 사업과 활동에 대한 협조·지원 2. 청소년지도자의 연수와 권익 증진 3. 청소년 관련 분야의 국제기구활동 4. 외국 청소년단체와의 교류 및 지원 5. 남·북청소년 및 해외교포청소년과의 교류·지원 6. 청소년활동에 관한 조사·연구·지원 7. 청소년 관련 도서 출판 및 정보지원 8. 청소년육성을 위한 홍보 및 실천 운동 9. 제41조에 따른 지방청소년단체협의회에 대한 협조 및 지원 10. 그 밖에 청소년육성을 위하여 필요한 사업

(6) 한국청소년수련시설협회

「청소년활동 진흥법」 제40조에 따르면, 수련시설 설치·운영자 및 위탁운영단체는 수련시설의 운영·발전을 위하여 여성가족부장관의 인가를 받아 한국청소년수련시설협회를 설립할 수 있다. 한국청소년수련시설협회는 법인으로 하며(제2항), 그 주된 사무소의 소재지에서 설립등기를 함으로써 성립하고(제3항), 국가는 예산의 범위에서 시설협회의 운영경비의 전부 또는 일부를 지원할 수 있으며(제4항), 사업의 일부를 대통령령으로 정하는 바에 따라 제41조에 따른 지방청소년수련시설협회에 위탁할 수 있고(제5항), 이에 관하여는 이 법에서 규정하는 것을 제외하고는 「민법」 중 사단법인에 관한 규정을 준용한다(제6항)고 정하고 있다. 그 밖의 사업으로는 청소년운영위원회 또한 같은 법 제41조에 특정 지역을 활동범위로 하는 수련시설은 시설의 효율적인 운영·발전을 위하여 그 지역을 관할하는 시·도의 조례로 정하는 바에 따라 시·도지사의 승인을 받아 지방청소년수련시설협회를 설치할 수 있고(제1항), 지방자치단체는 예산의 범위에서 해당 지방청소년수련시설협회의 운영경비의 일부를 지원할 수 있다(제2항)고 정하고 있다. 사업은 〈표 3-7〉과 같다.

표 3-7 한국청소년수련시설협회 사업

1. 시설협회의 회원인 수련시설 설치·운영자 및 위탁운영단체가 실시하는 사업과 활동에 대한 협력 및 지원 2. 청소년지도자의 연수·권익증진 및 교류사업 3. 청소년수련활동의 활성화 및 수련시설의 안전에 관한 홍보 및 실천운동 4. 청소년수련활동에 대한 조사·연구·지원사업 5. 제41조에 따른 지방청소년수련시설협회에 대한 지원 6. 그 밖에 수련시설의 운영·발전을 위하여 필요하다고 여성가족부장관이 인정하는 사업

제 2 부

청소년 관련 법

청소년 관련 법은 청소년에 직접 또는 간접적으로 영향을 미치는 법률로서 청소년의 권리의무나 청소년 대상 서비스에 관계된 모든 법을 말한다. 여기에 관련된 법률은 정부의 각 부처마다 해당 부처의 업무내용과 연관하여 청소년을 대상으로 하는 많은 법률이 제정되어 시행되고 있다(김영한 외, 2019).

여성가족부에서 주관하고 있는 청소년 관련 법률은 크게 「청소년 기본법」, 「청소년 활동 진흥법」, 「청소년 보호법」, 「청소년복지 지원법」으로 나눌 수 있다.

우리나라 청소년 관련 법은 1987년 제정된 「청소년육성법」이 모태라고 할 수 있으며, 이 법이 1991년 「청소년 기본법」으로 전면 개정되었다. 이후 1997년 「청소년 보호법」이 제정되었고 2004년 「청소년활동 진흥법」과 「청소년복지 지원법」이 제정되어 청소년 관련 법의 근간이 되고 있다. 그 외에도 청소년과 관련된 법으로는 1958년 제정되어 현재 가장 오래된 법인 「소년법」이 있으며, 1981년 제정된 「아동복지법」과 2000년에 제정된 「아동·청소년의 성보호에 관한 법률」, 2004년에 제정된 「학교폭력예방 및 대책에 관한 법률」, 2008년에 제정된 「보호소년 등의 처우에 관한 법률」 등이 있다. 이후 가장 최근에 제정된 법률로는 2013년에 제정된 「아동학대범죄의 처벌 등에 관한 특례법」과 2014년 제정된 「학교 밖 청소년 지원에 관한 법률」이 있다. 본 교재에서 다루고자 하는 이러한 법률의 제정 순서에 따른 약칭과 해당 소관 부처를 살펴보면 다음 〈표 Ⅱ-1〉과 같다.

표 Ⅱ-1 청소년 관련 법의 약칭과 소관 부처

제정년도	법률 명	약칭	소관 부처
1958년	소년법		법무부
1981년	아동복지법		보건복지부
1991년	청소년 기본법		여성가족부
1997년	청소년 보호법		여성가족부
2000년	아동·청소년의 성보호에 관한 법률	청소년성보호법	여성가족부
2004년	청소년활동 진흥법	청소년활동법	여성가족부
2004년	청소년복지 지원법	청소년복지법	여성가족부
2004년	학교폭력예방 및 대책에 관한 법률	학교폭력예방법	교육부
2008년	보호소년 등의 처우에 관한 법률	보호소년법	법무부
2013년	아동학대범죄의 처벌 등에 관한 특례법	아동학대처벌법	법무부
2014년	학교 밖 청소년 지원에 관한 법률	학교밖청소년법	여성가족부

청소년 관련 법령을 유형별로 구분할 때 개입방법에 따라 청소년지원에 관한 법령, 청소년복지에 관한 법령, 청소년보호에 관한 법령 등 크게 3가지 유형(이광호, 2012)으로 나누기도 하고, 청소년활동 관련 법, 청소년복지 관련 법, 청소년보호 관련 법으로 구분(강병연·황수주, 2020)하기도 한다. 이를 표로 정리하면 다음과 같다.

표 II-2 학자에 따른 청소년 관련 법의 구분

이광호(2012)		강병연·황수주(2020)	
구분	법의 종류	구분	법의 종류
청소년지원에 관한 법령	청소년 기본법 청소년활동 진흥법	청소년활동 관련 법	청소년활동 진흥법 교육기본법 평생교육법 스카우트활동 육성에 관한 법률 한국청소년연맹 육성에 관한 법률 한국해양소년단연맹 육성에 관한 법률 등
청소년복지에 관한 법령	아동복지법 청소년복지 지원법	청소년복지 관련 법	청소년복지 지원법 아동복지법 근로기준법 사회복지사업법 사회보장기본법 국민기초생활보장법 국민건강증진법 국민건강보험법 장애인복지법 한부모가족지원법 건강가정기본법 등
청소년보호에 관한 법령	청소년 보호법 아동·청소년의 성보호에 관한 법률	청소년보호 관련 법	청소년보호법 아동·청소년의 성보호에 관한 법률 영화 및 비디오물의 진흥에 관한 법률 공연법 등

우리나라 청소년 관련 법에 대한 개입은 일반적으로 보호와 복지를 포함하는 지원, 규제, 처벌 등의 형태로 이루어진다. 여기서 규제와 처벌 단계를 '소극적 개입'으로 본다면 지원 단계는 '적극적 개입'으로 볼 수 있다. 따라서 청소년을 위한 규제와 보호, 지원 등의 개입을 통해 청소년의 건전한 성장과 육성을 기본이념으로 하고 있음을 알 수 있다. 이러한 청소년 관련 법의 내용에 따른 구분과 개입 형태를 정리하여 표로 요약하면 다음 〈표 Ⅱ-3〉과 같다.

표 II-3 청소년 관련 법의 내용에 따른 구분

구분	내용	해당 법률	개입 정도
지원 (보호, 복지)	청소년의 성장과 생활 조건 개선, 청소년활동이나 복지지원 등 다양한 기회를 통한 숨겨진 잠재역량을 개발하여 건전한 성장을 지원하는 것	• 청소년 기본법 • 청소년활동 진흥법 • 청소년복지 지원법 • 아동복지법 • 학교 밖 청소년 지원에 관한 법률 • 학교폭력 예방 및 대책에 관한 법률	적극적 개입
규제	청소년의 특정 행위와 환경 규제 및 보호와 구제를 통해 청소년을 정상적인 상태로 되돌리거나 건전한 인격체로 성장하도록 하는 것	• 청소년 보호법 • 아동·청소년 성보호에 관한 법률	소극적 개입
처벌	청소년의 보호조치와 특별한 형사적 처분을 통해 비행을 저지르지 못하게 하는 등을 중심으로 하여 궁극적으로는 건전한 성장을 지원하는 것	• 소년법 • 보호소년 등의 처우에 관한 법률 • 아동학대범죄의 처벌 등에 관한 특례법	

제 4 장 아동복지법

1. 의의

아동복지는 다른 사회복지분야에 비하여 매우 포괄적인 측면을 가지고 있는데, 아동문제의 해결에 더 나아가 건전한 성장과 발달이라는 적극적인 특성을 가지고 있다(현외성, 2013).

「아동복지법」은 아동이 건강하게 출생하여 행복하고 안전하게 자랄 수 있도록 아동의 복지를 보장하는 것을 목적으로 하는 법이다(법 제1조). 1961년 제정된 「아동복리법」은 빈곤아동과 보호자가 없는 아동 등의 요보호아동을 주된 대상으로 하였으나, 1981년 제정된 「아동복지법」은 모든 아동을 대상으로 하여 아동이 가진 문제해결과 동시에 건전하게 자랄 수 있도록 적극적인 복지정책을 실시하는 사회복지법으로서의 목적을 반영하고 있다.

현대의 아동문제는 단순히 인간으로서 아동 개인의 불행에 그치지 않고 가족과 사회에 심각한 영향을 미치기 때문에, 아동 자신이나 가족만의 문제가 아니라 국가 및 사회 전체가 관심을 가지고 책임져야 하는 것으로 수용되고 있다. 아동문제는 아동의 성장과정에서 장기적이고 확산적인 특성을 보이고 있어 아동의 건전한 성장과 발달을 위해 국가 정책으로서 지대한 관심을 기울이고 있다.

이 법에서 사용하는 용어의 정의(법 제3조)는 다음과 같다.

1. "아동"이란 18세 미만인 사람을 말한다.
2. "아동복지"란 아동이 행복한 삶을 누릴 수 있는 기본적인 여건을 조성하고 조화롭게 성장·발달할 수 있도록 하기 위한 경제적·사회적·정서적 지원을 말한다.

3. "보호자"란 친권자, 후견인, 아동을 보호·양육·교육하거나 그러한 의무가 있는 자 또는 업무·고용 등의 관계로 사실상 아동을 보호·감독하는 자를 말한다.
4. "보호대상아동"이란 보호자가 없거나 보호자로부터 이탈된 아동 또는 보호자가 아동을 학대하는 경우 등 그 보호자가 아동을 양육하기에 적당하지 아니하거나 양육할 능력이 없는 경우의 아동을 말한다.
5. "지원대상아동"이란 아동이 조화롭고 건강하게 성장하는 데에 필요한 기초적인 조건이 갖추어지지 아니하여 사회적·경제적·정서적 지원이 필요한 아동을 말한다.
6. "가정위탁"이란 보호대상아동의 보호를 위하여 성범죄, 가정폭력, 아동학대, 정신질환 등의 전력이 없는 보건복지부령으로 정하는 기준에 적합한 가정에 보호대상아동을 일정 기간 위탁하는 것을 말한다.
7. "아동학대"란 보호자를 포함한 성인이 아동의 건강 또는 복지를 해치거나 정상적 발달을 저해할 수 있는 신체적·정신적·성적 폭력이나 가혹행위를 하는 것과 아동의 보호자가 아동을 유기하거나 방임하는 것을 말한다.

2. 입법 배경 및 연혁

아동복지에 대한 필요성과 사회적 관심이 대두되기 시작한 계기는 1950년 한국전쟁이었다. 한국전쟁으로 발생한 전쟁고아들의 보호는 심각한 사회문제로 대두되었으나 전쟁 직후의 국가 상황에서는 뚜렷한 정책적 대안을 제시하지 못하는 실정이었다. 이에 외국의 선교단체 및 원조기관에 의존하는 복지대책이 추진되었으며 그 과정에서 고아원의 설립과 지원, 해외 입양 등의 아동보호사업이 추진되었다. 이러한 국가적 상황에서 아동보호체계를 법제화한 것이 1961년 12월 30일 제정된 「아동복리법」이다(임동호 외, 2019).

「아동복리법」은 아동이 그 보호자로부터 유실, 유기 또는 이탈되었을 경우, 그 보호자가 아동을 양육하기에 부적당하거나 양육할 수 없는 경우 또는 아동의 건전한 출생을 기할 수 없는 경우에 아동이 건전하고 행복하게 육성되도록 그 복리를 보장하려는 취지로 제정되었다. 그 후 30여 년 간의 급속한 경제·사회적 발전에 따라 변화된 가정과 아동의 욕구에 부응하기 위하여 「아동복리법」을 전면 개정한 「아동복지법」이 1981년 4월 13일에 제정되었다. 우리 사회의 아동복지수요에 능동적으로 대응하고 학대아동에 대한 보호 및 아동안전에 대한 제도적 지원을 위하여 모든 아동의 보호와 복지증진을 주된 내용으로 하고 있다.

「아동복지법」의 주요 연혁을 정리하면 다음과 같다.

제·개정 (시행) 일자	제·개정 이유/내용
1961. 12. 30. (1962. 1. 1.)	「아동복리법」 제정
	전쟁고아 등의 요보호아동을 중심으로 하는 구호적 성격의 이동복지서비스 제공에 중점
1981. 4. 13. (1981. 4. 13.) 전부개정	「아동복지법」으로 전면 개정
	• 「아동복리법」의 구호적 성격을 벗어나 전체 아동의 복지를 보장하고, 유아기의 기본 인격적 특성과 능력 개발 조장을 위한 여건 조성을 계기 마련 • 5월 5일 어린이날에 대한 법적 근거 마련 • 아동복지지도원을 별정직으로 하여 전문적 서비스가 용이하도록 함 • 어린이집 시설 운영 신고제 실시 등
1997. 8. 22. (1998. 7. 1.)	「사회복지사업법」 개정
	사회복지시설 설치·운영에 대한 허가제를 신고제로 변경함에 따라, 아동복지시설의 설치 시 도지사의 '인가'를 도지사의 '신고'로 변경
2000. 1. 12. (2000. 7. 13.) 전부개정	학대아동에 대한 보호 및 아동안전에 대한 제도적 지원 강화
	• 아동복지지도원 자격을 별정직공무원에서 사회복지전담공무원으로 변경 • 아동학대에 대한 정의와 금지유형 명확화 • 아동학대 신고 의무화
2004. 1. 29. (2004. 7. 30.)	아동정책조정위원회 신설
	• 아동의 권리증진과 건강한 출생 및 성장을 위해 종합적인 아동정책을 수립하고 관계부처의 의견을 조정하며 그 정책의 이행을 감독하고 평가하기 위하여 국무총리 소속하에 아동정책조정위원회를 두도록 함 • 상습적으로 아동을 학대행위를 한 자 등에 대한 형을 2분의 1까지 가중
2005. 7. 13. (2006. 1. 14.)	가정위탁 신설
	• 보호를 필요로 하는 아동에 대한 가정위탁보호를 활성화할 수 있도록 가정위탁지원센터 설치 • 아동학대를 근절하기 위하여 현재 아동학대 신고의무자로 되어 있는 교원, 의료인, 아동복지시설 종사자 등의 자격취득 교육과정에 관계 중앙행정기관의 장으로 하여금 아동학대 예방 및 신고와 관련된 교육내용을 포함시키도록 함
2006. 9. 27. (2007. 3. 28.)	인종차별금지 조항 신설
	• 국가나 지방자치단체는 인종차별금지에 필요한 시책을 강구하도록 함 • 아동을 대상으로 하는 성폭력 피해를 줄이기 위하여 아동복지시설, 영유아보육시설, 유

제·개정 (시행) 일자	제·개정 이유/내용
	치원, 초·중·고등학교의 장은 성폭력예방교육을 실시 • 지방자치단체의 장은 성폭력피해로 치료나 요양 등의 보호를 필요로 하는 아동에 대하여 전문치료기관 또는 요양소에 입원 또는 입소 • 아동학대 신고의무자의 범위에 유치원·학원·교습소의 운영자·교직원·종사자 등과 구급대의 대원을 추가
2008. 6. 13. (2008. 12. 14.)	아동의 실종·유괴의 예방·방지 의무 신설
	• 국가나 지방자치단체는 실종·유괴 예방 교육을 실시 • 아동보호구역에 폐쇄회로 텔레비전을 설치하거나 그 밖의 필요한 조치를 할 수 있도록 함
2011. 8. 4. (2012. 8. 5.) 전부개정	아동종합실태조사 신설
	• 아동종합실태조사를 시행하여 그 결과를 바탕으로 아동정책기본계획을 수립·시행 • 아동학대의 예방과 방지, 아동학대행위자의 계도를 위한 교육 등에 관한 홍보영상을 방송할 수 있도록 함
2012. 10. 22. (2013. 1. 23.)	아동보호구역에 영상정보처리기기(CCTV) 설치 의무화
	• 모든 아동보호구역에 영상정보처리기기(CCTV) 설치를 의무화 • 아동학대 신고의무자의 신고의무 위반 시 부과하는 과태료 상한을 현행 100만 원에서 300만 원으로 상향조정
2014. 1. 28. (2014. 9. 29.)	「아동학대범죄의 처벌 등에 관한 특례법」 제정에 따른 일부개정
	• 아동학대에 대한 강력한 대처 및 예방을 위하여 제정된 「아동학대범죄의 처벌 등에 관한 특례법」에 따라 관련 조문 정비 • 아동학대 관련 범죄전력자가 아동관련기관에 취업하는 것을 10년 동안 제한
2015. 3. 27. (2015. 9. 28.)	• 아동학대 사건이 발생한 경우 피해아동의 가족 구성원 파악을 통한 사후조치를 실효성 있게 하도록 아동보호전문기관의 장의 신분조회 등 조치의 범위에 가족관계등록부의 증명서 포함 • 아동학대를 1차적으로 발견할 수 있는 사람인 아동학대 신고의무자에 대한 신고의무 고지 및 교육 강화 • 아동에 대한 체벌 등의 금지 명시
2015. 12. 29. (2016. 6. 30.)	아동에 대해 감염병 예방 등 보건위생관리에 관한 교육을 실시하여 감염을 스스로 방지하고, 사전에 차단할 수 있도록 교육하는 법적 근거를 마련
2016. 3. 22. (2016. 9. 23.)	시설 이용자의 권익보호 및 보호대상아동에 대한 보호조치 강화
	• 아동복지시설을 폐업·휴업하려는 경우 및 감독기관이 아동복지시설에 사업의 정지나 시설의 폐쇄를 명하는 경우 시설 이용자의 권익 보호 조치를 법률로 규정 • 지방자치단체의 장에게만 보호대상아동의 귀가 조치 권한을 부여함으로써 보호대상아동 부모의 압력 행사로부터 아동복지시설의 장을 보호하는 한편 보호대상아동에게 안전하고 건강한 성장발달 환경을 제공하고, 피해아동의 보호자인 아동학대행위자의 협조를 의무화함

제·개정 (시행) 일자	제·개정 이유/내용
	• 아동의 심리안정을 도모하고 2차 피해를 방지하기 위해 아동보호전문기관 내 진술녹화실을 설치하여 운영하고, 학대피해아동쉼터에 대한 법적 근거를 마련하며, 아동보호전문기관을 아동복지시설에 포함함으로써 여타 사회복지시설처럼 운영·회계에 대한 정부의 관리·감독을 강화하고, 실태조사에 대한 근거규정을 정비
2017. 9. 19. (2017. 12. 20.)	아동복지심의위원회 활성화
	• 아동복지심의위원회를 활성화함으로써 아동에 대한 체계적이고 적절한 보호를 하기 위하여 아동복지심의위원회의 구성 및 운영 현황을 연 1회 보건복지부장관에게 보고하도록 함 • 아동학대 관련 범죄전력자의 취업제한 대상기관에 학습부진아 교육 실시기관, 소년원 및 소년분류심사원을 포함하여 아동보호의 사각지대를 해소하고 아동학대를 적극 예방하고자 함
2017. 10. 24. (2018. 4. 25.)	아동학대예방교육 및 학대피해아동에 대한 지원 강화
	• 아동학대 신고의무자가 아동학대 발견 및 대응 방법을 숙지할 수 있도록 모든 신고의무자에 대하여 소속 기관 및 시설의 장이 교육 실시 • 아동학대 예방에 대한 사회의 인식 제고를 위하여 국가기관, 공공기관 등에서 매년 아동학대 예방교육을 실시하도록 함 • 학생에 대한 학대의 조기 발견과 신속한 보호조치를 위하여 기관 간 연계 체계 구축 및 정보 공유를 하도록 하고, 학대피해아동에 대한 법률상담 지원 및 아동학대 전담의료기관 지정 근거를 마련하여 학대피해아동에 대한 지원을 강화
2018. 12. 11. (2018. 12. 11.)	아동관련기관에의 취업제한 명령
	• 아동학대관련범죄로 형 등을 선고할 때 최장 10년의 기간 범위 내에서 아동관련기관에의 취업제한 명령을 선고하는 등의 조치를 마련 • 피해아동, 그 보호자 또는 아동학대행위자에 대한 각종 증명서 발급 등에 소요되는 수수료를 면제하는 법적 근거를 마련
2019. 1. 15. (2019. 1. 15.)	아동권리보장원 설립
	• 아동권리보장원을 설립하여 보호가 필요한 아동이 발견되어 보호종료 이후까지 이어지는 전 과정을 총괄적, 체계적으로 지원 • 국가아동학대정보시스템은 사회보장정보원에 위탁 • 다함께돌봄센터를 설치·운영할 수 있는 법적 근거 마련
2020. 4. 7. (2020. 4. 7.)	아동학대 조사체계를 공공 중심으로 개편
	• 시·도지사 또는 시장·군수·구청장이 아동학대전담공무원을 두고 아동학대 조사업무 등을 수행하게 하며, 조사 후에는 피해아동보호계획을 수립하도록 하는 등 아동학대 조사체계를 공공 중심으로 개편하여 조사의 내실을 기하고 아동보호 강화 • 아동학대 관련 범죄로 형 또는 치료감호를 선고받은 자의 취업제한대상기관을 추가 • 아동학대 예방 등을 위한 홍보영상 송출범위를 확대

제·개정 (시행) 일자	제·개정 이유/내용
2020. 12. 29. (2021. 3. 30.)	'e아동행복지원시스템'의 구축 근거 마련
	• 학대 고위험군 아동을 예측하는 시스템인 'e아동행복지원시스템'의 구축 근거 마련 • 학대 고위험군 아동 정보를 토대로 하여 보건복지부장관 및 시장·군수·구청장으로 하여금 양육환경 조사, 복지서비스 제공, 수사기관 또는 아동보호전문기관과의 연계 등의 조치를 실시하도록 하며, 보건복지부·교육부·지방자치단체 등 관계 부처 간 학대 고위험군 아동에 대한 정보공유를 강화함 • 원가정 보호원칙을 개선하기 위해 아동학대가 강하게 의심되고, 피해아동에 대한 조사를 위해 필요한 경우 보호자로부터 피해아동을 즉시 분리할 수 있는 제도 마련 • 시장·군수·구청장이 보호대상아동의 가정 복귀여부를 결정할 때 아동보호전문기관의 장, 아동을 상담·치료한 의사 등의 의견 존중 • 아동학대행위자가 상담·교육·심리적 치료 등을 받지 않은 경우에는 원가정 복귀를 취소할 수 있도록 함 • 아동보호전문기관이 아동학대 재발 방지를 위해 실시하는 사후관리 업무를 정당한 사유 없이 거부·방해하는 사람에게 제재수단을 마련하여 사후관리의 실효성을 제고함

3. 주요 내용

「아동복지법」의 전반적인 구조와 주요 내용을 정리하면 다음과 같다.

장	조문
제1장 총칙	제1조(목적) 제2조(기본 이념) 제3조(정의) 제4조(국가와 지방자치단체의 책무) 제5조(보호자 등의 책무) 제6조(어린이날 및 어린이주간)
제2장 아동복지정책의 수립 및 시행 등	제7조(아동정책기본계획의 수립) 제8조(연도별 시행계획의 수립·시행 등) 제9조(계획수립의 협조) 제10조(아동정책조정위원회) 제10조의2(아동권리보장원의 설립 및 운영) 제11조(아동종합실태조사) 제11조의2(아동정책영향평가) 제11조의2(아동정책영향평가) 제12조(아동복지심의위원회) 제13조(아동복지전담공무원 등) 제14조(아동위원)

제3장 아동에 대한 보호서비스 및 아동학대의 예방 및 방지	제1절 아동보호서비스	제15조(보호조치) 제15조의2(사회보장정보시스템의 이용) 제15조의3(보호대상아동의 양육상황 점검) 제15조의4(아동보호 사각지대 발굴 및 실태조사) 제15조의5(면접교섭 지원) 제16조(보호대상아동의 퇴소조치 등) 제16조의2(보호대상아동의 사후관리) 제17조(금지행위) 제18조(친권상실 선고의 청구 등) 제19조(아동의 후견인의 선임 청구 등) 제20조(아동의 후견인 선임) 제21조(보조인의 선임 등)
	제2절 아동학대의 예방 및 방지	제22조(아동학대의 예방과 방지 의무) 제22조의2(학생등에 대한 학대 예방 및 지원 등) 제22조의3(피해아동 등에 대한 신분조회 등 조치) 제22조의4(피해아동보호계획의 수립 등) 제22조의5(아동학대사례전문위원회) 제23조(아동학대예방의 날) 제24조(홍보영상의 제작·배포·송출) 제25조 삭제 <2014. 1. 28.> 제26조(아동학대 신고의무자에 대한 교육) 제26조의2(아동학대 예방교육의 실시) 제27조 삭제<2014. 1. 28.> 제27조의2(아동학대 등의 통보) 제27조의3(피해아동 응급조치에 대한 거부금지) 제28조(사후관리 등) 제28조의2(국가아동학대정보시스템) 제29조(피해아동 및 그 가족 등에 대한 지원) 제29조의2(아동학대행위자에 대한 상담·교육 등의 제공) 제29조의3(아동관련기관의 취업제한 등) 제29조의4(취업제한명령을 선고받은 자에 대한 취업 등의 점검·확인) 제29조의5(취업자의 해임요구 등) 제29조의6(아동학대에 대한 법률상담 등) 제29조의7(아동학대 전담의료기관의 지정)
제4장 아동에 대한 지원서비스	제1절 아동 안전 및 건강지원	제30조(안전기준의 설정) 제31조(아동의 안전에 대한 교육) 제32조(아동보호구역에서의 영상정보처리기기 설치 등) 제33조(아동안전 보호인력의 배치 등) 제34조(아동긴급보호소 지정 및 운영) 제35조(건강한 심신의 보존) 제36조(보건소)

	제2절 취약계층 아동 통합서비스지원 및 자립지원 등	제37조(취약계층 아동에 대한 통합서비스지원) 제38조(자립지원) 제39조(자립지원계획의 수립 등) 제40조(자립지원 관련 업무의 위탁) 제41조(아동자립지원추진협의회) 제42조(자산형성지원사업) 제43조(자산형성지원사업 관련 업무) 제44조(자산형성지원사업 관련 업무의 위탁)
	제3절 방과 후 돌봄서비스 지원	제44조의2(다함께돌봄센터)
제5장 아동복지시설		제45조(아동보호전문기관의 설치 등) 제46조(아동보호전문기관의 업무) 제46조의2 삭제 <2020. 4. 7.> 제47조(아동보호전문기관의 성과평가 등) 제48조(가정위탁지원센터의 설치 등) 제49조(가정위탁지원센터의 업무) 제50조(아동복지시설의 설치) 제51조(휴업·폐업 등의 신고) 제52조(아동복지시설의 종류) 제53조(아동전용시설의 설치) 제53조의2(학대피해아동쉼터의 지정) 제54조(아동복지시설의 종사자) 제54조의2(결격사유) 제55조(아동복지시설 종사자의 교육훈련) 제56조(시설의 개선, 사업의 정지, 시설의 폐쇄 등) 제57조(아동복지시설의 장의 의무) 제58조(아동복지단체의 육성)
제6장 보칙		제59조(비용 보조) 제60조(비용 징수) 제61조(보조금의 반환명령) 제62조(국유·공유 재산의 대부 등) 제63조(면세) 제64조(압류 금지) 제65조(비밀 유지 등의 의무) 제65조의2(연차보고서) 제66조(조사 등) 제67조(청문) 제68조(권한의 위임·위탁) 제69조(유사명칭의 사용금지) 제70조(벌칙 적용에서의 공무원 의제)

제7장 벌칙	제71조(벌칙) 제72조(상습범) 제73조(미수범) 제74조(양벌규정)

1) 기본이념(법 제2조)

「아동복지법」의 기본이념은 다음과 같다.

① 아동은 자신 또는 부모의 성별, 연령, 종교, 사회적 신분, 재산, 장애유무, 출생지역, 인종 등에 따른 어떠한 종류의 차별도 받지 아니하고 자라나야 한다(무차별 평등이념).
② 아동은 완전하고 조화로운 인격발달을 위하여 안정된 가정환경에서 행복하게 자라나야 한다(안정된 가정환경의 중요성).
③ 아동에 관한 모든 활동에 있어서 아동의 이익이 최우선적으로 고려되어야 한다(아동 중심적 활동이념).
④ 아동은 아동의 권리보장과 복지증진을 위하여 이 법에 따른 보호와 지원을 받을 권리를 가진다(아동의 권리보장).

2) 아동복지의 책임 주체

「아동복지법」은 아동의 복지증진 및 보호 책임의 주체를 국가와 지방자치단체, 아동의 보호자, 국민 등으로 구분하여 각각의 책임을 규정하고 있다.

(1) 국가와 지방자치단체(법 제4조)

국가와 지방자치단체는 아동의 건강과 복지증진에 노력하여야 하며 이를 위한 시책을 시행하여야 한다(법 제4조 제1항). 그리고 국가와 지방자치단체는 장애아동의 권익을 보호하기 위하여 필요한 시책을 강구하여야 한다(법 제4조 제4항). 또한 국가와 지방자치단체는 아동이 자신 또는 부모의 성별, 연령, 종교, 사회적 신분, 재산, 장애유무, 출생지역 또는 인종 등에 따른 어떠한 종류의 차별도 받지 아니하도록 필요한 시책을 강구하여야 한다(법 제4조 제5항).

(2) 아동의 보호자

아동의 보호자는 아동을 가정 안에서 그의 성장시기에 맞추어 건강하고 안전하게 양육하여야 한다(법 제5조 제1항)고 하여 가정의 중요성을 강조하고 있다. 여기서 아동의 보호자는 친권자, 후견인, 아동을 보호·양육·교육하거나 그 의무가 있는 자 또는 업무·고용 등의 관계로 사실상 아동을 보호·감독하는 자를 말한다(법 제2조 제3호). 아동의 보호자는 아동에게 신체적 고통이나 폭언 등의 정신적 고통을 가하여서는 아니 된다(법 제5조 제2항).

(3) 모든 국민

모든 국민은 아동의 권익과 안전을 존중하여야 하며, 아동을 건강하게 양육하여야 한다(법 제5조 제3항). 사회적 책임으로서 지역사회 주민은 물론 모든 국민은 아동이 건강하게 양육될 수 있도록 공동책무를 지는 것이다. 아동복지법의 대상이 되는 아동은 18세 미만의 자를 말한다(법 제3조 제1호).

3) 아동복지의 실천기관(아동 관련 행정기관, 전달체계)

아동복지의 실천기관(전달체계)은 아동정책의 심의 및 조정을 위한 자문기구인 아동정책위원회, 협의위원인 아동위원, 행정공무원인 아동복지 지도원, 보건소, 가정위탁지원센터 등이 있다.

(1) 아동정책조정위원회

아동정책조정위원회는 보건복지부장관 소속이 아닌 국무총리 소속 아래에 두고 있다. 즉, 아동의 권리증진과 건강한 출생 및 성장을 위하여 종합적인 아동정책을 수립하고 관계부처의 의견을 조정하며, 그 정책의 이행을 감독하고 평가하기 위하여 국무총리소속하에 아동정책조정위원회(위원회)를 둔다(법 제10조 제1항).

아동정책조정위원회는 "아동정책 및 아동의 권리증진의 기본방향에 관한 사항, 아동정책의 개선과 예산지원에 관한 사항, 아동정책에 관한 관련 부처간 협조 사항, 아동

관련 국제조약의 이행 및 평가·조정에 관한 사항, 그 밖에 위원장이 부의하는 사항"을 심의·조정한다(법 제10조 제2항). 아동정책조정위원회는 위원장을 포함한 25인 이내의 위원으로 구성하되, 위원장은 국무총리가 되고 "기획재정부장관·교육과학기술부장관·법무부장관·행정안전부장관·문화체육관광부장관·지식경제부장관·보건복지부장관·고용노동부장관·여성가족부장관, 아동관련 단체의 장이나 아동에 대한 학식과 경험이 풍부한 자중 위원장이 위촉하는 15인 이내의 위원"이 된다(법 제10조 제3항).

아동정책조정위원회는 국제조약의 이행확인을 위하여 필요한 업무를 관계 전문기관 또는 단체에게 위탁할 수 있고(법 제10조 제4항), 아동정책조정위원회는 필요하다고 인정하는 때에는 관계행정기관에 대하여 그 소속직원의 출석·설명과 자료의 제출을 요구할 수 있다(법 제10조 제5항). 이외에 아동정책조정위원회의 구성 및 운영 등에 관하여 필요한 사항은 대통령령으로 정한다(법 제10조 제6항). 아동정책조정위원회의 위원의 임기는 2년으로 하되 연임할 수 있고, 다만 공무원인 위원의 임기는 그 재임기간으로 하고 있다(법 시행령 제5조). 아동정책조정위원회 내에 아동정책실무위원회를 두며, 실무위원회의 위원장은 보건복지부차관이다(법 시행령 제11조).

(2) 아동권리보장원의 설립 및 운영(법 제10조의2)

보건복지부장관은 아동정책에 대한 종합적인 수행과 아동복지 관련 사업의 효과적인 추진을 위하여 필요한 정책의 수립을 지원하고 사업평가 등의 업무를 수행할 수 있도록 아동권리보장원(이하 "보장원"이라 한다)을 설립한다.

보장원의 업무

1. 아동정책 수립을 위한 자료 개발 및 정책 분석
2. 제7조의 기본계획 수립 및 제8조 제2항의 시행계획 평가 지원
3. 제10조의 위원회 운영 지원
4. 제11조의2의 아동정책영향평가 지원
5. 제15조, 제15조의2, 제15조의3, 제16조, 제16조의2의 아동보호서비스에 대한 기술지원
6. 아동학대의 예방과 방지를 위한 제22조 제6항 각 호의 업무
7. 가정위탁사업 활성화 등을 위한 제48조 제6항 각 호의 업무
8. 지역 아동복지사업 및 아동복지시설의 원활한 운영을 위한 지원

9. 입양특례법에 따른 국내입양 활성화 및 입양 사후관리를 위한 '가. 국내외 입양정책 및 서비스에 관한 조사·연구, 나. 입양 관련 국제협력 업무, 다. 그 밖에 「입양특례법」에 따라 보건복지부장관으로부터 위탁받은 업무'
10. 아동 관련 조사 및 통계 구축
11. 아동 관련 교육 및 홍보
12. 아동 관련 해외정책 조사 및 사례분석
13. 그 밖에 이 법 또는 다른 법령에 따라 보건복지부장관, 국가 또는 지방자치단체로부터 위탁받은 업무"를 수행한다.

(3) 아동복지심의위원회(법 제12조)

시·도지사, 시장·군수·구청장은 "① 제8조에 따른 시행계획 수립 및 시행에 관한 사항, ② 제15조에 따른 보호조치에 관한 사항, ③ 제16조에 따른 퇴소조치에 관한 사항, ④ 제18조에 따른 친권행사의 제한이나 친권상실 선고 청구에 관한 사항, ⑤ 제19조에 따른 아동의 후견인의 선임이나 변경 청구에 관한 사항, ⑥ 지원대상아동의 선정과 그 지원에 관한 사항, ⑦ 그 밖에 아동의 보호 및 지원서비스를 위하여 시·도지사 또는 시장·군수·구청장이 필요하다고 인정하는 사항"을 심의하기 위하여 그 소속으로 아동복지심의위원회(이하 "심의위원회"라 한다)를 각각 둔다. 이 경우 제2호부터 제7호까지의 사항에 관한 심의 업무를 효율적으로 수행하기 위하여 대통령령으로 정하는 바에 따라 심의위원회 소속으로 사례결정위원회를 두고, 사례결정위원회의 심의를 거친 사항은 심의위원회의 심의를 거친 사항으로 본다.

심의위원회의 조직·구성 및 운영 등에 필요한 사항은 대통령령으로 정하는 기준에 따라 해당 지방자치단체의 조례로 정한다.

시·도지사, 시장·군수·구청장은 대통령령으로 정하는 바에 따라 심의위원회의 구성 및 운영 현황에 관한 사항을 연 1회 보건복지부장관에게 보고하여야 한다.

(4) 아동복지전담공무원(법 제13조)

아동복지에 관한 업무를 담당하기 위하여 특별시·광역시·도·특별자치도(이하 "시·도"라 한다) 및 시·군·구(자치구를 말한다. 이하 같다)에 각각 아동복지전담공무원(이하 "전담공무원"이라 한다)을 둘 수 있다.

전담공무원은 「사회복지사업법」 제11조에 따른 사회복지사의 자격을 가진 사람으로 하고 그 임용 등에 필요한 사항은 해당 시·도 및 시·군·구의 조례로 정한다.

전담공무원은 아동에 대한 상담 및 보호조치, 가정환경에 대한 조사, 아동복지시설에 대한 지도·감독, 아동범죄 예방을 위한 현장확인 및 지도·감독 등 지역 단위에서 아동의 복지증진을 위한 업무를 수행한다.

시·도지사 또는 시장·군수·구청장은 전담공무원의 업무를 지원하기 위하여 보건복지부령으로 정하는 바에 따라 민간전문인력을 둘 수 있다.

관계 행정기관, 아동복지시설 및 아동복지단체(아동의 권리를 보장하고 복지증진을 목적으로 설립된 기관 및 단체를 말한다. 이하 같다)를 설치·운영하는 자는 전담공무원 또는 제4항에 따른 민간전문인력이 협조를 요청하는 경우 정당한 사유가 없는 한 이에 따라야 한다.

(5) 아동위원(법 제14조)

아동위원은 시·군·구에서 그 관할구역 안의 아동에 대하여 항상 그 생활상태 및 가정환경을 상세히 파악하고 아동복지에 관하여 필요한 원조와 지도를 행하며 전담공무원, 민간전문인력 및 관계 행정기관과 협력하는 민간인이다. 아동위원은 명예직으로 하되, 아동위원에 대하여는 수당을 지급할 수 있다. 아동위원은 그 업무의 원활한 수행을 위하여 적절한 교육을 받을 수 있다. 아동위원에 관하여 필요한 사항은 당해 시·군·구의 조례로 정하고 있다.

(6) 가정위탁지원센터

가정위탁이라 함은 보호를 필요로 하는 아동을 보호하기에 적합한 가정에 일정 기간 위탁하는 것을 말한다(법 제3조 제6호).

지방자치단체는 보호대상아동에 대한 가정위탁사업을 활성화하기 위하여 시·도 및 시·군·구에 가정위탁지원센터를 둔다. 다만, 시·도지사는 조례로 정하는 바에 따라 둘 이상의 시·군·구를 통합하여 하나의 가정위탁지원센터를 설치·운영할 수 있다(법 제48조 제2항). 법 제48조 제2항 단서에 따라 가정위탁지원센터를 통합하여 설치·운영하는 경우 시·도지사는 가정위탁지원센터의 설치·운영에 필요한 비용을 관할 구역의 아동의 수 등을 고려하여 시장·군수·구청장에게 공동으로 부담하게 할 수 있다(법 제48조 제3항).

시·도지사 및 시장·군수·구청장은 가정위탁지원을 목적으로 하는 비영리법인을 지정하여 제2항에 따른 가정위탁지원센터의 운영을 위탁할 수 있다(법 제48조 제4항). 가정위탁지원센터의 설치기준과 운영, 상담원 등 직원의 자격과 배치기준, 제4항에 따른 지정의 요건 등에 필요한 사항은 대통령령으로 정한다(법 제48조 제5항).

아동권리보장원은 가정위탁사업의 활성화 등을 위하여 "① 가정위탁지원센터에 대한 지원, ② 효과적인 가정위탁사업을 위한 지역 간 연계체계 구축, ③ 가정위탁사업과 관련된 연구 및 자료발간, ④ 가정위탁사업을 위한 프로그램의 개발 및 평가, ⑤ 상담원에 대한 교육 등 가정위탁에 관한 교육 및 홍보, ⑥ 가정위탁사업을 위한 정보기반 구축 및 정보 제공, ⑦ 그 밖에 대통령령으로 정하는 가정위탁사업과 관련된 업무"를 수행한다(법 제48조 제6항).

(7) 보건소(법 제36조)

보건소는 「아동복지법」에 따라 "아동의 전염병 예방조치, 아동의 건강상담, 신체검사와 보건위생에 관한 지도, 아동의 영양개선"의 업무를 행하고 있다.

4) 아동의 보호서비스 : 아동보호조치

(1) 보호를 필요로 하는 아동의 보호조치(법 제15조)

시·도지사 또는 시장·군수·구청장은 그 관할구역 안에서 보호를 필요로 하는 아동을 발견하거나 보호자의 의뢰를 받은 때에는 아동의 최상의 이익을 위하여 대통령령이 정하는 바에 따라 "① 전담공무원, 민간전문인력 또는 아동위원에게 보호대상아동 또는 그 보호자에 대한 상담·지도를 수행하게 하는 것, ② 「민법」 제777조 제1호 및 제2호에 따른 친족에 해당하는 사람의 가정에서 보호·양육할 수 있도록 조치하는 것, ③ 보호대상아동을 적합한 유형의 가정에 위탁하여 보호·양육할 수 있도록 조치하는 것, ④ 보호대상아동을 그 보호조치에 적합한 아동복지시설에 입소시키는 것, ⑤ 약물 및 알콜 중독, 정서·행동·발달 장애, 성폭력·아동학대 피해 등으로 특수한 치료나 요양 등의 보호를 필요로 하는 아동을 전문치료기관 또는 요양소에 입원 또는 입소시키는 것, ⑥ 「입양특례법」에 따른 입양과 관련하여 필요한 조치를 하는 것"의 필요한 보호조치를 하여야 한다(법 제15조 제1항).

시·도지사 또는 시장·군수·구청장 이외의 자가 보호대상아동을 발견하거나 보호자의 의뢰를 받은 때에는 지체 없이 시·도지사 또는 시장·군수·구청장에게 보호조치를 의뢰하여야 한다(법 제15조 제2항). 시·도지사 또는 시장·군수·구청장은 제1항 제1호 및 제2호의 보호조치가 적합하지 아니한 보호대상아동에 대하여 제1항 제3호부터 제6호까지의 보호조치를 할 수 있다. 이 경우 제1항 제3호부터 제6호까지의 보호조치를 하기 전에 보호대상아동에 대한 상담, 건강검진, 심리검사 및 가정환경에 대한 조사를 실시하여야 한다(법 제15조 제3항). 시·도지사 또는 시장·군수·구청장은 제1항에 따른 보호조치를 하려는 경우 보호대상아동에 대하여 "① 제1항에 따른 보호조치 계획, ② 아동 및 보호자에 대한 지원 계획, ③ 그 밖에 보건복지부령으로 정하는 사항"이 포함된 개별 보호·관리 계획을 세워 보호하여야 하며, 그 계획을 수립할 때 해당 보호대상아동의 보호자를 참여시킬 수 있다(법 제15조 제4항).

(2) 아동통합정보시스템의 구축·운영(법 제15조의2)

보건복지부장관은 아동복지 관련 자료 또는 정보의 효율적 처리 및 통합관리를 위하여 「사회보장기본법」 제37조 제2항에 따라 설치된 사회보장정보시스템 및 「사회보장급여의 이용·제공 및 수급권자 발굴에 관한 법률」 제24조의2에 따라 설치된 사회서비스정보시스템을 연계·활용하여 아동통합정보시스템(이하 "아동정보시스템"이라 한다)을 구축·운영하여야 한다.

보건복지부장관은 아동정보시스템을 구축·운영하는 데 필요한 정보로서 "① 제3조 제10호에 따른 아동복지시설이 보유한 정보, ② 제15조, 제16조 및 제16조의2에 따른 보호대상아동의 보호조치, 퇴소조치 및 사후관리에 관한 정보, ③ 제28조의2에 따른 아동학대 관련 정보, ④ 제37조에 따른 취약계층 아동에 대한 통합서비스지원에 관한 정보, ⑤ 제38조부터 제44조까지의 규정에 따른 자립지원에 관한 정보, ⑥ 제44조의2에 따른 다함께돌봄센터가 보유한 정보, ⑦ 제45조 및 제46조에 따른 아동보호전문기관이 보유한 정보, ⑧ 제48조 및 제49조에 따른 가정위탁지원센터가 보유한 정보, ⑨ 「입양특례법」에 따른 입양아동에 관한 정보, ⑩ 「사회보장급여의 이용·제공 및 수급권자 발굴에 관한 법률」 제2조 제1호의 사회보장급여 중 아동 관련 정보, ⑪ 주민등록법에 따른 주민등록 자료 또는 정보, ⑫ 가족관계의 등록 등에 관한 법률에 따른 가족관계 등록 자료 또는 정보, ⑬ 아동학대행위자의 「형의 집행 및 수용자의 처우에 관한 법률」, 「치료감호 등에 관한 법률」에 따른 시설 입소 및 퇴소에 관한 자료 또는 정보(아동학대 관련범죄로 인한 시설 입소 및 퇴소에 관한 자료 또는 정보로 한정한다). ⑭ 그 밖에 대통령령으로 정하는 아동복지 관련 업무 수행에 필요한 정보"의 어느 하나에 해당하는 정보를 수집·관리·보유할 수 있으며 중앙행정기관의 장, 지방자치단체의 장, 관계 기관 및 단체의 장 등에게 필요한 정보의 제공을 요청할 수 있다. 이 경우 요청을 받은 기관의 장은 정당한 사유가 없으면 요청에 따라야 한다.

(3) 면접교섭 지원(법 제15조의5)

시·도지사 또는 시장·군수·구청장은 제15조 제1항 제3호부터 제5호까지의 보호조치 중인 아동과 「민법」 제779조에 따른 가족 간의 면접교섭을 지원하여야 한다. 다만, 아동학대 등 아동의 안전과 복지를 해할 우려가 있는 경우에는 지원을 제한하거나 중단할 수 있다. 이에 따른 면접교섭의 방법과 절차 등에 필요한 사항은 보건복지부령으로 정하고 있다.

(4) 보호대상아동의 퇴소조치 등(법 제16조)

법 제15조 제1항 제3호부터 제5호까지의 보호조치 중인 보호대상아동의 연령이 18세에 달하였거나, 보호 목적이 달성되었다고 인정되면 해당 시·도지사, 시장·군수·구청장은 대통령령으로 정하는 절차와 방법에 따라 그 보호 중인 아동의 보호조치를 종료하거나 해당 시설에서 퇴소시켜야 한다(법 제16조 제1항).

법 제15조 제1항 제2호부터 제4호까지의 보호조치 중인 보호대상아동의 친권자, 후견인 등 보건복지부령으로 정하는 자는 관할 시·도지사 또는 시장·군수·구청장에게 해당 보호대상아동의 가정 복귀를 신청할 수 있다(법 제16조 제2항).

시·도지사 또는 시장·군수·구청장은 법 제16조 제2항에 따른 가정 복귀 신청을 받은 경우에는 보장원 또는 아동보호전문기관 등 아동복지시설의 장, 아동을 상담·치료한 의사의 의견을 들은 후 보호조치의 종료 또는 퇴소조치가 보호대상아동의 복리에 반하지 아니한다고 인정되면 해당 보호대상아동을 가정으로 복귀시킬 수 있다. 다만, 보호대상아동이 복귀하는 가정에 거주하는 아동학대행위자가 대통령령으로 정하는 상담·교육·심리적 치료 등에 참여하지 아니한 경우에는 그러하지 아니한다(법 제16조 제3항).

법 제16조 제1항에도 불구하고 제15조에 따라 보호조치 중인 아동이 "①「고등교육법」제2조에 따른 대학 이하의 학교(대학원은 제외한다)에 재학 중인 경우, ② 법 제52조 제1항 제1호의 아동양육시설 또는 근로자직업능력 개발법 제2조 제3호에 따른 직업능력개발훈련시설에서 직업 관련 교육·훈련을 받고 있는 경우, ③ 그 밖에 위탁가정 및 각종 아동복지시설에서 해당 아동을 계속하여 보호·양육할 필요가 있다고 대통령령으로 정하는 경우"의 어느 하나에 해당하면 시·도지사, 시장·군수·구청장은 해당 아동의 보호기간을 연장할 수 있다(법 제16조 제4항).

시·도지사 또는 시장·군수·구청장은 법 제16조 제3항 본문에도 불구하고 법 제28조 제1항에 따른 확인 결과 아동학대의 재발이 의심되는 경우에는 사례결정위원회의 심의를 거쳐 보호대상아동의 가정 복귀 결정을 취소할 수 있다. 다만, 아동학대 재발의 위험이 현저하여 긴급히 취소하여야 하는 경우에는 사례결정위원회의 심의를 거치지 아니하고 취소하고 사후에 보고할 수 있다(법 제16조 제5항).

(5) 친권상실의 선고의 청구와 아동의 후견인 선임청구

시·도지사, 시장·군수·구청장 또는 검사는 아동의 친권자가 그 친권을 남용하거나 현저한 비행이나 아동학대, 그 밖에 친권을 행사할 수 없는 중대한 사유가 있는 것을 발견한 경우 아동의 복지를 위하여 필요하다고 인정할 때에는 법원에 친권행사의 제한 또는 친권상실의 선고를 청구하여야 한다(법 제18조 제1항). 아동복지시설의 장 및「초·중등교육법」에 따른 학교의 장은 제1항의 사유에 해당하는 경우 시·도지사, 시장·군수·구청장 또는 검사에게 법원에 친권행사의 제한 또는 친권상실의 선고를 청구하도록 요청할 수 있다(법 제18조 제2항). 시·도지사, 시장·군수·구청장 또는 검사는

제1항 및 제2항에 따라 친권행사의 제한 또는 친권상실의 선고 청구를 할 경우 보장원 또는 아동보호전문기관 등 아동복지시설의 장, 아동을 상담·치료한 의사 및 해당 아동의 의견을 존중하여야 한다(법 제18조 제3항).

시·도지사, 시장·군수·구청장 또는 검사는 법 제18조 제2항에 따라 친권행사의 제한 또는 친권상실의 선고 청구를 요청받은 경우에는 요청받은 날부터 30일 내에 청구 여부를 결정한 후 해당 요청기관에 청구 또는 미청구 요지 및 이유를 서면으로 알려야 한다(법 제18조 제4항). 이에 따라 처리결과를 통보받은 아동복지시설의 장 및 학교의 장은 그 처리결과에 대하여 이의가 있을 경우 통보받은 날부터 30일 내에 직접 법원에 친권행사의 제한 또는 친권상실의 선고를 청구할 수 있다(법 제18조 제5항).

시·도지사, 시장·군수·구청장, 아동복지시설의 장 및 학교의 장은 친권자 또는 후견인이 없는 아동을 발견한 경우 그 복지를 위하여 필요하다고 인정할 때에는 법원에 후견인의 선임을 청구하여야 한다(법 제19조 제1항). 시·도지사, 시장·군수·구청장, 아동복지시설의 장, 학교의 장 또는 검사는 후견인이 해당 아동을 학대하는 등 현저한 비행을 저지른 경우에는 후견인 변경을 법원에 청구하여야 한다(법 제19조 제2항). 이에 따른 후견인의 선임 및 후견인의 변경 청구를 할 때에는 해당 아동의 의견을 존중하여야 한다(법 제19조 제3항). 아동복지시설에 입소 중인 보호대상아동에 대하여는 보호시설에 있는 미성년자의 후견직무에 관한 법률을 적용한다(법 제19조 제4항).

(6) 아동보호를 위한 절대적 금지행위(법 제17조)

누구든지 "① 아동을 매매하는 행위, ② 아동에게 음란한 행위를 시키거나 이를 매개하는 행위 또는 아동에게 성적 수치심을 주는 성희롱 등의 성적 학대행위, ③ 아동의 신체에 손상을 주거나 신체의 건강 및 발달을 해치는 신체적 학대행위, ④ 삭제, ⑤ 아동의 정신건강 및 발달에 해를 끼치는 정서적 학대행위, ⑥ 자신의 보호·감독을 받는 아동을 유기하거나 의식주를 포함한 기본적 보호·양육·치료 및 교육을 소홀히 하는 방임행위, ⑦ 장애를 가진 아동을 공중에 관람시키는 행위, ⑧ 아동에게 구걸을 시키거나 아동을 이용하여 구걸하는 행위, ⑨ 공중의 오락 또는 흥행을 목적으로 아동의 건강 또는 안전에 유해한 곡예를 시키는 행위 또는 이를 위하여 아동을 제3자에게 인도하는 행위, ⑩ 정당한 권한을 가진 알선기관 외의 자가 아동의 양육을 알선하고 금품을 취득하거나 금품을 요구 또는 약속하는 행위, ⑪ 아동을 위하여 증여 또는 급여된 금품을 그 목적 외의 용도로 사용하는 행위"에 해당하는 행위를 하여서는 아니 된다.

5) 아동학대 예방 및 방지

아동학대에 대해 누구나 신고할 수 있으며, 신고의무자는 따로 정하고 있으나 누구인지 반드시 알아두어야 한다.

(1) 아동학대의 예방과 방지의무(법 제22조)

국가와 지방자치단체는 아동학대의 예방과 방지를 위하여 "① 아동학대의 예방과 방지를 위한 각종 정책의 수립 및 시행, ② 아동학대의 예방과 방지를 위한 연구·교육·홍보 및 아동학대 실태조사, ③ 아동학대에 관한 신고체제의 구축·운영, ④ 피해아동의 보호와 치료 및 피해아동의 가정에 대한 지원, ⑤ 그 밖에 대통령령으로 정하는 아동학대의 예방과 방지를 위한 사항"의 조치를 취하여야 한다(법 제22조 제1항). 지방자치단체는 아동학대를 예방하고 수시로 신고를 받을 수 있도록 긴급전화를 설치하여야 한다. 이 경우 그 설치·운영 등에 필요한 사항은 대통령령으로 정한다(법 제22조 제2항).

시·도지사 또는 시장·군수·구청장은 피해아동의 발견 및 보호 등을 위하여 "① 아동학대 신고접수, 현장조사 및 응급보호, ② 피해아동, 피해아동의 가족 및 아동학대행위자에 대한 상담·조사, ③ 그 밖에 대통령령으로 정하는 아동학대 관련 업무"를 수행하여야 한다(법 제22조 제3항). 시·도지사 또는 시장·군수·구청장은 제3항 각 호의 업무를 수행하기 위하여 아동학대전담공무원을 두어야 한다(법 제22조 제4항). 아동학대전담공무원은 「사회복지사업법」 제11조에 따른 사회복지사의 자격을 가진 사람으로 하고 그 임용 등에 필요한 사항은 해당 시·도 또는 시·군·구의 조례로 정한다(법 제22조 제5항).

아동권리보장원은 아동학대예방사업의 활성화 등을 위하여 "① 아동보호전문기관에 대한 지원, ② 아동학대예방사업과 관련된 연구 및 자료 발간, ③ 효율적인 아동학대예방사업을 위한 연계체계 구축, ④ 아동학대예방사업을 위한 프로그램 개발 및 평가, ⑤ 아동보호전문기관·학대피해아동쉼터 직원 및 아동학대전담공무원 직무교육, 아동학대예방 관련 교육 및 홍보, ⑥ 아동보호전문기관 전산시스템 구축 및 운영, ⑦ 그 밖에 대통령령으로 정하는 아동학대예방사업과 관련된 업무"를 수행한다(법 제22조 제6항).

시·도지사 또는 시장·군수·구청장, 보장원의 장 또는 아동보호전문기관의 장은 "① 시·도지사 또는 시장·군수·구청장: 제3항 각 호의 업무, ② 보장원의 장: 제6항 각 호의 업무, ③ 아동보호전문기관의 장: 제46조제2항 각 호의 업무"를 수행하기 위하여 필요한 경우 아동정보시스템의 아동학대 관련 정보 또는 자료를 활용할 수 있다(법 제22조 제7항).

(2) 아동학대범죄 신고의무와 절차

가. 아동학대 신고의무자와 신고의무 절차

누구든지 아동학대범죄를 알게 된 경우나 그 의심이 있는 경우에는 특별시·광역시·특별자치시·도·특별자치도(이하 "시·도"라 한다), 시·군·구(자치구를 말한다. 이하 같다) 또는 수사기관에 신고할 수 있다(「아동학대범죄의 처벌 등에 관한 특례법」 제10조 제1항).

다음 각 호의 어느 하나에 해당하는 사람이 직무를 수행하면서 아동학대범죄를 알게 된 경우나 그 의심이 있는 경우에는 시·도, 시·군·구 또는 수사기관에 즉시 신고하여야 한다(「아동학대범죄의 처벌 등에 관한 특례법」 제10조 제2항).

1. 「아동복지법」 제10조의2에 따른 아동권리보장원 및 가정위탁지원센터의 장과 그 종사자
2. 아동복지시설의 장과 그 종사자(아동보호전문기관의 장과 그 종사자는 제외한다)
3. 「아동복지법」 제13조에 따른 아동복지전담공무원
4. 「가정폭력방지 및 피해자보호 등에 관한 법률」 제5조에 따른 가정폭력 관련 상담소 및 같은 법 제7조의2에 따른 가정폭력피해자 보호시설의 장과 그 종사자
5. 「건강가정기본법」 제35조에 따른 건강가정지원센터의 장과 그 종사자
6. 「다문화가족지원법」 제12조에 따른 다문화가족지원센터의 장과 그 종사자
7. 「사회보장급여의 이용·제공 및 수급권자 발굴에 관한 법률」 제43조에 따른 사회복지전담공무원 및 사회복지사업법 제34조에 따른 사회복지시설의 장과 그 종사자
8. 「성매매방지 및 피해자보호 등에 관한 법률」 제9조에 따른 지원시설 및 같은 법 제17조에 따른 성매매피해상담소의 장과 그 종사자
9. 「성폭력방지 및 피해자보호 등에 관한 법률」 제10조에 따른 성폭력피해상담소, 같은 법 제12조

에 따른 성폭력피해자보호시설의 장과 그 종사자 및 같은 법 제18조에 따른 성폭력피해자통합지원센터의 장과 그 종사자
10. 「119구조·구급에 관한 법률」 제2조 제4호에 따른 119구급대의 대원
11. 「응급의료에 관한 법률」 제2조 제7호에 따른 응급의료기관등에 종사하는 응급구조사
12. 「유아보육법」 제7조에 따른 육아종합지원센터의 장과 그 종사자 및 제10조에 따른 어린이집의 원장 등 보육교직원
13. 「유아교육법」 제2조 제2호에 따른 유치원의 장과 그 종사자
14. 아동보호전문기관의 장과 그 종사자
15. 「의료법」 제3조 제1항에 따른 의료기관의 장과 그 의료기관에 종사하는 의료인 및 의료기사
16. 「장애인복지법」 제58조에 따른 장애인복지시설의 장과 그 종사자로서 시설에서 장애아동에 대한 상담·치료·훈련 또는 요양 업무를 수행하는 사람
17. 「정신건강증진 및 정신질환자 복지서비스 지원에 관한 법률」 제3조 제3호에 따른 정신건강복지센터, 같은 조 제5호에 따른 정신의료기관, 같은 조 제6호에 따른 정신요양시설 및 같은 조 제7호에 따른 정신재활시설의 장과 그 종사자
18. 「청소년 기본법」 제3조 제6호에 따른 청소년시설 및 같은 조 제8호에 따른 청소년단체의 장과 그 종사자
19. 「청소년 보호법」 제35조에 따른 청소년 보호·재활센터의 장과 그 종사자
20. 「초·중등교육법」 제2조에 따른 학교의 장과 그 종사자
21. 「한부모가족지원법」 제19조에 따른 한부모가족복지시설의 장과 그 종사자
22. 「학원의 설립·운영 및 과외교습에 관한 법률」 제6조에 따른 학원의 운영자·강사·직원 및 같은 법 제14조에 따른 교습소의 교습자·직원
23. 「아이돌봄 지원법」 제2조 제4호에 따른 아이돌보미
24. 「아동복지법」 제37조에 따른 취약계층 아동에 대한 통합서비스지원 수행인력
25. 「입양특례법」 제20조에 따른 입양기관의 장과 그 종사자

누구든지 신고인의 인적 사항 또는 신고인임을 미루어 알 수 있는 사실을 다른 사람에게 알려주거나 공개 또는 보도하여서는 아니 된다(「아동학대범죄의 처벌 등에 관한 특례법」 제10조 제3항). 이에 따른 신고가 있는 경우 시·도, 시·군·구 또는 수사기관은 정당한 사유가 없으면 즉시 조사 또는 수사에 착수하여야 한다(「아동학대범죄의 처벌 등에 관한 특례법」 제10조 제4항).

나. 아동학대 신고의무자에 대한 교육

관계 중앙행정기관의 장은 「아동학대범죄의 처벌 등에 관한 특례법」 제10조 제2항 각 호의 어느 하나에 해당하는 사람(이하 "아동학대 신고의무자"라 한다)의 자격 취득 과정

이나 보수교육 과정에 아동학대 예방 및 신고의무와 관련된 교육 내용을 포함하도록 하여야 한다(법 제26조 제1항). 관계 중앙행정기관의 장 및 시·도지사는 아동학대 신고의무자에게 본인이 아동학대 신고의무자라는 사실을 고지할 수 있고, 아동학대 예방 및 신고의무와 관련한 교육(이하 이 조에서 "신고의무 교육"이라 한다)을 실시할 수 있다(법 제26조 제2항). 아동학대 신고의무자가 소속된 기관·시설 등의 장은 소속 아동학대 신고의무자에게 신고의무 교육을 실시하고, 그 결과를 관계 중앙행정기관의 장에게 제출하여야 한다(법 제26조 제3항). 이에 따른 교육 내용·시간 및 방법 등 그 밖에 필요한 사항은 대통령령으로 정하고 있다(법 제26조 제4항).

다. 피해아동 응급조치에 대한 거부금지

「아동학대범죄의 처벌 등에 관한 특례법」 제12조 제1항 제3호(피해아동 등을 아동학대 관련 보호시설로 인도) 또는 제4호(긴급치료가 필요한 피해아동을 의료기관으로 인도)에 따라 사법경찰관리, 아동학대전담공무원이 피해아동을 인도하는 경우에는 아동학대 관련 보호시설이나 의료기관은 정당한 사유 없이 이를 거부하여서는 아니 된다(법 제27조의3).

(3) 아동관련기관의 취업제한 등(법 제29조의3)

법원은 아동학대관련범죄로 형 또는 치료감호를 선고하는 경우에는 판결(약식명령을 포함한다. 이하 같다)로 그 형 또는 치료감호의 전부 또는 일부의 집행을 종료하거나 집행이 유예·면제된 날(벌금형을 선고받은 경우에는 그 형이 확정된 날을 말한다)부터 일정기간(이하 "취업제한기간"이라 한다) 동안 다음 각 호에 따른 시설 또는 기관(이하 "아동관련기관"이라 한다)을 운영하거나 아동관련기관에 취업 또는 사실상 노무를 제공할 수 없도록 하는 명령(이하 "취업제한명령"이라 한다)을 아동학대관련범죄 사건의 판결과 동시에 선고(약식명령의 경우에는 고지를 말한다)하여야 한다. 다만, 재범의 위험성이 현저히 낮은 경우나 그 밖에 취업을 제한하여서는 아니 되는 특별한 사정이 있다고 판단하는 경우에는 그러하지 아니하다(법 제29조의3 제1항). 이에 따른 취업제한기간은 10년을 초과하지 못한다(법 제29조의3 제2항).

1. 보장원, 지방자치단체(전담공무원, 민간전문인력, 아동학대전담공무원으로 한정한다), 제37조에 따른 취약계층 아동 통합서비스 수행기관, 아동보호전문기관, 제44조의2에 따른 다함께돌봄센터, 제48조에 따른 가정위탁지원센터 및 제52조의 아동복지시설
2. 「가정폭력방지 및 피해자보호 등에 관한 법률」 제4조의6의 긴급전화센터, 같은 법 제5조의 가정폭력 관련 상담소 및 같은 법 제7조의2의 가정폭력피해자 보호시설
3. 「건강가정기본법」 제35조의 건강가정지원센터
4. 「다문화가족지원법」 제12조의 다문화가족지원센터
5. 「성매매방지 및 피해자보호 등에 관한 법률」 제5조의 성매매피해자등을 위한 지원시설 및 같은 법 제10조의 성매매피해상담소
6. 「성폭력방지 및 피해자보호 등에 관한 법률」 제10조의 성폭력피해상담소 및 같은 법 제12조의 성폭력피해자보호시설 및 같은 법 제18조의 성폭력피해자통합지원센터
7. 「영유아보육법」 제2조 제3호의 어린이집, 같은 법 제7조에 따른 육아종합지원센터 및 같은 법 제26조의2에 따른 시간제보육서비스지정기관
8. 「유아교육법」 제2조 제2호의 유치원
9. 「의료법」 제3조의 의료기관(같은 법 제2조의 의료인에 한정한다)
10. 「장애인복지법」 제58조의 장애인복지시설
11. 「정신건강증진 및 정신질환자 복지서비스 지원에 관한 법률」 제3조에 따른 정신건강복지센터, 정신건강증진시설, 정신요양시설 및 정신재활시설
12. 「주택법」 제2조 제3호의 공동주택의 관리사무소(경비업무 종사자에 한정한다)
13. 「청소년 기본법」 제3조에 따른 청소년시설, 청소년단체
14. 「청소년활동진흥법」 제2조 제2호의 청소년활동시설
15. 「청소년복지 지원법」 제29조 제1항의 청소년상담복지센터, 같은 법 제30조의 이주배경청소년지원센터 및 같은 법 제31조 각 호의 청소년쉼터, 청소년자립지원관, 청소년치료재활센터
16. 「청소년 보호법」 제35조의 청소년 보호·재활센터
17. 「체육시설의 설치·이용에 관한 법률」 제2조 제1호의 체육시설 중 아동의 이용이 제한되지 아니하는 체육시설로서 문화체육관광부장관이 지정하는 체육시설
18. 「초·중등교육법」 제2조 각 호의 학교 및 같은 법 제28조에 따라 학습부진아 등에 대한 교육을 실시하는 기관
19. 「학원의 설립·운영 및 과외교습에 관한 법률」 제2조 제1호의 학원 및 같은 조 제2호의 교습소 중 아동의 이용이 제한되지 아니하는 학원과 교습소로서 교육부장관이 지정하는 학원·교습소
20. 「한부모가족지원법」 제19조의 한부모가족복지시설
21. 아동보호전문기관 또는 학대피해아동쉼터를 운영하는 법인
22. 「보호소년 등의 처우에 관한 법률」에 따른 소년원 및 소년분류심사원
23. 민법 제32조에 따라 보건복지부장관의 설립 허가를 받아 아동인권, 아동복지 등 아동을 위한 사업을 수행하는 비영리법인(대표자 및 아동을 직접 대면하는 업무에 종사하는 사람에 한정한다)
24. 「아이돌봄 지원법」 제11조에 따른 서비스제공기관
25. 「입양특례법」 제20조에 따른 입양기관

6) 아동에 대한 지원서비스

(1) 아동 안전

가. 안전기준의 설정

국가는 대통령령으로 정하는 바에 따라 아동복지시설과 아동용품에 대한 안전기준을 정하고 아동용품을 제작·설치·관리하는 자에게 이를 준수하도록 하여야 한다(법 제30조). 법 제30조에 따른 아동복지시설의 안전기준은 〈별표 4〉와 같고, 아동용품의 안전기준은 〈별표 5〉와 같다(법 시행령 제27조).

〈별표 4〉 아동복지시설의 안전기준

1. 주요 시설물은 피난시설 및 화재방지시설을 갖추어야 한다.
2. 다치거나 병든 사람에 대한 응급조치를 할 수 있는 비상약품, 구호설비·기구 등을 갖추어야 한다.
3. 위험한 장소에는 위험표지물 등 안내문을 설치하여야 한다.
4. 안전사고나 응급환자 발생 등에 대비하여 긴급수송대책을 마련하여야 한다.
5. 비상시의 대피경로를 잘 볼 수 있는 장소에 안내문을 게시하여야 한다.
6. 아동복지시설 종사자에 대하여 정기적으로 안전교육을 하여야 한다.
7. 사고 발생 후에는 사고 발생 요인을 분석하여 이에 대한 시정조치계획 등 재발 방지대책을 마련하여야 한다.

출처: 아동복지법 시행령 제27조 [별표 4]

〈별표 5〉 아동용품의 안전기준

구분	안전기준
1. 아동을 위한 제품	가. 제품의 성분·함량·구조 등에 대한 정보를 제공하여야 한다. 나. 제품 사용 적정 연령을 표시하여야 하며, 연령에 따른 주의사항을 명확하게 표시하여야 한다. 다. 제품의 사용 방법 및 안전사고와 관련된 정보를 제공하여야 한다. 라. 그 밖에 위해(危害) 방지를 위하여 필요한 사항을 표시하여야 한다.
2. 아동이 이용하는 놀이시설물	가. 놀이시설물의 어떠한 부분에도 아동의 살을 베거나 찌를 수 있는 날카로운 부분, 모서리, 뾰족한 부분이 없도록 하여야 한다. 나. 놀이시설물의 돌출 부분인 볼트와 너트는 위로 튀어나오지 않도록 하여야 하며, 볼트와 너트가 위를 향하고 있는 경우에는 그 높이가 3.2밀리미터를 넘지 않도록 하여야 한다. 다. 아동이 추락할 가능성이 있는 놀이시설물 아래와 주변의 공간(안전지대)은 충격을 흡

구분	안전기준
	수할 수 있도록 하여야 하며, 아동이 걸려 넘어지거나 부딪칠 수 있는 방해물이 없도록 하여야 한다. 라. 움직이는 부분들이 서로 맞물리는 놀이시설물의 경우 아동의 신체 일부분이 끼지 않도록 그 맞물림의 형태 및 힘을 점검하여야 한다. 마. 놀이시설물에 구멍이나 틈이 있는 경우 주의 깊게 디자인하여 아동의 몸이 빠지거나 끼는 사고가 없도록 하여야 한다. 바. 놀이시설물 사이에 연결되거나 바닥과 놀이시설물에 45° 이내로 연결된 줄은 아동이 많이 다니는 곳에 설치하지 말아야 한다. 사. 놀이시설물은 안전하게 설치하여야 하며, 제조업자의 취급설명서에 따라 설치하여야 한다. 아. 안전사고 예방을 위하여 관리인은 각 놀이시설물에 대한 적절한 점검 일정을 세우고 이를 지켜야 하며, 안전관리를 위하여 한 모든 행위는 기록으로 보관하여야 한다.

출처: 아동복지법 시행령 제27조 [별표 5]

나. 아동의 안전에 대한 교육(법 제31조)

아동복지시설의 장, 「영유아보육법」에 따른 어린이집의 원장, 「유아교육법」에 따른 유치원의 원장 및 「초·중등교육법」에 따른 학교의 장은 교육대상 아동의 연령을 고려하여 대통령령으로 정하는 바에 따라 매년 "① 성폭력 및 아동학대 예방, ② 실종·유괴의 예방과 방지, ③ 감염병 및 약물의 오남용 예방 등 보건위생관리, ④ 재난대비 안전, ⑤ 교통안전"의 사항에 관한 교육계획을 수립하여 교육을 실시하여야 한다(법 제31조 제1항).

아동복지시설의 장, 「영유아보육법」에 따른 어린이집의 원장은 교육계획 및 교육실시 결과를 관할 시장·군수·구청장에게 매년 1회 보고하여야 한다(법 제31조 제2항). 「유아교육법」에 따른 유치원의 원장 및 「초·중등교육법」에 따른 학교의 장은 교육계획 및 교육실시 결과를 대통령령으로 정하는 바에 따라 관할 교육감에게 매년 1회 보고하여야 한다(법 제31조 제3항).

다. 아동보호구역에서의 영상정보처리기기 설치 등(법 제32조)

국가와 지방자치단체는 유괴 등 범죄의 위험으로부터 아동을 보호하기 위하여 필요하다고 인정하는 경우에는 "① 「도시공원 및 녹지 등에 관한 법률」 제15조에 따른 도시공원, ② 「영유아보육법」 제2조 제3호의 어린이집, 같은 법 제7조에 따른 육아종합지원센터 및 같은 법 제26조의2에 따른 시간제보육서비스지정기관, ③ 「초·중등교육법」 제38조에 따른 초등학교 및 같은 법 제55조에 따른 특수학교, ④ 「유아교육법」 제2조에 따른 유치원"에 해당되는 시설의 주변구역을 아동보호구역으로 지정하여 범죄의 예방을 위한 순찰 및 아동지도 업무 등 필요한 조치를 할 수 있다. 이에 따른 아동보호구역의 지정 기준 및 절차 등에 필요한 사항은 대통령령으로 정하고 있다. 국가와 지방자치단체는 지정된 아동보호구역에 「개인정보 보호법」 제2조 제7호에 따른 영상정보처리기기를 설치하여야 한다. 이 법에서 정한 것 외에 영상정보처리기기의 설치 등에 관한 사항은 「개인정보 보호법」에 따른다.

(2) 취약계층 아동 통합서비스지원 및 자립지원 등

가. 취약계층 아동에 대한 통합서비스지원(법 제37조)

국가와 지방자치단체는 아동의 건강한 성장과 발달을 도모하기 위하여 대통령령으로 정하는 바에 따라 아동의 성장 및 복지 여건이 취약한 가정을 선정하여 그 가정의 지원대상아동과 가족을 대상으로 보건, 복지, 보호, 교육, 치료 등을 종합적으로 지원하는 통합서비스를 실시한다. 이에 따른 통합서비스지원의 대상 선정, 통합서비스의 내용 및 수행기관·수행인력 등에 필요한 사항은 대통령령으로 정하고 있다. 보건복지부장관은 통합서비스지원사업의 운영지원에 관한 업무를 법인, 단체 등에 위탁할 수 있다.

나. 자립지원(법 제38조)

국가와 지방자치단체는 보호대상아동의 위탁보호 종료 또는 아동복지시설 퇴소 이후의 자립을 지원하기 위하여 "① 자립에 필요한 주거·생활·교육·취업 등의 지원, ② 자립에 필요한 자산의 형성 및 관리 지원(이하 "자산형성지원"이라 한다), ③ 자립에 관한 실태조사 및 연구, ④ 사후관리체계 구축 및 운영, ⑤ 그 밖에 자립지원에 필요하다고 대통령령으로 정하는 사항"에 해당하는 조치를 시행하여야 한다. 이에 따른 자립지원의 절차와 방법, 지원이 필요한 아동의 범위 등에 필요한 사항은 대통령령으로 정하고 있다.

(3) 방과후 돌봄서비스 지원(법 제44조의2)

시·도지사 및 시장·군수·구청장은 초등학교의 정규교육 이외의 시간 동안 "① 아동의 안전한 보호, ② 안전하고 균형 있는 급식 및 간식의 제공, ③ 등·하교 전후, 야간 또는 긴급상황 발생 시 돌봄서비스 제공, ④ 체험활동 등 교육·문화·예술·체육 프로그램의 연계·제공, ⑤ 돌봄 상담, 관련 정보의 제공 및 서비스의 연계, ⑥ 그 밖에 보건복지부령으로 정하는 방과 후 돌봄서비스의 제공"의 돌봄서비스(이하 "방과 후 돌봄서비스"라 한다)를 실시하기 위하여 다함께돌봄센터를 설치·운영할 수 있다.

시·도지사 및 시장·군수·구청장은 다함께돌봄센터의 설치·운영을 보건복지부장관이 정하는 법인 또는 단체에 위탁할 수 있다. 국가는 다함께돌봄센터의 설치·운영에 필요한 비용의 일부를 지방자치단체에 지원할 수 있다. 다함께돌봄센터의 장은 시·도지사 및 시장·군수·구청장이 정하는 바에 따라 아동의 보호자에게 방과 후 돌봄서비스 제공에 필요한 비용의 일부를 부담하게 할 수 있다. 다함께돌봄센터의 설치기준과 운영, 종사자의 자격 등에 관한 사항은 보건복지부령으로 정하고 있다.

7) 아동보호전문기관의 설치, 아동복지시설의 설치와 운영

(1) 아동보호전문기관

가. 아동보호전문기관의 설치 등(법 제45조)

지방자치단체는 학대받은 아동의 치료, 아동학대의 재발 방지 등 사례관리 및 아동학대예방을 담당하는 아동보호전문기관을 시·도 및 시·군·구에 1개소 이상 두어야 한다. 다만, 시·도지사는 관할 구역의 아동 수 및 지리적 요건을 고려하여 조례로 정하는 바에 따라 둘 이상의 시·군·구를 통합하여 하나의 아동보호전문기관을 설치·운영할 수 있다. 단서에 따라 아동보호전문기관을 통합하여 설치·운영하는 경우 시·도지사는 아동보호전문기관의 설치·운영에 필요한 비용을 관할 구역의 아동의 수 등을 고려하여 시장·군수·구청장에게 공동으로 부담하게 할 수 있다. 시·도지사 및 시장·군수·구청장은 아동학대예방사업을 목적으로 하는 비영리법인을 지정하여 아동보호전문기관의 운영을 위탁할 수 있다. 아동보호전문기관의 설치기준과 운영, 상담원 등 직원의 자격과 배치기준, 지정의 요건 등에 필요한 사항은 대통령령으로 정하고 있다.

나. 아동보호전문기관의 업무(법 제46조)

아동보호전문기관은 "피해아동, 피해아동의 가족 및 아동학대행위자를 위한 상담·치료 및 교육, 아동학대예방 교육 및 홍보, 피해아동 가정의 사후관리, 그 밖에 대통령령으로 정하는 아동학대예방사업과 관련된 업무" 업무를 수행한다.

<별표 8> 아동보호전문기관의 설치기준 및 상담원 등 직원의 배치기준

1. 설치기준
   가. 사무실
      아동학대 관련 사무를 처리할 수 있는 적당한 설비를 갖추어야 한다.
   나. 상담실
      1) 16.5제곱미터 이상의 규모로 상담 내용이 드러나지 않고 자연스러운 분위기에서 상담할 수 있는 구조를 갖추어야 한다.
      2) 효과적인 상담을 위하여 녹취기, 무인카메라 등 필요한 장비를 갖추어야 한다.
   다. 심리검사·치료실
      1) 16.5제곱미터 이상의 규모로 아동의 심리치료에 적합한 구조와 설비를 갖추어야 한다.
      2) 놀이치료·미술치료·음악치료, 심리상담 등 전문적인 치료를 위하여 필요한 설비를 갖추어야 한다.
      3) 가족에 대한 상담·치료·교육에 적합한 구조와 설비를 갖추어야 한다.
   라. 그 밖의 시설
      16.5제곱미터 이상의 자료실 또는 대기실 등을 갖추어야 한다.

2. 상담원 등 직원의 배치기준
   가. 법 제46조의 업무 수행에 필요한 아동보호전문기관의 장 1명, 임상심리치료 전문인력 1명 및 상담원 6명 이상을 두어야 한다. 다만, 아동보호전문기관의 장이 별표 7 제2호에 따른 상담원의 자격을 갖춘 경우에는 상담원을 겸할 수 있다.
   나. 아동학대 관련 업무 수행에 필요한 사무원 등 필요 인력 1명 이상을 두어야 한다.

출처: 아동복지법 시행령 제42조 [별표 8]

(2) 아동복지시설의 설치, 휴업 및 폐업

국가 또는 지방자치단체는 아동복지시설을 설치할 수 있으며(법 제50조 제1항), 국가 또는 지방자치단체 외의 자는 관할 시장·군수·구청장에게 신고하고 아동복지시설을 설치할 수 있다(법 제50조 제2항). 시장·군수·구청장은 신고를 받은 경우 그 내용을 검토하여 이 법에 적합하면 신고를 수리하여야 한다(법 제50조 제3항). 아동복지시설의 시설기준 및 설치 등에 관하여 필요한 사항은 보건복지부령으로 정하고 있다(법 제14조 제4항). 대부분 아동복지시설은 소위 법인, 특히 그 중에서도 사회복지법인에서 설치 및 운영하는 경향이고, 소규모의 아동복지시설을 비인가법인에서 설치하여 운영하는 경우도 늘고 있다. 그리고 「아동복지법」 제51조 제1항의 규정에 따라 신고한 아동복지시설을 폐업 또는 휴업하거나 그 운영을 재개하고자 하는 자는 보건복지부령이 정하는 바에 따라 미리 시장·군수·구청장에게 신고하여야 한다(법 제51조 제1항).

(3) 아동복지시설의 종류

가. 아동복지시설의 종류

아동복지시설의 종류는 다음과 같으며(법 제52조 제1항), 아동복지시설은 종합시설로 설치할 수 있다(법 제16조 제2항).

- 아동양육시설: 보호대상아동을 입소시켜 보호, 양육 및 취업훈련, 자립지원 서비스 등을 제공하는 것을 목적으로 하는 시설
- 아동일시보호시설: 보호대상아동을 일시보호하고 아동에 대한 향후의 양육대책수립 및 보호조치를 행하는 것을 목적으로 하는 시설
- 아동보호치료시설: 아동에게 보호 및 치료 서비스를 제공하는 다음 각 목의 시설
  가. 불량행위를 하거나 불량행위를 할 우려가 있는 아동으로서 보호자가 없거나 친권자나 후견인이 입소를 신청한 아동 또는 가정법원, 지방법원소년부지원에서 보호위탁된 19세 미만인 사람을 입소시켜 치료와 선도를 통하여 건전한 사회인으로 육성하는 것을 목적으로 하는 시설
  나. 정서적·행동적 장애로 인하여 어려움을 겪고 있는 아동 또는 학대로 인하여 부모로부터 일시 격리되어 치료받을 필요가 있는 아동을 보호·치료하는 시설
- 공동생활가정: 보호대상아동에게 가정과 같은 주거여건과 보호, 양육, 자립지원 서비스를 제공하는 것을 목적으로 하는 시설
- 자립지원시설: 아동복지시설에서 퇴소한 사람에게 취업준비기간 또는 취업 후 일정 기간 동안 보호함으로써 자립을 지원하는 것을 목적으로 하는 시설
- 아동상담소: 아동과 그 가족의 문제에 관한 상담, 치료, 예방 및 연구 등을 목적으로 하는 시설
- 아동전용시설: 어린이공원, 어린이놀이터, 아동회관, 체육·연극·영화·과학실험전시 시설, 아동휴게숙박시설, 야영장 등 아동에게 건전한 놀이·오락, 그 밖의 각종 편의를 제공하여 심신의 건강유지와 복지증진에 필요한 서비스를 제공하는 것을 목적으로 하는 시설
- 지역아동센터: 지역사회 아동의 보호·교육, 건전한 놀이와 오락의 제공, 보호자와 지역사회의 연계 등 아동의 건전육성을 위하여 종합적인 아동복지서비스를 제공하는 시설
- 아동보호전문기관
- 법 제48조에 따른 가정위탁지원센터
- 법 제10조의2에 따른 보장원

나. 아동복지시설의 고유업무 외 추가 사업실시(법 제52조)

아동복지시설은 각 시설 고유의 목적 사업을 해치지 아니하고 각 시설별 설치기준 및 운영기준을 충족하는 경우 다음 각 호의 사업을 추가로 실시할 수 있다(법 제52조 제3항).

- 아동가정지원사업: 지역사회아동의 건전한 발달을 위하여 아동, 가정, 지역주민에게 상담, 조언 및 정보를 제공하여 주는 사업
- 아동주간보호사업: 부득이한 사유로 가정에서 낮 동안 보호를 받을 수 없는 아동을 대상으로 개별적인 보호와 교육을 통하여 아동의 건전한 성장을 도모하는 사업
- 아동전문상담사업: 학교부적응아동 등을 대상으로 올바른 인격형성을 위한 상담, 치료 및 학교폭력예방을 실시하는 사업
- 학대아동보호사업: 학대아동의 발견, 보호, 치료 및 아동학대의 예방 등을 전문적으로 실시하는 사업
- 공동생활가정사업: 보호대상아동에게 가정과 같은 주거여건과 보호를 제공하는 것을 목적으로 하는 사업
- 방과 후 아동지도사업: 저소득층 아동을 대상으로 방과 후 개별적인 보호와 교육을 통하여 건전한 인격형성을 목적으로 하는 사업

(4) 아동전용시설의 설치(법 제53조)

국가와 지방자치단체는 아동이 항상 이용할 수 있는 아동전용시설을 설치하도록 노력하여야 하며, 아동이 이용할 수 있는 문화·오락시설·교통 기타 서비스시설 등을 설치·운영하는 자는 대통령령이 정하는 바에 의하여 아동의 이용편의를 고려한 편익설비를 갖추고 아동에 대한 입장료와 이용료 등을 감면할 수 있다. 아동전용시설의 설치기준 등에 관하여 필요한 사항은 보건복지부령으로 정하고 있다.

(5) 아동복지시설의 종사자

아동복지시설의 장은 보호아동의 권리를 최대한 보장하여야 하며, 친권자가 있는 경우 보호아동의 가정복귀를 위하여 적절한 상담과 지도를 병행하여야 한다(법 제57조). 아동복지시설에는 필요한 전문인력을 배치하여야 하며, 아동복지시설종사자의 직종과 수, 그 자격 및 배치기준은 대통령령으로 정하고 있다(법 제54조). 이에 따라 「아동복지법 시행령」 제52조는 〈별표 14〉에서 아동복지시설 종사자의 직종·수 및 배치기준을,

〈별표 15〉에서 아동복지시설 종사자의 자격기준을 규정하고 있다.

시·도지사 또는 시장·군수·구청장은 아동복지시설 종사자의 양성 및 자질향상을 위한 교육·훈련을 실시하여야 한다(법 제55조 제1항). 시·도지사 또는 시장·군수·구청장은 교육훈련을 대학(전문대학을 포함한다) 또는 아동복지단체나 그 밖의 교육훈련시설(이하 "교육훈련시설"이라 한다)에 위탁하여 실시할 수 있다(법 제55조 제2항).

"「사회복지사업법」 제35조 제2항 각 호의 어느 하나에 해당하는 자, 「정신건강증진 및 정신질환자 복지서비스 지원에 관한 법률」 제3조 제1호의 정신질환자. 다만, 정신건강의학과전문의가 아동복지시설의 장으로서 직무를 수행할 수 있다고 인정하는 사람은 그러하지 아니하다. 「마약류 관리에 관한 법률」 제2조 제1호의 마약류에 중독된 자"에 해당하는 자는 아동복지시설의 장으로 채용될 수 없다(법 제54조의2).

"「사회복지사업법」 제35조의2 제2항 각 호의 어느 하나에 해당하는 자, 「정신건강증진 및 정신질환자 복지서비스 지원에 관한 법률」 제3조 제1호의 정신질환자. 다만, 정신건강의학과전문의가 아동복지시설 종사자로서 직무를 수행할 수 있다고 인정하는 사람은 그러하지 아니하다. 「마약류 관리에 관한 법률」 제2조 제1호의 마약류에 중독된 자"에 해당하는 자는 아동복지시설 종사자로 채용될 수 없다(법 제54조의2).

<별표 14> 아동복지시설 종사자의 직종·수 및 배치기준

1. 법 제52조 제1항 각 호에 따른 고유 업무에 필요한 아동복지시설 종사자의 직종·수 및 배치기준

시설별 \ 직종별		아동복지시설의 장	사무국장	의사(또는 계약의사)	간호사 또는 간호조무사	사무원	영양사	보육사	생활복지사	직업훈련교사	상담지도원	임상심리상담원	조리원	위생원	안전관리원	자립지원전담요원
아동양육시설	아동 30명 이상	1명	1명	1명	1명	1명	1명	• 0~2세까지: 아동 2명당 1명 • 3~6세까지: 아동 5명당 1명 • 7세 이상: 아동 7명당 1명	1명 (30명 초과시 1명 추가)	필요인원	필요인원	1명	1명 (30명 초과 시 1명 추가)	1명		1명 (100명 초과 시 1명 추가)
	아동 30명 미만 10명 이상	1명				1명		• 0~2세까지: 아동 2명당 1명 • 3~6세까지: 아동 5명당 1명 • 7세 이상: 아동 7명당 1명					1명			1명
	아동 10명 미만	1명						• 0~2세까지: 아동 2명당 1명 • 3~6세까지: 아동 5명당 1명 • 7세 이상: 아동 7명당 1명								
아동일시보호시설	아동 30명 이상	1명	1명	1명	1명	1명	1명	• 0~2세까지: 아동 2명당 1명 • 3~6세까지: 아동 5명당 1명 • 7세 이상: 아동 7명당 1명	1명 (30명 초과 시 1명 추가)		필요인원	1명	1명 (30명 초과 시 1명 추가)	1명		
	아동 30명 미만 10명 이상	1명				1명		• 0~2세까지: 아동 2명당 1명 • 3~6세까지: 아동 5명당 1명 • 7세 이상: 아동 7명당 1명					1명			
	아동 10명 미만	1명						• 0~2세까지: 아동 2명당 1명 • 3~6세까지: 아동 5명당 1명 • 7세 이상: 아동 7명당 1명								

시설별 \ 직종별		아동복지시설의 장	사무국장	의사 (또는 계약의사)	간호사 또는 간호조무사	사무원	영양사	보육사	생활복지사	직업훈련교사	상담지도원	임상심리상담원	조리원	위생원	안전관리원	자립지원전담요원
아동보호치료시설	아동 30명 이상	1명	1명	1명	1명	1명	1명	• 0~2세까지: 아동 2명당 1명 • 3~6세까지: 아동 5명당 1명 • 7세 이상: 아동 7명당 1명	1명	필요인원		1명	1명 (30명 초과 시 1명 추가)		2명 (아동 40명 이상 4명)	1명
	아동 30명 미만 10명 이상	1명				1명		• 0~2세까지: 아동 2명당 1명 • 3~6세까지: 아동 5명당 1명 • 7세 이상: 아동 7명당 1명				1명	1명			1명
	아동 10명 미만	1명						• 0~2세까지: 아동 2명당 1명 • 3~6세까지: 아동 5명당 1명 • 7세 이상: 아동 7명당 1명				1명				
공동생활가정 (아동 8명 미만)		1명						• 0~2세까지: 아동 2명당 1명 • 3~6세까지: 아동 5명당 1명 • 7세 이상: 아동 7명당 1명								필요인원
자립지원시설	아동 30명 이상	1명	1명			1명					3명					1명
	아동 30명 미만 10명 이상	1명	1명								2명					
	아동 10명 미만	1명									1명					
아동상담소	아동 30명 이상	1명	1명		1명	1명					필요인원	1명				

시설별 \ 직종별		아동복지시설의 장	사무국장	의사 (또는 계약의사)	간호사 또는 간호조무사	사무원	영양사	보육사	생활복지사	직업훈련교사	상담지도원	임상심리상담원	조리원	위생원	안전관리원	자립지원전담요원
	아동 30명 미만 10명 이상	1명									필요인원					
	아동 10명 미만	1명									필요인원					
아동전용시설	아동 30명 이상	1명				1명			필요인원						1명	
	아동 30명 미만 10명 이상	1명							필요인원							
	아동 10명 미만	1명														
지역아동센터	아동 30명 이상	1명					1명 (아동 50명 이상인 경우만 해당함)		2명 (아동 50명 초과 시 1명 추가)							
	아동 30명 미만 10명 이상	1명							1명							

2. 법 제52조 제2항에 따라 시설을 통합하여 설치하는 경우의 아동복지시설 종사자 수
   법 제52조 제1항 각 호에 따른 아동복지시설을 통합하여 설치하는 경우에는 제1호에 따른 시설별 종사자를 각각 배치하여야 한다. 다만, 아동복지시설의 장 외의 종사자 2명 이상이 근무하는 시설 간에는 어느 한 시설의 장이 다른 시설의 장을 겸임할 수 있다.

직종별 / 시설별	아동복지시설의 장	사무국장	의사(또는 계약의사)	간호사 또는 간호조무사	사무원	영양사	보육사	생활복지사	직업훈련교사	상담지도원	임상심리상담원	조리원	위생원	안전관리원	자립지원전담요원

3. 법 제52조 제3항에 따른 아동복지사업에 필요한 아동복지시설 종사자 수
   가. 법 제52조 제3항 제1호부터 제3호까지의 사업: 상담지도원 또는 생활복지사(사회복지사 자격이 있는 사람으로 한정한다) 1명 이상을 추가로 배치·운영하여야 한다.
   나. 법 제52조 제3항 제4호의 사업: 상담지도원(별표 7 제2호에 따른 상담원의 자격이 있는 사람으로 한정한다) 1명 이상을 추가로 배치·운영하여야 한다.
   다. 법 제52조 제3항 제5호의 사업: 생활복지사(사회복지사 자격이 있는 사람으로 한정한다) 1명 이상 및 보육사 1명 이상을 추가로 배치·운영하여야 한다.
   라. 법 제52조 제3항 제6호의 사업: 제1호에 따른 지역아동센터 종사자(시설의 장은 제외한다)를 추가로 배치·운영하여야 한다.

출처: 아동복지법 시행령 제52조 [별표 14]

<별표 15> 아동복지시설 종사자의 자격기준

직종별	자격기준
아동복지시설의 장	1. 「사회복지사업법」에 따른 사회복지사 2급 이상의 자격 취득 후 아동과 관련된 사회복지사업에 3년 이상 또는 사회복지사업에 5년 이상 종사한 경력이 있는 사람 2. 학대아동보호사업과 관련된 기관에서 3년 이상 근무한 경력이 있는 사람 3. 7급 이상 공무원으로서 국가나 지방자치단체에서 사회복지사업에 관한 행정업무에 5년 이상 종사한 경력이 있는 사람 4. 「의료법」에 따른 의사·한의사 또는 치과의사 면허 취득 후 3년 이상 진료 경력이 있는 사람 5. 「정신건강증진 및 정신질환자 복지서비스 지원에 관한 법률」에 따른 정신건강전문요원 자격 취득 후 사회복지사업에 5년 이상 종사한 경력이 있는 사람 6. 「영유아보육법」에 따른 보육교사 1급 자격 취득 후 사회복지사업에 5년 이상 종사한 경력이 있는 사람 7. 유치원, 초등학교 또는 중등학교 교사 자격증 취득 후 사회복지사업에 5년 이상 종사한 경력이 있는 사람 8. 직업훈련교사, 간호사, 영양사 자격 취득 후 사회복지사업에 5년 이상 종사한 경력이 있는 사람
사무국장	1. 「사회복지사업법」에 따른 사회복지사 2급 이상의 자격 취득 후 아동과 관련된 사회복지사업에 1년 이상 또는 사회복지사업에 3년 이상 종사한 경력이 있는 사람 2. 학대아동보호사업과 관련된 기관에서 1년 이상 근무한 경력이 있는 사람 3. 9급 이상 공무원으로서 국가나 지방자치단체에서 사회복지사업에 관한 행정업무에 3년 이상 종사한 경력이 있는 사람 4. 「정신건강증진 및 정신질환자 복지서비스 지원에 관한 법률」에 따른 정신건강전문요원 자격 취득 후 사회복지사업에 3년 이상 종사한 경력이 있는 사람 5. 「영유아보육법」에 따른 보육교사 1급 자격 취득 후 사회복지사업에 3년 이상 종사한 경력이 있는 사람

직종별	자격기준
	6. 유치원, 초등학교 또는 중등학교 교사 자격증 취득 후 사회복지사업에 3년 이상 종사한 경력이 있는 사람 7. 직업훈련교사, 간호사, 영양사 자격 취득 후 사회복지사업에 3년 이상 종사한 경력이 있는 사람
보육사	1. 「사회복지사업법」에 따른 사회복지사 3급 이상 자격이 있는 사람 2. 「영유아보육법」에 따른 보육교사 자격이 있는 사람 3. 유치원, 초등학교 또는 중등학교교사 자격이 있는 사람
생활복지사 또는 상담지도원	1. 「사회복지사업법」에 따른 사회복지사 2급 이상 자격이 있는 사람 2. 유치원, 초등학교 또는 중등학교 교사 자격이 있는 사람 3. 「영유아보육법」에 따른 보육교사 1급 자격이 있는 사람
직업훈련 교사	1. 「근로자직업능력 개발법」에 따른 직업능력개발훈련교사 자격이 있는 사람 2. 「학원의 설립·운영 및 과외교습에 관한 법률」에 따른 학원강사 자격이 있는 사람
임상심리 상담원	1. 「고등교육법」 제2조에 따른 학교, 「평생교육법」 제32조 또는 제33조에 따라 교육부장관의 인가를 받아 전문대학 또는 대학졸업자와 동등한 학력·학위가 인정되는 평생교육시설(이하 이 표에서 "대학등"이라 한다)의 심리 관련 학과를 졸업한 사람 2. 「국가기술자격법 시행령」 제12조의2 제1항 및 별표 1에 따른 임상심리사 2급 이상의 자격이 있는 사람
자립지원 전담요원	1. 「근로자직업능력 개발법」에 따른 직업능력개발훈련교사 자격이 있는 사람 2. 「사회복지사업법」에 따른 사회복지사 2급 이상의 자격이 있는 사람 3. 초등학교 또는 중등학교 교사 자격이 있는 사람 4. 대학등 졸업자(법령에 따라 이와 같은 수준의 학력이 있다고 인정되는 사람을 포함한다)로서 아동복지 또는 사회복지 관련 학과를 졸업하고 1년 이상 아동복지 업무에 종사한 경력이 있는 사람

출처: 아동복지법 시행령 제52조 [별표 15]

8) 비용의 부담 등

(1) 비용보조(법 제59조)

국가 또는 지방자치단체는 대통령령으로 정하는 바에 따라 "① 아동복지시설의 설치 및 운영과 프로그램의 운용에 필요한 비용 또는 수탁보호 중인 아동의 양육 및 보호관리에 필요한 비용, ② 보호대상아동의 가정위탁 보호에 따른 비용, ③ 아동복지사업의 지도, 감독, 계몽 및 홍보에 필요한 비용, ④의2. 제26조에 따른 신고의무 교육에 소요되는 비용, ④의3. 제29조의7 제2항 각 호의 조치에 소요되는 비용, ⑤ 제37조에 따른 취약계층 아동에 대한 통합서비스지원에 필요한 비용, ⑥ 제38조에 따른 보호대상아동의 자립지원에 필요한 비용, ⑦ 제42조에 따른 자산형성지원사업에 필요한 비용, ⑧ 제58조에 따른 아동복지단체의 지도·육성에 필요한 비용"에 해당하는 비용의 전부 또는 일부를 보조할 수 있다.

(2) 보조금의 반환명령(법 제61조)

국가 또는 지방자치단체는 아동복지시설의 장 등 보호수탁자, 보장원의 장, 가정위탁지원센터의 장, 아동복지단체의 장이 "① 보조금의 교부조건을 위반한 경우, ② 거짓이나 그 밖의 부정한 방법으로 보조금의 교부를 받은 경우, ③ 아동복지시설의 경영에 관하여 개인의 영리를 도모하는 행위를 한 경우, ④ 보조금의 사용잔액이 있는 경우, ⑤ 이 법 또는 이 법에 따른 명령을 위반한 경우"에 해당하는 경우에는 이미 교부한 보조금의 전부 또는 일부의 반환을 명할 수 있다.

(3) 국유·공유 재산의 대부 등(법 제62조)

국가 또는 지방자치단체는 아동복지시설의 설치·운영을 위하여 필요하다고 인정하는 경우 「국유재산법」 및 「공유재산 및 물품 관리법」에도 불구하고 국유·공유 재산을 무상으로 대부하거나 사용·수익하게 할 수 있다. 이에 따른 국유·공유 재산의 대부·사용·수익의 내용 및 조건에 관하여는 해당 재산을 사용·수익하고자 하는 자와 해당 재산의 중앙관서의 장 또는 지방자치단체의 장 간의 계약에 의한다.

(4) 면세(免稅)(법 제63조)

아동복지시설에서 그 보호아동을 위하여 사용하는 건물 및 토지, 시설설치 및 운영에 소요되는 비용에 대하여는 「조세특례제한법」, 그 밖의 관계 법령이 정하는 바에 따라 조세 그 밖의 공과금을 면제할 수 있다.

(5) 비용의 징수(법 제60조)

시·도지사, 시장·군수·구청장 또는 아동복지시설의 장은 제15조 제1항 제3호부터 제5호까지(③ 보호대상아동을 적합한 유형의 가정에 위탁하여 보호·양육할 수 있도록 조치하는 것, ④ 보호대상아동을 그 보호조치에 적합한 아동복지시설에 입소시키는 것, ⑤ 약물 및 알콜 중독, 정서·행동·발달 장애, 성폭력·아동학대 피해 등으로 특수한 치료나 요양 등의 보호를 필요로 하는 아동을 전문치료기관 또는 요양소에 입원 또는 입소시키는 것) 및 같은 조 제5항 및 제6항에 따른 보호조치에 필요한 비용의 전부 또는 일부를 대통령령으로 정하는 바에 따라 각각 그 아동의 부양의무자로부터 징수할 수 있다.

9) 수급자의 권리보호

(1) 압류금지(법 제64조)

아동복지법에 따라 지급된 금품과 이를 받을 권리는 압류하지 못한다.

(2) 금지행위 및 벌칙

다음의 각 행위를 위반한 자는 다음의 구분에 따라 처벌하고(법 제71조), 상습적으로 죄를 범한 자는 그 죄에 정한 형의 1/2까지 가중처벌한다(법 제72조).

법 제17조(금지행위)를 위반한 자는 다음 각 호의 구분에 따라 처벌한다(법 제71조 제1항).

1. 제1호(「아동·청소년의 성보호에 관한 법률」 제12조에 따른 매매는 제외한다)에 해당하는 행위를 한 자는 10년 이하의 징역에 처한다.

1의2. 제2호(아동에게 음란한 행위를 시키거나 이를 매개하는 행위 또는 아동에게 성적 수치심을 주는 성희롱 등의 성적 학대행위)에 해당하는 행위를 한 자는 10년 이하의 징역 또는 1억원 이하의 벌금에 처한다.

2. 제3호부터 제8호까지의 규정(③ 아동의 신체에 손상을 주거나 신체의 건강 및 발달을 해치는 신체적 학대행위, ⑤ 아동의 정신건강 및 발달에 해를 끼치는 정서적 학대행위, ⑥ 자신의 보호·감독을 받는 아동을 유기하거나 의식주를 포함한 기본적 보호·양육·치료 및 교육을 소홀히 하는 방임행위, ⑦ 장애를 가진 아동을 공중에 관람시키는 행위, ⑧ 아동에게 구걸을 시키거나 아동을 이용하여 구걸하는 행위)에 해당하는 행위를 한 자는 5년 이하의 징역 또는 5천만원 이하의 벌금에 처한다.

3. 제10호 또는 제11호(⑩ 정당한 권한을 가진 알선기관 외의 자가 아동의 양육을 알선하고 금품을 취득하거나 금품을 요구 또는 약속하는 행위, ⑪ 아동을 위하여 증여 또는 급여된 금품을 그 목적 외의 용도로 사용하는 행위)에 해당하는 행위를 한 자는 3년 이하의 징역 또는 3천만원 이하의 벌금에 처한다.

4. 제9호(⑨ 공중의 오락 또는 흥행을 목적으로 아동의 건강 또는 안전에 유해한 곡예를 시키는 행위 또는 이를 위하여 아동을 제3자에게 인도하는 행위)에 해당하는 행위를 한 자는 1년 이하의 징역 또는 1천만원 이하의 벌금에 처한다.

다음 각 호의 어느 하나에 해당하는 사람은 3년 이하의 징역 또는 3천만원 이하의 벌금에 처한다(법 제71조 제2항).

1. 법 제28조의2 제5항을 위반하여 피해아동관련 정보를 요청 목적 외로 사용하거나 다른 사람에게 제공 또는 누설한 사람
2. 법 제65조를 위반하여 비밀을 누설하거나 직무상 목적 외의 용도로 이용한 사람

다음 각 호의 어느 하나에 해당하는 자는 1년 이하의 징역 또는 1천만원 이하의 벌금에 처한다(법 제71조 3항).

1. 정당한 사유 없이 법 제51조 제2항에 따라 다른 아동복지시설로 옮기는 권익보호조치를 하지 아니한 사람
2. 법 제22조의5 제2항을 위반하여 비밀을 누설하거나 부당한 이익을 취한 사람
3. 법 제50조 제2항에 따른 신고를 하지 아니하고 아동복지시설을 설치한 자
4. 거짓으로 서류를 작성하여 법 제54조 제1항에 따른 아동복지시설 전문인력의 자격을 인정받은 자
5. 법 제56조에 따른 사업의 정지, 위탁의 취소 또는 시설의 폐쇄명령을 받고도 그 시설을 운영하거나 사업을 한 자
6. 법 제66조 제1항에 따른 조사를 거부·방해 또는 기피하거나 질문에 대하여 답변을 거부·기피 또는 거짓 답변을 하거나, 아동에게 답변을 거부·기피 또는 거짓 답변을 하게 하거나 그 답변을 방해한 자

(3) 과태료(법 제75조)

다음 각 호의 어느 하나에 해당하는 자에게는 1천만원 이하의 과태료를 부과한다(법 제75조 제1항).

1. 법 제27조의3을 위반하여 피해아동의 인수를 거부한 아동학대 관련 보호시설의 장
2. 법 제29조의5 제1항에 따른 해임요구를 정당한 사유 없이 거부하거나 1개월 이내에 이행하지 아니한 아동관련기관의 장

아동관련기관의 장이 법 제29조의3 제5항을 위반하여 아동학대관련범죄 전력을 확인하지 아니하는 경우에는 500만원 이하의 과태료를 부과한다(법 제75조 제2항).

다음 각 호의 어느 하나에 해당하는 자에게는 300만원 이하의 과태료를 부과한다(법 제75조 제3항).

1의2. 법 제26조 제3항을 위반하여 신고의무 교육을 실시하지 아니한 자

1의3. 법 제28조 제3항을 위반하여 정당한 사유 없이 아동학대 재발 방지 등을 위한 업무수행을 거부하거나 방해한 자

1의4. 법 제29조 제3항을 위반하여 보장원의 장 또는 아동보호전문기관의 장이 제공하는 지원에 정당한 사유 없이 참여하지 아니한 피해아동의 가족(보호자를 포함한다)

1의5. 법 제29조의2를 위반하여 정당한 사유 없이 상담·교육·심리적 치료 등에 참여하지 아니한 아동학대행위자

2. 법 제31조를 위반하여 교육을 실시하지 아니한 자
3. 법 제51조를 위반하여 아동복지시설의 휴업·폐업 또는 운영 재개 신고를 하지 아니한 자
4. 법 제69조를 위반하여 아동복지시설이라는 명칭을 사용한 자

과태료는 대통령령으로 정하는 바에 따라 교육부장관, 문화체육관광부장관, 보건복지부장관, 여성가족부장관, 국토교통부장관, 시·도지사, 특별시·광역시·특별자치도 및 도의 교육감 또는 시장·군수·구청장이 부과·징수한다(법 제75조 제4항).

제 5 장 청소년 기본법

1. 의의

「청소년 기본법」은 청소년육성에 대하여 최초로 1987년 제정된 「청소년육성법」을 전면 개정·보완한 것으로, 청소년 분야의 다른 법률들에 대하여 가장 기본이 되는 법이자 일반법으로서 기능을 한다. 1991년에 제정된 「청소년 기본법」은 제4조에서 "청소년육성에 관하여 다른 법률보다 우선하여 적용하여야 하며, 청소년육성에 관한 법률을 제정하거나 개정할 때에는 이 법의 취지에 맞도록 하여야 한다"고 규정함으로써 청소년 관련 법률들에 대하여 기본법·일반법으로서의 성격을 보여주고 있다.

이 법은 청소년의 권리 및 책임과 가정·사회·국가 및 지방자치단체의 청소년에 대한 책임을 정하고 청소년육성정책에 관한 기본적인 사항을 규정함을 목적으로 하고 있으며(법 제1조), 청소년이 사회구성원으로서 정당한 대우와 권익을 보장받음과 아울러 스스로 생각하고 자유롭게 활동할 수 있도록 하며 보다 나은 삶을 누리고 유해한 환경으로부터 보호될 수 있도록 함으로써 국가와 사회가 필요로 하는 건전한 민주시민으로 자랄 수 있도록 함을 이 법의 기본이념으로 하며(법 제2조 제1항), 기본이념을 구현하기 위한 장기적·종합적 청소년육성정책을 추진함에 있어서 "청소년의 참여보장, 청소년의 창의성과 자율성에 기초한 능동적 삶의 실현, 청소년의 성장여건과 사회환경의 개선, 민주·복지·통일조국에 대비하는 청소년의 자질향상"의 사항을 그 추진방향으로 하고 있다(법 제2조 제2항).

「청소년 기본법」의 제정은 그동안 산발적으로 수립되고 제정·시행되어 오던 청소년육성 업무 영역을 새롭게 정립하고 정책사업의 내용과 범위를 분명히 하였으며, 미약하나마 청소년 관련 법률들의 기본이 되는 법률적 지위와 청소년 기본계획의 실효성을 확보할 수 있게 되었다는 데 의의가 있다(천정웅·김윤나, 2013).

> ① 이 법은 청소년육성에 관하여 이에 관한 다른 법률에 우선하여 적용하도록 함.
> ② 청소년육성에 관한 주요시책을 심의하기 위하여 국무총리소속하에 청소년육성위원회를 두도록 함.
> ③ 청소년육성등에 관하여 지방자치단체의 장의 자문에 응하기 위하여 특별시·직할시·도 및 시·군·구에 지방청소년위원회를 두도록 함.
> ④ 국가는 매 10년마다 청소년육성에 관한 기본계획을, 매 연도마다 기본계획에 의한 시행계획을, 지방자치단체는 매 연도마다 기본계획에 의한 시행계획을 수립·시행하도록 함.
> ⑤ 국가 및 지방자치단체는 청소년수련시설을 설치·운영하도록 하고, 개인·법인 또는 단체는 체육청소년부장관의 허가를 받아 청소년수련시설을 설치할 수 있도록 하되, 이를 운영하기 전에 당해 수련시설의 소재지를 관할하는 특별시·직할시·도에 등록하도록 함.
> ⑥ 개인·법인 또는 단체가 설치·운영하는 청소년수련시설에 대하여 허가를 취소하거나 운영정지를 명할 수 있는 요건을 정함.
> ⑦ 체육청소년부장관은 청소년의 수련활동에 적합한 지역을 당해 지역을 관할하는 시·도지사의 의견을 들은 후 관계 중앙행정기관의 장과 협의하여 청소년수련지구로 지정할 수 있도록 함.
> ⑧ 청소년수련지구를 관할하는 시·도지사는 수련지구조성계획을 수립하여 체육청소년부장관의 승인을 얻어 시행하도록 하고, 법인 또는 단체는 체육청소년부장관의 승인을 얻어 대통령령이 정하는 일정 규모 이하의 조성계획을 수립·시행할 수 있도록 함.
> ⑨ 청소년관련 이론의 연구·청소년지도자의 양성등을 위한 한국청소년개발원과 청소년상담기법의 연구·상담인력의 양성등을 위한 한국청소년상담원을 각각 법인으로 설립하도록 함.
> ⑩ 청소년육성사업의 지원에 필요한 재원을 확보하기 위하여 청소년육성기금을 설치하도록 하되, 그 재원은 정부의 출연금, 정부외의 자가 출연하는 현금·물품 기타 재산, 기금의 운용으로 생기는 수익금 등으로 함.

이 법에서 사용하는 용어의 정의(법 제3조)는 다음과 같다.

> 1. "청소년"이란 9세 이상 24세 이하인 사람을 말한다. 다만, 다른 법률에서 청소년에 대한 적용을 다르게 할 필요가 있는 경우에는 따로 정할 수 있다.
> 2. "청소년육성"이란 청소년활동을 지원하고 청소년의 복지를 증진하며 근로 청소년을 보호하는 한편, 사회 여건과 환경을 청소년에게 유익하도록 개선하고 청소년을 보호하여 청소년에 대한 교육을 보완함으로써 청소년의 균형 있는 성장을 돕는 것을 말한다.
> 3. "청소년활동"이란 청소년의 균형 있는 성장을 위하여 필요한 활동과 이러한 활동을 소재로 하는 수련활동·교류활동·문화활동 등 다양한 형태의 활동을 말한다.

4. "청소년복지"란 청소년이 정상적인 삶을 누릴 수 있는 기본적인 여건을 조성하고 조화롭게 성장·발달할 수 있도록 제공되는 사회적·경제적 지원을 말한다.
5. "청소년보호"란 청소년의 건전한 성장에 유해한 물질·물건·장소·행위 등 각종 청소년 유해 환경을 규제하거나 청소년의 접촉 또는 접근을 제한하는 것을 말한다.
6. "청소년시설"이란 청소년활동·청소년복지 및 청소년보호에 제공되는 시설을 말한다.
7. "청소년지도자"란 다음 각 목의 사람을 말한다.
   가. 제21조에 따른 청소년지도사
   나. 제22조에 따른 청소년상담사
   다. 청소년시설, 청소년단체 및 청소년 관련 기관에서 청소년육성에 필요한 업무에 종사하는 사람
8. "청소년단체"란 청소년육성을 주된 목적으로 설립된 법인이나 대통령령으로 정하는 단체를 말한다.

2. 입법 배경 및 연혁

「청소년 기본법」은 미래사회의 주역이 될 청소년들이 지식을 바탕으로 건강하고 정서와 용기가 충만하며, 예절과 협동을 바탕으로 공동체적 삶을 실천하고, 자유민주주의 원칙에 대한 신념과 조국에 대한 긍지를 가지고 인류공영에 이바지할 줄 아는 밝고 능동적인 모습으로 자랄 수 있도록 하기 위하여 가정·사회 및 국가의 책임과 의무를 정하고 이를 실천하기 위한 기본적인 사항을 정하기 위하여 제정하게 되었다.

「청소년 기본법」의 연혁을 정리하면 다음과 같다.

제·개정 (시행) 일자	제·개정 이유/내용
1991. 12. 31. (1993. 1. 1.) 제정	청소년의 권리 및 책임, 가정·사회·국가·지자체의 책임을 정하고, 청소년육성정책에 관한 기본적인 사항을 규정
	• 청소년육성정책의 총괄 • 청소년수련활동의 지원 등 • 청소년수련시설 • 청소년수련지역의 지정 등 • 청소년복지 등 • 청소년개발원·한국청소년상담원 등 • 청소년육성기금

제·개정 (시행) 일자	제·개정 이유/내용
1995. 12. 29. (1996. 6. 30.)	• 지방자치제 실시에 따른 지역사회 중심의 청소년 육성기반 조성 • 행정 규제/절차 축소·폐지 • 민간 참여에 의한 청소년 육성 조장
	• 청소년수련시설 허가권을 시·도지사에게 이양 • 청소년수련시설에 자격 요건을 갖춘 운영책임자를 둠 • 민간 청소년단체 및 청소년이용시설에 대한 경비 지원 • 청소년수련시설 변경시 승인제를 신고제로 전환 • 청소년단체·대학 등을 청소년상담원 양성기관으로 지정 • 시·도지사가 지방청소년육성기금을 설치할 수 있도록 함 • 청소년 수련시설 미등록자 등 위반자 벌칙을 행정형벌에서 과태료로 전환
1999. 1. 18. (1999. 7. 19.)	청소년의 수련활동을 지도하는 청소년지도사의 자격부여제도를 개편하고 청소년수련시설의 설치·운영에 관한 행정규제를 폐지 또는 완화하여 청소년수련시설의 설치·운영의 활성화 도모
	• 청소년지도사 양성과정이수 및 기관지정 제도 폐지 • 청소년 관련 경력자로서 검정에 합격한 자에게 자격 부여 • 청소년수련시설 이용료 및 수련비용의 시·도지사 승인 절차 폐지 • 수련시설 양수·상속자의 승계 신고절차 폐지(등록사항 변경으로 대체) • 청소년훈련시설 운영 폐지시 시·도지사 승인제를 신고제로 완화
2001. 12. 31. (2001. 12. 31.)	• 청소년지도사 전문성 및 자질 향상 • 청소년수련시설 사고발생시 적정한 피해배상 방안 마련 • 가출청소년의 임시보호 및 선도 • 한국청소년상담원 운영 보완
	• 청소년지도사의 자격검정 합격 후 일정한 연수를 마친 자에게 자격부여 • 청소년 수련시설은 이용자의 생명·신체상의 손해배상 보험 가입 의무화 • 가출청소년을 위한 청소년 쉼터 설치 및 운영 • 한국청소년상담원을 특별법인으로 전환·등기할 수 있도록 조항 신설
2004. 2. 9. (2005. 2. 10) 전부개정	• 청소년활동·청소년복지·청소년보호에 대한 유기적·종합적 정책 지원 - 청소년 기본법은 청소년육성의 기본원리와 정책적 근간에 관한 사항 중심으로 규정 - 종전 청소년활동 관련 사항은 청소년활동 진흥법으로 별도 제정 - 종전 청소년 복지 관련 사항은 청소년복지 지원법으로 별도 제정
	• 장기적·종합적 청소년육성정책 추진시 청소년 참여 보장 • 청소년 분야 전문가 및 청소년이 참여하는 청소년특별회의 개최(매년) • 한국청소년진흥센터 설립(문화관광부장관이 사업계획 및 예산서 승인) • 한국청소년단체협의회 설립(국가가 협의회 운영 및 활동 경비 지원)
2005. 3. 24. (2005. 6. 25.)	문화관광부 청소년국과 국무총리 소속 청소년보호위원회를 통합하여 국무총리 소속 청소년위원회 설치

<table>
<tr><th>제·개정
(시행) 일자</th><th>제·개정 이유/내용</th></tr>
<tr><td></td><td>• 청소년정책 총괄·조정 기관 변경(문화관광부 → 청소년위원회)</td></tr>
<tr><td rowspan="2">2005. 12. 29.
(2006. 3. 30)</td><td>국가청소년위원회 변경과 지방청소년종합상담센터의 기능 확대</td></tr>
<tr><td>• 청소년위원회 명칭 변경(청소년위원회 → 국가청소년위원회)
• 지방청소년종합상담센터 기능 추가(청소년 상담 → 청소년 상담, 긴급구조, 지원)</td></tr>
<tr><td rowspan="2">2010. 5. 17.
(2010. 8. 18.)</td><td>한국청소년진흥원 설치</td></tr>
<tr><td>• 청소년진흥센터와 청소년수련원 통합, 청소년활동진흥원 설치
(청소년진흥센터 관련 규정 삭제, 청소년활동 진흥법에 관련 규정 신설)
• 청소년 법인 운영자 규정 위반시 양벌규정 개정
(관리·감독상 주의의무를 다한 경우 처벌 면제)</td></tr>
<tr><td rowspan="2">2011. 5. 19
(2011. 11. 20.)</td><td>• 근로청소년 보호를 위한 시책 마련
• 청소년지도사 및 청소년상담사의 자격 관리 강화
• 청소년 방과 후 지원방안 마련</td></tr>
<tr><td>• 근로청소년 보호 시책 마련에 대한 국가 및 지자체 의무조항 신설
• 청소년지도사 및 청소년상담사의 자격 취소 요건 신설
• 청소년 방과 후 지원방안 마련에 대한 국가 및 지자체 의무조항 신설</td></tr>
<tr><td rowspan="2">2012. 2. 01.
(2012. 2. 01.)</td><td>• 청소년의 기본적 권리에 관한 사항 보완
• 청소년지도사 및 청소년상담사의 역량 강화 및 전문성·자질향상
• 청소년단체의 청소년활동 활성화</td></tr>
<tr><td>• 청소년에 대한 차별 금지, 청소년의 자기의사 표명 및 결정권, 본인과 관련된 의사결정에의 참여 조항 신설
• 청소년지도사 및 청소년상담사의 보수교육 관련 조항 신설
• 청소년단체의 청소년 활동시 학교 및 평생교육기관의 지원 조항 신설</td></tr>
<tr><td rowspan="2">2013. 5. 28.
(2013. 5. 28.)</td><td>• 청소년단체의 도덕성·신뢰성 확보를 통한 역할 강화</td></tr>
<tr><td>• 청소년단체 임원의 결격사유 조항 신설</td></tr>
<tr><td rowspan="2">2014. 3. 24.
(2014. 3. 24.)</td><td>• 어려운 법적 용어 또는 복잡한 법 문장을 전반적으로 수정
• 제주도특별자치도 및 세종특별자치시 설치에 따른 시·도지사 범위 추가</td></tr>
<tr><td>• 용어 또는 문장 수정(예)
(“청소년”이라 함은 → “청소년”이란, 고취하고 → 드높이고)
• 시·도지사 범위 추가 (특별시장·광역시장·도지사 →특별시장·광역시장·특별자치시장·도지사·특별자치도지사)</td></tr>
<tr><td rowspan="2">2015. 2. 3.
(2015. 5. 4.)</td><td>• 청소년정책의 총괄·조정 기능 강화
• 청소년정책의 효율성 증진
• 현행 제도 운영상 나타난 미비점 개선·보완</td></tr>
<tr><td>• 여성가족부에 청소년정책위원회 설치</td></tr>
</table>

제·개정 (시행) 일자	제·개정 이유/내용
	• 연도별 시행계획 수립·시행, 추진실적 분석·평가 조항 신설 • 청소년지도사 또는 청소년상담사 자격검정 업무 종사자가 불법행위를 한 경우 공무원으로 간주하여 처벌
2015. 6. 22. (2015. 9. 23.)	• 청소년지도사 및 청소년상담사에 대한 자격취득 요건 강화 • 국가 자격시험에 대한 신뢰도 제고 및 자질을 갖춘 전문가 육성
	• 청소년지도사 및 청소년상담사가 될 수 없는 요건 신설(선고 확정 후 집행이 끝나거나 유예·면제된 날부터 10년이 지나지 않은 사람) • 자격시험 부정행위자에 대한 제재처분, 거짓·부정한 방법으로 자격을 취득한 경우 자격 취소 조항 신설
2016. 3. 2. (2016. 3. 2.)	근로 청소년의 권익 보고 및 인식 개선
	근로 청소년 권익보호를 위한 국가·지자체·청소년기관/단체의 교육·상담·홍보 의무 조항 신설
2016. 12. 20. (2017. 6. 21.)	근로 청소년에 대한 보호 강화
	청소년 근로와 관련하여 노동관계 법령 위반사실을 알게 된 경우 청소년 상담·복지 관련 기관장 및 종사자의 신고 의무화
2018. 4. 17. (2018. 4. 17.)	처벌 받는 자 간의 차별 발생 방지
	청소년단체 임원이 아동 관련 범죄, 보조금 부정 수급 등의 범죄로 벌금형을 선고받을 경우, 다른 죄와 분리하여 선고
2017. 12. 12. (2018. 6. 13.)	청소년 자치권 및 참여권의 실질적 보장
	• 국가·지자체의 청소년정책 심의·협의·조정시 청소년 포함 • 청소년으로 구성되는 청소년참여위원회 구성 조항 신설
2018. 12. 18 (2019. 6. 19.)	청소년정책 당사자인 청소년들의 충분한 의견 수렴
	청소년정책위원회 위원 구성시 청소년을 5분의 1 이상 포함 의무화
2020. 5. 19 (2020. 11. 20.)	청소년 근로 부당처우 관리 및 청소년지도사 결격사유 적용기준 명시
	근로청소년의 부당 처우에 대한 해결을 돕는 등 청소년의 근로권익 보호를 위한 사업을 실시하거나 지원할 수 있도록 법에 명시하고, 청소년지도위원의 결격사유를 청소년지도사, 청소년상담사의 결격사유와 같게 규정

3. 주요 내용

「청소년 기본법」의 전반적인 구조와 주요 내용을 정리하면 다음과 같다.

제1장 총칙	제1조(목적) 제2조(기본 이념) 제3조(정의) 제4조(다른 법률과의 관계) 제5조(청소년의 권리와 책임) 제5조의2(청소년의 자치권 확대) 제6조(가정의 책임) 제7조(사회의 책임) 제8조(국가 및 지방자치단체의 책임) 제8조의2(교육 및 홍보 등)
제2장 청소년정책의 총괄·조정	제9조(청소년정책의 총괄·조정) 제10조(청소년정책위원회) 제11조(지방청소년육성위원회의 설치) 제12조(청소년특별회의의 개최) 제13조(청소년육성에 관한 기본계획의 수립) 제14조(연도별 시행계획의 수립 등) 제15조(계획 수립의 협조) 제16조(청소년의 달)
제3장 삭제	제16조의2 삭제 〈2008. 2. 29.〉 제16조의3 삭제 〈2008. 2. 29.〉 제16조의4 삭제 〈2008. 2. 29.〉 제16조의5 삭제 〈2008. 2. 29.〉 제16조의6 삭제 〈2008. 2. 29.〉 제16조의7 삭제 〈2008. 2. 29.〉 제16조의8 삭제 〈2008. 2. 29.〉
제4장 청소년시설	제17조(청소년시설의 종류) 제18조(청소년시설의 설치·운영) 제19조(청소년시설의 지도·감독)
제5장 청소년지도자	제20조(청소년지도자의 양성) 제21조(청소년지도사) 제21조의2(청소년지도사 자격의 취소) 제21조의3(부정행위자에 대한 제재) 제22조(청소년상담사) 제23조(청소년지도사·청소년상담사의 배치 등) 제24조(청소년지도사·청소년상담사의 채용 등) 제24조의2(청소년지도사·청소년상담사의 보수교육)

	제25조(청소년육성 전담공무원) 제26조(청소년육성 전담기구의 설치) 제27조(청소년지도위원)
제6장 청소년단체	제28조(청소년단체의 역할) 제28조의2(청소년단체 임원의 결격사유) 제28조의3(벌금형의 분리 선고) 제29조(청소년단체에 대한 지원 등) 제30조(수익사업) 제31조 삭제 〈2010. 5. 17.〉 제32조 삭제 〈2010. 5. 17.〉 제33조 삭제 〈2010. 5. 17.〉 제34조 삭제 〈2010. 5. 17.〉 제35조 삭제 〈2010. 5. 17.〉 제36조 삭제 〈2010. 5. 17.〉 제37조 삭제 〈2010. 5. 17.〉 제38조 삭제 〈2010. 5. 17.〉 제39조 삭제 〈2010. 5. 17.〉 제40조(한국청소년단체협의회) 제41조(지방청소년단체협의회) 제42조 삭제 〈2012. 2. 1.〉 제42조의2 삭제 〈2012. 2. 1.〉 제42조의3 삭제 〈2012. 2. 1.〉 제42조의4 삭제 〈2012. 2. 1.〉 제42조의5 삭제 〈2012. 2. 1.〉 제43조 삭제 〈2012. 2. 1.〉 제44조 삭제 〈2012. 2. 1.〉 제45조 삭제 〈2010. 5. 17.〉 제46조 삭제 〈2012. 2. 1.〉 제46조의2 삭제 〈2012. 2. 1.〉
제7장 청소년활동 및 청소년복지 등	제47조(청소년활동의 지원) 제48조(학교교육 등과의 연계) 제48조의2(청소년 방과 후 활동의 지원) 제49조(청소년복지의 향상) 제50조 삭제 〈2012. 2. 1.〉 제51조(청소년 유익환경의 조성) 제52조(청소년 유해환경의 규제) 제52조의2(근로 청소년의 보호를 위한 신고의무) 제52조의3(청소년 근로권익 보호 지원)
제8장 청소년육성기금	제53조(기금의 설치 등) 제54조(기금의 조성) 제55조(기금의 사용 등) 제56조(지방청소년육성기금의 조성)

제9장 보칙	제57조(국유·공유 재산의 대부 등) 제58조(조세 감면 등) 제59조(감독 등) 제60조(포상) 제61조(유사명칭의 사용금지) 제62조(수수료 등) 제63조(권한의 위임·위탁) 제63조의2(벌칙 적용에서 공무원 의제)
제10장 벌칙	제64조(벌칙) 제64조의2(벌칙) 제65조(양벌규정) 제66조(과태료)

1) 기본이념(법 제2조)

청소년이 사회구성원으로서 정당한 대우와 권익을 보장받음과 아울러 스스로 생각하고 자유롭게 활동할 수 있도록 하며 보다 나은 삶을 누리고 유해한 환경으로부터 보호될 수 있도록 함으로써 국가와 사회가 필요로 하는 건전한 민주시민으로 자랄 수 있도록 함을 이 법의 기본이념으로 하며(법 제2조 제1항), 기본이념을 구현하기 위한 장기적·종합적 청소년육성정책을 추진함에 있어서 "청소년의 참여보장, 청소년의 창의성과 자율성에 기초한 능동적 삶의 실현, 청소년의 성장여건과 사회환경의 개선, 민주·복지·통일조국에 대비하는 청소년의 자질향상"의 사항을 그 추진방향으로 하고 있다(법 제2조 제2항).

2) 청소년의 권리와 책임(법 제5조)

청소년의 기본적 인권은 청소년활동·청소년복지·청소년보호 등 청소년육성의 모든 영역에서 존중되어야 하며(법 제5조 제1항), 청소년은 인종·종교·성별·나이·학력·신체조건 등에 따른 어떠한 종류의 차별도 받지 아니한다(법 제5조 제2항). 청소년은 외부적 영향에 구애받지 아니하면서 자기 의사를 자유롭게 밝히고 스스로 결정할 권리를 가진다(법 제5조 제3항). 청소년은 안전하고 쾌적한 환경에서 자기발전을 추구하고 정신적·신체적 건강을 해치거나 해칠 우려가 있는 모든 형태의 환경으로부터 보호받을 권리를 가진다(법 제5조 제4항). 청소년은 자신의 능력을 개발하고 건전한 가치관을 확립하며 가정·사회 및 국가의 구성원으로서의 책임을 다하도록 노력하여야 한다(법 제5조 제5항).

3) 청소년의 자치권 확대(법 제5조의2) : 청소년참여위원회

청소년은 사회의 정당한 구성원으로서 본인과 관련된 의사결정에 참여할 권리를 가진다. 국가 및 지방자치단체는 청소년이 원활하게 관련 정보에 접근하고 그 의사를 밝힐 수 있도록 청소년 관련 정책에 대한 자문·심의 등의 절차에 청소년을 참여시키거나 그 의견을 수렴하여야 하며, 청소년 관련 정책의 심의·협의·조정 등을 위한 위원회·협의회 등에 청소년을 포함하여 구성·운영할 수 있다. 국가 및 지방자치단체는 청소년과 관련된 정책 수립 절차에 청소년의 참여 또는 의견 수렴을 보장하는 조치를 하여야 한다. 국가 및 지방자치단체는 청소년 관련 정책의 수립과 시행과정에 청소년의 의견을 수렴하고 참여를 촉진하기 위하여 청소년으로 구성되는 청소년참여위원회를 운영하여야 한다. 국가 및 지방자치단체는 청소년참여위원회에서 제안된 내용이 청소년 관련 정책의 수립 및 시행과정에 반영될 수 있도록 적극 노력하여야 한다. 이에 따른 청소년참여위원회의 구성과 운영에 필요한 사항은 대통령령으로 정하고 있다.

4) 가정과 사회의 책임

가정은 청소년 육성에 관하여 1차적 책임이 있음을 인식하여야 하며, 따뜻한 사랑과 관심을 통하여 청소년이 개성과 자질을 바탕으로 자기발전을 실현하고 국가와 사회의 구성원으로서의 책임을 다하는 다음 세대로 성장할 수 있도록 노력하여야 하고(법 제6조 제1항), 가정은 학교 및 청소년 관련 기관 등에서 실시하는 교육프로그램에 청소년과 함께 참여하는 등 청소년을 바르게 육성하기 위하여 적극적으로 노력하여야 하며(법 제6조 제2항), 가정은 정보통신망을 이용한 유해매체물의 접촉 등 청소년 유해환경으로부터 청소년을 보호하기 위하여 필요한 노력을 하여야 한다(법 제6조 제3항). 가정의 무관심·방치·억압 또는 폭력 등이 원인이 되어 청소년이 가출하거나 비행을 저지르는 경우 친권자 또는 친권자를 대신하여 청소년을 보호하는 자는 보호의무의 책임을 진다(법 제6조 제4항).

그리고 모든 국민은 청소년이 일상생활 속에서 즐겁게 활동하고 더불어 사는 기쁨을 누리도록 도와주어야 하며(법 제7조 제1항), 모든 국민은 청소년의 사고와 행동양식의 특성을 인식하고 사랑과 대화를 통하여 청소년을 이해하고 지도하여야 하며, 청소년의 비행을 바로잡는 등 그 선도에 최선을 다하여야 하고(법 제7조 제2항), 모든 국민은 청소년을 대상으로 하거나 청소년이 쉽게 접할 수 있는 장소에서 청소년의 정신적·신체적 건강에 해를 끼치는 행위를 하여서는 아니되며, 청소년에게 유해한 환경을 정화하고 유익한 환경이 조성되도록 노력하여야 한다(법 제7조 제3항). 모든 국민은 경제적·사회적·문화적·정신적으로 어려운 상태에 있는 청소년들에게 특별한 관심을 가지고 이들이 보다 나은 삶을 누릴 수 있도록 노력하여야 한다(법 제7조 제4항).

5) 국가 및 지방자치단체의 책임

국가 및 지방자치단체는 청소년육성에 필요한 법적·제도적 장치를 마련하여 시행하여야 하며(법 제8조 제1항), 근로 청소년을 특별히 보호하고 근로가 청소년의 균형 있는 성장과 발전에 도움이 되도록 필요한 시책을 마련하여야 하고(법 제8조 제2항), 청소년에 대한 가정과 사회의 책임 수행에 필요한 여건을 조성하여야 한다(법 제8조 제3항). 국가 및 지방자치단체는 업무를 수행하는 데 필요한 재원을 안정적으로 확보하기 위한 시책을 수립·실시하여야 한다(법 제8조 제4항).

6) 교육 및 홍보 등

국가 및 지방자치단체는 이 법 및 아동의 권리에 관한 협약에서 규정한 청소년의 권리와 관련된 내용을 널리 홍보하고 교육하여야 하고(법 제8조의2 제1항), 근로 청소년의 권익보호를 위하여 「근로기준법」 등에서 정하는 근로 청소년의 권리 등에 필요한 교육 및 상담을 청소년에게 실시하여야 하며, 청소년 근로권익 보호정책을 적극적으로 홍보하여야 한다(법 제8조의2 제2항). 청소년 관련 기관과 청소년단체는 청소년을 대상으로 청소년의 권리에 관한 교육적 조치를 시행하여야 한다(법 제8조의2 제3항).

7) 청소년정책의 총괄 · 조정

(1) 청소년육성정책의 총괄 및 조정(법 제9조)

청소년정책은 여성가족부장관이 관계 행정기관의 장과 협의하여 총괄·조정한다.

(2) 청소년정책위원회(법 제10조)

청소년정책에 관한 주요 사항을 심의·조정하기 위하여 여성가족부에 청소년정책위원회를 둔다(법 제10조 제1항). 청소년정책위원회는 다음 각 호의 사항을 심의·조정한다(법 제10조 제2항).

1. 법 제13조 제1항에 따른 청소년육성에 관한 기본계획의 수립에 관한 사항
2. 청소년정책의 분야별 주요 시책에 관한 사항
3. 청소년정책의 제도개선에 관한 사항
4. 청소년정책의 분석·평가에 관한 사항
5. 둘 이상의 행정기관에 관련되는 청소년정책의 조정에 관한 사항
6. 그 밖에 청소년정책의 수립·시행에 필요한 사항으로서 대통령령으로 정하는 사항

청소년정책위원회는 위원장 1명을 포함하여 30명 이내의 위원으로 구성한다. 이 경우 청소년정책에 관하여 학식과 경험이 풍부한 사람 중에서 여성가족부장관이 위촉하는 사람 및 청소년정책과 관련된 활동실적 등이 풍부한 청소년 중에서 여성가족부장관이 위촉하는 청소년에 따라 위촉되는 위원이 각각 전체 위원의 5분의 1 이상이어야 한다(법 제10조 제3항).

위원장은 여성가족부장관이 되고, 위원은 다음 각 호의 사람이 된다. 이 경우 복수차관이 있는 기관은 해당 기관의 장이 지명하는 차관으로 한다(법 제10조 제4항).

1. 기획재정부차관

2. 교육부차관
3. 과학기술정보통신부차관
4. 통일부차관
5. 법무부차관
6. 행정안전부차관
7. 문화체육관광부차관
8. 산업통상자원부차관
9. 보건복지부차관
10. 고용노동부차관
11. 중소벤처기업부차관
12. 방송통신위원회부위원장
13. 경찰청장
14. 그 밖에 대통령령으로 정하는 관계 중앙행정기관의 차관 또는 차관급 공무원
15. 청소년정책에 관하여 학식과 경험이 풍부한 사람 중에서 여성가족부장관이 위촉하는 사람
16. 청소년정책과 관련된 활동실적 등이 풍부한 청소년 중에서 여성가족부장관이 위촉하는 청소년

제15호 및 제16호에 따른 위원의 임기는 2년으로 한다(법 제10조 제5항). 청소년정책위원회에서 심의·조정할 사항을 미리 검토하거나 위임된 사항을 처리하는 등 청소년정책위원회의 운영을 지원하기 위하여 청소년정책위원회에 청소년정책실무위원회를 둔다(법 제10조 제6항).

(3) 지방청소년육성위원회의 설치(법 제11조)

청소년육성에 관한 지방자치단체의 주요 시책을 심의하기 위하여 특별시장·광역시장·특별자치시장·도지사·특별자치도지사(이하 "시·도지사"라 한다) 및 시장·군수·구청장(자치구의 구청장을 말한다. 이하 같다)의 소속으로 지방청소년육성위원회를 둔다(법 제11조 제1항). 지방청소년육성위원회의 구성·조직 및 운영 등에 필요한 사항은 조례로 정하고

있다(법 제11조 제2항).

(4) 청소년특별회의 개최(법 제12조)

국가는 범정부적 차원의 청소년정책과제의 설정·추진 및 점검을 위하여 청소년 분야의 전문가와 청소년이 참여하는 청소년특별회의를 해마다 개최하여야 한다(법 제12조 제1항).

(5) 청소년육성에 관한 기본계획 및 연도별 시행계획의 수립

여성가족부장관은 관계 중앙행정기관의 장과 협의한 후 청소년정책위원회의 심의를 거쳐 청소년육성에 관한 기본계획(이하 "기본계획"이라 한다)을 5년마다 수립하여야 한다(법 제13조 제1항). 기본계획에는 "① 이전의 기본계획에 관한 분석·평가, ② 청소년육성에 관한 기본방향, ③ 청소년육성에 관한 추진목표, ④ 청소년육성에 관한 기능의 조정, ⑤ 청소년육성의 분야별 주요 시책, ⑥ 청소년육성에 필요한 재원의 조달방법, ⑦ 그 밖에 청소년육성을 위하여 특히 필요하다고 인정되는 사항"이 포함되어야 한다(법 제13조 제2항). 여성가족부장관은 기본계획을 수립한 때에는 지체 없이 이를 국회 소관 상임위원회에 보고하여야 한다(법 제13조 제3항).

여성가족부장관 및 관계 중앙행정기관의 장과 지방자치단체의 장은 기본계획에 따라 연도별 시행계획(이하 "시행계획"이라 한다)을 수립·시행하여야 한다(법 제14조 제1항). 관계 중앙행정기관의 장과 지방자치단체의 장은 다음 연도 시행계획 및 전년도 시행계획에 따른 추진실적을 대통령령으로 정하는 바에 따라 매년 여성가족부장관에게 제출하여야 한다(법 제14조 제2항). 여성가족부장관은 전년도 시행계획에 따른 추진실적을 분석·평가하고, 그 결과를 관계 중앙행정기관의 장과 지방자치단체의 장에게 통보한다(법 제14조 제3항). 여성가족부장관 및 관계 중앙행정기관의 장과 지방자치단체의 장은 제3항에 따른 분석·평가 결과를 다음 연도 시행계획에 반영하여야 한다(법 제14조 제4항). 여성가족부장관은 추진실적의 분석·평가를 위하여 필요한 경우에는 국공립 연구기관 또는 「정부출연연구기관 등의 설립·운영 및 육성에 관한 법률」에 따른 정부출연연구기관을 청소년정책 분석·평가에 관한 전문지원기관으로 지정하여 분석·평가 업무를 지원하게 할 수 있다(법 제14조 제5항). 시행계획의 수립, 추진실적의 분석·평가 및 전문지원기관의 지정 등에 필요한 사항은 대통령령으로 정하고 있다(법 제14조 제6항).

(6) 청소년의 달(법 제16조)

청소년의 능동적이고 자주적인 주인의식을 드높이고 모든 국민이 청소년육성에 참여하는 분위기를 조성하기 위하여 매년 5월을 청소년의 달로 한다.

8) 청소년시설

청소년활동에 제공되는 시설(청소년활동시설), 청소년복지에 제공되는 시설(청소년복지시설), 청소년보호에 제공되는 시설(청소년보호시설)에 관한 사항은 따로 법률(청소년 보호법, 청소년복지지원법, 청소년활동지원법)로 정하며(법 제17조), 국가 및 지방자치단체는 청소년시설을 설치·운영하여야 하고(법 제18조 제1항), 국가 및 지방자치단체 외의 자는 따로 법률이 정하는 바에 따라 청소년시설을 설치·운영할 수 있다(법 제18조 제2항). 국가 및 지방자치단체는 설치한 청소년시설을 청소년단체에 위탁하여 운영할 수 있다(법 제18조 제3항). 그리고 국가 및 지방자치단체는 청소년시설의 적합성·공공성·안전성에 대한 국민의 신뢰를 확보하고, 그 설치와 운영을 지원하기 위하여 필요한 지도·감독을 할 수 있다(법 제19조).

9) 청소년지도자

국가 및 지방자치단체는 청소년지도자의 양성과 자질향상을 위하여 필요한 시책을 마련하여야 하며(법 제20조 제1항), 청소년지도자의 양성과 자질향상을 위한 연수 등에 관한 기본방향 및 내용은 대통령령으로 정하고 있다(법 제20조 제2항).

청소년시설과 청소년단체는 대통령령으로 정하는 바에 따라 청소년육성을 담당하는 청소년지도사나 청소년상담사를 배치하여야 한다(법 제23조 제1항). 국가 및 지방자치단체는 청소년단체나 청소년시설에 배치된 청소년지도사와 청소년상담사에게 예산의 범위에서 그 활동비의 전부 또는 일부를 보조할 수 있다(법 제23조 제2항). 국가와 지방자치단체는 청소년지도사 및 청소년상담사의 보수가 청소년육성 전담공무원의 보수 수준에 도달하도록 노력하여야 한다(법 제23조 제3항).

「교육기본법」 제9조에 따른 학교(이하 "학교"라 한다)는 청소년육성에 관련되는 업무를 수행할 때에 필요하면 청소년지도사나 청소년상담사를 채용할 수 있다(법 제24조 제1항). 국가 및 지방자치단체는 채용된 청소년지도사나 청소년상담사의 보수 등 채용에 필요한 경비의 전부 또는 일부를 보조할 수 있다(법 제24조 제2항).

청소년시설, 청소년단체 및 학교 등에서 각각 그 업무에 종사하는 청소년지도사와 청소년상담사는 자질 향상을 위하여 정기적으로 보수교육을 받아야 한다(법 제24조의2 제1항). 청소년시설, 청소년단체 및 학교 등을 운영하는 자는 해당 시설, 단체 및 학교 등에 종사하는 청소년지도사와 청소년상담사에 대하여 제1항에 따른 보수교육을 이유로 불리한 처우를 하여서는 아니 된다(법 제24조의2 제2항). 여성가족부장관은 보수교육을 여성가족부령으로 정하는 바에 따라 관계 기관 또는 단체에 위탁할 수 있다(법 제24조의2 제3항).

<별표 5> 청소년지도사·청소년상담사의 배치대상 및 배치기준

1. 청소년지도사의 배치기준

가. 청소년수련시설

배치대상	배치기준
청소년수련관	1급 또는 2급 청소년지도사 각각 1명 이상을 포함하여 4명 이상의 청소년지도사를 두되, 수용인원이 500명을 초과하는 경우에는 500명을 초과하는 250명당 1급, 2급 또는 3급 청소년지도사 중 1명 이상을 추가로 둔다.
청소년수련원	1) 1급 또는 2급 청소년지도사 1명 이상을 포함하여 2명 이상의 청소년지도사를 두되, 수용정원이 500명을 초과하는 경우에는 1급 청소년지도사 1명 이상과 500명을 초과하는 250명당 1급, 2급 또는 3급 청소년지도사 중 1명 이상을 추가로 둔다. 2) 지방자치단체에서 폐교시설을 이용하여 설치한 시설로서 특정 계절에만 운영하는 시설의 경우에는 청소년지도사를 두지 않을 수 있다.
유스호스텔	청소년지도사를 1명 이상 두되, 숙박정원이 500명을 초과하는 경우에는 1급 또는 2급 청소년지도사 1명 이상을 추가로 둔다.
청소년야영장	1) 청소년지도사를 1명 이상 둔다. 다만, 설치·운영자가 동일한 시·도 안에 다른 수련시설을 운영하면서 청소년야영장을 운영하는 경우로서 다른 수련시설에 청소년지도사를 둔 경우에는 그 청소년야영장에 청소년지도사를 별도로 두지 않을 수 있다. 2) 국가, 지방자치단체, 그 밖에 공공법인이 설치·운영하는 청소년야영장으로서 청소년수련거리의 실시 없이 이용 편의만 제공하는 경우에는 청소년지도사를 두지 않을 수 있다.

청소년문화의집	청소년지도사를 1명 이상 둔다.
청소년특화시설	1급 또는 2급 청소년지도사 1명 이상을 포함하여 2명 이상의 청소년지도사를 둔다.

비고: 청소년수련시설은 「청소년활동 진흥법」 제10조 제1호에 따른 청소년수련시설을 말한다.

나. 청소년단체

청소년단체	청소년회원 수가 2천명 이하인 경우에는 1급 청소년지도사 또는 2급 청소년지도사 1명 이상을 두되, 청소년회원 수가 2천명을 초과하는 경우에는 그 초과하는 2천명마다 1급 청소년지도사 또는 2급 청소년지도사 1명 이상을 추가로 두며, 청소년회원 수가 1만명 이상인 경우에는 청소년지도사의 5분의 1 이상은 1급 청소년지도사로 두어야 한다.

2. 청소년상담사의 배치기준

배치대상 청소년시설	배치기준
가. 「청소년복지 지원법」 제29조에 따라 특별시·광역시·도 및 특별자치도에 설치된 청소년상담복지센터	청소년상담사 3명 이상을 둔다.
나. 「청소년복지 지원법」 제29조에 따라 시·군·구에 설치된 청소년상담복지센터	청소년상담사 1명 이상을 둔다.
다. 「청소년복지 지원법」 제31조 제1호부터 제3호까지의 규정에 따른 청소년복지시설	청소년상담사 1명 이상을 둔다.

출처: 청소년 기본법 시행령 제25조 제2항 [별표 5]

(1) 청소년지도사

여성가족부장관은 청소년지도사 자격검정에 합격하고 청소년지도사 연수기관에서 실시하는 연수과정을 마친 사람에게 청소년지도사의 자격을 부여한다(법 제21조 제1항). 이에 따른 청소년지도사의 등급, 자격검정, 연수 및 자격증 발급 절차 등에 필요한 사항은 대통령령으로 정하고 있다(법 제21조 제7항). 누구든지 발급받은 자격증을 다른 사람에게 빌려주거나 빌려서는 아니 되며, 이를 알선하여서도 아니 된다(법 제21조 제2항). 여성가족부장관은 청소년지도사 자격검정에 합격한 사람의 연수를 위하여 필요한 경우에는 대통령령으로 정하는 바에 따라 청소년지도사 연수기관을 지정할 수 있다(법 제21조 제3항).

다음 각 호의 어느 하나에 해당하는 사람은 청소년지도사가 될 수 없다(법 제21조 제4항).

1. 미성년자, 피성년후견인 또는 피한정후견인
2. 파산선고를 받고 복권되지 아니한 사람
3. 금고 이상의 형을 선고받고 그 집행이 끝나거나 집행을 받지 아니하기로 확정된

후 3년이 지나지 아니한 사람

4. 금고 이상의 형을 선고받고 그 집행유예의 기간이 끝나지 아니한 사람

4의2. 제3호 및 제4호에도 불구하고 다음 각 목의 어느 하나에 해당하는 죄를 저지른 사람으로서 형 또는 치료감호를 선고받고 확정된 후 그 형 또는 치료감호의 전부 또는 일부의 집행이 끝나거나(집행이 끝난 것으로 보는 경우를 포함한다) 집행이 유예·면제된 날부터 10년이 지나지 아니한 사람

가. 「아동복지법」 제71조 제1항의 죄

나. 「성폭력범죄의 처벌 등에 관한 특례법」 제2조의 성폭력범죄

다. 「아동·청소년의 성보호에 관한 법률」 제2조 제2호의 아동·청소년대상 성범죄

5. 법원의 판결 또는 법률에 따라 자격이 상실되거나 정지된 사람

여성가족부장관은 청소년지도사 자격검정에 합격하고 청소년지도사 연수기관에서 실시하는 연수과정을 마친 자에게 청소년지도사의 자격을 부여하며(법 제21조 제1항), 청소년지도사 자격검정에 합격한 자의 연수를 위하여 필요한 경우에는 대통령령이 정하는 바에 의하여 청소년지도사 연수기관을 지정할 수 있다(법 제21조 제3항). 청소년지도사의 등급은 1급, 2급, 3급으로 구분한다(법 시행령 제19조).

여성가족부장관은 법 제21조 제4항에 따라 청소년지도사 자격검정 업무를 다음 각 호의 기관에 위탁할 수 있다(법 시행령 제20조 제1항).

1. 「청소년활동 진흥법」 제6조에 따른 한국청소년활동진흥원
2. 「한국산업인력공단법」에 따른 한국산업인력공단

여성가족부장관은 제1항에 따라 청소년지도사 자격검정 업무를 위탁하는 경우에는 위탁업무의 내용과 수탁기관을 고시하여야 한다(법 시행령 제20조 제2항).

청소년지도사 자격검정의 등급별 응시자격 기준과 자격검정의 과목 및 방법은 각각 〈별표 1〉 및 〈별표 2〉와 같다(법 시행령 제20조 제3항).

<별표 1> 청소년지도사 자격검정의 등급별 응시자격 기준

등급	응시자격 기준
1급 청소년지도사	2급 청소년지도사 자격 취득 후 청소년활동 등 청소년육성업무에 종사한 경력이 3년 이상인 사람
2급 청소년지도사	1. 대학 졸업(예정)자 또는 이와 같은 수준 이상의 학력이 있는 사람으로서 2급 청소년지도사 자격검정에 필요한 과목 모두를 전공과목으로 이수한 사람 2. 2005년 12월 31일 이전에 대학을 졸업하였거나 이와 같은 수준 이상의 학력을 취득한 사람으로서 별표 1의2에 따른 과목을 이수한 사람 3. 대학원의 학위과정 수료(예정)자로서 2급 청소년지도사 자격검정에 필요한 과목 모두를 전공과목으로 이수한 사람 4. 2005년 12월 31일 이전에 대학원의 학위과정을 수료한 사람으로서 별표 1의2에 따른 과목 중 필수영역 과목을 이수한 사람 5. 대학 졸업 또는 이와 같은 수준 이상의 학력이 있다고 다른 법령에서 인정받은 후 청소년활동 등 청소년육성업무에 종사한 경력이 2년 이상인 사람 6. 전문대학 졸업 또는 이와 같은 수준 이상의 학력이 있다고 다른 법령에서 인정받은 후 청소년활동 등 청소년육성업무에 종사한 경력이 3년 이상인 사람 7. 3급 청소년지도사 자격 취득 후 청소년활동 등 청소년육성업무에 종사한 경력이 2년 이상인 사람 8. 고등학교 졸업 또는 이와 같은 수준 이상의 학력을 인정받은 후 청소년활동 등 청소년육성업무에 종사한 경력이 8년 이상인 사람
3급 청소년지도사	1. 전문대학 졸업(예정)자 또는 이와 같은 수준 이상의 학력이 있는 사람으로서 3급 청소년지도사 자격검정에 필요한 과목 모두를 전공과목으로 이수한 사람 2. 2005년 12월 31일 이전에 전문대학을 졸업하였거나 이와 같은 수준 이상의 학력을 취득한 사람으로서 별표 1의2에 따른 과목을 이수한 사람 3. 전문대학 졸업 또는 이와 같은 수준 이상의 학력이 있다고 다른 법령에서 인정받은 후 청소년활동 등 청소년육성업무에 종사한 경력이 2년 이상인 사람 4. 고등학교 졸업 또는 이와 같은 수준 이상의 학력이 있다고 다른 법령에서 인정받은 후 청소년활동 등 청소년육성업무에 종사한 경력이 3년 이상인 사람

비고

1. 청소년활동 등 청소년육성업무 종사경력의 인정 범위와 내용은 여성가족부장관이 별도로 정하여 고시한다.
2. 2급 청소년지도사 자격증을 소지하고 대학원에서 1급 자격검정에 필요한 과목을 전공과목으로 이수한 석사학위 소지자 또는 박사학위 소지자는 각각 2년 또는 3년의 경력을 가진 것으로 인정한다.
3. 제18조에 따른 청소년지도자 연수 등 청소년육성 관련 연수 또는 교육을 받은 경우 그 내용에 따라 점수로 환산하여 청소년지도사 자격 취득에 필요한 청소년활동 등 청소년육성업무 종사경력으로 인정할 수 있다. 이 경우 연수 및 교육을 받은 사람의 경력환산 점수는 여성가족부장관이 별도로 정하여 고시한다.
4. 고등학교, 대학, 전문대학 및 대학원이란 각각 「초·중등교육법」 제2조제4호에 따른 고등학교, 「고등교육법」 제2조제1호·제4호에 따른 대학·전문대학, 「고등교육법」 제29조에 따른 대학원을 말한다.

출처: 청소년 기본법 시행령 제20조 제3항 [별표 1]

<별표 2> 청소년지도사 자격검정의 과목 및 방법

구분	검정과목	검정방법	
1급	청소년연구방법론, 청소년 인권과 참여, 청소년정책론, 청소년기관 운영, 청소년지도자론	주관식·객관식 필기시험	
2급	청소년육성제도론, 청소년지도방법론, 청소년심리 및 상담, 청소년문화, 청소년활동, 청소년복지, 청소년프로그램 개발과 평가, 청소년문제와 보호	객관식 필기시험	면접 (3급 청소년지도사 자격증 소지자는 면접시험 면제)
3급	청소년육성제도론, 청소년활동, 청소년심리 및 상담, 청소년문화, 청소년지도방법론, 청소년문제와 보호, 청소년프로그램 개발과 평가	객관식 필기시험	면접

비고: 청소년지도사 자격검정 과목과 관련된 전공과목의 인정 범위는 여성가족부장관이 별도로 정하여 고시한다.

출처: 청소년 기본법 시행령 제20조 제3항 [별표 2]

(2) 청소년상담사

여성가족부장관은 청소년상담사 자격검정에 합격하고 청소년상담사 연수기관에서 실시하는 연수과정을 마친 자에게 청소년상담사의 자격을 부여한다(법 제22조 제1항).

청소년상담사의 등급은 1급, 2급, 3급으로 구분한다(법 시행령 제22조).

여성가족부장관은 법 제22조 제2항에 따라 준용되는 법 제21조제4항에 따라 청소년상담사 자격검정 업무를 다음 각 호의 기관에 위탁할 수 있다(법 시행령 제23조 제1항).

1. 「청소년복지 지원법」 제22조에 따른 한국청소년상담복지개발원
2. 「한국산업인력공단법」에 따른 한국산업인력공단

여성가족부장관은 제1항에 따라 청소년상담사 자격검정 업무를 위탁하는 경우에는 위탁업무의 내용과 수탁기관을 고시하여야 한다(법 시행령 제23조 제2항).

청소년상담사 자격검정의 등급별 응시자격 기준과 자격검정의 과목 및 방법은 각각 〈별표 3〉 및 〈별표 4〉와 같다(법 시행령 제23조 제3항).

<별표 3> 청소년상담사 자격검정의 등급별 응시자격 기준

등급	응시자격 기준
1급 청소년상담사	1. 대학원에서 청소년(지도)학·교육학·심리학·사회사업(복지)학·정신의학·아동(복지)학·상담학 분야 또는 그 밖에 여성가족부령으로 정하는 상담 관련 분야(이하 "상담관련분야"라 한다)의 박사학위를 취득한 사람 2. 대학원에서 상담관련분야의 석사학위를 취득한 후 상담 실무경력이 4년 이상인 사람 3. 2급 청소년상담사로서 상담 실무경력이 3년 이상인 사람 4. 제1호 및 제2호에 규정된 사람과 같은 수준 이상의 자격이 있다고 여성가족부령으로 정하는 사람
2급 청소년상담사	1. 대학원에서 상담관련분야의 석사학위를 취득한 사람 2. 대학 또는 다른 법령에 따라 이와 동등한 학력을 인정받는 기관에서 상담관련분야 학사학위를 취득한 후 상담 실무경력이 3년 이상인 사람 3. 3급 청소년상담사로서 상담 실무경력이 2년 이상인 사람 4. 제1호부터 제3호까지에 규정된 사람과 같은 수준 이상의 자격이 있다고 여성가족부령으로 정하는 사람
3급 청소년상담사	1. 대학 및 「평생교육법」에 따른 학력이 인정되는 평생교육시설의 상담관련분야의 학사학위를 취득한 사람 2. 전문대학 또는 다른 법령에 따라 이와 동등한 학력을 인정받는 기관에서 상담관련분야 전문학사를 취득한 사람으로서 상담 실무경력이 2년 이상인 사람 3. 대학 또는 다른 법령에 따라 이와 동등한 학력을 인정받는 기관에서 학사학위를 취득한 후 상담 실무경력이 2년 이상인 사람 4. 전문대학 또는 다른 법령에 따라 이와 동등한 학력을 인정받는 기관에서 전문학사학위를 취득한 후 상담 실무경력이 4년 이상인 사람 5. 고등학교를 졸업하고 상담 실무경력이 5년 이상인 사람 6. 제1호부터 제4호까지에 규정된 사람과 같은 수준 이상의 자격이 있다고 여성가족부령으로 정하는 사람

비고

1. 상담 실무경력의 인정 범위와 내용은 여성가족부장관이 별도로 정하여 고시한다.
2. 고등학교, 대학, 전문대학 및 대학원은 별표 1의 비고 제4호와 같다.
3. 응시자격을 갖추었는지 여부는 자격검정 공고에서 정하는 서류제출 마감일을 기준으로 판단한다.

출처: 청소년 기본법 시행령 제23조 제3항 [별표 3]

<별표 4> 청소년상담사 자격검정의 과목 및 방법

<table>
<tr><th rowspan="2">등급</th><th colspan="2">검정과목</th><th rowspan="2" colspan="2">검정방법</th></tr>
<tr><th>구분</th><th>과목</th></tr>
<tr><td rowspan="2">1급
청소년상담사</td><td>필수</td><td>• 상담사 교육 및 사례지도
• 청소년 관련 법과 행정
• 상담연구방법론의 실제</td><td rowspan="2">필기
시험</td><td rowspan="2">면접</td></tr>
<tr><td>선택</td><td>비행상담 · 성상담 · 약물상담 · 위기상담 중 2과목</td></tr>
<tr><td rowspan="2">2급
청소년상담사</td><td>필수</td><td>• 청소년 상담의 이론과 실제
• 상담연구방법론의 기초
• 심리측정 평가의 활용
• 이상심리</td><td rowspan="2">필기
시험</td><td rowspan="2">면접</td></tr>
<tr><td>선택</td><td>진로상담 · 집단상담 · 가족상담 · 학업상담 중 2과목</td></tr>
<tr><td rowspan="2">3급
청소년상담사</td><td>필수</td><td>• 발달심리
• 집단상담의 기초
• 심리측정 및 평가
• 상담이론
• 학습이론</td><td rowspan="2">필기
시험</td><td rowspan="2">면접</td></tr>
<tr><td>선택</td><td>청소년이해론 · 청소년수련활동론 중 1과목</td></tr>
</table>

비고: "청소년 관련 법" 이란 「청소년 기본법」, 「청소년복지 지원법」, 「청소년 보호법」, 「아동 · 청소년의 성보호에 관한 법률」, 「청소년활동 진흥법」, 「학교폭력예방 및 대책에 관한 법률」, 「소년법」을 말하며, 그 밖의 법령을 포함하는 경우 여성가족부장관이 고시한다.

출처: 청소년 기본법 시행령 제23조 제3항 [별표 4]

10) 청소년육성 전담공무원(법 제25조)

특별시 · 광역시 · 특별자치시 · 도 · 특별자치도(이하 "시 · 도"라 한다), 시 · 군 · 구(자치구를 말한다. 이하 같다) 및 읍 · 면 · 동 또는 청소년육성 전담기구에 청소년육성 전담공무원을 둘 수 있다(법 제25조 제1항). 이에 따른 청소년육성 전담공무원은 청소년지도사 또는 청소년상담사의 자격을 가진 사람으로 한다(법 제25조 제2항). 그리고 청소년육성 전담공무원의 임용 등에 필요한 사항은 조례로 정하고 있다(법 제25조 제5항). 청소년육성 전담공무원은 관할구역의 청소년과 청소년지도자 등에 대하여 그 실태를 파악하고 필요한 지도를 하여야 한다(법 제25조 제3항). 관계 행정기관, 청소년단체 및 청소년시설의 설치 · 운영자는 청소년육성 전담공무원의 업무 수행에 협조하여야 한다(법 제25조 제4항).

11) 청소년육성 전담기구의 설치(법 제26조)

청소년육성에 관한 업무를 효율적으로 운영하기 위하여 시·도 및 시·군·구에 청소년육성에 관한 업무를 전담하는 기구를 따로 설치할 수 있다(법 제26조 제1항). 이에 따른 청소년육성 전담기구의 사무 범위, 조직 등에 필요한 사항은 조례로 정하고 있다(법 제26조 제2항).

12) 청소년지도위원(법 제27조)

특별자치시장·특별자치도지사·시장·군수·구청장은 청소년육성을 담당하게 하기 위하여 청소년지도위원을 위촉하여야 한다(법 제27조 제1항). 이에 따른 청소년지도위원의 자격·위촉절차 등에 필요한 사항은 조례로 정하고 있다(법 제27조 제4항). 법 제21조 제4항 각 호의 어느 하나에 해당하는 사람은 청소년지도위원이 될 수 없다(법 제27조 제2항). 청소년지도위원이 제21조 제4항 각 호의 어느 하나에 해당하게 되는 경우 위원 자격을 상실한다(법 제27조 제3항).

1. 미성년자, 피성년후견인 또는 피한정후견인
2. 파산선고를 받고 복권되지 아니한 사람
3. 금고 이상의 형을 선고받고 그 집행이 끝나거나 집행을 받지 아니하기로 확정된 후 3년이 지나지 아니한 사람
4. 금고 이상의 형을 선고받고 그 집행유예의 기간이 끝나지 아니한 사람, 4의2. 제3호 및 제4호에도 불구하고 다음 각 목의 어느 하나에 해당하는 죄를 저지른 사람으로서 형 또는 치료감호를 선고받고 확정된 후 그 형 또는 치료감호의 전부 또는 일부의 집행이 끝나거나(집행이 끝난 것으로 보는 경우를 포함한다) 집행이 유예·면제된 날부터 10년이 지나지 아니한 사람, 가. 「아동복지법」 제71조 제1항의 죄, 나. 「성폭력범죄의 처벌 등에 관한 특례법」 제2조의 성폭력범죄, 다. 「아동·청소년의 성보호에 관한 법률」 제2조 제2호의 아동·청소년대상 성범죄
5. 법원의 판결 또는 법률에 따라 자격이 상실되거나 정지된 사람

13) 청소년단체

(1) 청소년단체의 역할

청소년단체는 "① 학교교육과 서로 보완할 수 있는 청소년활동을 통한 청소년의 기량과 품성 함양, ② 청소년복지 증진을 통한 청소년의 삶의 질 향상, ③ 유해환경으로부터 청소년을 보호하기 위한 청소년보호 업무 수행"의 역할을 수행하기 위하여 최선의 노력을 하여야 하며(법 제28조 제1항), 청소년단체는 역할을 수행할 때에 청소년의 의견을 적극 반영하여야 한다(법 제28조 제2항).

국가나 지방자치단체가 법 제29조에 따라 청소년단체에 지원하거나 보조할 수 있는 활동의 범위는 다음 각 호와 같다(법 시행령 제27조).

1. 청소년활동, 청소년복지 및 청소년보호에 관한 사업
2. 국내외 주요 청소년 관련 국제행사
3. 「청소년활동 진흥법」 제2조 제6호에 따른 청소년수련거리의 개발 및 보급
4. 청소년지도자의 연수 및 국제교류
5. 그 밖에 중앙행정기관의 장이나 지방자치단체의 장이 청소년단체의 육성 또는 활성화를 위하여 필요하다고 인정하는 사업

청소년단체는 설립·운영 목적에 어긋나지 아니하는 범위에서 수익사업을 할 수 있다(법 시행령 제28조 제1항). 수익사업의 수익금은 목적사업의 수행을 위하여 사용하여야 한다(법 시행령 제28조 제2항). 수익사업은 일반회계와 구분하여 회계처리하여야 한다(법 시행령 제28조 제3항).

(2) 한국청소년단체협의회(법 제40조)

청소년단체는 청소년육성을 위한 "① 회원단체의 사업과 활동에 대한 협조·지원, ② 청소년지도자의 연수와 권익 증진, ③ 청소년 관련 분야의 국제기구활동, ④ 외국 청소년단체와의 교류 및 지원, ⑤ 남·북청소년 및 해외교포청소년과의 교류·지원, ⑥ 청소년활동에 관한 조사·연구·지원, ⑦ 청소년 관련 도서 출판 및 정보 지원, ⑧ 청소년육성을 위한 홍보 및 실천 운동, ⑨ 법 제41조에 따른 지방청소년단체협의회에 대

한 협조 및 지원, ⑩ 그 밖에 청소년육성을 위하여 필요한 사업"의 활동을 하기 위하여 여성가족부장관의 인가를 받아 한국청소년단체협의회를 설립할 수 있다.

한국청소년단체협의회는 법인으로 한다. 한국청소년단체협의회는 주된 사무소의 소재지에서 설립등기를 함으로써 성립한다. 한국청소년단체협의회에 관하여 이 법에 규정된 것을 제외하고는 민법 중 사단법인에 관한 규정을 준용한다. 국가는 한국청소년단체협의회의 운영과 활동에 필요한 경비를 지원할 수 있다. 한국청소년단체협의회는 설립 목적에 지장이 없는 범위에서 수익사업을 할 수 있으며, 발생한 수익은 한국청소년단체협의회의 운영 또는 한국청소년단체협의회의 시설 운영 외의 목적에 사용할 수 없다. 개인·법인 또는 단체는 한국청소년단체협의회의 운영과 사업 등을 지원하기 위하여 금전이나 그 밖의 재산을 출연하거나 기부할 수 있다. 한국청소년단체협의회는 활동의 일부를 정관에서 정하는 바에 따라 회원단체에 위탁할 수 있다.

(3) 지방청소년단체협의회(법 제41조)

특정지역을 활동 범위로 하는 청소년단체는 청소년육성을 위하여 그 지역을 관할하는 시·도의 조례로 정하는 바에 따라 시·도지사의 인가를 받아 지방청소년단체협의회를 설립할 수 있다. 지방자치단체는 예산의 범위에서 해당 지방청소년단체협의회의 운영경비의 전부 또는 일부를 지원할 수 있다.

14) 청소년활동 및 청소년복지

(1) 청소년활동의 지원(법 제47조) 및 학교교육 등과의 연계(법 제48조)

국가 및 지방자치단체는 청소년활동을 지원하여야 한다. 이에 따른 청소년활동의 지원에 관한 사항은 따로 법률(「청소년활동 진흥법」)로 정하고 있다(법 제47조).

국가 및 지방자치단체는 청소년활동과 학교교육·평생교육을 연계하여 교육적 효과를 높일 수 있도록 하는 시책을 수립·시행하여야 한다. 여성가족부장관이 시책을 수립할 때에는 미리 관계 기관과 협의하여야 하며, 전문가의 의견을 들어야 한다. 이에 따른 협의를 요청받은 관계 기관은 특별한 사유가 없으면 이에 따라야 한다(법 제48조).

(2) 청소년 방과 후 활동의 지원

국가 및 지방자치단체는 학교의 정규교육으로 보호할 수 없는 시간 동안 청소년의 전인적(全人的) 성장·발달을 지원하기 위하여 다양한 교육 및 활동 프로그램 등을 제공하는 종합적인 지원 방안을 마련하여야 하며, 종합적인 지원 방안 마련에 필요한 사항은 대통령령으로 정하고 있다(법 제48조의2).

여성가족부장관과 시·도지사는 청소년의 방과 후 활동을 종합적으로 지원하기 위하여 청소년 방과 후 활동 지원센터를 설치·운영할 수 있으며 지원센터는 다음 각 호의 사업을 수행한다(법 시행령 제33조의5).

1. 방과후종합지원계획의 수립·시행
2. 방과후사업의 운영 관리, 컨설팅 및 평가
3. 청소년의 방과 후 활동 지원을 위한 국내외 자료조사
4. 방과후사업의 업무 종사자를 위한 교육·연수(여성가족부장관이 설치하는 지원센터만 해당한다)
5. 방과후사업의 운영모형 개발(여성가족부장관이 설치하는 지원센터만 해당한다)
6. 그 밖에 청소년의 방과 후 활동을 종합적으로 지원하기 위하여 필요한 사업

(3) 청소년복지의 향상(법 제49조)

국가는 청소년들의 의식·태도·생활 등에 관한 사항을 정기적으로 조사하고, 이를 개선하기 위하여 청소년의 복지향상 정책을 수립·시행하여야 한다. 국가 및 지방자치단체는 기초생활 보장, 직업재활훈련, 청소년활동 지원 등의 시책을 추진할 때에는 정신적·신체적·경제적·사회적으로 특별한 지원이 필요한 청소년을 우선적으로 배려하여야 한다. 국가 및 지방자치단체는 청소년의 삶의 질을 향상하기 위하여 구체적인 시책을 마련하여야 한다. 이에 대한 규정에 관하여는 따로 법률(「청소년복지 지원법」)로 정하고 있다.

(4) 청소년 유익환경의 조성(법 제51조) 및 청소년 유해환경의 규제(법 제52조)

국가 및 지방자치단체는 청소년이 정보화 능력을 키울 수 있는 환경을 조성하기 위

하여 노력하여야 하며, 국가 및 지방자치단체는 청소년에게 유익한 매체물의 제작·보급 등을 장려하여야 하며 매체물의 제작·보급 등을 하는 자에게 그 제작·보급 등에 관한 경비 등을 지원할 수 있다. 그리고 국가 및 지방자치단체는 주택단지의 청소년시설 배치 등 청소년을 위한 사회환경과 자연환경을 조성하기 위하여 노력하여야 한다(법 제51조).

국가 및 지방자치단체는 청소년에게 유해한 매체물과 약물 등이 유통되지 아니하도록 하여야 하며, 국가 및 지방자치단체는 청소년이 유해한 업소에 출입하거나 고용되지 아니하도록 하여야 한다. 국가 및 지방자치단체는 폭력·학대·성매매 등 유해한 행위로부터 청소년을 보호·구제하여야 한다. 이에 따른 청소년에게 유해한 매체물·약물·업소·행위 등의 규제에 관하여는 따로 법률(「청소년 보호법」)로 정하고 있다(법 제52조).

(5) 근로 청소년의 보호를 위한 신고의무(법 제52조의2)

누구든지 청소년의 근로와 관련하여 근로기준법, 최저임금법 등 노동 관계 법령의 위반 사실을 알게 된 경우에는 그 사실을 고용노동부장관이나 「근로기준법」 제101조에 따른 근로감독관에게 신고할 수 있다. 다음 각 호의 어느 하나에 해당하는 사람은 그 직무를 수행하면서 청소년의 근로와 관련하여 「근로기준법」, 「최저임금법」 등 노동 관계 법령의 위반 사실을 알게 된 경우에는 그 사실을 고용노동부장관이나 「근로기준법」 제101조에 따른 근로감독관에게 신고하여야 한다.

1. 「청소년복지 지원법」 제12조 제2항에 따른 상담전화, 같은 법 제22조에 따른 한국청소년상담복지개발원, 같은 법 제29조에 따른 청소년상담복지센터, 같은 법 제30조에 따른 이주배경청소년지원센터 및 같은 법 제31조에 따른 청소년복지시설의 장과 그 종사자
2. 「학교 밖 청소년 지원에 관한 법률」 제12조에 따른 학교 밖 청소년 지원센터의 장과 그 종사자
3. 「아동복지법」 제50조에 따른 아동복지시설의 장과 그 종사자

누구든지 신고인의 인적 사항 또는 신고인임을 미루어 알 수 있는 사실을 다른 사람에게 알려주거나 공개 또는 보도하여서는 아니 된다.

15) 청소년육성기금

(1) 기금의 설치 등(법 제53조)

청소년육성에 필요한 재원을 확보하기 위하여 청소년육성기금(이하 "기금"이라 한다)을 설치한다. 기금은 여성가족부장관이 관리·운용한다. 여성가족부장관은 기금의 관리·운용에 관한 사무의 전부 또는 일부를 "① 제40조에 따른 한국청소년단체협의회, ② 「청소년활동 진흥법」 제6조에 따른 한국청소년활동진흥원, ③ 「정부출연연구기관 등의 설립·운영 및 육성에 관한 법률」에 따라 설립된 한국청소년정책연구원, ④ 「국민체육진흥법」 제36조에 따른 서울올림픽기념국민체육진흥공단"의 기관 중에서 선정하여 위탁할 수 있다. 이에 따른 기금의 관리·운용에 필요한 사항은 대통령령으로 정하고 있다.

(2) 기금의 조성(법 제54조)

기금은 "① 정부의 출연금, ② 「국민체육진흥법」 제22조 제4항 제1호 및 「경륜·경정법」 제18조 제1항 제1호에 따른 출연금, ③ 개인·법인 또는 단체가 출연하는 금전·물품이나 그 밖의 재산, ④ 기금의 운용으로 생기는 수익금, ⑤ 그 밖에 대통령령으로 정하는 수입금"의 재원으로 조성한다. 위 제3호에 따라 출연하는 자는 용도를 지정하여 출연할 수 있다. 다만, 특정단체 또는 개인에 대한 지원을 용도로 지정할 수 없다.

(3) 청소년육성기금의 사용(법 제55조)

기금은 "① 청소년활동의 지원, ② 청소년시설의 설치와 운영을 위한 지원, ③ 청소년지도자의 양성을 위한 지원, ④ 청소년단체의 운영과 활동을 위한 지원, ⑤ 청소년복지 증진을 위한 지원, ⑥ 청소년보호를 위한 지원, ⑦ 청소년정책의 수행 과정에 관한 과학적 연구의 지원, ⑧ 기금 조성 사업을 위한 지원, ⑨ 그 밖에 청소년육성을 위하여 대통령령으로 정하는 사업"에 사용한다.

국가나 지방자치단체는 법 제53조 제2항 및 제3항에 따른 기금의 관리기관(이하 "기금관리기관"이라 한다)의 기금 조성을 지원하기 위하여 기금관리기관에 국유 또는 공유의 시설·물품이나 그 밖의 재산을 그 용도나 목적에 지장을 주지 아니하는 범위에서 무상으로 사용·수익하게 하거나 대부할 수 있다. 기금관리기관은 청소년육성 또는 기금의 조성을 위하여 기금의 일부 또는 기금관리기관의 시설·물품 등 재산의 일부를 청소년단체의 기본재산에 출연하거나 출자할 수 있다. 기금관리기관은 기금 조성의 전망을 고려하여 기금 사용을 조절함으로써 궁극적으로 청소년육성을 위한 재원 확보에 기여할 수 있는 장기계획을 수립하여 시행하여야 한다.

(4) 지방청소년육성기금의 조성(법 제56조)

시·도지사는 관할구역의 청소년활동 지원 등 청소년육성을 위한 사업 지원에 필요한 재원을 확보하기 위하여 지방청소년육성기금을 설치할 수 있다. 이에 따른 지방청소년육성기금의 조성·용도 등에 필요한 사항은 조례로 정하고 있다.

16) 벌칙

법 제30조(수익사업)에 따라 정관에서 정하는 사업 외의 수익사업을 한 자는 2년 이하의 징역 또는 2천만원 이하의 벌금에 처한다(법 제64조).

다음 각 호의 어느 하나에 해당하는 자는 1년 이하의 징역 또는 1천만원 이하의 벌금에 처한다(법 제64조의2).

1. 법 제21조 제2항(제22조제2항에서 준용하는 경우를 포함한다)을 위반하여 자격증을 빌려주거나 빌린 사람 또는 이를 알선한 사람
2. 법 제52조의2 제3항을 위반하여 신고인의 인적 사항 또는 신고인임을 미루어 알 수 있는 사실을 다른 사람에게 알려주거나 공개 또는 보도한 자

다음 각 호의 어느 하나에 해당하는 자에게는 500만원 이하의 과태료를 부과한다(법 제66조 제1항).

1. 법 제59조 제1항에 따른 보고를 하지 아니하거나 검사를 거부·방해 또는 기피한 자
2. 법 제61조를 위반한 자

법 제24조의2 제1항 및 제2항(청소년지도사·청소년상담사의 보수교육)을 위반한 자에게는 100만원 이하의 과태료를 부과한다(법 제66조 제2항).

이에 따른 과태료는 대통령령으로 정하는 바에 따라 여성가족부장관 또는 지방자치단체의 장이 부과·징수한다(법 제66조 제3항).

제 6 장

청소년 보호법

1. 의의

「청소년 보호법」은 청소년보호를 위해 청소년 유해환경의 정화에 필요한 모든 시책을 강구 및 시행해야 할 책임을 분명히 하고 단속의 실효성을 보장하고 유해환경 정화에 광범위한 국민적 참여를 마련한 것이다. 1961년 제정된 「미성년자보호법」을 1997년 「청소년 보호법」으로 통합하여 제정하게 되었다.

이 법은 청소년에게 유해한 매체물과 약물 등이 청소년에게 유통되는 것과 청소년이 유해한 업소에 출입하는 것 등을 규제하고 청소년을 유해한 환경으로부터 보호·구제함으로써 청소년이 건전한 인격체로 성장할 수 있도록 함을 목적으로 하고 있다(법 제1조).

「청소년 보호법」은 청소년유해환경의 규제에 관한 형사처벌을 할 때 다른 법률보다 우선하여 적용(법 제6조)함으로써 청소년보호의 기초를 마련하였다는 데 의의가 있다(임동호 외, 2019).

「청소년 보호법」은 청소년을 유해한 환경으로부터 보호하기 위한 입법이라는 긍정적인 평가가 있지만, 청소년의 자유를 과도하게 제한한다는 부정적 평가도 존재한다. 현대의 4차 산업혁명 시대를 맞이하여 사이버 환경의 변화로 인해 개선에 대한 논란이 지속되고 있다.

최근에는 마이크로소프트사의 '마인크래프트' 게임의 등급을 '12세 이용가'에서 2021년 6월 24일 '19세 미만 이용 불가'로 변경하는 계기로 인하여 16세 미만으로 적용하던 '인터넷 셧다운제'가 폐지되었다. 2021년 11월 11일 국회는 「청소년 보호법」 개정안을 통해 "지난 10년간 모바일 게임이 PC게임을 대체하는 등 게임 이용 환경이 변화하였고, 게임 외에 온라인 동영상 서비스(OTT)·소셜네트워크서비스(SNS) 등 청소년들이 심야시간대 이용할 수 있는 콘텐츠가 다양해짐에 따라 '강제적 셧다운제'의 실효성이 비판을 받아 왔으며, 시대적 흐름을 반영하지 못하는 제도라는 지적이 제기되어 왔다"고 이유를 설명하였다. 이로 인해 강제적 인터넷 게임 셧다운제는 청소년의 자율선택권을 골자로 하여 본인이나 보호자가 원하는 요일별, 시간대별로 게임 이용 시간을 설정할 수 있는 '선택적 셧다운제'로 개선되었다.

이 법에서 사용하는 용어의 정의(법 제2조)는 다음과 같다.

1. "청소년"이란 만 19세 미만인 사람을 말한다. 다만, 만 19세가 되는 해의 1월 1일을 맞이한 사람은 제외한다.
2. "매체물"이란 다음 각 목의 어느 하나에 해당하는 것을 말한다.
   가. 「영화 및 비디오물의 진흥에 관한 법률」에 따른 영화 및 비디오물
   나. 「게임산업진흥에 관한 법률」에 따른 게임물
   다. 「음악산업진흥에 관한 법률」에 따른 음반, 음악파일, 음악영상물 및 음악영상파일
   라. 「공연법」에 따른 공연(국악공연은 제외한다)
   마. 「전기통신사업법」에 따른 전기통신을 통한 부호·문언·음향 또는 영상정보
   바. 「방송법」에 따른 방송프로그램(보도 방송프로그램은 제외한다)
   사. 「신문 등의 진흥에 관한 법률」에 따른 일반일간신문(주로 정치·경제·사회에 관한 보도·논평 및 여론을 전파하는 신문은 제외한다), 특수일간신문(경제·산업·과학·종교 분야는 제외한다), 일반주간신문(정치·경제 분야는 제외한다), 특수주간신문(경제·산업·과학·시사·종교 분야는 제외한다), 인터넷신문(주로 보도·논평 및 여론을 전파하는 기사는 제외한다) 및 인터넷뉴스서비스
   아. 「잡지 등 정기간행물의 진흥에 관한 법률」에 따른 잡지(정치·경제·사회·시사·산업·과학·종교 분야는 제외한다), 정보간행물, 전자간행물 및 그 밖의 간행물
   자. 「출판문화산업 진흥법」에 따른 간행물, 전자출판물 및 외국간행물(사목 및 아목에 해당하는 매체물은 제외한다)
   차. 「옥외광고물 등의 관리와 옥외광고산업 진흥에 관한 법률」에 따른 옥외광고물과 가목부터 자목까지의 매체물에 수록·게재·전시되거나 그 밖의 방법으로 포함된 상업적 광고선전물
   카. 그 밖에 청소년의 정신적·신체적 건강을 해칠 우려가 있어 대통령령으로 정하는 매체물
3. "청소년유해매체물"이란 다음 각 목의 어느 하나에 해당하는 것을 말한다.
   가. 제7조 제1항 본문 및 제11조에 따라 청소년보호위원회가 청소년에게 유해한 것으로 결정하거나 확인하여 여성가족부장관이 고시한 매체물
   나. 제7조 제1항 단서 및 제11조에 따라 각 심의기관이 청소년에게 유해한 것으로 심의하거나 확인하여 여성가족부장관이 고시한 매체물

4. “청소년유해약물등”이란 청소년에게 유해한 것으로 인정되는 다음 가목의 약물(이하 “청소년유해약물”이라 한다)과 청소년에게 유해한 것으로 인정되는 다음 나목의 물건(이하 “청소년유해물건”이라 한다)을 말한다.
   가. 청소년유해약물
      1) 「주세법」에 따른 주류
      2) 「담배사업법」에 따른 담배
      3) 「마약류 관리에 관한 법률」에 따른 마약류
      4) 「화학물질관리법」에 따른 환각물질
      5) 그 밖에 중추신경에 작용하여 습관성, 중독성, 내성 등을 유발하여 인체에 유해하게 작용할 수 있는 약물 등 청소년의 사용을 제한하지 아니하면 청소년의 심신을 심각하게 손상시킬 우려가 있는 약물로서 대통령령으로 정하는 기준에 따라 관계 기관의 의견을 들어 제36조에 따른 청소년보호위원회(이하 “청소년보호위원회”라 한다)가 결정하고 여성가족부장관이 고시한 것
   나. 청소년유해물건
      1) 청소년에게 음란한 행위를 조장하는 성기구 등 청소년의 사용을 제한하지 아니하면 청소년의 심신을 심각하게 손상시킬 우려가 있는 성 관련 물건으로서 대통령령으로 정하는 기준에 따라 청소년보호위원회가 결정하고 여성가족부장관이 고시한 것
      2) 청소년에게 음란성·포악성·잔인성·사행성 등을 조장하는 완구류 등 청소년의 사용을 제한하지 아니하면 청소년의 심신을 심각하게 손상시킬 우려가 있는 물건으로서 대통령령으로 정하는 기준에 따라 청소년보호위원회가 결정하고 여성가족부장관이 고시한 것
      3) 청소년유해약물과 유사한 형태의 제품으로 청소년의 사용을 제한하지 아니하면 청소년의 청소년유해약물 이용습관을 심각하게 조장할 우려가 있는 물건으로서 대통령령으로 정하는 기준에 따라 청소년보호위원회가 결정하고 여성가족부장관이 고시한 것
5. “청소년유해업소”란 청소년의 출입과 고용이 청소년에게 유해한 것으로 인정되는 다음 가목의 업소(이하 “청소년 출입·고용금지업소”라 한다)와 청소년의 출입은 가능하나 고용이 청소년에게 유해한 것으로 인정되는 다음 나목의 업소(이하 “청소년고용금지업소”라 한다)를 말한다. 이 경우 업소의 구분은 그 업소가 영업을 할 때 다른 법령에 따라 요구되는 허가·인가·등록·신고 등의 여부와 관계없이 실제로 이루어지고 있는 영업행위를 기준으로 한다.
   가. 청소년 출입·고용금지업소
      1) 「게임산업진흥에 관한 법률」에 따른 일반게임제공업 및 복합유통게임제공업 중 대통령령으로 정하는 것
      2) 「사행행위 등 규제 및 처벌 특례법」에 따른 사행행위영업
      3) 「식품위생법」에 따른 식품접객업 중 대통령령으로 정하는 것
      4) 「영화 및 비디오물의 진흥에 관한 법률」 제2조 제16호에 따른 비디오물감상실업·제한관람가비디오물소극장업 및 복합영상물제공업
      5) 「음악산업진흥에 관한 법률」에 따른 노래연습장업 중 대통령령으로 정하는 것

6) 「체육시설의 설치·이용에 관한 법률」에 따른 무도학원업 및 무도장업
7) 전기통신설비를 갖추고 불특정한 사람들 사이의 음성대화 또는 화상대화를 매개하는 것을 주된 목적으로 하는 영업. 다만, 「전기통신사업법」등 다른 법률에 따라 통신을 매개하는 영업은 제외한다.
8) 불특정한 사람 사이의 신체적인 접촉 또는 은밀한 부분의 노출 등 성적 행위가 이루어지거나 이와 유사한 행위가 이루어질 우려가 있는 서비스를 제공하는 영업으로서 청소년보호위원회가 결정하고 여성가족부장관이 고시한 것
9) 청소년유해매체물 및 청소년유해약물등을 제작·생산·유통하는 영업 등 청소년의 출입과 고용이 청소년에게 유해하다고 인정되는 영업으로서 대통령령으로 정하는 기준에 따라 청소년보호위원회가 결정하고 여성가족부장관이 고시한 것
10) 「한국마사회법」 제6조 제2항에 따른 장외발매소
11) 「경륜·경정법」 제9조 제2항에 따른 장외매장

나. 청소년고용금지업소
1) 「게임산업진흥에 관한 법률」에 따른 청소년게임제공업 및 인터넷컴퓨터게임시설제공업
2) 「공중위생관리법」에 따른 숙박업, 목욕장업, 이용업 중 대통령령으로 정하는 것
3) 「식품위생법」에 따른 식품접객업 중 대통령령으로 정하는 것
4) 「영화 및 비디오물의 진흥에 관한 법률」에 따른 비디오물소극장업
5) 「화학물질관리법」에 따른 유해화학물질 영업. 다만, 유해화학물질 사용과 직접 관련이 없는 영업으로서 대통령령으로 정하는 영업은 제외한다.
6) 회비 등을 받거나 유료로 만화를 빌려 주는 만화대여업
7) 청소년유해매체물 및 청소년유해약물등을 제작·생산·유통하는 영업 등 청소년의 고용이 청소년에게 유해하다고 인정되는 영업으로서 대통령령으로 정하는 기준에 따라 청소년보호위원회가 결정하고 여성가족부장관이 고시한 것

6. "유통"이란 매체물 또는 약물 등을 판매·대여·배포·방송·공연·상영·전시·진열·광고하거나 시청 또는 이용하도록 제공하는 행위와 이러한 목적으로 매체물 또는 약물 등을 인쇄·복제 또는 수입하는 행위를 말한다.
7. "청소년폭력·학대"란 폭력이나 학대를 통하여 청소년에게 신체적·정신적 피해를 발생하게 하는 행위를 말한다.
8. "청소년유해환경"이란 청소년유해매체물, 청소년유해약물등, 청소년유해업소 및 청소년폭력·학대를 말한다.

2. 입법 배경 및 연혁

대한민국 사회의 자율화와 물질만능주의의 경향에 따라 날로 심각해지고 있는 음란

·폭력성 청소년 유해매체물과 유해약물 등이 청소년에게 유통되고 있는 것을 막고 유해한 업소에 청소년 출입 등을 규제함으로써 성장과정에 있는 청소년을 각종 유해한 사회환경으로부터 보호 및 구제하고 나아가 건전한 인격체로 성장할 수 있도록 하기 위해 「청소년 보호법」이 1997년 3월 7일에 제정되어 시행되었다. 이 법의 보호대상이 되는 청소년을 만 19세 미만의 자로 규정하였다.

「청소년 보호법」의 주요 연혁은 다음과 같다.

제·개정 (시행) 일자	제·개정 이유/내용
1997. 3. 7. (1997. 7. 1.) 제정	음란·폭력성의 청소년유해매체물과 유해약물 등의 청소년에 대한 유통과 유해한 업소에의 청소년출입 등을 규제함으로써, 성장과정에 있는 청소년을 각종 유해한 사회환경으로부터 보호·구제하고 나아가 건전한 인격체로 성장할 수 있도록 하기 위해 제정
1999. 2. 5. (1999. 7. 1.)	청소년폭력과 학대등으로부터 청소년보호 강화
	• 청소년을 각종 유해행위로부터 보호하기 위하여 9가지 청소년유해행위를 금지하고 이에 대한 처벌규정을 새로 규정 • 사회문제화되고 있는 청소년폭력과 학대 등으로부터 청소년의 보호 강화 • 「청소년 보호법」과 중복되는 미성년자보호법을 폐지 • 「미성년자보호법」에 규정되어 있던 청소년보호 관련규정을 통합하여 규정
2001. 5. 24. (2001. 8. 25.)	보호대상 청소년의 연령 조정
	• 보호대상 청소년의 연령을 조정 • 청소년유해업소 업주가 종업원 고용시에 연령을 확인하도록 하여 동 업소에의 청소년 고용을 사전에 차단
2004. 1. 29. (2004. 4. 30.)	청소년에 대한 보호 강화
	청소년의 접촉을 효과적으로 차단하고, 식품접객업소에서 이루어지는 청소년을 이용한 불법행위를 강력히 규제
2005. 3. 24. (2005. 4. 27.)	문화관광부 청소년국과 국무총리 소속 청소년보호위원회를 통합·일원화
	「청소년 기본법」에서 국무총리 소속의 청소년위원회를 신설에 따른 「청소년 보호법」의 청소년보호위원회에 관한 규정 삭제
2008. 2. 29. (2008. 2. 29.)	청소년보호위원회 설치
	청소년보호위원회를 설치하여 청소년유해매체물, 청소년유해약물, 청소년유해물건, 청소년유해업소 등의 심의·의결 등에 관한 업무를 수행하도록 함
2011. 5. 19. (2011. 11. 20.)	청소년의 인터넷게임 중독 예방
	• 오전 0시부터 오전 6시까지의 심야시간대에는 만 16세 미만의 청소년에게 인터넷게

제·개정 (시행) 일자	제·개정 이유/내용
	임을 제공할 수 없도록 함 • 2년마다 평가하여 개선 등의 조치 • 인터넷게임 중독 등으로 피해를 입은 청소년에 대하여 예방·상담 및 치료·재활 등의 서비스 지원
2011. 7. 28. (2012. 1. 29.)	청소년유해매체물 결정에 대한 재심의
	• 매체물의 제작·발행자 또는 유통행위자는 청소년보호위원회의 심의·결정에 대해 이견이 있는 경우 그 결과를 통지받은 날부터 30일 이내에 청소년보호위원회에 재심의를 청구할 수 있도록 함으로써, 당사자에게 충분한 해명 기회를 제공하고, 유해매체물 심의제도의 공정·신뢰성을 높임
2011. 9. 15. (2012. 9. 16.) 전부개정	전부개정
	• 청소년유해업소의 범위를 확대 • 유해매체물의 판매나 대여 등을 할 때에는 본인 여부 확인 • 청소년유해매체물 제공자 등이 위법행위를 한 경우 그 내용 등을 공표 • 16세 미만 청소년이 인터넷게임의 회원으로 가입할 때에는 친권자의 동의를 받도록 하고 청소년에게 청소년유해약물등을 제공하는 것을 금지 • 유해매체물의 오·남용의 예방 및 피해 해소, 청소년유해약물 피해 예방 및 치료·재활 등의 사업 근거를 규정
2013. 3. 22. (2013. 9. 23.)	일부개정
	• 청소년에게 유해한 것으로 인정되는 복합영상물제공업소를 청소년의 출입·고용이 금지되는 업소로 추가 • 대통령령에서 규정하고 있는 청소년유해표시 의무자의 범위를 영화상영업자, 음반 등을 제작·수입·복제한 자, 공연을 주재(主宰)하는 자, 청소년유해약물을 제조·수입한 자 등으로 법률에 구체적으로 명시 • 청소년보호위원회의 위원에 결원이 생긴 경우에도 전임자의 남은 임기가 3개월 미만이고 재임 중인 위원의 수가 8명 이상인 경우에는 보궐위원을 선임하지 않을 수 있도록 함
2014. 3. 24. (2014. 9. 25.)	유해한 환경으로부터 청소년을 보호하고 청소년이 건전한 인격체로 성장할 수 있도록 함
	• 청소년 출입·고용금지업소에 승마투표권 장외발매소와 승자투표권 장외매장을 추가 • 경마나 경정·경륜이 개최되지 아니하는 날은 제외하여 청소년의 출입과 고용 금지 • 주류, 담배를 판매·대여·배포하고자 하는 자는 그 업소에 청소년을 대상으로 주류 또는 담배의 판매·대여·배포를 금지하는 내용을 표시하도록 함으로써 청소년유해약물이 청소년에게 유통되는 것을 방지
2014. 5. 28. (2015. 5. 29.)	청소년들이 환각물질로부터 치료보호를 받을 수 있는 법적 근거 마련
	• 청소년 환각물질 중독 전문 치료기관을 지정·운영

제·개정 (시행) 일자	제·개정 이유/내용
	• 환각물질 흡입 청소년에 대해 판별검사 및 치료지원 • 치료보호 대상자의 개인정보 비밀엄수의 의무 규정
2015. 6. 22. (2015. 6. 22.)	「청소년 보호법」과 개별 매체물 관련법 간의 중복규제를 해소하고 매체물 제작자와 유통자의 부담 경감
	• 매체물의 내용정보 표시에 관한 규정 삭제 • 환각물질 중독 전문치료기관의 장과 그 종사자 등이 직무상 알게 된 비밀을 누설하는 경우 벌금형 상향 조정
2016. 3. 2. (2016. 3. 2.)	선량한 판매자 및 업주 등을 보호
	• 청소년의 신분증 위조·변조, 도용, 강박의 방법으로 인하여 청소년유해매체물 또는 유해약물등을 판매하거나 청소년고용 및 출입제한 규정을 위반한 경우에는 그 과징금을 면제 • 현행 벌칙 규정의 벌금형을 징역 1년당 1천만원 상한의 비율 기준으로 조정하여 범죄 억지력 강화
2016. 12. 20. (2017. 6. 21.)	청소년이 청소년유해약물을 접촉하는 것을 미연에 방지
	• 청소년유해약물과 유사한 형태의 제품으로 지속적으로 사용할 경우 청소년의 사용을 제한하지 아니하면 청소년의 청소년유해약물 이용습관을 심각하게 조장할 우려가 있는 물건을 청소년유해물건으로 지정 • 청소년 혼숙 등 풍기를 문란하게 하는 영업행위 및 장소 제공행위의 우려가 있는 경우에는 청소년의 출입 제한
2018. 1. 16. (2018. 1. 16.)	청소년유해약물의 판매에 대한 청소년보호 강화
	청소년유해약물의 판매 등을 하는 경우에도 '나이 및 본인 여부'를 확인하도록 명시
2017. 12. 12. (2018. 3. 13.)	인터넷신문을 통한 유해정보로부터 청소년보호
	'보도·논평 및 여론을 전파하는 기사'를 매체물에서 제외
2018. 12. 11. (2018. 12. 11.)	경마와 경륜·경정, 청소년유해약물 등으로부터 청소년의 보호 강화
	• 경마와 경륜·경정의 개최 여부와 상관없이 장외발매소와 장외매장의 청소년 출입과 고용을 전면 금지 • 누구든지 청소년에게 청소년유해약물 등을 구매하도록 권유·유인·강요하여서는 아니 된다는 점을 법률에 명시
2018. 12. 18. (2018. 12. 18.)	법률 해석상의 혼란 방지
	당연직 위원 규정, 당연직 위원의 임기는 그 재임기간으로 함

3. 주요 내용

「청소년 보호법」의 전반적인 구조와 주요 내용을 정리하면 다음과 같다.

제1장 총칙	제1조(목적) 제2조(정의) 제3조(가정의 역할과 책임) 제4조(사회의 책임) 제5조(국가와 지방자치단체의 책무) 제6조(다른 법률과의 관계)
제2장 청소년유해매체물의 결정 및 유통 규제	제7조(청소년유해매체물의 심의·결정) 제8조(등급 구분 등) 제9조(청소년유해매체물의 심의 기준) 제10조(심의 결과의 조정) 제11조(청소년유해매체물의 자율 규제) 제12조(청소년유해매체물의 재심의) 제13조(청소년유해표시 의무) 제14조(포장 의무) 제15조(표시·포장의 훼손 금지) 제16조(판매 금지 등) 제17조(구분·격리 등) 제18조(방송시간 제한) 제19조(광고선전 제한) 제20조(청소년유해매체물의 결정 취소) 제21조(청소년유해매체물 결정 등의 통보·고시) 제22조(외국 매체물에 대한 특례) 제23조(정보통신망을 통한 청소년유해매체물 제공자 등의 공표)
제3장 청소년의 인터넷게임 중독 예방	제24조(인터넷게임 이용자의 친권자등의 동의) 제25조(인터넷게임 제공자의 고지 의무) 제26조(심야시간대의 인터넷게임 제공시간 제한) 제27조(인터넷게임 중독 등의 피해 청소년 지원)
제4장 청소년유해약물등, 청소년유해행위 및 청소년유해업소 등의 규제	제28조(청소년유해약물등의 판매·대여 등의 금지) 제29조(청소년 고용 금지 및 출입 제한 등) 제30조(청소년유해행위의 금지) 제31조(청소년 통행금지·제한구역의 지정 등) 제32조(청소년에 대하여 가지는 채권의 효력 제한)
제5장 청소년 보호 사업의 추진	제33조(청소년보호종합대책의 수립 등) 제34조(청소년의 유해환경에 대한 대응능력 제고 등)

	제34조의2(환각물질 중독치료 등) 제35조(청소년 보호·재활센터의 설치·운영)
제6장 청소년보호위원회	제36조(청소년보호위원회의 설치) 제37조(위원회의 구성) 제38조(위원장의 직무 및 회의) 제39조(위원의 임기) 제40조(위원의 직무상 독립과 신분보장) 제41조(회의 및 운영) 제41조의2(유해매체물 심의 분과위원회)
제7장 보칙	제42조(보고 등) 제43조(검사 및 조사 등) 제44조(수거·파기) 제45조(시정명령) 제46조(처분의 이유 명시) 제47조(관계 행정기관의 장의 협조) 제48조(민간단체에 대한 행정적 지원 등) 제49조(신고) 제50조(선도·보호조치 대상 청소년의 통보) 제51조(지방청소년사무소의 설치 등) 제52조(권한의 위탁) 제53조(벌칙 적용 시의 공무원 의제) 제54조(과징금)
제8장 벌칙	제55조(벌칙) 제56조(벌칙) 제57조(벌칙) 제58조(벌칙) 제59조(벌칙) 제60조(벌칙) 제61조(벌칙) 제62조(양벌규정) 제63조(형의 감경) 제64조(과태료)

1) 청소년의 연령 범위

청소년이란 만 19세 미만인 사람을 말한다. 다만, 만 19세가 되는 해의 1월 1일을 맞이한 사람은 제외한다(법 제2조 제1호).

2) 규제대상 매체물

매체물이란 “「영화 및 비디오물의 진흥에 관한 법률」에 따른 영화 및 비디오물, 「게임산업진흥에 관한 법률」에 따른 게임물, 「음악산업진흥에 관한 법률」에 따른 음반, 음악파일, 음악영상물 및 음악영상파일(전자오락게임을 포함), 「공연법」에 따른 공연(국악공연은 제외한다), 「전기통신사업법」에 따른 전기통신을 통한 부호·문언·음향 또는 영상정보, 「방송법」에 따른 방송프로그램(보도 방송프로그램은 제외한다), 「신문 등의 진흥에 관한 법률」에 따른 일반일간신문(주로 정치·경제·사회에 관한 보도·논평 및 여론을 전파하는 신문은 제외한다), 특수일간신문(경제·산업·과학·종교 분야는 제외한다), 일반주간신문(정치·경제 분야는 제외한다), 특수주간신문(경제·산업·과학·시사·종교 분야는 제외한다), 인터넷신문(주로 정치·경제·사회에 관한 보도·논평 및 여론을 전파하는 신문은 제외한다) 및 인터넷뉴스서비스, 「잡지 등 정기간행물의 진흥에 관한 법률」에 따른 잡지(정치·경제·사회·시사·산업·과학·종교 분야는 제외한다), 정보간행물, 전자간행물 및 그 밖의 간행물, 「출판문화산업진흥법」에 따른 간행물, 전자출판물 및 외국간행물(사목 및 아목에 해당하는 매체물은 제외한다), 「옥외광고물 등 관리법」에 따른 옥외광고물과 가목부터 자목까지의 매체물에 수록·게재·전시되거나 그 밖의 방법으로 포함된 상업적 광고선전물, 그 밖에 청소년의 정신적·신체적 건강을 해칠 우려가 있어 대통령령(사무실·가정 등 옥내(屋內)에 배포되는 광고용의 전단(傳單) 및 이와 유사한 광고 선전물)으로 정하는 매체물”에 해당하는 것을 말한다(법 제2조 제2호).

〈별표 2〉 청소년유해매체물의 심의 기준

1. 일반 심의 기준
    - 가. 매체물에 관한 심의는 해당 매체물의 전체 또는 부분에 관하여 평가하되, 부분에 대하여 평가하는 경우에는 전반적 맥락을 함께 고려할 것
    - 나. 매체물 중 연속물에 대한 심의는 개별 회분을 대상으로 할 것. 다만, 법 제7조 제5항에 해당하는 매체물에 대한 심의는 그러하지 아니하다.
    - 다. 심의위원 중 최소한 2명 이상이 해당 매체물의 전체 내용을 파악한 후 심의할 것
    - 라. 법 제7조 제5항에 따라 실제로 제작·발행 또는 수입이 되지 아니한 매체물에 대하여 심의할 때에는 구체적·개별적 매체물을 대상으로 하지 않고 사회통념상 매체물의 종류, 제목, 내용 등을 특정할 수 있는 포괄적인 명칭 등을 사용하여 심의할 것

2. 개별 심의 기준

가. 음란한 자태를 지나치게 묘사한 것

나. 성행위와 관련하여 그 방법·감정·음성 등을 지나치게 묘사한 것

다. 동물과의 성행위를 묘사하거나 집단 성행위, 근친상간, 가학·피학성 음란증 등 변태 성행위, 성매매 그 밖에 사회 통념상 허용되지 아니한 성관계를 조장하는 것

라. 청소년을 대상으로 하는 성행위를 조장하거나 여성을 성적 대상으로만 기술하는 등 성 윤리를 왜곡시키는 것

마. 존속에 대한 상해·폭행·살인 등 전통적인 가족 윤리를 훼손할 우려가 있는 것

바. 잔인한 살인·폭행·고문 등의 장면을 자극적으로 묘사하거나 조장하는 것

사. 성폭력·자살·자학행위, 그 밖에 육체적·정신적 학대를 미화하거나 조장하는 것

아. 범죄를 미화하거나 범죄방법을 상세히 묘사하여 범죄를 조장하는 것

자. 역사적 사실을 왜곡하거나 국가와 사회 존립의 기본체제를 훼손할 우려가 있는 것

차. 저속한 언어나 대사를 지나치게 남용하는 것

카. 도박과 사행심 조장 등 건전한 생활 태도를 현저하게 해칠 우려가 있는 것

타. 청소년유해약물 등의 효능 및 제조방법 등을 구체적으로 기술하여 그 복용·제조 및 사용을 조장하거나 이를 매개하는 것

파. 청소년유해업소에의 청소년 고용과 청소년 출입을 조장하거나 이를 매개하는 것

하. 청소년에게 불건전한 교제를 조장 또는 매개할 우려가 있는 것

출처: 청소년 보호법 시행령 제9조 [별표 2]

<별표 4> 매체물의 종류에 따른 청소년유해표시 방법

구분	표시문구	표시방법
1. 영화	19세 미만 관람 불가	가. 표시문구는 한쪽이 400㎜ 이상, 다른 한쪽이 100㎜ 이상인 붉은색 바탕의 직사각형 안에 흰색 글씨로 기재한다. 나. 표시는 해당 영화상영관의 매표소와 출입구에 한다.
2. 비디오물	19세 미만 시청 불가	가. 표시문구는 한쪽이 60㎜ 이상, 다른 한쪽이 15㎜ 이상인 붉은색 바탕의 직사각형 안에 흰색 글씨로 기재한다. 나. 표시는 해당 매체물에 표시한다. 다. 프로그램을 시작하기 전에 “이 프로그램은 19세 미만의 청소년이 시청해서는 안 됩니다.”라는 자막 표시를 한다.
3. 게임물	19세 미만 이용 불가	가. 표시문구는 한쪽이 60㎜ 이상, 다른 한쪽이 15㎜ 이상인 붉은색 바탕의 직사각형 안에 흰색 글씨로 기재한다. 나. 표시는 해당 매체물에 표시한다. 다. 게임물의 경우 프로그램을 시작하기 전에 “이 프로그램은 19세 미만의 청소년이 이용해서는 안 됩니다.”라는 자막 표시를 한다.
4. 음반, 음악영상물	19세 미만 청취 불가	가. 표시문구는 한쪽이 60㎜ 이상, 다른 한쪽이 15㎜ 이상인 붉은색 바탕의 직사각형 안에 흰색 글씨로 기재한다. 나. 표시는 해당 매체물에 표시한다.

구분	표시문구	표시방법
		다. 음악영상의 경우 프로그램을 시작하기 전에 "이 프로그램은 19세 미만의 청소년이 시청해서는 안 됩니다."라는 자막 표시를 한다.
5. 음악파일, 음악영상파일	19세 미만 이용 불가	프로그램을 시작하기 전에 "이 프로그램은 19세 미만 청소년이 이용해서는 안 됩니다."라는 자막 표시를 한다.
6. 공연(국악공연은 제외한다)	19세 미만 관람 불가	가. 표시문구는 한쪽이 400㎜ 이상, 다른 한쪽이 100㎜ 이상인 붉은색 바탕의 직사각형 안에 흰색 글씨로 기재한다. 나. 표시는 해당 공연장의 매표소와 출입구에 한다.
7. 부호·문언·음향 또는 영상정보	19세 미만 이용 불가	프로그램을 시작하기 전에 "이 프로그램은 19세 미만 청소년이 이용해서는 안됩니다."라는 자막 표시를 한다.
8. 방송프로그램(라디오방송은 제외한다)	19세 미만 시청 불가	가. 프로그램의 방송을 시작하기전에 "이 프로그램은 19세 미만 청소년이 시청해서는 안 됩니다."라는 자막 표시를 한다. 나. 프로그램의 방송 중에는 지름 20㎜ 이상이고 붉은색 테두리 두께가 3㎜ 이상인 크기의 원형 마크 안에 "19"라는 숫자를 흰색 바탕에 검정색으로 기재하여 화면 오른쪽 상단에 표시한다.
9. 신문	19세 미만 구독 불가	가. 표시문구는 한쪽이 60㎜ 이상, 다른 한쪽이 15㎜ 이상인 붉은색 바탕의 직사각형 안에 흰색 글씨로 기재한다. 나. 표시는 해당 매체물의 앞표지와 뒷표지의 오른쪽 상단에 한다.
10. 인터넷신문	19세 미만 이용 불가	프로그램을 시작하기 전에 "이 프로그램은 19세 미만 청소년이 이용해서는 안 됩니다."라는 자막 표시를 한다.
11. 잡지, 정보간행물 및 그 밖의 간행물	19세 미만 구독 불가	가. 표시문구는 한쪽이 60㎜ 이상, 다른 한쪽이 15㎜ 이상인 붉은색 바탕의 직사각형 안에 흰색 글씨로 기재한다. 나. 표시는 해당 매체물의 앞표지와 뒷표지의 오른쪽 상단에 한다.
12. 간행물 및 외국간행물	19세 미만 구독 불가	가. 표시문구는 한쪽이 60㎜ 이상, 다른 한쪽이 15㎜ 이상인 붉은색 바탕의 직사각형 안에 흰색 글씨로 기재한다. 나. 표시는 해당 매체물의 앞표지와 뒷표지의 오른쪽 상단에 한다.
13. 전자간행물 및 전자출판물	19세 미만 이용 불가	프로그램을 시작하기 전에 "이 프로그램은 19세 미만 청소년이 이용해서는 안 됩니다."라는 자막 표시를 한다.
14. 광고선전물 중 간행물에 포함된 것	19세 미만 구독 불가	가. 표시문구는 한쪽이 60㎜ 이상, 다른 한쪽이 15㎜ 이상인 붉은색 바탕의 직사각형 안에 흰색 글씨로 기재한다. 나. 표시는 해당 매체물의 앞표지와 뒷표지의 오른쪽 상단에 한다.

비고: 표시문구 및 표시방법의 경우 「게임산업진흥에 관한 법률」, 「영화 및 비디오물의 진흥에 관한 법률」, 「음악산업진흥에 관한 법률」, 「정보통신망 이용촉진 및 정보보호 등에 관한 법률 시행령」, 그 밖의 다른 법령에서 청소년유해매체물의 표시에 관한 사항을 달리 정한 경우에는 해당 법령에서 정하는 바에 따른다.

출처: 청소년 보호법 시행령 제13조 제1항 [별표 4]

3) 청소년유해약물과 청소년유해물건

청소년유해약물 등이란 청소년에게 유해한 것으로 인정되는 "청소년유해약물은 「주세법」에 따른 주류, 「담배사업법」에 따른 담배, 「마약류 관리에 관한 법률」에 따른 마약류, 「유해화학물질 관리법」에 따른 환각물질(본드, 부탄가스, 신나 등 유해화학물질), 그 밖에 중추신경에 작용하여 습관성, 중독성, 내성 등을 유발하여 인체에 유해하게 작용할 수 있는 약물 등 청소년의 사용을 제한하지 아니하면 청소년의 심신을 심각하게 손상시킬 우려가 있는 약물로서 대통령령으로 정하는 기준(① 청소년의 정신기능에 영향을 미쳐 판단력 장애 등 일시적 또는 영구적 정신장애를 초래할 수 있는 약물일 것, ② 청소년의 신체기능에 영향을 미쳐 정상적인 신체발육에 장애를 초래할 수 있는 약물일 것, ③ 습관성, 중독성, 내성(耐性) 또는 금단증상 등을 유발함으로써 청소년의 정상적인 심신발달에 장애를 초래할 수 있는 약물일 것)에 따라 관계 기관의 의견을 들어 법 제36조에 따른 청소년보호위원회가 결정하고 여성가족부장관이 고시[3]한 것"의 약물(청소년유해약물)과 청소년에게 유해한 것으로 인정되는 "청소년유해물건은 청소년에게 음란한 행위를 조장하는 성기구 등 청소년의 사용을 제한하지 아니하면 청소년의 심신을 심각하게 손상시킬 우려가 있는 성 관련 물건으로서 대통령령으로 정하는 기준(① 청소년이 사용할 경우 성 관련 신체부위의 훼손 등 신체적 부작용을 초래할 우려가 있는 물건일 것, ② 청소년에게 인격 비하, 동물과의 성행위 등 반인륜적 성의식을 조장할 우려가 있는 물건일 것, ③ 청소년에게 음란성이나 비정상적인 성적 호기심을 유발할 우려가 있거나 지나치게 성적 자극에 빠지게 할 우려가 있는 물건일 것)에 따라 청소년보호위원

3) 초산에틸이 함유된 유기졸이나 겔상의 부는 풍선류 청소년유해약물 결정 고시[시행 2017. 10. 30.] [여성가족부고시 제2017-47호, 2017. 10. 30., 일부개정] 여성가족부(청소년보호환경과), 02-2100-6299
- ◉ 청소년유해약물 : 초산에틸이 함유된 유기졸이나 겔상의 부는 풍선류
- ◉ 결정일 : 2017년 10월 18일
- ◉ 효력발생일 : 이 고시는 고시한 날부터 시행한다.
- ◉ 결정기관 : 청소년보호위원회
- ◉ 결정사유 : 어린이용 장난감인 칼라풍선에는 환각·두통 등을 유발하는 초산에틸(Ethyl Acetate)이 약 14% 함유되어 있으며, 초산에틸은 무색의 휘발성액체로 인화성이 매우 높고 인간에게 두통·현기증·구토 등을 유발시키며 폐·간·심장 등에 유해한 영향을 미치기 때문에 청소년에 대한 유통을 금지하여 유해한 약물로부터 청소년을 보호하기 위함.
- ◉ 의무사항 및 벌칙 등
  - 「청소년 보호법」 제28조에 따라 누구든지 동 약물을 청소년을 대상으로 판매대여 배포하여서는 아니되며, 동 약물을 제조·수입하는 자는 지체 없이 동 약물의 용기 및 포장용지에 청소년에게 유해하다는 표시를 하여야 함.
  - 위 사항을 위반하는 경우 「청소년 보호법」에 규정된 벌칙과 과징금을 부과 받게 됨

회가 결정하고 여성가족부장관이 고시한 것[4]의 물건, 청소년에게 음란성·포악성·잔인성·사행성 등을 조장하는 완구류 등 청소년의 사용을 제한하지 아니하면 청소년의 심신을 심각하게 손상시킬 우려가 있는 물건으로서 대통령령으로 정하는 기준(① 물건의 형상·구조·기능 등이 청소년의 사용을 제한하지 아니하면 청소년의 생명·신체·재산에 해를 끼칠 우려가 있는 물건일 것, ② 물건의 형상·구조·기능 등이 청소년에게 포악성 또는 범죄의 충동을 일으킬 수 있는 것 또는 성적인 욕구를 지나치게 자극하는 선정적이거나 음란한 것으로서 청소년의 건전한 심신발달에 장애를 초래할 우려가 있는 물건일 것)에 따라 청소년보호위원회가 결정하고 여성가족부장관이 고시한 것의 물건, 청소년유해약물과 유사한 형태의 제품으로 청소년의 사용을 제한하지 아니하면 청소년의 청소년유해약물 이용습관을 심각하게 조장할 우려가 있는 물건으로서 대통령령으로 정하는 기준(① 해당 물건을 매개로 청소년유해약물을 이용할 우려가 있을 것, ② 청소년유해약물과 형상·구조·기능이 유사하여 해당 물건의 반복적 이용이 청소년유해약물의 이용으로 이어질 우려가 있을 것)에 따라 청소년보호위원회가 결정하고 여성가족부장관이 고시한 것의 물건(청소년유해물건)"을 말한다(법 제2조 제4호).

4) 청소년유해업소와 청소년고용금지업소

청소년유해업소란 청소년의 출입과 고용이 청소년에게 유해한 것으로 인정되는 청소년 출입·고용금지업소인 "「게임산업진흥에 관한 법률」에 따른 일반 게임 제공업 및 복합 유통게임제공업 중 대통령령으로 정하는 것(일반게임제공업, 복합유통게임제공법), 「사행행위 등 규제 및 처벌 특례법」에 따른 사행행위영업(복표발행업, 현상업, 회전판돌리기 등), 「식품위생법」에 따른 식품접객업 중 대통령령으로 정하는 것(단란주점영업 및 유흥주점영업), 「영화 및 비디오물의 진흥에 관한 법률」에 따른 비디오물감상실업 및 제한관

4) ◉ 청소년유해물건(성기구)목록:
1. 남성용 성기확대 기구류, -진공 남성 성기확대기(歡喜) 등, 2. 남성용 성기단련 기구류=-남성 성기착용 링제품(BIO SUPER RING) 등, -남성 성기착용 옥제품(黃玉) 등, -남성용 정력(건강)팬티(VIGOR-BIO BRIEF) 등, 3. 남성용 여성 성기자극 기구류=-요철식 특수콘돔(GAT-101) 등, -약물주입 콘돔(AMOR LONG LOVE) 등, -도깨비 콘돔(일명 愛) 등, -일명 「매직링」등. -여성 성기자극 밴드(Hercules) 등, 4. 남성용 자위행위 기구류=-모타부착식 여자 신체모형의 자위행위기구, -컵모형의 1회용 자위행위기구(Love ship) 등, -공기 및 물주입식 비닐팩 자위행위기구(PINKY PAK) 등, 5. 여성용 자위행위 기구류=-모타부착식 남성 성기모형 자위행위기구(PILOT BOAT) 등.

람가 비디오물소극장업, 「음악산업진흥에 관한 법률」에 따른 노래연습장업 중 대통령령으로 정하는 것(노래연습장업을 말한다. 다만, 청소년실을 갖춘 노래연습장업의 경우에는 청소년실에 한정하여 청소년의 출입을 허용한다), 「체육시설의 설치·이용에 관한 법률」에 따른 무도학원업 및 무도장업, 전기통신설비를 갖추고 불특정한 사람들 사이의 음성대화 또는 화상대화를 매개하는 것을 주된 목적으로 하는 영업(다만, 전기통신사업법 등 다른 법률에 따라 통신을 매개하는 영업은 제외한다), 불특정한 사람 사이의 신체적인 접촉 또는 은밀한 부분의 노출 등 성적 행위가 이루어지거나 이와 유사한 행위가 이루어질 우려가 있는 서비스를 제공하는 영업으로서 청소년보호위원회가 결정하고 여성가족부장관이 고시한 것, 청소년유해매체물 및 청소년유해약물 등을 제작·생산·유통하는 영업 등 청소년의 출입과 고용이 청소년에게 유해하다고 인정되는 영업으로서 대통령령으로 정하는 기준(① 영업의 형태나 목적이 주로 성인을 대상으로 한 술·노래·춤의 제공 등 유흥접객행위가 이루어지는 영업일 것, ② 주로 성인용의 매체물을 유통하는 영업일 것, ③ 청소년유해매체물·청소년유해약물등을 제작·생산·유통하는 영업 중 청소년의 출입·고용이 청소년의 심신발달에 장애를 초래할 우려가 있는 영업일 것)에 따라 청소년보호위원회가 결정하고 여성가족부장관이 고시한 것, 「한국마사회법」 제6조 제2항에 따른 장외발매소, 「경륜·경정법」 제9조 제2항에 따른 장외매장으로서의 업소"(청소년 출입·고용금지업소)와 청소년의 출입은 가능하나 고용이 청소년에게 유해한 것으로 인정되는 청소년고용금지업소인 "「게임산업진흥에 관한 법률」에 따른 청소년게임제공업 및 인터넷컴퓨터게임시설제공업, 공중위생관리법에 따른 숙박업, 목욕장업, 이용업 중 대통령령으로 정하는 것(안마실을 설치한 목욕장), 「식품위생법」에 따른 식품접객업 중 대통령령으로 정하는 것(티켓다방, 소주방, 호프집, 카페 등), 「영화 및 비디오물의 진흥에 관한 법률」에 따른 비디오물소극장업, 「유해화학물질 관리법」에 따른 유독물영업(다만, 유독물 사용과 직접 관련이 없는 영업으로서 대통령령으로 정하는 영업은 제외한다), 회비 등을 받거나 유료로 만화를 빌려 주는 만화대여업, 청소년유해매체물 및 청소년유해약물등을 제작·생산·유통하는 영업 등 청소년의 고용이 청소년에게 유해하다고 인정되는 영업으로서 대통령령으로 정하는 기준에 따라 청소년보호위원회가 결정하고 여성가족부장관이 고시한 것"의 업소(청소년고용금지업소)를 말한다. 이 경우 업소의 구분은 그 업소가 영업을 할 때 다른 법령에 따라 요구되는 허가

·인가·등록·신고 등의 여부와 관계없이 실제로 이루어지고 있는 영업행위를 기준으로 한다(법 제2조 제5호).

5) 인터넷게임 제공자의 고지 의무(법 제25조)

인터넷게임의 제공자는 16세 미만의 청소년 회원가입자의 친권자등에게 해당 청소년과 관련된 다음 각 호의 사항을 알려야 한다.

1. 제공되는 게임의 특성·등급(「게임산업진흥에 관한 법률」 제21조에 따른 게임물의 등급을 말한다)·유료화정책 등에 관한 기본적인 사항
2. 인터넷게임 이용 등에 따른 결제정보

6) 인터넷게임 이용자의 친권자등의 동의(법 제24조)

「게임산업진흥에 관한 법률」에 따른 게임물 중 「정보통신망 이용촉진 및 정보보호 등에 관한 법률」 제2조 제1항 제1호에 따른 정보통신망을 통하여 실시간으로 제공되는 게임물(인터넷게임)의 제공자(「전기통신사업법」 제22조에 따라 부가통신사업자로 신고한 자를 말하며, 같은 조 제1항 후단 및 제4항에 따라 신고한 것으로 보는 경우를 포함한다)는 회원으로 가입하려는 사람이 16세 미만의 청소년일 경우에는 친권자등의 동의를 받아야 한다. 친권자등의 동의에 필요한 사항은 「게임산업진흥에 관한 법률」에서 정하는 바에 따른다.

7) 인터넷게임 중독 등의 피해 청소년 지원(법 제27조)

여성가족부장관은 관계 중앙행정기관의 장과 협의하여 인터넷게임 중독(인터넷게임의 지나친 이용으로 인하여 인터넷게임 이용자가 일상생활에서 쉽게 회복할 수 없는 신체적·정신적·사회적 기능 손상을 입은 것을 말한다) 등 매체물의 오용·남용으로 신체적·정신적·사회적 피해를 입은 청소년에 대하여 예방·상담 및 치료와 재활 등의 서비스를 지원할 수 있다. 이에 따른 지원에 관하여 구체적인 사항은 대통령령으로 정하고 있다.

8) 청소년유해약물등의 판매 · 대여 등의 금지(법 제28조)

누구든지 청소년을 대상으로 청소년 유해약물 등을 판매·대여·배포(자동기계장치·무인판매장치·통신장치를 통하여 판매·대여·배포하는 경우를 포함한다)하거나 무상으로 제공하여서는 아니 된다. 다만, 교육·실험 또는 치료를 위한 경우로서 대통령령으로 정하는 경우는 예외로 한다.

누구든지 청소년의 의뢰를 받아 청소년 유해약물 등을 구입하여 청소년에게 제공하여서는 아니 되며, 누구든지 청소년에게 권유·유인·강요하여 청소년 유해약물 등을 구매하게 하여서는 아니 된다. 그리고 청소년 유해약물 등을 판매·대여·배포하고자 하는 자는 그 상대방의 나이 및 본인 여부를 확인하여야 한다.

여성가족부장관은 청소년 유해약물 등 목록표를 작성하여 청소년 유해약물 등과 관련이 있는 관계기관 등에 통보하여야 하고, 필요한 경우 약물 유통을 업으로 하는 개인·법인·단체에 통보할 수 있으며, 친권자등의 요청이 있는 경우 친권자등에게 통지할 수 있다.

청소년유해약물을 제조·수입한 자와 청소년유해물건을 제작·수입한 자는 청소년유해약물등에 대하여 청소년유해표시를 하여야 한다. 이에 따른 청소년유해약물등 목록표의 작성 방법, 통보 시기, 통보 대상, 그 밖에 필요한 사항은 여성가족부령으로 정하고 있다. 표시의 문구, 크기와 청소년유해표시의 종류와 시기·방법, 그 밖에 필요한 사항은 대통령령으로 정하고 있다.

<별표 7> 청소년유해약물등의 종류에 따른 청소년유해표시방법

1. 주류
   가. 표시문구
      1) 문구는 "19세 미만 판매 금지" 또는 "19세 미만 청소년에게 판매 금지"로 한다.
      2) 군납용으로서 "군인 외의 사람에게 판매 금지"의 문구를 표시한 경우에는 1)의 문구를 생략할 수 있다.
   나. 크기
      1) 문구는 아래 기준에 따라 사각형(테두리의 모서리 부분을 둥글게 처리한 사각형으로 한다) 안에 표시한다.

용량 기준	글자 크기	사각형 크기	전면 코팅용기 (캔류, 코팅 병 등)
300mℓ 이하	12포인트 이상	2㎠ 이상	같은 용량 기준보다 글자 크기는 2포인트 이상, 사각형 크기는 1㎠ 이상 각각 크게 한다.
300mℓ 초과 500mℓ 이하	14포인트 이상	3.5㎠ 이상	
500mℓ 초과 750mℓ 이하	16포인트 이상	5㎠ 이상	
750mℓ 초과 1ℓ 이하	18포인트 이상	6㎠ 이상	
1ℓ 초과	20포인트 이상	7.5㎠ 이상	

2) 글자체는 견고딕체를 사용한다.

다. 색상

1) 사각형 테두리 내 배경색은 상표 도안의 색상과 보색 관계에 있는 색상으로서 선명해야 한다.

2) 문구의 색상은 사각형 배경색과 보색 관계에 있는 색상으로서 선명해야 한다.

라. 위치 : 제25조 제1항에 따른 청소년유해표시 의무자(이하 이 표에서 "청소년유해표시 의무자"라 한다)가 자율적으로 정하는 곳

2. 주류 외의 청소년유해약물등

구분	표시문구	표시방법		
		크기	색상	위치
가. 담배	"19세 미만 청소년에게 판매를 금지한다"는 내용이 포함되어야 한다.	담뱃갑 뒷면 단면 면적의 1/5 이상 크기의 사각형 안에 기재	바탕색과 보색	담뱃갑 뒷면
나. 부탄가스	"이 제품은 흡입 시 심신장애 등 심각한 피해를 가져옵니다. 이 제품을 흡입한 사람은 관계 법령에 따라 처벌을 받으며, 특히 19세 미만의 청소년에게 판매한 경우에는 3년 이하의 징역 또는 2천만원 이하의 벌금형에 처해집니다."로 한다.	용기 면적의 1/20 이상 크기의 면적에 기재	바탕색과 보색	청소년유해표시 의무자가 자율적으로 정하는 곳
다. 부탄가스 외 환각물질(공업용은 제외한다)	"19세 미만 청소년에게 판매할 수 없습니다."로 한다.	업계 자율로 하되, 다른 의무기재사항이 있는 경우 그 크기 이상이어야 한다.	바탕색과 보색	청소년유해표시 의무자가 자율적으로 정하는 곳
라. 법 제2조 제4호 가목5)의 약물 및 같은 호 나목의 물건	"19세 미만 청소년에게 판매할 수 없습니다."로 한다.	상표 면적의 1/10 이상 크기의 면적에 기재	바탕색과 보색	청소년유해표시 의무자가 자율적으로 정하는 곳
	청소년유해약물 또는 청소년유해물건 중 해당 청소년유해약물이나 청소년유해물건의 특성상 표시문구나 표시방법을 달리 할 필요가 있는 경우에는 청소년보호위원회가 따로 정할 수 있다. 이 경우 그 내용은 여성가족부장관이 관보에 고시한다.			

출처: 청소년 보호법 시행령 제25조 제2항 [별표 7]

9) 청소년 고용 금지 및 출입 제한등(법 제29조)

청소년유해업소의 업주는 청소년을 고용하여서는 아니 된다. 청소년유해업소의 업주가 종업원을 고용하려면 미리 나이를 확인하여야 한다. 청소년 출입·고용금지업소의 업주와 종사자는 출입자의 나이를 확인하여 청소년이 그 업소에 출입하지 못하게 하여야 한다.

청소년고용금지업소(법 제2조 제5호 나목2)의 숙박업을 운영하는 업주는 종사자를 배치하거나 대통령령으로 정하는 설비 등을 갖추어 출입자의 나이를 확인하고 법 제30조 제8호(청소년을 남녀 혼숙하게 하는 등 풍기를 문란하게 하는 영업행위를 하거나 이를 목적으로 장소를 제공하는 행위)의 우려가 있는 경우에는 청소년의 출입을 제한하여야 한다.

청소년유해업소의 업주와 종사자는 나이 확인을 위하여 필요한 경우 주민등록증이나 그 밖에 나이를 확인할 수 있는 증표(주민등록증, 자동차운전면허증, 외국인등록증, 장애인등록증)의 제시를 요구할 수 있으며, 증표 제시를 요구받고도 정당한 사유 없이 증표를 제시하지 아니하는 사람에게는 그 업소의 출입을 제한할 수 있다. 청소년이 친권자등을 동반할 때에는 대통령령으로 정하는 바에 따라 출입하게 할 수 있다. 다만, 「식품위생법」에 따른 식품접객업 중 대통령령으로 정하는 업소(단란주점영업소 및 유흥주점영업소)의 경우에는 출입할 수 없다.

청소년유해업소의 업주와 종사자는 그 업소에 대통령령으로 정하는 바에 따라 청소년의 출입과 고용을 제한하는 내용을 표시하여야 한다. 이에 따라 청소년 출입·고용금지업소(청소년실을 갖춘 노래연습장업소를 제외한다)의 업주 및 종사자는 해당 업소의 출입구 중 가장 잘 보이는 곳에 「청소년 보호법 시행령」 별표 8에 따른 방법(19세 미만 출입·고용금지업소)으로 청소년의 출입·이용과 고용을 제한하는 내용의 표지를 부착하여야 한다.

10) 청소년유해행위의 금지(법 제30조)

누구든지 청소년에게 "① 영리를 목적으로 청소년으로 하여금 신체적인 접촉 또는 은밀한 부분의 노출 등 성적 접대행위를 하게 하거나 이러한 행위를 알선·매개하는 행위, ② 영리를 목적으로 청소년으로 하여금 손님과 함께 술을 마시거나 노래 또는 춤 등으로 손님의 유흥을 돋우는 접객행위를 하게 하거나 이러한 행위를 알선·매개하는 행위, ③ 영리나 흥행을 목적으로 청소년에게 음란한 행위를 하게 하는 행위, ④ 영리나 흥행을 목적으로 청소년의 장애나 기형 등의 모습을 일반인들에게 관람시키는 행위, ⑤ 청소년에게 구걸을 시키거나 청소년을 이용하여 구걸하는 행위, ⑥ 청소년을 학대하는 행위, ⑦ 영리를 목적으로 청소년으로 하여금 거리에서 손님을 유인하는 행위를 하게 하는 행위, ⑧ 청소년을 남녀 혼숙하게 하는 등 풍기를 문란하게 하는 영업행위를 하거나 이를 목적으로 장소를 제공하는 행위, ⑨ 주로 차 종류를 조리·판매하는 업소에서 청소년으로 하여금 영업장을 벗어나 차 종류를 배달하는 행위를 하게 하거나 이를 조장하거나 묵인하는 행위"를 하여서는 아니 된다.

11) 청소년 통행금지·제한구역의 지정등(법 제31조)

특별자치시장·특별자치도지사·시장·군수·구청장(구청장은 자치구의 구청장을 말하며, 이하 "시장·군수·구청장"이라 한다)은 청소년 보호를 위하여 필요하다고 인정할 경우 청소년의 정신적·신체적 건강을 해칠 우려가 있는 구역을 청소년 통행금지구역 또는 청소년 통행제한구역으로 지정하여야 한다. 시장·군수·구청장은 청소년 범죄 또는 탈선의 예방 등 특별한 이유가 있으면 대통령령으로 정하는 바에 따라 시간을 정하여 청소년 통행금지구역 또는 청소년 통행제한구역에 청소년이 통행하는 것을 금지하거나 제한할 수 있다. 이에 따른 청소년 통행금지구역 또는 통행제한구역의 구체적인 지정기준과 선도 및 단속 방법 등은 조례로 정하여야 한다. 이 경우 관할 경찰관서 및 학교 등 해당 지역의 관계 기관과 지역 주민의 의견을 반영하여야 한다. 시장·군수·구청장 및 관할 경찰서장은 청소년이 청소년 통행금지구역 또는 통행제한구역을 통행하려고 할 때에는 통행을 막을 수 있으며, 통행하고 있는 청소년은 해당 구역 밖으로 나가게 할 수 있다.

제7장 아동·청소년의 성보호에 관한 법률(약칭: 청소년성보호법)

1. 의의

「아동·청소년의 성보호에 관한 법률」은 아동과 청소년의 성범죄가 부각되면서 이를 예방하고 아동·청소년의 성을 착취하려는 유해한 환경을 강력하게 처벌하기 위하여 2000년 7월에 제정되었다.

이 법은 전부개정 이전에는 「청소년의 성보호에 관한 법률」이라는 명칭이었으나, 아동도 이 법에 따른 보호대상임을 명확히 하기 위해 개정을 통해 명칭을 변경하였다. 이 법은 아동·청소년대상 성범죄의 처벌과 절차에 관한 특례를 규정하고 피해아동·청소년을 위한 구제 및 지원절차를 마련하며 아동·청소년대상 성범죄자를 체계적으로 관리함으로써 아동·청소년을 성범죄로부터 보호하고 아동·청소년이 건강한 사회구성원으로 성장할 수 있도록 함을 목적으로 하고 있다(법 제1조).

이 법에서 사용하는 용어의 정의(법 제2조)는 다음과 같다.

1. "아동·청소년"이란 19세 미만의 자를 말한다. 다만, 19세에 도달하는 연도의 1월 1일을 맞이한 자는 제외한다.
2. "아동·청소년대상 성범죄"란 다음 각 목의 어느 하나에 해당하는 죄를 말한다.
   가. 제7조, 제7조의2, 제8조, 제8조의2, 제9조부터 제15조까지 및 제15조의2의 죄
   나. 아동·청소년에 대한 「성폭력범죄의 처벌 등에 관한 특례법」 제3조부터 제15조까지의 죄
   다. 아동·청소년에 대한 「형법」 제297조, 제297조의2 및 제298조부터 제301조까지, 제301조의2, 제302조, 제303조, 제305조, 제339조 및 제342조(제339조의 미수범에 한정한다)의 죄
   라. 아동·청소년에 대한 「아동복지법」 제17조 제2호의 죄

3. “아동·청소년대상 성폭력범죄”란 아동·청소년대상 성범죄에서 제11조부터 제15조까지 및 제15조의2의 죄를 제외한 죄를 말한다.

3의2. “성인대상 성범죄”란 「성폭력범죄의 처벌 등에 관한 특례법」 제2조에 따른 성폭력범죄를 말한다. 다만, 아동·청소년에 대한 「형법」 제302조 및 제305조의 죄는 제외한다.

4. “아동·청소년의 성을 사는 행위”란 아동·청소년, 아동·청소년의 성(性)을 사는 행위를 알선한 자 또는 아동·청소년을 실질적으로 보호·감독하는 자 등에게 금품이나 그 밖의 재산상 이익, 직무·편의제공 등 대가를 제공하거나 약속하고 다음 각 목의 어느 하나에 해당하는 행위를 아동·청소년을 대상으로 하거나 아동·청소년으로 하여금 하게 하는 것을 말한다.

가. 성교 행위

나. 구강·항문 등 신체의 일부나 도구를 이용한 유사 성교 행위

다. 신체의 전부 또는 일부를 접촉·노출하는 행위로서 일반인의 성적 수치심이나 혐오감을 일으키는 행위

라. 자위 행위

5. “아동·청소년성착취물”이란 아동·청소년 또는 아동·청소년으로 명백하게 인식될 수 있는 사람이나 표현물이 등장하여 제4호 각 목의 어느 하나에 해당하는 행위를 하거나 그 밖의 성적 행위를 하는 내용을 표현하는 것으로서 필름·비디오물·게임물 또는 컴퓨터나 그 밖의 통신매체를 통한 화상·영상 등의 형태로 된 것을 말한다.

6. “피해아동·청소년”이란 제2호 나목부터 라목까지, 제7조, 제7조의2, 제8조, 제8조의2, 제9조부터 제15조까지 및 제15조의2의 죄의 피해자가 된 아동·청소년(제13조제1항의 죄의 상대방이 된 아동·청소년을 포함한다)을 말한다.

6의2. “성매매 피해아동·청소년”이란 피해아동·청소년 중 제13조 제1항의 죄의 상대방 또는 제13조 제2항·제14조·제15조의 죄의 피해자가 된 아동·청소년을 말한다.

7. “등록정보”란 법무부장관이 「성폭력범죄의 처벌 등에 관한 특례법」 제42조 제1항의 등록대상자에 대하여 같은 법 제44조 제1항에 따라 등록한 정보를 말한다.

2. 입법 배경 및 연혁

「청소년의 성보호에 관한 법률」에서 「아동·청소년의 성보호에 관한 법률」로 개정하여 아동도 이 법에 따른 보호 대상임을 명확히 하고, 아동·청소년을 대상으로 한 유사 성교 행위 및 성매수 유인행위 처벌 규정을 신설하며, 성범죄 피해자 및 보호자에 대한 합의 강요 행위를 처벌하는 규정을 신설하도록 하여 아동·청소년의 성보호를 더욱 강화하는 한편, 아동·청소년 성범죄자는 재범가능성 및 범죄의 경중 등을 고려하여

정보통신망을 통하여 신상정보를 공개하도록 함으로써 아동·청소년 성범죄에 대한 경각심을 제고하고, 양벌규정을 보완하며, 의무의 실효성 확보를 위한 과태료를 신설하는 등 제도 전반의 미비점을 개선하고 보완하여 2009년 6월 9일 전부개정(법률 제9765호, 시행 2010. 1. 1.)하였다.

「아동·청소년의 성보호에 관한 법률」의 주요 연혁은 다음과 같다.

제·개정 (시행) 일자	제·개정 이유/내용
2000. 2. 3. (2000. 7. 1.) 제정	「청소년의 성보호에 관한 법률」 제정
	청소년의 성을 사는 행위, 성매매를 조장하는 온갖 형태의 중간매개행위 및 청소년에 대한 성폭력행위를 하는 자들을 강력하게 처벌하고, 성매매와 성폭력행위의 대상이 된 청소년을 보호·구제하는 장치를 마련함으로써 청소년의 인권을 보장하고 건전한 사회 구성원으로 복귀할 수 있도록 하는 한편, 청소년을 대상으로 하는 성매매 및 성폭력 행위자의 신상을 공개함으로써 범죄예방효과를 극대화하고자 제정함
2005. 12. 29. (2006. 6. 30.)	용어 변경
	• "청소년에 대한 성폭력행위 등으로부터"를 "청소년에 대한 성폭력행위 등 성적 착취·학대 행위로부터"로 변경 • "청소년을 대상으로 하거나 청소년으로 하여금 이를 하게 하는 것"에 '신체의 전부 또는 일부를 접촉·노출하는 행위로서 일반인의 성적 수치심이나 혐오감을 일으키는 행위'와 '자위행위'를 추가 • '가해 청소년의 처리' 신설 • "善導保護"를 "보호·자립지원"으로 변경 • 청소년에 대한 성범죄자의 정보 등록 결정, 신상정보의 등록 및 관리 등의 신설
2007. 8. 3. (2008. 2. 4.) 전부개정	청소년 대상 성범죄의 처벌을 강화하여 재범 발생을 억제하고 피해 청소년에 대한 보호지원
	• 지상파 방송업자의 홍보영상 송출 • 청소년 대상 성범죄에 대한 친고죄를 반의사불벌죄로 변경 • 성범죄자 등록·열람 등의 대상을 확대 • 청소년 대상 성범죄자에 대한 취업제한 확대 • 가해자가 친권자인 경우 격리 및 보호결정을 하게 함
2009. 6. 9. (2010. 1. 1.) 전부개정	「청소년의 성보호에 관한 법률」에서 「아동·청소년의 성보호에 관한 법률」로 개정하고 아동·청소년의 성보호를 더욱 강화
	• 아동·청소년을 대상으로 한 유사 성교 행위 및 성매수 유인행위 처벌 규정을 신설 • 성범죄 피해자 및 보호자에 대한 합의 강요행위를 처벌하는 규정 신설 • 아동·청소년 성범죄자는 재범가능성 및 범죄의 경중 등을 고려하여 정보통신망을 통하여 신상정보를 공개하도록 함 • 양벌규정 보완 • 의무의 실효성 확보를 위한 과태료 신설

제·개정 (시행) 일자	제·개정 이유/내용
2010. 4. 15. (2010. 4. 15.)	감경조항 폐지 및 취업제한 성범죄자 범위 확대 • 성범죄 의지를 강화할 수 있는 음주나 약물상태에서의 성폭력범죄에 대해 「형법」상의 감경조항을 적용하지 않을 수 있도록 함 • 성범죄자의 신상정보를 지역주민에게 우편으로 고지 • 진술녹화제도와 증거보전의 특례, 신뢰관계 있는 자의 동석제도를 도입 • 아동·청소년 관련 교육기관에 취업을 제한할 수 있는 성범죄 및 성범죄자의 범위를 확대
2010. 7. 23. (2010. 8. 24.)	신상정보 공개 확대 • 법 개정 이전에 유죄판결과 열람명령을 받은 성범죄자 등에 대해서도 정보통신망을 이용하여 신상정보를 공개할 수 있도록 함
2011. 9. 15. (2012. 3. 16.)	아동·청소년을 대상으로 한 성범죄 등에 대한 처벌 강화 • 아동·청소년의 성적 행위를 표현한 아동·청소년이용음란물의 범위 확대 • 온라인서비스제공자에 의하여 제공되는 정보통신망을 이용한 불법 음란물의 유통을 방치한 온라인서비스제공자 처벌 • 장애인인 아동·청소년에 대한 간음 등에 대한 처벌 강화 • 성범죄 피해아동·청소년 등에 대한 변호인 선임의 특례 신설 • 성매매범죄를 신고한 자에게 포상금 지급 • 형의 집행종료 후 보호관찰제도 도입
2012. 2. 1. (2012. 8. 2.)	성범죄자에 대한 처벌 및 제재 강화 • '아동·청소년대상 성범죄'의 범위를 확대하고, 13세 미만의 여자 및 신체적인 또는 정신적인 장애가 있는 여자에 대하여 강간·준강간의 죄를 범한 경우에는 공소시효의 적용을 배제 • 반의사불벌죄로 규정하고 있던 '업무상 위력 등에 의한 추행'의 죄를 비친고죄화 • 아동·청소년 대상 성범죄자 취업제한 대상에 가정을 직접 방문하여 아동·청소년에게 교육서비스를 제공하는 업무를 추가 • 취업제한 대상 기관에 의료기관을 추가
2012. 12. 18. (2013. 6. 19.) 전부개정	신상정보 고지 제도와 성범죄자의 취업제한 기관 확대 • 공중 밀집 장소에서의 추행, 통신매체를 이용한 음란행위 등 반의사불벌죄로 규정되어 있던 조항 삭제 • 아동·청소년이용음란물의 범위와 소지 개념을 명확히 함 • 음주 또는 약물로 인한 감경 배제 규정의 적용 대상을 확대 • 신상정보의 등록 및 공개 관련 소관 부처의 중복 문제를 해소하기 위하여 등록에 관한 사항은 법무부장관이 집행하도록 함 • 신상정보의 공개를 현재 읍·면·동까지만 공개하던 것을 도로명 및 건물번호까지로 확대하고 경계를 같이 하는 읍·면·동 게시판에도 신상정보를 공지하도록 함

제·개정 (시행) 일자	제·개정 이유/내용
2016. 5. 29. (2016. 11.30.)	아동·청소년을 성범죄로부터 보호 강화 • 성범죄자 재범방지교육의 효과성 평가를 위하여 교육 이수자에 대한 재범률 조사를 실시할 수 있도록 근거 마련 • 성범죄자 신상정보 공개 기간을 계산함에 있어 다른 범죄로 교정 시설에 수용된 기간을 제외함 • 성범죄자 취업제한 대상기관에 위탁 교육기관을 추가하여 사각지대 해소 • 가정방문 학습 교사 사업장을 아동·청소년 관련 기관 등에 포함하여 성범죄 경력조회 절차 간소화 • 아동·청소년 관련기관 등을 운영하려는 자에 대한 지자체 장의 성범죄 경력조회 요청을 의무화 • 아동·청소년 관련 기관 취업자 등의 본인 성범죄 경력조회 근거 마련 • 취업제한 점검·확인 횟수를 연 1회로 규정
2018. 1. 16. (2018. 7. 17.)	고지정보의 정정과 취업제한 관련기관 확대 • 성범죄자의 잘못 고지된 정보에 대해 정정을 청구할 수 있는 법적 근거 마련 • 법원은 성범죄로 형 또는 치료감호를 선고하면서 이와 동시에 아동·청소년 관련기관 등에의 취업제한 명령을 선고하도록 하되 그 기간을 죄의 경중 및 재범 위험성을 고려하여 차등하도록 함 • 아동·청소년대상 성범죄의 신고의무자 및 취업제한기관에 「고등교육법」에 따른 학교, 시·도교육청 또는 교육지원청이 직접 설치·운영하거나 위탁하여 운영하는 시설 등을 포함함으로써 이들 기관에서 발생할 수 있는 아동·청소년대상 성범죄를 억제하고 고등교육기관에 성범죄자의 취업 제한
2019. 11. 26. (2020. 5. 27.)	신고의무 대상자와 확대 • 아동·청소년대상 성범죄 발생 사실의 신고의무 대상자를 체육단체의 장과 그 종사자로 확대 • 성범죄자의 취업 제한 대상 시설 등에 아동·청소년과의 접촉이 많은 국제학교 등을 추가
2020. 6. 2. (2020. 6. 2.)	용어 변경 및 처벌 강화 • '아동·청소년이용음란물'을 '아동·청소년성착취물'이라는 용어로 변경 • 아동·청소년성착취물 관련 범죄에 대한 처벌을 강화 • 아동·청소년성착취물 관련 범죄를 저지른 사람을 수사기관에 아동·청소년성착취물 관련 범죄를 저지른 사람을 수사기관에 신고한 사람에 대하여 포상금 지급 근거 마련
2020. 5. 19. (2020. 11. 20.)	성매매 피해아동·청소년 보호 • '대상아동·청소년'을 삭제하고 '피해아동·청소년'에 '성매매 피해아동·청소년'을 포함하도록 하고 이들에 대한 보호처분을 폐지 • 장애 아동·청소년을 대상으로 성범죄를 범한 경우 그 죄에 정한 형의 2분의 1까지 가중처벌

제·개정 (시행) 일자	제·개정 이유/내용
	• 미성년자에 대한 간음·추행의 죄에 대하여 공소시효 배제 • 검사 또는 사법경찰관은 성매매 피해아동·청소년을 발견한 경우 신속하게 사건을 수사하고 교육·상담 및 지원 프로그램 참여 등 조치 • 성매매 피해아동·청소년 지원센터 설치·운영 • 등록정보의 공개 및 고지 대상을 아동·청소년대상 성범죄를 저지른 자로 확대
2020. 12. 8. (2020. 12. 8.)	아동·청소년대상 성범죄자의 범죄 예방과 피해아동·청소년에 대한 보호 강화
	• 16세 미만의 아동·청소년을 대상으로 성을 사는 행위 등을 한 경우 가중처벌 • 여성가족부장관이 아동·청소년성착취물 관련 범죄 실태조사를 하도록 함 • 구법상 등록대상자 및 열람대상자의 공개정보의 유형 및 범위 확대 • 13세 미만 혹은 신체적·정신적 장애로 의사소통이나 의사표현에 어려움이 있는 피해아동·청소년에게 진술조력인의 조력 • 피해아동·청소년에 대한 가해자 및 그 대리인의 접근금지 범위에 유치원을 추가 • 아동·청소년대상 성범죄 발생 사실 신고의무기관의 유형 확대

3. 주요 내용

「아동·청소년의 성 보호에 관한 법률」의 전반적인 구조와 주요 내용을 정리하면 다음과 같다.

제1장 총칙	제1조(목적) 제2조(정의) 제3조(해석상·적용상의 주의) 제4조(국가와 지방자치단체의 의무) 제5조(사회의 책임) 제6조(홍보영상의 제작·배포·송출)
제2장 아동·청소년대상 성범죄의 처벌과 절차에 관한 특례	제7조(아동·청소년에 대한 강간·강제추행 등) 제7조의2(예비, 음모) 제8조(장애인인 아동·청소년에 대한 간음 등) 제8조의2(13세 이상 16세 미만 아동·청소년에 대한 간음 등) 제9조(강간 등 상해·치상) 제10조(강간 등 살인·치사) 제11조(아동·청소년성착취물의 제작·배포 등) 제12조(아동·청소년 매매행위)

	제13조(아동·청소년의 성을 사는 행위 등) 제14조(아동·청소년에 대한 강요행위 등) 제15조(알선영업행위 등) 제16조(피해자 등에 대한 강요행위) 제17조 삭제 〈2020. 6. 9.〉 제18조(신고의무자의 성범죄에 대한 가중처벌) 제19조(「형법」상 감경규정에 관한 특례) 제20조(공소시효에 관한 특례) 제21조(형벌과 수강명령 등의 병과) 제21조의2(재범여부 조사) 제22조(판결 전 조사) 제23조(친권상실청구 등) 제24조(피해아동·청소년의 보호조치 결정) 제25조(수사 및 재판 절차에서의 배려) 제26조(영상물의 촬영·보존 등) 제27조(증거보전의 특례) 제28조(신뢰관계에 있는 사람의 동석) 제29조(서류·증거물의 열람·등사) 제30조(피해아동·청소년 등에 대한 변호사선임의 특례) 제31조(비밀누설 금지) 제32조(양벌규정) 제33조(내국인의 국외범 처벌)
제3장 아동·청소년대상 성범죄의 신고·응급조치와 피해아동·청소년의 보호·지원	제34조(아동·청소년대상 성범죄의 신고) 제35조(신고의무자에 대한 교육) 제36조(피해아동·청소년의 보호) 제37조(피해아동·청소년 등의 상담 및 치료) 제38조(성매매 피해아동·청소년에 대한 조치 등) 제39조 삭제 〈2020. 5. 19.〉 제40조 삭제 〈2020. 5. 19.〉 제41조(피해아동·청소년 등을 위한 조치의 청구) 제42조(피해아동·청소년 등에 대한 보호처분의 판결 등) 제43조(피해아동·청소년 등에 대한 보호처분의 변경과 종결) 제44조(가해아동·청소년의 처리) 제45조(보호시설) 제46조(상담시설) 제47조(아동·청소년대상 성교육 전문기관의 설치·운영) 제47조의2(성매매 피해아동·청소년 지원센터의 설치) 제48조 삭제 〈2020. 5. 19.〉
제4장 성범죄로 유죄판결이 확정된 자의 신상정보 공개와 취업제한 등	제49조(등록정보의 공개) 제50조(등록정보의 고지) 제51조(고지명령의 집행)

	제51조의2(고지정보의 정정 등) 제52조(공개명령의 집행) 제53조(계도 및 범죄정보의 공표) 제53조의2(아동·청소년성착취물 관련 범죄 실태조사) 제54조(비밀준수) 제55조(공개정보의 악용금지) 제56조(아동·청소년 관련기관등에의 취업제한 등) 제57조(성범죄의 경력자 점검·확인) 제58조(취업자의 해임요구 등) 제59조(포상금) 제60조(권한의 위임)
제5장 보호관찰	제61조(보호관찰) 제62조(보호관찰 대상자의 보호관찰 기간 연장 등) 제63조(보호관찰 대상자의 신고 의무) 제64조(보호관찰의 종료)
제6장 벌칙	제65조(벌칙) 제66조(벌칙) 제67조(과태료)

1) 국가와 지방자치단체의 의무 및 사회의 책임

국가와 지방자치단체는 아동·청소년대상 성범죄를 예방하고, 아동·청소년을 성적 착취와 학대 행위로부터 보호하기 위하여 필요한 조사·연구·교육 및 계도와 더불어 법적·제도적 장치를 마련하며 필요한 재원을 조달하여야 하며, 국가는 아동·청소년에 대한 성적 착취와 학대 행위가 국제적 범죄임을 인식하고 범죄 정보의 공유, 범죄 조사·연구, 국제사법 공조, 범죄인 인도 등 국제협력을 강화하는 노력을 하여야 한다(법 제4조). 또한 모든 국민은 아동·청소년이 이 법에서 정한 범죄의 상대방이나 피해자가 되거나 이 법에서 정한 범죄를 저지르지 아니하도록 사회 환경을 정비하고 아동·청소년을 보호·선도·교육하는 데에 최선을 다하여야 한다(법 제5조).

2) 아동·청소년대상 성범죄의 신고(법 제34조)

누구든지 아동·청소년대상 성범죄의 발생 사실을 알게 된 때에는 수사기관에 신고할 수 있다. "① 「유아교육법」 제2조 제2호의 유치원, ② 「초·중등교육법」 제2조의 학교, 같은 법 제28조와 같은 법 시행령 제54조에 따른 위탁 교육기관 및 「고등교육법」 제2조의 학교, 2의2. 특별시·광역시·특별자치시·도·특별자치도 교육청 또는 「지방교육자치에 관한 법률」 제34조에 따른 교육지원청이 「초·중등교육법」 제28조에 따라 직접 설치·운영하거나 위탁하여 운영하는 학생상담지원시설 또는 위탁 교육시설, 2의3. 제주특별자치도 설치 및 「국제자유도시 조성을 위한 특별법」 제223조에 따라 설립된 국제학교, ③ 「의료법」 제3조의 의료기관, ④ 「아동복지법」 제3조 제10호의 아동복지시설 및 같은 법 제37조에 따른 통합서비스 수행기관, ⑤ 「장애인복지법」 제58조의 장애인복지시설, ⑥ 「영유아보육법」 제2조 제3호의 어린이집, ⑦ 「학원의 설립·운영 및 과외교습에 관한 법률」 제2조 제1호의 학원 및 같은 조 제2호의 교습소, ⑧ 「성매매방지 및 피해자보호 등에 관한 법률」 제9조의 성매매피해자등을 위한 지원시설 및 같은 법 제17조의 성매매피해상담소, ⑨ 「한부모가족지원법」 제19조에 따른 한부모가족복지시설, ⑩ 「가정폭력방지 및 피해자보호 등에 관한 법률」 제5조의 가정폭력 관련 상담소 및 같은 법 제7조의 가정폭력피해자 보호시설, ⑪ 「성폭력방지 및 피해자보호 등에 관한 법률」 제10조의 성폭력피해상담소 및 같은 법 제12조의 성폭력피해자보호시설, ⑫ 「청소년활동 진흥법」 제2조제2호의 청소년활동시설, ⑬ 「청소년복지 지원법」 제29조 제1항에 따른 청소년상담복지센터 및 같은 법 제31조 제1호에 따른 청소년쉼터, 13의2. 「학교 밖 청소년 지원에 관한 법률」 제12조에 따른 학교 밖 청소년 지원센터, ⑭ 「청소년 보호법」 제35조의 청소년보호·재활센터, ⑮ 「국민체육진흥법」 제2조 제9호 가목 및 나목의 체육단체, ⑯ 「대중문화예술산업발전법」 제2조 제7호에 따른 대중문화예술기획업자가 같은 조 제6호에 따른 대중문화예술기획업 중 같은 조 제3호에 따른 대중문화예술인에 대한 훈련·지도·상담 등을 하는 영업장(이하 "대중문화예술기획업소"라 한다)"에 해당하는 기관·시설 또는 단체의 장과 그 종사자는 직무상 아동·청소년대상 성범죄의 발생 사실을 알게 된 때에는 즉시 수사기관에 신고하여야 한다.

다른 법률에 규정이 있는 경우를 제외하고는 누구든지 신고자 등의 인적사항이나 사진 등 그 신원을 알 수 있는 정보나 자료를 출판물에 게재하거나 방송 또는 정보통신망을 통하여 공개하여서는 아니 된다.

3) 피해아동·청소년 등의 상담 및 치료(법 제37조)

국가는 피해아동·청소년 등의 신체적·정신적 회복을 위하여 법 제46조의 상담시설 또는 「성폭력방지 및 피해자보호 등에 관한 법률」 제27조의 성폭력 전담의료기관으로 하여금 "① 피해아동·청소년, ② 피해아동·청소년의 보호자 및 형제·자매, ③ 그 밖에 대통령령으로 정하는 사람(피해아동·청소년과 같은 시설에서 보호받고 있는 아동·청소년, 피해아동·청소년과 같은 학교에 다니는 아동·청소년으로서 정신적 피해가 우려되는 사람, 법 제37조 제1항 제2호에 따른 사람 외에 피해아동·청소년과 함께 거주하는 가족으로서 상담 및 치료를 필요로 하는 사람)"에게 상담이나 치료프로그램(상담·치료프로그램)을 제공하도록 요청할 수 있다. 이에 따라 상담·치료프로그램 제공을 요청받은 기관은 정당한 이유 없이 그 요청을 거부할 수 없다.

4) 등록정보의 공개(법 제49조)

법원은 "① 아동·청소년대상 성범죄를 저지른 자, ② 성폭력범죄의 처벌 등에 관한 특례법 제2조 제1항 제3호·제4호, 같은 조 제2항(제1항 제3호·제4호에 한정한다), 제3조부터 제15조까지의 범죄를 저지른 자, ③ 제1호 또는 제2호의 죄를 범하였으나 「형법」 제10조 제1항에 따라 처벌할 수 없는 자로서 제1호 또는 제2호의 죄를 다시 범할 위험성이 있다고 인정되는 자"에 대하여 판결로 공개정보를 「성폭력범죄의 처벌 등에 관한 특례법」 제45조 제1항의 등록기간 동안 정보통신망을 이용하여 공개하도록 하는 명령(공개명령)을 등록대상 사건의 판결과 동시에 선고하여야 한다. 다만, 피고인이 아동·청소년인 경우, 그 밖에 신상정보를 공개하여서는 아니 될 특별한 사정이 있다고 판단하는 경우에는 그러하지 아니하다. 이에 따른 등록정보의 공개기간(「형의 실효 등에 관한 법률」 제7조에 따른 기간을 초과하지 못한다)은 판결이 확정된 때부터 기산한다.

"① 공개명령을 받은 자(공개대상자)가 신상정보 공개의 원인이 된 성범죄로 교정시설 또는 치료감호시설에 수용된 기간. 이 경우 신상정보 공개의 원인이 된 성범죄와 다른 범죄가 「형법」 제37조(판결이 확정되지 아니한 수개의 죄를 경합범으로 하는 경우로 한정한다)에 따라 경합되어 같은 법 제38조에 따라 형이 선고된 경우에는 그 선고형 전부를 신상정보 공개의 원인이 된 성범죄로 인한 선고형으로 본다. ② 제1호에 따른 기간 이전의 기간으로서 제1호에 따른 기간과 이어져 공개대상자가 다른 범죄로 교정시설 또는 치료감호시설에 수용된 기간, ③ 제1호에 따른 기간 이후의 기간으로서 제1호에 따른 기간과 이어져 공개대상자가 다른 범죄로 교정시설 또는 치료감호시설에 수용된 기간"은 공개기간에 넣어 계산하지 아니한다. 이에 따라 공개하도록 제공되는 등록정보(공개정보)는 "① 성명, ② 나이, ③ 주소 및 실제거주지(「도로명주소법」 제2조 제3호에 따른 도로명 및 같은 조 제5호에 따른 건물번호까지로 한다), ④ 신체정보(키와 몸무게), ⑤ 사진, ⑥ 등록대상 성범죄 요지(판결일자, 죄명, 선고형량을 포함한다), ⑦ 성폭력범죄 전과사실(죄명 및 횟수), ⑧ 「전자장치 부착 등에 관한 법률」에 따른 전자장치 부착 여부 등이다. 공개정보의 구체적인 형태와 내용에 관하여는 대통령령으로 정하고 있다.

또 공개정보를 정보통신망을 이용하여 열람하고자 하는 자는 실명인증 절차를 거쳐야 한다. 실명인증, 공개정보 유출 방지를 위한 기술 및 관리에 관한 구체적인 방법과 절차는 대통령령으로 정하고 있다.

5) 공개명령의 집행(법 제52조)

공개명령은 여성가족부장관이 정보통신망을 이용하여 집행한다. 법원은 공개명령의 판결이 확정되면 판결문 등본을 판결이 확정된 날부터 14일 이내에 법무부장관에게 송달하여야 하며, 법무부장관은 법 제49조 제2항에 따른 공개기간 동안 공개명령이 집행될 수 있도록 최초등록 및 변경등록 시 공개대상자, 공개기간 및 같은 조 제4항에 따른 각 호에 규정된 공개정보를 지체 없이 여성가족부장관에게 송부하여야 한다. 공개명령의 집행·공개절차·관리 등에 관한 세부사항은 대통령령으로 정하고 있다.

6) 아동 · 청소년 관련 기관등에의 취업제한 등(법 제56조)

법원은 아동·청소년대상 성범죄 또는 성인대상 성범죄(성범죄)로 형 또는 치료감호를 선고하는 경우에는 판결(약식명령을 포함한다)로 그 형 또는 치료감호의 전부 또는 일부의 집행을 종료하거나 집행이 유예·면제된 날(벌금형을 선고받은 경우에는 그 형이 확정된 날)부터 일정기간(취업제한 기간) 동안(10년) 다음의 시설·기관 또는 사업장(아동·청소년 관련기관 등)을 운영하거나 아동·청소년 관련기관 등에 취업 또는 사실상 노무를 제공할 수 없도록 하는 명령(취업제한 명령)을 성범죄 사건의 판결과 동시에 선고(약식명령의 경우에는 고지)하여야 한다. 다만, 재범의 위험성이 현저히 낮은 경우, 그 밖에 취업을 제한하여서는 아니 되는 특별한 사정이 있다고 판단하는 경우에는 그러하지 아니한다.

- 「유아교육법」 제2조 제2호의 유치원
- 「초·중등교육법」 제2조의 학교, 같은 법 제28조와 같은 법 시행령 제54조에 따른 위탁 교육기관 및 「고등교육법」 제2조의 학교
- 특별시·광역시·특별자치시·도·특별자치도 교육청 또는 「지방교육자치에 관한 법률」 제34조에 따른 교육지원청이 「초·중등교육법」 제28조에 따라 직접 설치·운영하거나 위탁하여 운영하는 학생상담지원시설 또는 위탁 교육시설
- 제주특별자치도 설치 및 「국제자유도시 조성을 위한 특별법」 제223조에 따라 설립된 국제학교
- 「학원의 설립·운영 및 과외교습에 관한 법률」 제2조 제1호의 학원, 같은 조 제2호의 교습소 및 같은 조 제3호의 개인과외교습자(아동·청소년의 이용이 제한되지 아니하는 학원·교습소로서 교육부장관이 지정하는 학원·교습소 및 아동·청소년을 대상으로 하는 개인과외교습자를 말한다)
- 「청소년 보호법」 제35조의 청소년 보호·재활센터
- 「청소년활동 진흥법」 제2조 제2호의 청소년활동시설
- 「청소년복지 지원법」 제29조 제1항에 따른 청소년상담복지센터 및 같은 법 제31조제1호에 따른 청소년쉼터
- 「학교 밖 청소년 지원에 관한 법률」 제12조의 학교 밖 청소년 지원센터
- 「영유아보육법」 제2조 제3호의 어린이집
- 「아동복지법」 제3조 제10호의 아동복지시설 및 같은 법 제37조에 따른 통합서비스 수행기관
- 「성매매방지 및 피해자보호 등에 관한 법률」 제9조 제1항 제2호의 청소년 지원시설과 같은 법 제17조의 성매매피해상담소
- 「주택법」 제2조 제3호의 공동주택의 관리사무소. 이 경우 경비업무에 직접 종사하는 사람에 한정한다.
- 「체육시설의 설치·이용에 관한 법률」 제3조에 따라 설립된 체육시설 중 아동·청소년의 이용이 제한되지 아니하는 체육시설로서 문화체육관광부장관이 지정하는 체육시설
- 「의료법」 제3조의 의료기관. 이 경우 「의료법」 제2조에 따른 의료인에 한정한다.

- 「게임산업진흥에 관한 법률」에 따른 다음의 영업을 하는 사업장
  - 「게임산업진흥에 관한 법률」 제2조 제7호의 인터넷컴퓨터게임시설제공업
  - 「게임산업진흥에 관한 법률」 제2조 제8호의 복합유통게임제공업
- 「경비업법」 제2조 제1호의 경비업을 행하는 법인. 이 경우 경비업무에 직접 종사하는 사람에 한정한다.
- 영리의 목적으로 「청소년 기본법」 제3조 제3호의 청소년활동의 기획·주관·운영을 하는 사업장(이하 "청소년활동기획업소"라 한다)
- 대중문화예술기획업소
- 아동·청소년의 고용 또는 출입이 허용되는 다음의 어느 하나에 해당하는 기관·시설 또는 사업장(이하 이 호에서 "시설등"이라 한다)으로서 대통령령으로 정하는 유형의 시설등
  - 아동·청소년과 해당 시설등의 운영자·근로자 또는 사실상 노무 제공자 사이에 업무상 또는 사실상 위력 관계가 존재하거나 존재할 개연성이 있는 시설등
  - 아동·청소년이 선호하거나 자주 출입하는 시설등으로서 해당 시설등의 운영 과정에서 운영자·근로자 또는 사실상 노무 제공자에 의한 아동·청소년대상 성범죄의 발생이 우려되는 시설등
- 가정을 방문하거나 아동·청소년이 찾아오는 방식 등으로 아동·청소년에게 직접교육서비스를 제공하는 사람을 모집하거나 채용하는 사업장(이하 "가정방문 등 학습교사 사업장"이라 한다). 이 경우 아동·청소년에게 직접교육서비스를 제공하는 업무에 종사하는 사람에 한정한다.
- 「애인 등에 대한 특수교육법」 제11조의 특수교육지원센터 및 같은 법 제28조에 따라 특수교육 관련서비스를 제공하는 기관·단체
- 「지방자치법」 제161조에 따른 공공시설 중 아동·청소년이 이용하는 시설로서 행정안전부장관이 지정하는 공공시설
- 「지방교육자치에 관한 법률」 제32조에 따른 교육기관 중 아동·청소년을 대상으로 하는 교육기관
- 「린이 식생활안전관리 특별법」 제21조 제1항의 어린이급식관리지원센터

이에 따른 취업제한 기간은 10년을 초과하지 못한다. 법원은 취업제한 명령을 선고하려는 경우에는 정신건강의학과 의사, 심리학자, 사회복지학자, 그 밖의 관련 전문가로부터 취업제한 명령 대상자의 재범 위험성 등에 관한 의견을 들을 수 있다.

아동·청소년 관련기관등의 설치 또는 설립 인가·신고를 관할하는 지방자치단체의 장, 교육감 또는 교육장은 아동·청소년 관련기관등을 운영하려는 자에 대한 성범죄 경력 조회를 관계 기관의 장에게 요청하여야 한다. 다만, 아동·청소년 관련기관등을 운영하려는 자가 성범죄 경력 조회 회신서를 지방자치단체의 장, 교육감 또는 교육장에게 직접 제출한 경우에는 성범죄 경력 조회를 한 것으로 본다. 아동·청소년 관련기관등의 장은 그 기관에 취업 중이거나 사실상 노무를 제공 중인 자 또는 취업하려 하거나 사실상 노무를 제공하려는 자(취업자 등)에 대하여 성범죄의 경력을 확인하여야 하

며, 이 경우 본인의 동의를 받아 관계 기관의 장에게 성범죄의 경력 조회를 요청하여야 한다. 다만, 취업자등이 성범죄 경력 조회 회신서를 아동·청소년 관련기관등의 장에게 직접 제출한 경우에는 성범죄 경력 조회를 한 것으로 본다. 이에 따라 성범죄 경력 조회 요청을 받은 관계 기관의 장은 성범죄 경력 조회 회신서를 발급하여야 한다.

어린이급식관리지원센터의 장이 취업 중인 자에 대하여 성범죄 경력 조회를 한 경우, 그 취업 중인 자가 직무를 집행함에 있어서 다른 아동·청소년 관련기관등에 사실상 노무를 제공하는 경우에는 다른 아동·청소년 관련기관등의 장이 성범죄 경력 조회를 한 것으로 본다. 이에 따른 성범죄경력 조회의 요청 절차·범위 등에 관하여 필요한 사항은 대통령령으로 정하고 있다.

7) 성범죄의 경력자 취업 점검·확인(법 제57조)

여성가족부장관 또는 관계 중앙행정기관의 장은 "① 교육부장관: 제56조 제1항 제2호의 기관 중 「고등교육법」 제2조의 학교, ② 행정안전부장관: 제56조 제1항 제20호의 공공시설, ③ 여성가족부장관: 제56조 제1항 제4호의 청소년 보호·재활센터, 같은 항 제6호의2의 학교 밖 청소년 지원센터, ④ 식품의약품안전처장: 제56조 제1항 제22호의 어린이급식관리지원센터, ⑤ 경찰청장: 제56조 제1항 제14호의 경비업을 행하는 법인"의 구분에 따라 성범죄로 취업제한 명령을 선고받은 자가 아동·청소년 관련기관등을 운영하거나 아동·청소년 관련기관등에 취업 또는 사실상 노무를 제공하고 있는지를 직접 또는 관계 기관 조회 등의 방법으로 연 1회 이상 점검·확인하여야 한다.

시·도지사 또는 시장·군수·구청장은 성범죄로 취업제한 명령을 선고받은 자가 "① 법 제56조 제1항 제5호의 청소년활동시설, ② 법 제56조 제1항 제6호의 청소년상담복지센터 및 청소년쉼터, ③ 법 제56조 제1항 제7호의 어린이집, ④ 법 제56조 제1항 제8호의 아동복지시설 및 통합서비스 수행기관, ⑤ 제56조 제1항 제9호의 청소년 지원시설 및 성매매피해상담소, ⑥ 제56조 제1항 제10호의 공동주택의 관리사무소, ⑦ 제56조 제1항 제11호의 체육시설, ⑧ 제56조 제1항 제12호의 의료기관, ⑨ 제56조 제1항 제13호 각 목의 인터넷컴퓨터게임시설제공업 또는 복합유통게임제공업을 하는 사업장, ⑩ 제56조 제1항 제15호의 청소년활동기획업소, ⑪ 대중문화예술기획업소, ⑫ 제56조 제1항 제17호의 아동·청소년의 고용 또는 출입이 허용되는 시설등으로서 대통령령으로 정하는 유형의 시설등, ⑬ 제56조 제1항 제18호의 가정방문 등 학습교사 사업장"의 아동·청소년 관련기관등을 운영하거나 아동·청소년 관련기관등에 취업 또는 사실상 노무를 제공하고 있는지를 직접 또는 관계 기관 조회 등의 방법으로 연 1회 이상 점검·확인하여야 한다. 다만, 아동·청소년 관련기관등의 경우에는 그러하지 아니하다.

교육감은 성범죄로 취업제한 명령을 선고받은 자가 "① 제56조 제1항 제1호의 유치원, ② 제56조 제1항 제2호의 기관 중 「초·중등교육법」 제2조의 학교 및 같은 법 제28조에 따른 위탁 교육기관, ③ 제56조 제1항 제2호의2의 학생상담지원시설 및 위탁 교육시설, ④ 제56조 제1항 제2호의3의 국제학교, ⑤ 제56조 제1항 제3호의 학원, 교습소 및 개인과외교습자, ⑥ 제56조 제1항 제19호의 특수교육지원센터 및 특수교육 관련서비스를 제공하는 기관·단체, ⑦ 제56조 제1항 제21호의 아동·청소년을 대상으로 하는 교육기관"의 아동·청소년 관련기관등을 운영하거나 아동·청소년 관련기관등에 취업 또는 사실상 노무를 제공하고 있는지를 직접 또는 관계 기관 조회 등의 방법으로 연 1회 이상 점검·확인하여야 한다. 다만, 아동·청소년 관련기관등의 경우에는 그러하지 아니하다.

이에 따른 중앙행정기관의 장, 시·도지사, 시장·군수·구청장 또는 교육감은 점검·확인을 위하여 필요한 경우에는 아동·청소년 관련기관등의 장 또는 관련 감독기관에 해당 자료의 제출을 요구할 수 있다. 여성가족부장관, 관계 중앙행정기관의 장, 시·도지사, 시장·군수·구청장 또는 교육감은 점검·확인 결과를 대통령령으로 정하는 바에 따라 인터넷 홈페이지 등을 이용하여 공개(점검·확인이 끝난 날부터 2개월 이내에 여성가족부장관이 구축·운영하는 전용 웹사이트를 통해 공개)하여야 한다.

8) 아동·청소년대상 성범죄의 처벌과 절차에 관한 특례

(1) 아동·청소년에 대한 강간·강제추행 등(법 제7조)

폭행 또는 협박으로 아동·청소년을 강간한 사람은 무기징역 또는 5년 이상의 유기징역에 처한다(법 제7조 제1항). 아동·청소년에 대하여 폭행이나 협박으로 "① 구강·항문 등 신체(성기는 제외한다)의 내부에 성기를 넣는 행위, ② 성기·항문에 손가락 등 신체(성기는 제외한다)의 일부나 도구를 넣는 행위"에 해당하는 행위를 한 자는 5년 이상의 유기징역에 처한다(법 제7조 제2항).

아동·청소년에 대하여 「형법」 제298조(강제추행)의 죄를 범한 자는 2년 이상의 유기징역 또는 1천만원 이상 3천만원 이하의 벌금에 처한다(법 제7조 제3항). 아동·청소년에 대하여 형법 제299조(준강간, 준강제추행)의 죄를 범한 자는 제1항부터 제3항까지의 예에 따른다(법 제7조 제4항). 위계(僞計) 또는 위력으로써 아동·청소년을 간음하거나 아동·청소년을 추행한 자는 제1항부터 제3항까지의 예에 따른다(법 제7조 제5항). 제1항부터 제5항까지의 미수범은 처벌한다(법 제7조 제6항).

(2) 예비, 음모(법 제7조의2)

제7조(아동·청소년에 대한 강간·강제추행 등)의 죄를 범할 목적으로 예비 또는 음모한 사람은 3년 이하의 징역에 처한다.

(3) 장애인인 아동·청소년에 대한 간음 등(법 제8조)

19세 이상의 사람이 13세 이상의 장애 아동·청소년(「장애인복지법」 제2조 제1항에 따른 장애인으로서 신체적인 또는 정신적인 장애로 사물을 변별하거나 의사를 결정할 능력이 미약한 아동·청소년을 말한다. 이하 같다)을 간음하거나 13세 이상의 장애 아동·청소년으로 하여금 다른 사람을 간음하게 하는 경우에는 3년 이상의 유기징역에 처한다. 19세 이상의 사람이 13세 이상의 장애 아동·청소년을 추행한 경우 또는 13세 이상의 장애 아동·청소년으로 하여금 다른 사람을 추행하게 하는 경우에는 10년 이하의 징역 또는 5천만원 이하의 벌금에 처한다.

(4) 13세 이상 16세 미만 아동·청소년에 대한 간음 등(법 제8조의2)

19세 이상의 사람이 13세 이상 16세 미만인 아동·청소년(제8조에 따른 장애 아동·청소년으로서 16세 미만인 자는 제외한다. 이하 이 조에서 같다)의 궁박(窮迫)한 상태를 이용하여 해당 아동·청소년을 간음하거나 해당 아동·청소년으로 하여금 다른 사람을 간음하게 하는 경우에는 3년 이상의 유기징역에 처한다. 19세 이상의 사람이 13세 이상 16세 미만인 아동·청소년의 궁박한 상태를 이용하여 해당 아동·청소년을 추행한 경우 또는 해당 아동·청소년으로 하여금 다른 사람을 추행하게 하는 경우에는 10년 이하의 징역 또는 5천만원 이하의 벌금에 처한다.

(5) 아동·청소년성착취물의 제작·배포 등(법 제11조)

아동·청소년성착취물을 제작·수입 또는 수출한 자는 무기징역 또는 5년 이상의 유기징역에 처한다. 이에 대한 미수범도 처벌한다. 그리고 상습적으로 죄를 범한 자는 그 죄에 대하여 정하는 형의 2분의 1까지 가중한다.

영리를 목적으로 아동·청소년성착취물을 판매·대여·배포·제공하거나 이를 목적으로 소지·운반·광고·소개하거나 공연히 전시 또는 상영한 자는 5년 이상의 징역에 처한다. 아동·청소년성착취물을 배포·제공하거나 이를 목적으로 광고·소개하거나 공연히 전시 또는 상영한 자는 3년 이상의 징역에 처한다. 아동·청소년성착취물을 제작할 것이라는 정황을 알면서 아동·청소년을 아동·청소년성착취물의 제작자에게 알선한 자는 3년 이상의 징역에 처한다. 아동·청소년성착취물을 구입하거나 아동·청소년성착취물임을 알면서 이를 소지·시청한 자는 1년 이상의 징역에 처한다.

(6) 아동·청소년 매매행위(법 제12조)

아동·청소년의 성을 사는 행위 또는 아동·청소년성착취물을 제작하는 행위의 대상이 될 것을 알면서 아동·청소년을 매매 또는 국외에 이송하거나 국외에 거주하는 아동·청소년을 국내에 이송한 자는 무기징역 또는 5년 이상의 징역에 처한다. 이에 대한 미수범은 처벌한다.

(7) 아동·청소년의 성을 사는 행위 등(법 제13조)

아동·청소년의 성을 사는 행위를 한 자는 1년 이상 10년 이하의 징역 또는 2천만원 이상 5천만원 이하의 벌금에 처한다. 아동·청소년의 성을 사기 위하여 아동·청소년을 유인하거나 성을 팔도록 권유한 자는 3년 이하의 징역 또는 3천만원 이하의 벌금에 처한다. 16세 미만의 아동·청소년 및 장애 아동·청소년을 대상으로 죄를 범한 경우에는 그 죄에 정한 형의 2분의 1까지 가중처벌한다.

(8) 아동·청소년에 대한 강요행위 등(법 제14조)

"① 폭행이나 협박으로 아동·청소년으로 하여금 아동·청소년의 성을 사는 행위의 상대방이 되게 한 자, ② 선불금(先拂金), 그 밖의 채무를 이용하는 등의 방법으로 아동·청소년을 곤경에 빠뜨리거나 위계 또는 위력으로 아동·청소년으로 하여금 아동·청소년의 성을 사는 행위의 상대방이 되게 한 자, ③ 업무·고용이나 그 밖의 관계로 자신의 보호 또는 감독을 받는 것을 이용하여 아동·청소년으로 하여금 아동·청소년의 성을 사는 행위의 상대방이 되게 한 자, ④ 영업으로 아동·청소년을 아동·청소년의 성을 사는 행위의 상대방이 되도록 유인·권유한 자"는 5년 이상의 유기징역에 처한다(법 제14조 제1항).

법 제14조 제1항 제1호부터 제3호까지의 죄를 범한 자가 그 대가의 전부 또는 일부를 받거나 이를 요구 또는 약속한 때에는 7년 이상의 유기징역에 처한다. 아동·청소년의 성을 사는 행위의 상대방이 되도록 유인·권유한 자는 7년 이하의 징역 또는 5천만원 이하의 벌금에 처한다. 그리고 이에 대하여 미수범도 처벌한다.

(9) 알선영업행위 등(법 제15조)

"① 아동·청소년의 성을 사는 행위의 장소를 제공하는 행위를 업으로 하는 자, ② 아동·청소년의 성을 사는 행위를 알선하거나 정보통신망(「정보통신망 이용촉진 및 정보보호 등에 관한 법률」 제2조 제1항 제1호의 정보통신망을 말한다. 이하 같다)에서 알선정보를 제공하는 행위를 업으로 하는 자, ③ 제1호 또는 제2호의 범죄에 사용되는 사실을 알면서 자금·토지 또는 건물을 제공한 자, ④ 영업으로 아동·청소년의 성을 사는 행위의 장소를 제공·알선하는 업소에 아동·청소년을 고용하도록 한 자"에 해당하는 자는 7년 이상의 유기징역에 처한다.

"① 영업으로 아동·청소년의 성을 사는 행위를 하도록 유인·권유 또는 강요한 자,

② 아동·청소년의 성을 사는 행위의 장소를 제공한 자, ③ 아동·청소년의 성을 사는 행위를 알선하거나 정보통신망에서 알선정보를 제공한 자, ④ 영업으로 제2호 또는 제3호의 행위를 약속한 자"에 해당하는 자는 7년 이하의 징역 또는 5천만원 이하의 벌금에 처한다. 아동·청소년의 성을 사는 행위를 하도록 유인·권유 또는 강요한 자는 5년 이하의 징역 또는 3천만원 이하의 벌금에 처한다.

(10) 아동·청소년에 대한 성착취 목적 대화 등(법 제15조의2)

19세 이상의 사람이 성적 착취를 목적으로 정보통신망을 통하여 아동·청소년에게 "① 성적 욕망이나 수치심 또는 혐오감을 유발할 수 있는 대화를 지속적 또는 반복적으로 하거나 그러한 대화에 지속적 또는 반복적으로 참여시키는 행위, ② 제2조 제4호 각 목의 어느 하나에 해당하는 행위를 하도록 유인·권유하는 행위"에 해당하는 행위를 한 경우에는 3년 이하의 징역 또는 3천만원 이하의 벌금에 처한다(법 제15조의2 제1항). 19세 이상의 사람이 정보통신망을 통하여 16세 미만인 아동·청소년에게 제1항 각 호의 어느 하나에 해당하는 행위를 한 경우 제1항과 동일한 형으로 처벌한다.

(11) 피해자 등에 대한 강요행위(법 제16조)

폭행이나 협박으로 아동·청소년대상 성범죄의 피해자 또는 「아동복지법」 제3조 제3호에 따른 보호자를 상대로 합의를 강요한 자는 7년 이하의 유기징역에 처한다.

(12) 신고의무자의 성범죄에 대한 가중처벌(법 제18조)

법 제34조 제2항 각 호의 기관·시설 또는 단체의 장과 그 종사자가 자기의 보호·감독 또는 진료를 받는 아동·청소년을 대상으로 성범죄를 범한 경우에는 그 죄에 정한 형의 2분의 1까지 가중처벌한다.

(13) 형법상 감경규정에 관한 특례(법 제19조)

음주 또는 약물로 인한 심신장애 상태에서 아동·청소년대상 성폭력범죄를 범한 때에는 「형법」 제10조 제1항·제2항 및 제11조를 적용하지 아니할 수 있다.

(14) 공소시효에 관한 특례(법 제20조)

아동·청소년대상 성범죄의 공소시효는 「형사소송법」 제252조 제1항에도 불구하고 해당 성범죄로 피해를 당한 아동·청소년이 성년에 달한 날부터 진행한다. 법 제7조의 죄(아동·청소년에 대한 강간·강제추행 등)는 디엔에이(DNA)증거 등 그 죄를 증명할 수 있는 과학적인 증거가 있는 때에는 공소시효가 10년 연장된다. 13세 미만의 사람 및 신체적인 또는 정신적인 장애가 있는 사람에 대하여 "① 「형법」 제297조(강간), 제298조(강제추행), 제299조(준강간, 준강제추행), 제301조(강간등 상해·치상), 제301조의2(강간등 살인·치사) 또는 제305조(미성년자에 대한 간음, 추행)의 죄, ② 법 제9조(강간 등 상해·치상) 및 제10조(강간 등 살인·치사)의 죄, ③ 「성폭력범죄의 처벌 등에 관한 특례법」 제6조(장애인에 대한 강간·강제추행등) 제2항, 제7조(13세 미만의 미성년자에 대한 강간, 강제추행 등) 제2항·제5항, 제8조(강간 등 상해·치상), 제9조(강간 등 살인·치사)의 죄"를 범한 경우에는 「형사소송법」 제249조부터 제253조까지 및 「군사법원법」 제291조부터 제295조까지에 규정된 공소시효를 적용하지 아니한다.

"① 「형법」 제301조의2(강간등 살인·치사)의 죄(강간등 살인에 한정한다), ② 법 제10조(강간 등 살인·치사) 제1항 및 제11조 제1항의 죄, ③ 「성폭력범죄의 처벌 등에 관한 특례법」 제9조 제1항의 죄"를 범한 경우에는 「형사소송법」 제249조부터 제253조까지 및 「군사법원법」 제291조부터 제295조까지에 규정된 공소시효를 적용하지 아니한다.

(15) 아동·청소년대상 디지털 성범죄의 수사 특례(법 제25조의2)

사법경찰관리는 "① 제11조 및 제15조의2의 죄, ② 「아동·청소년에 대한 성폭력범죄의 처벌 등에 관한 특례법」 제14조 제2항 및 제3항의 죄"에 해당하는 범죄(디지털 성범죄)에 대하여 신분을 비공개하고 범죄현장(정보통신망을 포함한다) 또는 범인으로 추정되는 자들에게 접근하여 범죄행위의 증거 및 자료 등을 수집(이하 "신분비공개수사"라 한다)할 수 있다(법 제25조의2 제1항). 이에 따른 수사의 방법 등에 필요한 사항은 대통령령으로 정하고 있다(법 제25조의2 제3항).

사법경찰관리는 디지털 성범죄를 계획 또는 실행하고 있거나 실행하였다고 의심할 만한 충분한 이유가 있고, 다른 방법으로는 그 범죄의 실행을 저지하거나 범인의 체포 또는 증거의 수집이 어려운 경우에 한정하여 수사 목적을 달성하기 위하여 부득이한 때에는 ① 신분을 위장하기 위한 문서, 도화 및 전자기록 등의 작성, 변경 또는 행사, ② 위장 신분을 사용한 계약·거래, ③ 「아동·청소년성착취물 또는 성폭력범죄의 처벌 등에 관한 특례법」 제14조 제2항의 촬영물 또는 복제물(복제물의 복제물을 포함한다)의 소지, 판매 또는 광고"의 행위(신분위장수사)를 할 수 있다(법 제25조의2 제2항).

9) 벌칙(법 제65조)

다음 각 호의 어느 하나에 해당하는 자는 5년 이하의 징역 또는 5천만원 이하의 벌금에 처한다.

1. 제25조의7을 위반하여 직무상 알게 된 신분비공개수사 또는 신분위장수사에 관한 사항을 외부에 공개하거나 누설한 자
2. 제54조를 위반하여 직무상 알게 된 등록정보를 누설한 자
3. 제55조 제1항 또는 제2항을 위반한 자
4. 정당한 권한 없이 등록정보를 변경하거나 말소한 자

법 제42조에 따른 보호처분을 위반한 자는 2년 이하의 징역 또는 2천만원 이하의 벌금에 처한다. 법 제21조 제2항에 따라 징역형 이상의 실형과 이수명령이 병과된 자가 보호관찰소의 장 또는 교정시설의 장의 이수명령 이행에 관한 지시에 불응하여 보호관찰 등에 관한 법률 또는 형의 집행 및 수용자의 처우에 관한 법률에 따른 경고를 받은 후 재차 정당한 사유 없이 이수명령 이행에 관한 지시에 불응한 경우에는 1년 이하의 징역 또는 1천만원 이하의 벌금에 처한다.

다음 각 호의 어느 하나에 해당하는 자는 1년 이하의 징역 또는 500만원 이하의 벌금에 처한다.

1. 법 제34조 제3항을 위반하여 신고자 등의 신원을 알 수 있는 정보나 자료를 출판물에 게재하거나 방송 또는 정보통신망을 통하여 공개한 자
2. 법 제55조 제3항을 위반한 자

법 제21조 제2항에 따라 벌금형과 이수명령이 병과된 자가 보호관찰소의 장의 이수

명령 이행에 관한 지시에 불응하여 보호관찰 등에 관한 법률에 따른 경고를 받은 후 재차 정당한 사유 없이 이수명령 이행에 관한 지시에 불응한 경우에는 1천만원 이하의 벌금에 처한다.

10) 과태료(법 제67조)

다음 각 호의 어느 하나에 해당하는 자에게는 1천만원 이하의 과태료를 부과한다.

1. 제37조 제2항을 위반하여 상담·치료프로그램의 제공을 정당한 이유 없이 거부한 상담시설 또는 의료기관의 장
2. 제58조에 따른 해임요구를 정당한 사유 없이 거부하거나 1개월 이내에 이행하지 아니하는 아동·청소년 관련기관등의 장

아동·청소년 관련기관등의 장이 법 제56조 제5항을 위반하여 그 기관에 취업 중이거나 사실상 노무를 제공 중인 사람 또는 취업하려 하거나 사실상 노무를 제공하려는 사람에 대하여 성범죄의 경력을 확인하지 아니하는 경우에는 500만원 이하의 과태료를 부과한다. 법 제34조 제2항 각 호의 어느 하나에 해당하는 기관·시설 또는 단체의 장과 그 종사자가 직무상 아동·청소년대상 성범죄 발생 사실을 알고 수사기관에 신고하지 아니하거나 거짓으로 신고한 경우에는 300만원 이하의 과태료를 부과한다. 이에 따른 과태료는 대통령령으로 정하는 바에 따라 법 제57조 제1항 각 호 및 같은 조 제2항에 따른 중앙행정기관의 장, 시·도지사, 시장·군수·구청장 또는 교육감이 부과·징수한다.

제 8 장

청소년활동 진흥법

(약칭: 청소년활동법)

1. 의의

「청소년 기본법」은 청소년들에게 건전한 활동과 다양한 체험을 제공하여 정신적·육체적으로 건강한 사회인으로 성장할 수 있도록 하기 위한 내용을 포함하고 있다. 「청소년 기본법」은 청소년수련활동 실시에 있어서 4대 구성요소라 할 수 있는 청소년 지도자, 청소년단체, 수련거리, 청소년수련시설 등에 대한 내용을 포함하고 있었으나, 청소년활동 정책의 범위를 확대하기 위해 2004년에 「청소년활동 진흥법」으로 분리하여 제정하게 되었다.

「청소년활동 진흥법」은 청소년이 수련활동뿐만 아니라 문화활동, 교류활동, 봉사활동 등을 통하여 자신의 기량과 품성을 함양하기 위한 다양한 제도적 기반을 제공하고 있다. 이 법은 「청소년 기본법」 제47조 제2항에 따라 다양한 청소년활동을 적극적으로 진흥하기 위하여 필요한 사항을 정함을 목적으로 한다(법 제1조). 「청소년활동 진흥법」의 제정을 통하여 청소년 정책참여의 보장과 수련활동을 진흥하기 위한 청소년수련활동인증제가 도입되었으며, 청소년활동을 청소년수련활동·청소년교류활동·청소년문화활동 등으로 범주화함으로써 다양한 청소년활동에 대한 정책적 지원이 가능하게 되었다(임동호 외, 2019).

여성가족부장관 및 지방자치단체의 장은 학생인 청소년의 청소년활동 진흥을 위하여 필요하면 「청소년 기본법」 제48조에 따라 교육부, 특별시·광역시·특별자치시·도·특별자치도 교육청 및 지역교육청(이하 "교육청"이라 한다)과 협의를 할 수 있다. 협의를 요청받은 관계 기관은 특별한 사유가 없으면 그 요청에 따라야 한다.

이 법에서 사용하는 용어의 뜻은 다음과 같다(법 제2조).

1. "청소년활동"이란 「청소년 기본법」 제3조 제3호에 따른 청소년활동을 말한다.
2. "청소년활동시설"이란 청소년수련활동, 청소년교류활동, 청소년문화활동 등 청소년활동에 제공되는 시설로서 제10조에 따른 시설을 말한다.
3. "청소년수련활동"이란 청소년이 청소년활동에 자발적으로 참여하여 청소년 시기에 필요한 기량과 품성을 함양하는 교육적 활동으로서 「청소년 기본법」 제3조 제7호에 따른 청소년지도자와 함께 청소년수련거리에 참여하여 배움을 실천하는 체험활동을 말한다.
4. "청소년교류활동"이란 청소년이 지역 간, 남북 간, 국가 간의 다양한 교류를 통하여 공동체의식 등을 함양하는 체험활동을 말한다.
5. "청소년문화활동"이란 청소년이 예술활동, 스포츠활동, 동아리활동, 봉사활동 등을 통하여 문화적 감성과 더불어 살아가는 능력을 함양하는 체험활동을 말한다.
6. "청소년수련거리"란 청소년수련활동에 필요한 프로그램과 이와 관련되는 사업을 말한다.
7. "숙박형 청소년수련활동"이란 19세 미만의 청소년(19세가 되는 해의 1월 1일을 맞이한 사람은 제외한다. 이하 같다)을 대상으로 청소년이 자신의 주거지에서 떠나 제10조 제1호의 청소년수련시설 또는 그 외의 다른 장소에서 숙박·야영하거나 제10조 제1호의 청소년수련시설 또는 그 외의 다른 장소로 이동하면서 숙박·야영하는 청소년수련활동을 말한다.
8. "비숙박형 청소년수련활동"이란 19세 미만의 청소년을 대상으로 제10조 제1호의 청소년수련시설 또는 그 외의 다른 장소에서 실시하는 청소년수련활동으로서 실시하는 날에 끝나거나 숙박 없이 2회 이상 정기적으로 실시하는 청소년수련활동을 말한다.

2. 입법 배경 및 연혁

「청소년활동 진흥법」은 미래사회의 주역이 될 청소년이 수련활동을 비롯한 문화활동, 교류활동 등 다양한 청소년활동을 통하여 자신의 기량과 품성을 함양하고 꿈과 희망을 마음껏 펼칠 수 있도록 하기 위한 제도적 기반을 마련하고자 제정되었다. 「청소년활동 진흥법」의 주요 연혁은 다음과 같다.

제·개정 (시행) 일자	제·개정 이유/내용
2004. 2. 9. (2005. 2. 10.) 제정	• 청소년활동을 청소년수련활동, 청소년교류활동 및 청소년문화활동으로 범주화 • 국가는 청소년활동지원본부를, 지방자치단체는 지방 청소년활동지원센터를 설치·운영 • 국립청소년수련시설을 설치·운영 • 청소년수련관 및 청소년문화의집 설치·운영 • 수련시설의 정기 및 수시 안전점검 • 종사자에 대하여 연 1회 이상 수련시설의 운영·안전·위생 등에 관한 교육 실시 • 청소년수련활동인증제도 운영 • 청소년의 문화활동 활성화
2005. 3. 24. (2005. 6. 25.)	청소년수련지구 사무 이양
	청소년수련지구의 지정 및 고시와 수련지구조성계획의 수립 등에 관한 사무를 시·도에서 시·군·구로 이양
2007. 7. 27. (2008. 1. 28.)	정기 보고 및 사후관리 등
	• 국가청소년위원회가 시장·군수·구청장 등으로부터 청소년수련시설과 청소년이용시설 등의 실제적인 운영현황 등에 관한 자료를 정기적으로 보고 또는 제출받을 수 있는 법적 근거 마련 • 청소년수련활동인증제도의 신뢰성과 효율성을 높이기 위하여 청소년수련활동인증의 사후관리에 관한 사항을 정함
2010. 5. 17. (2010. 8. 18.)	한국청소년활동진흥원 설치
	청소년 관련 업무의 효율성을 높이고 청소년활동 분야의 중추기관으로서의 위상을 정립하기 위하여 「청소년 기본법」에 명시된 '청소년진흥센터'와 '청소년수련원'의 두 기관을 통합하여 이 법에 '한국청소년활동진흥원'으로 설치
2013. 5. 28. (2013. 11. 29.)	청소년에게 안전한 청소년활동 여건 조성
	• 청소년 사고의 우려가 높은 이동·숙박형 청소년활동에 대한 관할기관 신고 의무화 • 아동학대 전력자 등 부적합자에 대한 이동·숙박형 청소년 활동 참여를 제한 • 청소년이 대규모로 숙식을 하며 장시간에 걸쳐 수련활동을 하는 청소년수련시설에 대하여 국가와 지방자치단체가 종합 안전점검 실시
2014. 1. 21. (2014. 7. 22.)	청소년 체험활동 안전성 확보
	• 청소년수련활동 신고 의무화 및 인증강화, 숙박형 등 청소년수련활동의 안전관리 강화 및 정보제공 확대 • 청소년수련시설의 관리·감독 강화 • 벌금액 수준 조정(사설 해병대 체험 캠프 참여 학생들의 사망 사고 후 사회적 경각심이 매우 높아짐)
2015. 2. 3. (2015. 8. 4.)	각종 안전사고의 위험으로부터 청소년 보호
	• 감독기관으로 하여금 청소년수련시설에 대한 종합 안전점검 실시 결과를 공개하도록 함으로써 청소년수련시설 이용자의 알 권리를 보장하고 안전한 청소년활동이 이루어

제·개정 (시행) 일자	제·개정 이유/내용
	지도록 함 • 현재 시행령에 규정되어 있는 청소년수련활동 인증위원회 구성을 법률로 정하되, 구성인원에 청소년활동의 안전에 필요한 전문자격이나 전문지식을 가진 위원을 1명 이상 포함하게 함으로써 청소년수련활동의 안전성 및 질 제고
2016. 3. 2. (2016. 9. 3.)	안전교육의 전문화·내실화 • 숙박형등 청소년수련활동 계획의 신고 지원에 대한 컨설팅 및 교육 추가 • 수련시설 운영대표자가 이용자를 대상으로 실시하는 안전교육에 대한 지원을 한국청소년활동진흥원의 사업으로 그 근거를 명확히 함 • 여성가족부장관이 청소년수련시설 운영대표자 및 종사자를 대상으로 안전교육을 실시할 수 있도록 근거 마련
2016. 5. 29. (2016. 5. 29.)	주택건설사업의 규모 축소 일정규모 이상의 주택건설사업 또는 대지조성사업 시행 시 청소년수련시설을 설치하도록 한 규정 삭제
2017. 3. 21. (2017. 9. 22.)	수련시설의 위생 상태에 대한 점검 강화 • 청소년수련시설에 대한 '종합 안전점검'을 "종합 안전·위생점검"으로 명칭 변경 • 청소년수련시설의 허가 또는 청소년수련지구 조성계획 승인과 관련하여 다른 법률에 따라 인·허가 등을 받은 것으로 보기 위한 협의를 요청받은 소관 행정기관의 장은 그 협의를 요청받은 날부터 일정기간 내에 의견을 회신하도록 하고, 그 기간 내에 의견을 회신하지 아니한 경우에는 의견이 없는 것으로 간주(看做)하는 제도 도입
2017. 12. 12. (2018. 6. 13.)	청소년수련시설의 종합 안전·위생점검 및 종합평가의 운영을 개선 • 위탁운영단체에 대한 사후관리 강화 • 청소년수련시설의 종합 안전·위생점검 및 종합평가를 실시하려면 미리 수련시설의 운영대표자에게 종합 안전·위생점검 및 종합평가의 절차, 방법 및 기간 등을 통보하고, 수련시설의 운영대표자에게 필요한 자료의 제출을 요구할 수 있음
2018. 3. 13. (2018. 9. 14.)	신고 민원의 처리절차 개선 숙박형 또는 비숙박형 청소년수련활동 계획의 신고를 받은 경우 14일 이내에, 청소년수련시설 운영의 휴지·폐지신고를 받은 경우 7일 이내에 신고수리 여부를 신고인에게 통지하도록 하고, 그 기간 내에 신고수리 여부나 처리기간의 연장을 통지하지 아니한 경우에는 신고를 수리한 것으로 간주(看做)하는 제도 도입
2020. 5. 19. (2020. 11. 20.)	출연금, 시정명령 대상 등 • 한국청소년활동진흥원의 출연금에 대한 법적 근거 규정 • 청소년수련시설의 시설기준, 안전기준 및 운영기준이 미달한 경우 시정명령 대상을 명확히 규정 • 청소년활동에 지장을 주지 아니하는 범위에서 일반국민들도 청소년수련원을 이용할 수 있도록 함

3. 주요 내용

「청소년활동 진흥법」에 관한 전반적인 구조와 주요 내용을 정리하면 다음과 같다.

장	조문
제1장 총칙	제1조(목적) 제2조(정의) 제3조(관계 기관의 협조) 제4조(청소년운영위원회)
제2장 청소년활동의 보장	제5조(청소년활동의 지원) 제6조(한국청소년활동진흥원의 설치) 제6조의2(정관) 제6조의3(임원) 제6조의4(사업계획서 등의 제출) 제6조의5(자료의 요청 등) 제6조의6(보조 및 출연 등) 제6조의7(「민법」의 준용) 제6조의8(유사명칭의 사용금지) 제6조의9(벌칙 적용 시의 공무원 의제) 제7조(지방청소년활동진흥센터의 설치 등) 제8조(청소년활동 정보의 제공 등) 제9조(학교와의 협력 등) 제9조의2(숙박형등 청소년수련활동 계획의 신고) 제9조의3(건강상태 확인 및 의료조치 의무 등) 제9조의4(숙박형등 청소년수련활동 관련 정보의 공개) 제9조의5(숙박형등 청소년수련활동 관련 정보의 표시·고지) 제9조의6(숙박형등 청소년수련활동의 제한) 제9조의7(관계 기관과의 협력)
제3장 청소년활동시설	제10조(청소년활동시설의 종류) 제11조(수련시설의 설치·운영 등) 제12조(수련시설의 허가 요건) 제13조(수련시설의 등록) 제14조(수련시설의 운영대표자) 제15조(결격사유) 제16조(수련시설 운영의 위탁) 제16조의2(수련시설 운영 위탁계약의 해지) 제17조(수련시설의 시설기준) 제18조(수련시설의 안전점검 등) 제18조의2(안전교육)

	제18조의3(감독기관의 종합 안전·위생점검) 제18조의4(수련시설의 종사자 등에 대한 안전교육) 제19조(수련시설의 운영기준) 제19조의2(수련시설의 종합평가 등) 제20조(시정명령) 제20조의2(운영 중지 명령) 제21조(금지행위) 제22조(허가 또는 등록의 취소) 제23조(청문) 제24조(이용료 및 수련비용) 제25조(보험 가입) 제26조(수련시설의 승계) 제27조(수련시설운영의 휴지·폐지 등) 제28조(수련시설 건립 시 타당성의 사전 검토) 제29조 삭제 〈2016. 5. 29.〉 제30조(민간인의 참여 유도) 제31조(수련시설의 이용) 제32조(청소년이용시설) 제33조(다른 법률에 따른 인·허가 등의 의제) 제33조의2(보고 등)
제4장 청소년수련활동의 지원	제34조(청소년수련거리의 개발·보급) 제35조(청소년수련활동 인증제도의 운영) 제36조(청소년수련활동의 인증 절차) 제36조의2(인증의 사후 관리) 제36조의3(인증의 취소 등) 제37조(인증수련활동의 결과 통보 등) 제38조(유사명칭의 사용 금지) 제39조(청소년수련활동의 위탁 제한) 제40조(한국청소년수련시설협회) 제41조(지방청소년수련시설협회) 제42조, 제43조, 제44조, 제45조 , 제46조 삭제 제47조(청소년수련지구의 지정 등) 제48조(수련지구조성계획) 제49조(둘 이상의 시·군·구에 걸치는 수련지구의 지정 등) 제50조(수용 및 사용) 제51조(조성계획에 따른 시설 설치 등) 제52조(다른 법률에 따른 인·허가 등의 의제)
제5장 청소년교류활동의 지원	제53조(청소년교류활동의 진흥) 제54조(국제청소년교류활동의 지원) 제55조(지방자치단체의 자매도시협정 등) 제56조(교포청소년교류활동의 지원)

	제57조(청소년교류활동의 사후 지원) 제58조(청소년교류센터의 설치·운영) 제59조(남·북청소년교류활동의 제도적 지원)
제6장 청소년문화활동의 지원	제60조(청소년문화활동의 진흥) 제61조(청소년문화활동의 기반 구축) 제62조(전통문화의 계승) 제63조(청소년축제의 발굴지원) 제64조(청소년동아리활동의 활성화) 제65조(청소년의 자원봉사활동의 활성화)
제7장 보칙	제66조(조세 감면 등) 제67조(감독) 제68조(수수료) 제69조(권한의 위임 등)
제8장 벌칙	제70조(벌칙) 제71조(양벌규정) 제72조(과태료)

1) 청소년활동의 보장

(1) 청소년활동의 지원(법 제5조)

청소년은 다양한 청소년활동에 주체적이고 자발적으로 참여하여 자신의 꿈과 희망을 실현할 충분한 기회와 지원을 받아야 한다.

국가 및 지방자치단체는 청소년활동을 활성화하는 데 필요한 청소년활동시설, 청소년활동 프로그램, 청소년지도자 등을 위한 시책을 수립·시행하여야 한다.

국가 및 지방자치단체는 개인·법인 또는 단체가 청소년활동을 지원하려는 경우에는 그에 필요한 행정적·재정적 지원을 할 수 있다.

(2) 청소년운영위원회(법 제4조)

제10조 제1호의 청소년수련시설(이하 "수련시설"이라 한다)을 설치·운영하는 개인·법인·단체 및 제16조 제3항에 따른 위탁운영단체(이하 "수련시설운영단체"라 한다)는 청소년활동을 활성화하고 청소년의 참여를 보장하기 위하여 청소년으로 구성되는 청소년운영위원회를 운영하여야 한다.

수련시설운영단체의 대표자는 청소년운영위원회의 의견을 수련시설 운영에 반영하여야 한다.

(3) 한국청소년활동진흥원

「청소년 기본법」 제3조제2호에 따른 청소년육성을 위한 다음 각 호의 사업을 하기 위하여 한국청소년활동진흥원(이하 "활동진흥원"이라 한다)을 설치한다(법 제6조 제1항).

1. 청소년활동, 「청소년 기본법」 제3조 제4호에 따른 청소년복지, 같은 법 제3조 제5호에 따른 청소년보호에 관한 종합적 안내 및 서비스 제공
2. 청소년육성에 필요한 정보 등의 종합적 관리 및 제공
3. 청소년수련활동 인증위원회 등 청소년수련활동 인증제도의 운영
4. 청소년 자원봉사활동의 활성화
5. 청소년활동 프로그램의 개발과 보급
6. 국가가 설치하는 수련시설의 유지·관리 및 운영업무의 수탁
7. 국가 및 지방자치단체가 개발한 주요 청소년수련거리의 시범운영
8. 청소년활동시설이 실시하는 국제교류 및 협력사업에 대한 지원
9. 청소년지도자의 연수

9의2. 제9조의2에 따른 숙박형등 청소년수련활동 계획의 신고 지원에 대한 컨설팅 및 교육

10. 제18조의3에 따른 수련시설 종합 안전·위생점검에 대한 지원
11. 수련시설의 안전에 관한 컨설팅 및 홍보

11의2. 제18조의2에 따른 안전교육의 지원

12. 그 밖에 여성가족부장관이 지정하거나 활동진흥원의 목적을 수행하기 위하여 필요한 사업

활동진흥원은 법인으로 한다(법 제6조 제2항). 활동진흥원은 그 주된 사무소의 소재지에서 설립등기를 함으로써 성립한다(법 제6조 제3항). 활동진흥원의 정관에는 다음 각 호의 사항이 포함되어야 한다(법 제6조의2).

1. 목적
2. 명칭
3. 주된 사무소의 소재지
4. 사업에 관한 사항
5. 임원 및 직원에 관한 사항

6. 이사회에 관한 사항

7. 재산 및 회계에 관한 사항

8. 정관의 변경에 관한 사항

활동진흥원에 이사장을 포함한 15명 이내의 이사와 감사 1명을 둔다(법 제6조의3 제1항). 이 법에 따른 활동진흥원이 아닌 자는 한국청소년활동진흥원 또는 이와 유사한 명칭을 사용하지 못한다(법 제6조의8).

(4) 지방청소년활동진흥센터

특별시·광역시·특별자치시·도·특별자치도(이하 "시·도"라 한다) 및 시·군·구(자치구를 말한다. 이하 같다)는 해당 지역의 청소년활동을 진흥하기 위하여 지방청소년활동진흥센터를 설치·운영할 수 있다.

제1항에 따른 지방청소년활동진흥센터는 다음 각 호의 사업을 수행한다.

1. 지역 청소년활동의 요구에 관한 조사
2. 지역 청소년 자원봉사활동의 활성화
3. 청소년수련활동 인증제도의 지원
4. 인증받은 청소년수련활동의 홍보와 지원
5. 청소년활동 프로그램의 개발과 보급
6. 청소년활동에 대한 교육과 홍보
7. 제9조의2에 따른 숙박형등 청소년수련활동 계획의 신고에 대한 지원
8. 제9조의4에 따른 정보공개에 대한 지원
9. 그 밖에 청소년활동을 위하여 필요한 사업

지방청소년활동진흥센터는 제2항에 따른 사업을 수행하는 경우 활동진흥원과 연계·협력한다.

국가 및 지방자치단체는 예산의 범위에서 지방청소년활동진흥센터의 운영에 필요한 경비의 전부 또는 일부를 지원할 수 있다(법 제7조).

활동진흥원과 지방청소년활동진흥센터는 「청소년 기본법」 제48조에 따라 학교 및 평생교육시설과의 협력체제를 구축하여야 하며, 매년 1회 이상 상호 협의하여 청소년수련거리를 개발하고, 해당 지역의 수련시설에 이를 보급하여야 한다(법 제9조).

(5) 숙박형등 청소년수련활동 계획의 신고(법 제9조의2)

숙박형 청소년수련활동 및 비숙박형 청소년수련활동(이하 "숙박형등 청소년수련활동"이라 한다)을 주최하려는 자는 여성가족부령으로 정하는 절차와 방법에 따라 특별자치시장·특별자치도지사·시장·군수·구청장(자치구의 구청장을 말한다. 이하 같다)에게 그 계획을 신고하여야 한다. 다만, 다음 각 호의 경우는 제외한다.

1. 다른 법률에서 지도·감독 등을 받는 비영리 법인 또는 비영리 단체가 운영하는 경우
2. 청소년이 부모 등 보호자와 함께 참여하는 경우
3. 종교단체가 운영하는 경우
4. 비숙박형 청소년수련활동 중 제36조제2항에 따라 인증을 받아야하는 활동이 아닌 경우

특별자치시장·특별자치도지사·시장·군수·구청장은 제1항에 따른 신고를 받은 날부터 14일 이내에 신고수리 여부를 신고인에게 통지하여야 한다.

특별자치시장·특별자치도지사·시장·군수·구청장이 제2항에서 정한 기간 내에 신고수리 여부 또는 민원 처리 관련 법령에 따른 처리기간의 연장을 신고인에게 통지하지 아니하면 그 기간(민원 처리 관련 법령에 따라 처리기간이 연장 또는 재연장된 경우에는 해당 처리기간을 말한다)이 끝난 날의 다음 날에 신고를 수리한 것으로 본다.

숙박형등 청소년수련활동을 주최하려는 자는 제1항에 따른 신고가 수리되기 전에는 모집활동을 하여서는 아니 된다.

특별자치시장·특별자치도지사·시장·군수·구청장은 다음 각 호의 어느 하나에 해당하는 사람이 숙박형등 청소년수련활동을 운영 또는 보조하려는 경우에는 신고를 수리하여서는 아니 된다.

1. 「아동복지법」 제17조 위반에 따른 같은 법 제71조 제1항의 죄, 「성폭력범죄의 처벌 등에 관한 특례법」 제2조에 따른 성폭력범죄 또는 「아동·청소년의 성보호에 관한 법률」 제2조 제2호에 따른 아동·청소년대상 성범죄를 범하여 형 또는 치료감호를 선고받고 그 형 또는 치료감호의 전부 또는 일부의 집행이 끝나거나 집행이 유예·면제된 날부터 10년이 지나지 아니한 사람

2. 「청소년 기본법」 제21조 제3항에 따라 청소년지도사가 될 수 없는 사람

특별자치시장·특별자치도지사·시장·군수·구청장은 관계 기관의 장에게 제5항에 따른 범죄경력 등을 확인하기 위한 자료의 제공을 요청할 수 있다. 이 경우 관계 기관의 장은 정당한 사유가 없으면 그 요청에 따라야 한다.

특별자치시장·특별자치도지사·시장·군수·구청장은 숙박형등 청소년수련활동 계획의 신고를 수리한 때에는 그 계획을 여성가족부장관에게 통보하여야 한다.

여성가족부장관은 제7항에 따라 통보받은 숙박형등 청소년수련활동 계획에 보완이 필요하다고 인정될 때에는 그 계획을 통보한 특별자치시장·특별자치도지사·시장·군수·구청장에게 보완사항을 통보하여야 한다.

제8항에 따라 보완사항을 통보받은 특별자치시장·특별자치도지사·시장·군수·구청장은 그 내용을 숙박형등 청소년수련활동 주최자에게 통보하여야 한다.

(6) 숙박형등 청소년수련활동 관련 정보의 공개

특별자치시장·특별자치도지사·시장·군수·구청장은 제9조의2에 따라 숙박형등 청소년수련활동 계획의 신고를 수리한 경우에는 여성가족부령으로 정하는 절차와 방법에 따라 해당 내용을 인터넷 홈페이지 등을 이용하여 공개하여야 한다.

여성가족부장관은 제1항에 따른 공개를 위하여 온라인 종합정보제공시스템을 구축·운영하여야 한다.

여성가족부장관은 제2항에 따른 종합정보제공시스템의 운영을 활동진흥원에 위탁할 수 있다(법 제9조의4).

제9조의2에 따라 숙박형등 청소년수련활동 계획의 신고가 수리된 자는 모집활동 및 계약을 할 경우 여성가족부령으로 정하는 바에 따라 다음 각 호의 사항을 표시하고 고지하여야 한다(법 제9조의5).

1. 제36조에 따라 인증을 받은 청소년수련활동인지 여부
2. 이 법 또는 다른 법률에 따른 안전관리 기준의 충족 여부
3. 제25조에 따른 보험 등 관련 보험의 가입 여부 및 보험의 종류와 약관

2) 청소년활동시설

(1) 청소년활동시설의 종류(법 제10조)

청소년활동시설의 종류는 다음 각 호와 같다.

1. 청소년수련시설
   가. 청소년수련관: 다양한 청소년수련거리를 실시할 수 있는 각종 시설 및 설비를 갖춘 종합수련시설
   나. 청소년수련원: 숙박기능을 갖춘 생활관과 다양한 청소년수련거리를 실시할 수 있는 각종 시설과 설비를 갖춘 종합수련시설
   다. 청소년문화의 집: 간단한 청소년수련활동을 실시할 수 있는 시설 및 설비를 갖춘 정보·문화·예술 중심의 수련시설
   라. 청소년특화시설: 청소년의 직업체험, 문화예술, 과학정보, 환경 등 특정 목적의 청소년활동을 전문적으로 실시할 수 있는 시설과 설비를 갖춘 수련시설
   마. 청소년야영장: 야영에 적합한 시설 및 설비를 갖추고, 청소년수련거리 또는 야영편의를 제공하는 수련시설
   바. 유스호스텔: 청소년의 숙박 및 체류에 적합한 시설·설비와 부대·편익시설을 갖추고, 숙식편의 제공, 여행청소년의 활동지원(청소년수련활동 지원은 제11조에 따라 허가된 시설·설비의 범위에 한정한다)을 기능으로 하는 시설
2. 청소년이용시설: 수련시설이 아닌 시설로서 그 설치 목적의 범위에서 청소년활동의 실시와 청소년의 건전한 이용 등에 제공할 수 있는 시설

(2) 수련시설의 설치·운영 등(법 제11조)

국가 및 지방자치단체는 「청소년 기본법」 제18조 제1항에 따라 다음 각 호와 같은 수련시설을 설치·운영하여야 한다(법 제11조).

1. 국가는 둘 이상의 시·도 또는 전국의 청소년이 이용할 수 있는 국립청소년수련시설을 설치·운영하여야 한다.
2. 특별시장·광역시장·특별자치시장·도지사·특별자치도지사(이하 "시·도지사"라 한다) 및 시장·군수·구청장은 각각 제10조 제1호 가목에 따른 청소년수련관을 1개소 이상 설치·운영하여야 한다.
3. 시·도지사 및 시장·군수·구청장은 읍·면·동에 제10조 제1호 다목에 따른 청소

년문화의 집을 1개소 이상 설치·운영하여야 한다.

4. 시·도지사 및 시장·군수·구청장은 제10조 제1호 라목부터 바목까지의 규정에 따른 청소년특화시설·청소년야영장 및 유스호스텔을 설치·운영할 수 있다.

국가는 제1항 제2호부터 제4호까지의 규정에 따른 수련시설의 설치·운영 경비의 전부 또는 일부를 예산의 범위에서 보조할 수 있다.

수련시설을 설치·운영하려는 개인·법인 또는 단체는 특별자치시장·특별자치도지사·시장·군수·구청장의 허가를 받아야 한다. 허가받은 사항 중 대규모의 부지 변경, 건축연면적의 증감 등 대통령령으로 정하는 중요 사항을 변경하려는 경우에도 또한 같다.

국가 또는 지방자치단체는 제3항에 따른 허가를 받아 수련시설을 설치·운영하는 자에게 예산의 범위에서 그 설치 및 운영에 필요한 경비의 일부를 보조할 수 있다.

(3) 수련시설의 허가 요건과 시설기준

제11조 제3항에 따라 수련시설의 허가를 받으려는 자는 다음 각 호의 요건을 모두 갖추어야 한다.

1. 제17조·제18조 및 제19조에 따른 시설기준·안전기준 및 운영기준에 적합할 것
2. 해당 시설의 설치·운영에 필요한 자금을 조달할 능력이 있을 것
3. 해당 시설의 설치에 필요한 부동산을 소유하거나 사용할 수 있는 권한이 있을 것
4. 그 밖에 여성가족부령으로 정하는 기준에 적합할 것

특별자치시장·특별자치도지사·시장·군수·구청장은 제11조 제3항에 따라 수련시설을 허가할 때 그 시설이 제1항에 따른 허가 요건 중 여성가족부령으로 정하는 경미한 사항을 충족하지 못한 경우에는 일정한 기간을 정하여 이를 보완할 것을 조건으로 허가할 수 있다(법 제12조).

수련시설은 청소년이 다양한 활동을 통하여 기량과 품성을 함양하는 데 적합한 시설·설비를 갖추어야 한다(법 제17조).

수련시설의 운영대표자는 시설에 대하여 정기 안전점검 및 수시 안전점검을 실시하여야 한다(법 제18조). 수련시설 설치·운영자 또는 위탁운영단체는 수련시설의 이용자에게 여성가족부령으로 정하는 바에 따라 해당 수련시설의 이용 및 청소년수련활동에

관한 안전교육을 실시하여야 한다(법 제18조의2).

수련시설 설치·운영자 및 위탁운영단체는 수련시설을 이용하는 자로부터 이용료를 받을 수 있으며, 인증받은 청소년수련활동을 실시하는 자는 그 청소년수련활동에 참여하는 청소년으로부터 수련비용을 받을 수 있다(법 제24조).

<별표 3> 수련시설의 시설기준

1. 공통기준
   가. 일반기준

구 분	기 준
1) 입지	청소년의 건전한 정서함양에 적합한 장소로서 수련시설은 다음의 입지조건을 갖추어야 한다. 가) 청소년수련관, 청소년문화의 집, 청소년특화시설: 일상생활권, 도심지 근교 및 그 밖의 지역 중 청소년수련활동 실시에 적합한 곳으로서 청소년이 이용하기에 편리한 지역이어야 한다. 나) 청소년수련원, 청소년야영장: 자연경관이 수려한 지역, 국립·도립·군립공원, 그 밖의 지역 중 자연과 더불어 행하는 청소년수련활동 실시에 적합한 곳으로서 청소년이 이용하기에 편리한 지역이어야 한다. 다) 유스호스텔: 명승고적지, 역사유적지 부근 및 그 밖의 지역 중 청소년이 여행활동 시 이용하기에 편리한 지역이어야 한다.
2) 구조	가) 시설 및 기구·설비 등은 청소년이 이용하기에 편리한 구조로 하여야 하며 장애인을 위한 배려를 하여야 한다. 나) 수용정원에 적합한 면적과 구조로 하여야 한다.
3) 설치기준	가) 주변 환경을 자연친화적으로 보존·활용하여야 한다. 나) 시설의 종류별로 개별기준에 정한 시설·설비를 설치하되, 그 설치기준은 개별기준에서 정한 것을 제외하고는 나. 단위시설·설비기준에 따른다. 다) 법 제33조 제2항 각 호의 영업을 하기 위한 시설을 설치하는 경우에는 이 기준에서 정한 것 외에 해당 법령에서 정한 기준에 따라야 한다. 라) 폐교시설 등 기존시설을 활용한 수련시설의 경우에는 「시설물의 안전 및 유지관리에 관한 특별법」 제28조에 따라 등록한 안전진단전문기관으로 하여금 안전점검을 실시하도록 하고, 안전점검을 실시한 결과 시설물의 재해 및 재난예방과 안전성 확보 등을 위하여 필요하다고 인정되는 경우에는 같은 법 제2조 제6호의 정밀안전진단을 실시하여야 한다. 마) 청소년수련관, 청소년수련원, 청소년야영장, 청소년특화시설 및 유스호스텔은 전용시설로만 설치하여야 하고, 다른 용도와 복합시설로 설치할 수 없다. 다만, 청소년수련활동과 연계할 수 있는 시설로서 「문화예술진흥법」 제2조 제3호의 문화시설 및 「체육시설의 설치·이용에 관한 법률」 제2조 제1호의 체육시설과는 복합시설로 설치할 수 있다.

4) 관리시설	관리실·사무실·안내시설 등 시설물의 관리·운영에 필요한 시설·설비를 수련시설의 종류에 따라 설치하여야 한다.
5) 기타시설	수련시설의 종류 및 기능의 범위에서 입지여건·특성·자연환경 등에 따라 해당 수련시설의 개별기준에서 정하지 않았더라도 다른 종류의 수련시설의 개별기준에서 정한 시설·설비 등을 설치할 수 있다.
6) 금지시설	동일 건물 또는 해당 시설에 「청소년 보호법」 제2조 제5호에 따른 청소년유해업소가 있어서는 안 되며, 설치예정지역으로부터 직선거리 50미터 이내에는 유흥주점 등 청소년이 이용하기에 적합하지 않은 시설이 있어서는 안 된다.

나. 단위시설·설비기준

※ 2. 개별기준에 따라 시설·설비를 설치하는 경우에는 개별기준에서 정한 사항을 제외하고는 다음의 기준에 맞아야 한다.

구 분	기 준
1) 실내집회장	가) 강당·회의실 등으로서 개별기준에서 정한 집회장 수용인원이 150명 이하인 경우에는 150제곱미터, 150명을 초과하는 경우에는 초과하는 1명마다 0.8제곱미터를 더한 면적 이상의 면적이어야 하며, 그 면적의 합계가 800제곱미터를 초과하는 경우에는 800제곱미터로 할 수 있다. 나) 둘 이상의 강의실 사이에 이동식 칸막이를 설치하여 이를 쉽게 강당으로 사용할 수 있는 구조로 한 경우 이를 실내집회장으로 볼 수 있다(개별기준에서 실내집회장을 두도록 정하지 않은 경우에 한정한다).
2) 야외집회장	가) 무대, 확성설비 등 집회활동에 필요한 기구·설비를 갖추어야 한다. 나) 해당 집회장에 수용할 인원이 150명 이하인 경우에는 200제곱미터, 150명을 초과하는 경우에는 초과하는 1명마다 0.7제곱미터를 더한 면적 이상의 면적이어야 하며, 그 면적의 합계가 2,000제곱미터를 초과하는 경우에는 2,000제곱미터로 할 수 있다. 다) 운동장에 야외집회장으로 이용할 수 있는 기구·설비를 갖춘 경우에는 이를 야외집회장으로 볼 수 있다.
3) 체육활동장	가) 「체육시설의 설치·이용에 관한 법률」에 따른 체육시설(골프장업·골프연습장업·스키장업·자동차경주장업·무도학원업 및 무도장업용 체육시설은 제외한다) 및 이에 해당하지 않지만 청소년의 체육활동에 이용할 수 있는 시설을 말한다. 나) 체육활동장의 설치기준은 「체육시설의 설치·이용에 관한 법률」을 준용하고, 같은 법에서 정하지 않은 사항은 해당 종목별 경기단체가 정하는 시설관계 공인규정 등을 준용한다(관람석 등은 설치하지 않을 수 있다)
4) 수련의 숲	가) 자연림 또는 인공적으로 조성한 숲지대로서 그 안에 야외탁자·장(長)의자·예술조형물·그늘집 등의 조경시설물과 휴게소 등을 설치하여 휴식 및 명상 등을 할 수 있도록 한 것을 말한다. 나) 자연체험장을 숲지대에 설치한 경우로서 그 숲지대에 조경시설물 등을 설치한 경우에는 이를 수련의 숲으로 볼 수 있다.

5) 특성화수련 활동장	가) 문화적 감성 함양 활동장 문화적 감성을 개발하고 정서를 순화하며 문화에 대한 이해를 증진시키고 취미활동 등의 함양을 위한 활동에 필요한 활동장으로서 극장·공연장·음악감상실·전시장 그 밖에 이와 유사한 것을 말한다. 나) 과학 및 정보화능력 함양활동장 창조적 능력·탐구심·정보화능력·미래과학능력 등을 함양하기 위한 활동에 필요한 활동장으로서 컴퓨터실, 과학실습·자연관찰·천체관측시설, 요리실습시설, 어류·조수사육장 그 밖에 이와 유사한 것을 말한다. 다) 봉사와 협력정신 함양활동장 인간존중의 정신 및 심성을 개발하고 정의감·상부상조정신 등을 배양하기 위한 활동에 필요한 활동장으로서 자원봉사정보 및 활용센터, 자원봉사체험 연계 네트워크 그 밖에 이와 유사한 것을 말한다. 라) 모험심과 개척정신 함양활동장 신체의 강건함·용기·인내심·탐험정신·도전의식·진취성 등을 키울 수 있는 활동에 필요한 활동장으로서 탐험시설, 수상·해양·항공훈련시설, 영농시설, 산악자전거장, 개척물설치훈련장, 암벽등반시설 그 밖에 이와 유사한 것을 말한다. 마) 전문적 직업능력 함양활동장 직업 전문성, 현실적응능력 등을 배양하고 직업관 등을 확립하기 위한 활동에 필요한 활동장으로서 취업정보센터, 직업교육용시설 그 밖에 이와 유사한 것을 말한다. 바) 국제감각 함양활동장 세계문화의 이해와 외국의 교류체험 및 한민족의 정체성 등을 고양하기 위한 활동에 필요한 활동장으로서 국제교류관(국제회의실·접견실·회의실·친선교류실 등), 학습·정보관(청소년교육정보센터 등), 어학실습실 그 밖에 이와 유사한 것을 말한다. 사) 그 밖의 특성화활동장 가)부터 바)까지에서 규정한 분야 외의 환경의식 함양 등 특성화된 청소년수련활동을 실시할 수 있는 활동장을 말한다.
6) 자치활동실	동아리활동·분임토의 등에 이용되는 시설로서 의자·탁자 등을 갖추어야 한다.
7) 강의실	가) 1실당 면적은 50제곱미터 이상이어야 한다. 나) 칠판·교탁·책상·걸상 등과 그 밖에 필요한 기구·설비를 갖추어야 한다. 다) 책상면과 흑판면의 조도가 150럭스(lux) 이상이어야 한다.
8) 생활관(유스호스텔의 숙박실을 포함한다)	가) 숙박실은 숙박정원 1인당 2.4제곱미터 이상이어야 한다. 다만, 중학생 또는 초등학생의 경우에는 생활관 또는 숙박실의 전체 숙박정원의 100분의 10(중학생) 또는 100분의 20(초등학생)을 추가한 인원을 해당 수련시설의 숙박정원으로 할 수 있다. 나) 채광과 통풍이 양호하여야 하며, 지하실 등에 설치되어서는 안 된다. 다) 가족실을 설치하려는 경우에는 둘 이상으로 구획된 침실과 거실, 주방 등을 갖춘 형식으로 할 수 있으며, 거실을 갖춘 경우에는 거실면적 중 100분의 30에 해당하는 면적을 숙박실의 면적으로 본다. 라) 생활관의 형태를 소규모로 분산 설치할 경우에는 청소년지도자용 숙박실을 청소년용 숙박실 근처에 배치하여야 한다. 마) 숙박실이 있는 층마다 공동으로 이용할 수 있는 화장실·샤워장·세면장을 설치하

	여야 한다(생활관을 소규모로 분산 설치하는 경우에는 가까운 거리마다 설치하여야 한다). 다만, 해당 층의 숙박실 전체에 화장실 등이 설치된 경우에는 설치하지 않을 수 있다. 바) 공동세탁실을 갖추어야 한다. 다만, 세면장·샤워장 등을 세탁실로도 사용할 수 있는 구조 및 면적으로 한 경우에는 세탁실을 별도로 갖추지 않을 수 있다. 사) 난방설비를 갖추어야 한다. 다만, 개별 숙박실마다 난방설비를 설치하는 경우에는 해당 숙박실 내에 「화재예방, 소방시설 설치·유지 및 안전관리에 관한 법률」 제36조 제3항에 따라 제품검사를 받은 일산화탄소 경보기를 설치해야 한다.
9) 야영지	가) 야영정원 1인당 20제곱미터 이상이어야 한다. 나) 자가취사장·화장실 및 세면장을 갖추어야 한다. 다만, 야영지 주변에 그와 같은 시설이 있는 경우에는 설치하지 않을 수 있다. 다) 평지 또는 완경사 지역으로서 절벽·급류 등 위험한 장소의 인근에 설치되어서는 안 되며, 홍수의 범람·해일 등 재해의 우려가 없는 지역이어야 한다. 라) 배수가 잘 이루어져야 하며, 자연배수가 되지 않는 지반일 경우 배수로 또는 덮은 도랑 등을 설치하여 인공적으로 배수가 이루어지도록 하여야 한다.
10) 식당	매식을 하는 식당 또는 집단급식소로서 급식인원 1인당 1제곱미터 이상의 면적이어야 하며, 급식인원에 알맞은 조리기구·배식설비·식탁·의자 등의 기구·설비를 갖추어야 한다.
11) 자가취사장	가) 배기가 잘 되는 구조로 하여야 하며, 화재 등을 예방할 수 있도록 소화장비를 갖추어야 한다. 나) 급수·배수설비, 개수설비, 오물처리설비 등을 갖추어야 한다. 다) 유스호스텔의 경우에는 취사설비(가스레인지 또는 전열취사기구 등과 조리대 및 개수대를 말한다)와 식탁·의자 및 개별취사용구·부식 등을 보관할 수 있는 보관대를 구비하여야 한다. 라) 옥외에 설치하는 경우에는 비바람을 막을 수 있는 구조로 하여야 하며, 이용에 불편이 없도록 가까운 장소에 설치하여야 한다.
12) 위생시설	가) 화장실은 수세식 또는 이에 준하는 방식으로 설치하여야 하며, 이용이 편리한 위치에 남녀를 구분하여 설치하여야 한다. 나) 취사 및 음용에 공급되는 물은 상수도를 사용하는 경우를 제외하고는 관할 보건소에서 보건위생상 해가 없다고 증명한 것이어야 한다.
13) 지도자실	청소년지도자들이 청소년수련활동 지도 등을 위한 준비실로 사용하는 실내공간으로 의자·탁자 등 필요한 기구·설비를 갖추어야 한다.
14) 상담실	가) 내부의 장식·설비 등은 안락함이 느껴지도록 설치하여야 한다. 나) 응접세트 또는 의자·탁자 등을 갖추어야 한다. 다) 다수의 상담이 동시에 가능하도록 설치하는 경우에 있어서는 칸막이 등을 설치하여야 한다.
15) 양호실	가) 간단한 구급약품의 비치나 상병자에 대한 응급처치 등을 할 수 있도록 약품보관함·침대·침구 등을 갖추어야 한다. 나) 관리실·사무실 등에 병설하여 설치할 수 있다(개별기준에서 정하지 않은 경우에 한정한다).

16) 휴게실	가) 이용자들의 휴식을 위한 공간으로 의자 및 탁자를 갖추어야 한다. 나) 공유면적에 의자 및 탁자를 배치하여 휴식장소로 이용할 경우에는 이를 휴게실로 볼 수 있다(개별기준에서 정하지 않은 경우에 한정한다).
17) 물품보관시설	물품보관시설을 설치하거나 물품보관함을 비치하여야 한다.
18) 방송설비	해당 수련시설에서 안내방송 등을 할 수 있는 설비로서 주된 장치는 별도의 방송실에 설치하거나 관리실 등에 병설할 수 있다.

2. 개별기준

가. 청소년수련관

구분	기준
1) 면적	연건축면적이 1,500제곱미터 이상이어야 한다.
2) 실내집회장	150명 이상을 수용할 수 있어야 한다.
3) 체육활동장	연면적 150제곱미터 이상의 실내체육시설을 설치하여야 한다.
4) 자치활동실	2개소 이상 설치하여야 한다.
5) 특성화수련활동장	2개 이상의 시설을 선택하여 설치하여야 한다.
6) 상담실	1개소 이상 설치하여야 한다.
7) 휴게실	1개소 이상 설치하여야 한다.
8) 위생시설	수용정원에 적합한 화장실, 세면장 등을 설치하여야 한다.
9) 지도자실	1개소 이상 설치하여야 한다.
10) 기타설비	방송설비를 갖추어야 한다.
11) 수용정원	2)부터 5)까지에 해당하는 시설(실내시설에 한정한다)을 일시에 사용할 수 있는 적정인원을 말한다.

나. 청소년문화의 집

구분	기준
1) 활동시설	1. 공통기준 나목의 1) 및 5)부터 7)까지에 해당하는 시설 중 두 종류 이상을 갖추어야 한다.
2) 휴게시설	휴게실을 별도로 설치하거나 실내공간 또는 마당을 청소년의 휴식 및 대화장소로 제공할 수 있는 구조로 배치하여야 한다.
3) 위생시설	수용정원에 적합한 화장실·세면장 등을 설치하여야 한다.
4) 기타시설	물품보관시설을 갖추어야 한다.
5) 수용정원	1)에 해당하는 시설(실내시설에 한정한다)을 일시에 사용할 수 있는 적정인원을 말한다.

다. 청소년수련원

구분	기준
1) 생활관	가) 100명 이상이 숙박할 수 있어야 한다. 나) 숙박실은 4인실 이상 10인실 이하의 규모로 하여야 한다. 다만, 청소년지도자용 숙박실은 2인실로 할 수 있다.
2) 식당	생활관 숙박정원의 100분의 30 이상의 인원에게 일시에 급식할 수 있어야 한다.
3) 실내집회장	생활관 숙박정원의 100분의 50 이상을 수용할 수 있어야 한다.
4) 야외집회장	생활관 숙박정원의 100분의 60 이상을 수용할 수 있어야 한다.
5) 체육활동장	연면적 100제곱미터 이상의 실내체육시설 또는 연면적 1,500제곱미터 이상의 실외체육시설을 설치하여야 한다.
6) 수련의 숲	연면적 1,000제곱미터 이상이어야 한다.
7) 강의실	1실 이상 설치하여야 한다.
8) 특성화수련활동장	1개 이상의 시설을 선택하여 설치하여야 한다.
9) 지도자실	1개소 이상 설치하여야 한다.
10) 휴게실	1개소 이상 설치하여야 한다.
11) 비상설비	가) 비상조명설비 또는 기구를 갖추어야 한다. 나) 비상급수설비를 갖추어야 한다.
12) 기타시설	방송설비, 양호실, 물품보관시설을 갖추어야 한다.
13) 숙박정원	생활관에서 일시에 숙박할 수 있는 적정인원을 말한다.

※ 비고

폐교시설을 이용하여 설치하는 청소년수련원은 1)부터 3)까지 및 5)에 해당하는 시설에 대하여는 기준규모 이하로 할 수 있으며, 6)에 해당하는 시설의 설치를 생략할 수 있다.

라. 청소년야영장

구분	기준
1) 야영지	100명 이상이 야영할 수 있어야 한다.
2) 야외집회장	수용정원의 100분의 40 이상을 수용할 수 있어야 한다.
3) 대피시설	가) 폭우·폭설 등 급작스런 재해에 대비하여 대피시설을 설치하여야 한다. 다만, 다른 용도의 시설이 있어 이를 대피시설로 사용할 수 있는 경우에는 별도의 대피시설을 설치하지 않을 수 있다. 나) 대피시설의 구조는 비바람을 막을 수 있는 구조로 하여야 한다.
4) 체육활동장	연면적 1,000제곱미터 이상의 실외체육시설을 설치하여야 한다.
5) 비상설비	가) 비상시 야영지에서 대피시설까지 원활하게 이동할 수 있도록 비상조명설비 또는 기구를 갖추어야 한다.

	나) 야영지에서 대피시설 또는 관리사무소에 연락할 수 있는 통신수단을 확보하여야 한다.
6) 야영정원	야영지에서 일시에 야영할 수 있는 적정인원을 말한다.

※ 비고

1) 국가·지방자치단체 또는 공공단체 등이 도시공원·자연공원 또는 관광지 등에 설치하는 청소년야영장으로서 관련법령에 따른 조성계획에 따라 설치하는 경우에는 위 기준에 불구하고 그 계획에 따른다.
2) 생활관을 설치하는 경우에는 숙박정원을 100명 미만으로 하여야 한다.
3) 폐교시설을 이용하여 설치하는 청소년야영장은 1), 2) 및 4)에 해당하는 시설에 대하여는 기준 규모 이하로 할 수 있다.

마. 청소년특화시설

구분	기준
1) 활동시설	직업체험, 문화예술, 과학정보, 환경 등의 특화된 분야의 활동을 행할 수 있는 전문 자료실, 동아리방, 연구실, 체험실 등의 시설을 갖추어야 한다.
2) 휴게실	1개소 이상 설치하여야 한다.
3) 지도자실	1개소 이상 설치하여야 한다.
4) 냉·난방시설	냉·난방설비를 갖추어야 한다.
5) 비상설비	가) 비상조명설비 또는 기구를 갖추어야 한다. 나) 비상급수설비를 설치하여야 한다.
6) 기타시설	방송설비 및 물품보관시설을 갖추어야 한다.
7) 수용정원	활동시설(실내시설에 한정한다)에서 일시에 수용할 수 있는 적정인원을 말한다.

바. 유스호스텔

구분	기준
1) 숙박실	가) 각각의 숙박실은 10명 이하의 규모로 하되, 2인실 이하의 숙박정원의 합계는 전체 숙박정원의 100분의 40을 초과할 수 없다. 나) 청소년을 동반한 가족 등에게 제공하기 위한 가족실을 둘 수 있다. 이 경우 그 숙박정원의 합계는 전체 숙박정원의 100분의 30을 초과할 수 없다.
2) 대화·정보실	여행·문화정보 등을 제공하고 만남의 공간으로 활용될 수 있도록 조성한다.
3) 자가취사장	숙박정원 50인당 1조 이상의 취사설비를 갖추어야 한다. 다만, 그 합계가 5조를 초과하는 경우에는 5조로 할 수 있다.
4) 휴게실	1개소 이상 설치하여야 한다.
5) 지도자실	1개소 이상 설치하여야 한다.

6) 난방시설	난방설비를 갖추어야 한다.
7) 비상설비	가) 비상조명설비 또는 기구를 갖추어야 한다. 나) 비상급수설비를 설치하여야 한다.
8) 기타시설	방송설비 및 물품보관시설을 갖추어야 한다.
9) 숙박정원	숙박실에서 일시에 숙박할 수 있는 적정인원을 말한다.

출처: 청소년활동 진흥법 시행규칙 제8조 [별표 3]

<별표 5> 수련시설의 운영기준

1. 청소년수련활동 운영
   가. 청소년수련거리별로 추구하려는 구체적인 목적이 명시되어야 한다.
   나. 청소년수련거리는 청소년지도사에 의하여 실시되어야 한다.
   다. 청소년수련거리의 실시에 있어서는 청소년 개인의 정신적·신체적 능력을 참작하여야 하며, 청소년수련거리에 강제로 참여하게 하여서는 안 된다.
   라. 수련시설은 법 제35조에 따라 인증받은 청소년수련활동을 비롯한 다양한 활동을 실시할 수 있도록 운영하여야 한다.

2. 생활지도
   가. 특별한 경우를 제외하고는 23시 이전에 취침하도록 하여야 하며, 취침시간 후에는 취침을 방해하는 행위가 없도록 하여야 한다.
   나. 청소년의 남녀혼숙을 금하여야 한다.
   다. 미성년자에 대하여는 음주·흡연행위를 금하여야 하며, 성인이라 하더라도 흡연은 정해진 장소에서 하도록 하고, 음주 등으로 인하여 해당 수련시설을 이용하는 청소년의 지도에 지장을 초래하지 않도록 하여야 한다.
   라. 음주자 등 시설의 운영에 지장을 초래할 우려가 있는 사람의 출입을 금지시켜야 한다.
   마. 집단급식소 등은 청소년들의 자립정신의 배양을 위하여 자급식 운영을 원칙으로 한다.
   바. 청소년에게 정신적·신체적 폭행이나 이와 유사한 행위를 하여서는 안 된다.
   사. 청소년의 탈선을 방지하고 타인으로부터의 위해 등을 예방하기 위한 조치를 취하여야 한다.

3. 시설의 관리 및 운영
   가. 청소년수련시설 등록증을 이용자들이 잘 볼 수 있는 장소에 게시하여야 한다.
   나. 숙박실별로 해당 숙박실의 숙박정원을 표시하여야 한다.
   다. 시설을 항상 청결하게 유지·관리하고, 위생관리를 철저히 하여야 한다.
   라. 해당 수련시설의 시설기준을 초과하여 운영하여서는 안 된다.
   마. 수련시설의 운영과 관련하여 정당한 경비 외의 부당한 수수료 또는 금품을 제공받거나 수련시설 이용자의 유치 등을 목적으로 금품 등을 제공하여서는 안 된다.
   바. 해당 수련시설에 법 제33조 제2항 각 호의 시설이나 그 밖에 다른 법령에 따른 시설이 설치된 경우에는 이 기준에서 정한 것 외에 그 법령에서 정한 위생기준, 관리·운영기준 등을 준수하여야 한다.
   사. 유스호스텔의 경우에는 이 기준에서 정한 것 외에 사단법인 한국유스호스텔연맹이 여성가족부장관의 승인을 받아 정한 유스호스텔의 시설운영과 관련한 사항을 준수하도록 노력하여야 한다.

4. 종사자 교육
수련시설의 설치·운영자는 수련시설의 종사자에 대하여 연 1회 이상 수련시설의 운영·안전·위생 등에 관한 교육을 실시하여야 한다.

5. 기록의 유지관리 등
다음의 장부·서류를 비치하고, 기록·유지하여야 한다.
가. 일일 청소년수련활동실시 현황부
나. 청소년수련활동참여자 명단(유스호스텔의 경우는 숙박실 이용자 명단을 포함한다)
다. 청소년지도사 및 직원명부
라. 시설물안전점검 기록대장
마. 현금출납부 및 그 밖의 경리관계 장부·서류
바. 등록관계 서류
사. 종사자 및 이용자에 대한 안전교육실시기록대장

출처: 청소년활동 진흥법 시행규칙 제9조 [별표 5]

<별표 1> 숙박형등 청소년수련활동 프로그램 운영기준

1. 안전 확보
가. 법 제9조의3 제1항에 따라 프로그램에 참가하려는 청소년의 건강상태를 확인하고, 법 제25조 제1항에 따라 보험에 가입하여야 하며, 프로그램 지도자는 항상 안전사고 예방에 주의를 기울여야 한다.
나. 안전사고·응급환자 발생 등에 대비하여 긴급 후송대책 등의 방안을 마련하여야 한다.
다. 안전교육 프로그램을 마련하여 참가자(지도 인력을 포함한다)에 대하여 사전 안전교육을 실시하여야 한다.
라. 관계법령에 따른 안전점검 사항을 확인하고 준수하여야 한다.

2. 프로그램 운영
가. 프로그램 진행에 적절한 인력, 기자재 및 장비를 확보하여야 한다.
나. 충분한 휴식 및 영양공급, 안전한 취침을 위한 공간·장비 확보 등의 조치를 하여야 한다.
다. 프로그램을 실시할 때에는 청소년 개인의 정신적·신체적 능력을 고려하여야 하고, 특별한 사정이 있는 경우 프로그램에 강제로 참여하게 하여서는 안 된다.
라. 프로그램을 실시할 때에는 청소년에게 음주·흡연행위를 금지하여야 하고, 지도 인력도 이를 준수하여야 한다.
마. 청소년에게 정신적·신체적 폭행이나 이와 유사한 행위를 하여서는 안 된다.
바. 프로그램의 운영과 관련하여 정당한 경비 외의 부당한 수수료 또는 금품을 제공받아서는 안 된다.
사. 프로그램의 내용에 따라 관계법령에 따라 신고·등록·허가가 필요한 경우 반드시 해당 신고·등록·허가를 거쳐 프로그램을 운영하여야 한다.
아. 프로그램 일정, 참가비, 지도자 자격 및 경력, 인증수련활동 여부, 가입 보험 종류 및 약관, 사목에 따른 신고·등록·허가 여부, 안전관리 대책 등의 정보를 주최자의 인터넷 홈페이지 등에 사전에 공개하여야 한다.

출처: 청소년활동 진흥법 시행규칙 제1조의2 제1항 제1호 [별표 1]

(4) 수련시설의 종합평가 등(법 제19조의2)

여성가족부장관은 수련시설의 전문성 강화와 운영의 개선 등을 위하여 시설 운영 및 관리 체계, 활동프로그램 운영 등 수련시설 전반에 대한 종합평가를 정기적으로 실시하고 그 결과를 공개하여야 한다.

여성가족부장관은 제1항에 따른 종합평가를 실시하려면 미리 수련시설의 운영대표자에게 그 종합평가의 절차, 방법 및 기간을 통보하여야 한다.

여성가족부장관은 제2항에 따른 통보를 할 때 또는 그 통보 후에 수련시설의 운영대표자에게 제1항에 따른 종합평가에 필요한 자료의 제출을 요구할 수 있다. 이 경우 수련시설의 대표자는 정당한 사유가 없으면 그 요구에 따라야 한다.

국가 및 지방자치단체는 제1항에 따른 종합평가의 결과 우수한 수련시설에 대하여 포상 등을 실시할 수 있다.

여성가족부장관은 제1항에 따른 종합평가의 결과에 따라 수련시설의 운영대표자에게 미흡사항에 대한 개선이나 그 밖의 필요한 조치를 하도록 요구할 수 있다.

여성가족부장관은 제1항에 따른 종합평가의 결과를 교육부장관 등 관계 기관의 장에게 알려야 한다.

(5) 시정명령 및 금지행위

특별자치시장·특별자치도지사·시장·군수·구청장은 수련시설 설치·운영자 또는 위탁운영단체가 다음 각 호의 어느 하나에 해당하는 경우 그 시정을 명할 수 있다(법 제20조).

1. 제17조의 시설기준을 위반한 경우
2. 제18조의 안전기준을 위반한 경우
3. 제18조의3 제4항에 따른 시설의 보완 또는 개수·보수, 위생상태의 개선 요구에 따르지 아니한 경우
4. 제19조의 운영기준을 위반한 경우
5. 제19조의2 제5항에 따른 미흡사항에 대한 개선이나 그 밖의 조치 요구에 따르지 아니한 경우

특별자치시장·특별자치도지사·시장·군수·구청장은 수련시설의 운영 또는 청소년 활동 중에 다음 각 호의 어느 하나에 해당하는 사유가 발생한 경우에는 수련시설 설치·운영자 또는 위탁운영단체, 숙박형등 청소년수련활동 주최자에게 3개월 이내의 기간을 정하여 시설 운영 또는 활동의 중지를 명할 수 있다(법 제20조의2).

1. 시설이 붕괴되거나 붕괴할 우려가 있는 등 안전 확보가 현저히 미흡한 경우
2. 숙박형등 청소년수련활동의 실시 중 참가자 또는 이용자의 생명 또는 신체에 심각한 피해를 입히는 사고가 발생한 경우
3. 「성폭력범죄의 처벌 등에 관한 특례법」 제2조의 성폭력범죄 또는 「아동·청소년의 성보호에 관한 법률」 제2조 제2호 및 제3호의 아동·청소년대상 성범죄 및 아동·청소년대상 성폭력범죄가 발생한 경우
4. 「아동복지법」 제17조의 금지행위가 발생한 경우

수련시설 설치·운영자 또는 위탁운영단체는 다음 각 호의 행위를 하여서는 아니 된다(법 제21조).

1. 정당한 사유 없이 청소년의 수련시설 이용을 제한하는 행위
2. 청소년활동이 아닌 용도로 수련시설을 이용하는 행위. 다만, 대통령령으로 정하는 용도로 이용하는 경우는 제외한다.
3. 청소년단체가 아닌 자에게 수련시설을 위탁하여 운영하게 하는 행위

특별자치시장·특별자치도지사·시장·군수·구청장은 수련시설 설치·운영자가 다음 각 호의 어느 하나에 해당하는 경우에는 그 수련시설의 허가 또는 등록을 취소할 수 있다. 다만, 제1호 또는 제2호에 해당하는 경우에는 허가 또는 등록을 취소하여야 한다(법 제22조).

1. 거짓이나 그 밖의 부정한 방법으로 허가를 받거나 등록을 한 경우
2. 최근 2년 이내에 제72조제2항제8호에 따른 과태료처분을 2회 이상 받고 다시 같은 호에 따른 위반행위를 한 경우
3. 정당한 사유 없이 수련시설의 허가를 받거나 등록을 한 후 1년 이내에 그 수련시설의 설치 착수 또는 운영을 시작하지 아니하거나 특별자치시장·특별자치도지사·시장·군수·구청장이 정하는 기간에 수련시설의 등록을 하지 아니한 경우

4. 고의 또는 중대한 과실로 제20조의2 제1항 각 호의 사유가 발생한 경우
5. 제19조의2에 따른 종합평가에서 가장 낮은 등급을 연속하여 3회 이상 받은 경우

<별표 6> 운영 중지 명령의 행정처분 기준

Ⅰ. 일반기준

1. 위반행위가 둘 이상인 경우로 그에 해당하는 각각의 처분기준이 다른 경우에는 그 중 무거운 처분기준에 따른다.
2. 횟수에 따른 행정처분의 기준은 최근 1년간 같은 위반행위로 행정처분을 받은 경우에 적용된다. 이 경우 행정처분 기준의 적용은 같은 위반행위에 대하여 최초로 행정처분을 한 날과 그 처분 후의 위반행위가 다시 적발된 날을 기준으로 한다.
3. 처분권자는 사고 등의 발생 사유의 동기·내용·횟수 및 위반의 정도 등 다음 각 목에 해당하는 사유를 고려하여 그 처분을 감경할 수 있다.
   가. 사유가 사소한 부주의나 오류로 인한 것으로 인정되는 경우
   나. 내용·정도가 경미하여 수요자에게 미치는 피해가 적다고 인정되는 경우
   다. 위반 행위자가 해당 위반행위로 인하여 검사로부터 기소유예 처분을 받거나 법원으로부터 선고유예의 판결을 받은 경우

Ⅱ. 개별기준

위반사항	근거법령	행정처분	
		1차 위반	2차 이상 위반
1. 시설이 붕괴된 경우	법 제20조의2 제1항 제1호	3개월 운영 중지	
2. 시설이 붕괴할 우려가 있는 등 안전 확보가 현저히 미흡한 경우	법 제20조의2 제1항 제1호	2개월 운영 중지	3개월 운영 중지
3. 숙박형등 청소년수련활동의 실시 중 참가자 또는 이용자의 생명 또는 신체에 심각한 피해를 입히는 사고가 발생한 경우	법 제20조의2 제1항 제2호	2개월 운영 중지	3개월 운영 중지
4. 「성폭력범죄의 처벌 등에 관한 특례법」 제2조의 성폭력범죄 또는 「아동·청소년의 성보호에 관한 법률」 제2조 제2호 및 제3호의 아동·청소년대상 성범죄 및 아동·청소년대상 성폭력범죄가 발생한 경우	법 제20조의2 제1항 제3호	2개월 운영 중지	3개월 운영 중지
5. 「아동복지법」 제17조의 금지행위가 발생한 경우	법 제20조의2 제1항 제4호	2개월 운영 중지	3개월 운영 중지

출처: 청소년활동 진흥법 시행규칙 제9조의3 [별표 6]

<별표 8> 인증의 취소 등 행정처분의 기준

Ⅰ. 일반기준

1. 위반행위가 둘 이상인 경우로서 그에 해당하는 각각의 처분기준이 다른 경우에는 그 중 무거운 처분기준에 따른다.
2. 위반행위의 횟수에 따른 행정처분의 기준은 최근 1년간 같은 위반행위로 행정처분을 받은 경우에 적용된다. 이 경우 행정처분 기준의 적용은 같은 위반행위에 대하여 최초로 행정처분을 한 날과 그 처분 후의 위반행위가 다시 적발된 날을 기준으로 한다.
3. 처분권자는 위반행위의 동기·내용·횟수 및 위반의 정도 등 다음 각 목에 해당하는 사유를 고려하여 그 처분을 감경할 수 있다.
   가. 위반행위가 고의나 중대한 과실이 아닌 사소한 부주의나 오류로 인한 것으로 인정되는 경우
   나. 위반의 내용·정도가 경미하여 수요자에게 미치는 피해가 적다고 인정되는 경우
   다. 위반 행위자가 최근 5년간 「청소년활동 진흥법」 제36조의3 제1항 및 제2항에 따른 행정처분 없이 인증수련활동을 해 온 경우
   라. 위반 행위자가 해당 위반행위로 인하여 검사로부터 기소유예 처분을 받거나 법원으로부터 선고유예의 판결을 받은 경우

Ⅱ. 개별기준

위반사항	근거법령	행정처분		
		1차	2차	3차
1. 거짓이나 그 밖의 부정한 방법으로 인증을 받은 경우	법 제36조의3 제1항 제1호	취소		
2. 인증을 받은 후 정당한 사유 없이 1년 이상 계속하여 인증수련활동을 실시하지 않은 경우	법 제36조의3 제1항 제2호	경고	3개월 정지	취소
3. 인증수련활동의 내용과 실제로 실시되는 청소년수련활동의 내용에 중요한 차이가 있는 경우로서 그 원인이 인증받은 자의 고의나 중대한 과실로 발생된 경우	법 제36조의3 제1항 제3호	3개월 정지	6개월 정지	취소

출처: 청소년활동 진흥법 시행규칙 제15조의7 제2항 [별표 8]

(6) 수련시설의 이용(법 제31조)

수련시설을 운영하는 자는 청소년단체가 청소년활동을 위하여 시설 이용을 요청할 때에는 특별한 사유가 없으면 그 요청에 따라야 한다.

수련시설을 운영하는 자는 청소년활동에 지장을 주지 아니하는 범위에서 다음 각 호의 용도로 수련시설을 제공할 수 있다.

1. 법인·단체 또는 직장 등에서 실시하는 단체연수활동 등에 제공하는 경우
2. 「평생교육법」에 따른 평생교육의 실시를 위하여 제공하는 경우
3. 청소년수련원, 유스호스텔 및 청소년야영장에서 개별적인 숙박·야영 편의 등을 제공하는 경우
4. 해당 수련시설에 설치된 관리실·사무실 등을 청소년단체의 활동공간으로 제공하는 경우
5. 그 밖에 여성가족부령으로 정하는 용도로 이용하는 경우

제2항 제1호부터 제3호까지에 따른 이용은 여성가족부령으로 정하는 이용 범위를 초과할 수 없다.

3) 청소년수련활동의 지원

(1) 청소년수련거리의 개발·보급(법 제34조)

국가 및 지방자치단체는 청소년수련활동에 필요한 청소년수련거리를 그 이용대상·나이·이용장소 등을 종합적으로 고려하여 유형별로 균형 있게 개발·보급하여야 한다.

국가 및 지방자치단체는 청소년의 발달원리와 선호도에 근거하여 청소년수련거리를 전문적으로 개발하여야 한다.

(2) 청소년수련활동 인증제도의 운영(법 제35조)

국가는 청소년수련활동이 청소년의 균형 있는 성장에 기여할 수 있도록 그 내용과 수준을 향상시키기 위하여 청소년수련활동 인증제도를 운영하여야 한다.

국가는 청소년수련활동 인증제도를 운영하기 위하여 청소년수련활동 인증위원회를 활동진흥원에 설치·운영하여야 한다.

인증위원회는 위원장과 부위원장 각 1명을 포함한 15명 이내의 위원으로 구성한다.

인증위원회의 위원은 다음 각 호에 해당하는 사람으로 한다. 이 경우 제3호에 해당하는 사람이 1명 이상 포함되어야 한다.

1. 여성가족부와 교육부의 고위공무원단에 속하는 일반직공무원 또는 이에 상당하

는 특정직공무원 중에서 해당 기관의 장이 각각 지명하는 사람

2. 활동진흥원의 이사장
3. 청소년활동의 안전에 관한 전문자격이나 전문지식을 가진 사람 중에서 여성가족부장관이 위촉하는 사람
4. 그 밖에 청소년활동에 관한 지식과 경험이 풍부한 사람 중에서 여성가족부장관이 위촉하는 사람

국가는 제36조에 따라 인증을 받은 청소년수련활동(이하 "인증수련활동"이라 한다)을 공개하여야 하며, 인증수련활동에 참여한 청소년의 활동기록을 유지·관리하고, 청소년이 요청하는 경우에는 이를 제공하여야 한다.

(3) 청소년수련활동의 인증 절차(법 제36조)

국가와 지방자치단체 또는 개인·법인·단체 등은 청소년수련활동에 필요한 프로그램을 개발하여 실시하려는 경우에는 인증위원회에 그 인증을 신청할 수 있다.

제1항에도 불구하고 위탁·재위탁을 포함하여 여성가족부령으로 정하는 바에 따라 참가 인원이 일정 규모 이상이거나 위험도가 높은 청소년수련활동을 주최하려는 자는 그 청소년수련활동에 대하여 미리 인증위원회의 인증을 받아야 한다. 다만, 다음 각 호의 어느 하나에 해당하는 단체가 회원을 대상으로 수련활동을 실시하는 경우에는 그러하지 아니하다.

1. 「스카우트활동 육성에 관한 법률」에 따른 스카우트주관단체
2. 「스카우트활동 육성에 관한 법률」에 따른 걸스카우트주관단체
3. 「한국청소년연맹 육성에 관한 법률」에 따라 운영되는 한국청소년연맹
4. 「한국해양소년단연맹육성에관한법률」에 따라 운영되는 한국해양소년단연맹
5. 「한국4에이치활동 지원법」에 따라 운영되는 4에이치활동 주관단체
6. 「대한적십자사 조직법」에 따라 운영되는 청소년적십자
7. 그 밖에 여성가족부령으로 정하는 단체

제1항 및 제2항에 따라 인증을 신청하려는 자는 청소년지도자와 다음 각 호의 어느 하나에 해당하는 인력(이하 "전문인력"이라 한다)을 갖추어야 한다. 다만, 청소년지도자가

전문인력에 해당하는 경우에는 전문인력을 갖춘 것으로 본다.

1. 여성가족부령으로 정하는 응급처치에 관한 교육을 이수한 사람
2. 청소년활동의 안전에 필요한 전문자격이나 전문지식을 가진 사람으로서 여성가족부령으로 정하는 사람

제1항 및 제2항에 따라 인증을 신청하려는 자는 청소년수련활동에 필요한 프로그램을 진행하는 활동의 장소·시기·목적·대상·내용·진행방법·평가·자원조달·청소년지도자 및 전문인력 등에 관한 사항을 작성하여 인증위원회에 제출하여야 한다.

인증위원회는 제1항 및 제2항에 따른 인증을 할 때에는 현장방문 등 필요한 방법으로 인증신청의 내용을 확인할 수 있다.

인증위원회는 인증신청의 내용을 확인한 결과 제4항에 따른 신청사항이 누락되거나 신청사항을 보완할 필요가 있는 경우에는 대통령령으로 정하는 바에 따라 20일 이내의 기간을 정하여 보완을 요구할 수 있다(법 제36조).

인증위원회는 제36조에 따라 인증을 하는 경우 인증의 유효기간을 설정할 수 있다(법 제36조의 2).

인증위원회는 청소년수련활동을 인증받은 자가 다음 각 호의 어느 하나에 해당하는 경우에는 그 인증을 취소하거나 6개월 이내의 기간을 정하여 그 인증의 정지를 명할 수 있다. 다만, 제1호의 경우에는 그 인증을 취소하여야 한다(법 제36조의 3).

1. 거짓이나 그 밖의 부정한 방법으로 인증을 받은 경우
2. 인증을 받은 후 정당한 사유 없이 1년 이상 계속하여 인증수련활동을 실시하지 아니한 경우
3. 인증수련활동의 내용과 실제로 실시되는 청소년수련활동의 내용에 중요한 차이가 있는 경우로서 그 원인이 인증받은 자의 고의나 중대한 과실로 인한 경우

제36조의3에 따라 인증이 취소되거나 인증위원회의 인증을 받지 아니한 경우에는 인증수련활동이나 청소년수련활동의 인증 등 인증을 받았음을 나타내는 표시를 하거나 이와 유사한 표시를 하여서는 아니 된다(법 제38조).

(4) 한국청소년수련시설협회(법 제40조)

수련시설 설치·운영자 및 위탁운영단체는 수련시설의 운영·발전을 위하여 여성가족부장관의 인가를 받아 다음 각 호의 사업을 하는 한국청소년수련시설협회(이하 "시설협회"라 한다)를 설립할 수 있다.

1. 시설협회의 회원인 수련시설 설치·운영자 및 위탁운영단체가 실시하는 사업과 활동에 대한 협력 및 지원
2. 청소년지도자의 연수·권익증진 및 교류사업
3. 청소년수련활동의 활성화 및 수련시설의 안전에 관한 홍보 및 실천운동
4. 청소년수련활동에 대한 조사·연구·지원사업
5. 제41조에 따른 지방청소년수련시설협회에 대한 지원
6. 그 밖에 수련시설의 운영·발전을 위하여 필요하다고 여성가족부장관이 인정하는 사업

시설협회는 법인으로 하며, 국가는 예산의 범위에서 시설협회의 운영경비의 전부 또는 일부를 지원할 수 있다(법 제40조).

특정 지역을 활동범위로 하는 수련시설은 시설의 효율적인 운영·발전을 위하여 그 지역을 관할하는 시·도의 조례로 정하는 바에 따라 시·도지사의 승인을 받아 지방청소년수련시설협회를 설치할 수 있다(법 제41조).

(5) 청소년수련지구의 지정 등(법 제47조)

특별자치시장·특별자치도지사·시장·군수·구청장은 청소년활동을 지원하기 위하여 필요한 경우 명승고적지, 역사유적지 또는 자연경관이 수려한 지역으로서 청소년활동에 적합하고 이용이 편리한 지역을 청소년수련지구(이하 "수련지구"라 한다)로 지정할 수 있다.

4) 청소년교류활동의 지원

국가 및 지방자치단체는 청소년교류활동 진흥시책을 개발·시행하여야 하며, 청소년활동시설과 청소년단체 등에 대하여 청소년교류활동을 장려하기 위한 다양한 형태의 청소년교류활동 프로그램을 개발하여 운영하게 할 수 있다(법 제53조).

국가 및 지방자치단체는 정부·지방자치단체·국제기구 또는 민간 등이 주관하는 국제청소년교류활동을 지원하기 위한 시행계획을 수립하고 이를 추진하여야 한다. 국가는 다른 국가와 청소년교류협정을 체결하여 국제청소년교류활동이 지속적으로 발전할 수 있는 기반을 조성하여야 한다(법 제54조). 국가는 청소년교류활동 업무를 효율적으로 지원하기 위하여 청소년교류센터를 설치·운영할 수 있다(법 제58조).

5) 청소년문화활동의 지원

국가 및 지방자치단체는 청소년문화활동 프로그램 개발, 문화시설 확충 등 청소년문화활동에 대한 청소년의 참여 기반을 조성하는 시책을 개발·시행하여야 한다(법 제60조). 국가 및 지방자치단체는 다양한 영역에서 청소년문화활동이 활성화될 수 있도록 기반을 구축하여야 하며(법 제61조), 전통문화가 청소년문화활동에 구현될 수 있도록 필요한 시책을 수립·시행하여야 한다(법 제62조).

국가 및 지방자치단체는 청소년의 자원봉사활동을 활성화할 수 있는 기반을 조성하여야 한다(법 제65조).

6) 벌칙 및 과태료

다음 각 호의 어느 하나에 해당하는 자는 2년 이하의 징역 또는 2천만원 이하의 벌금에 처한다(법 제70조).

1. 제6조의5 제3항을 위반하여 직무상 알게 된 비밀을 누설한 자
2. 제11조 제3항에 따른 허가를 받지 아니하고 수련시설을 설치·운영하거나 변경한 자
3. 제22조에 따라 허가 또는 등록의 취소를 받은 자로서 계속하여 해당 수련시설을 운영한 자
4. 제48조 제2항에 따른 승인을 받지 아니하고 조성계획을 시행한 자

다음 각 호의 어느 하나에 해당하는 자는 1년 이하의 징역 또는 1천만원 이하의 벌금에 처한다.

1. 제9조의6을 위반하여 이 법 또는 다른 법률에 따라 신고·등록·인가·허가를 받지 아니하고 숙박형등 청소년수련활동을 실시한 자
2. 제20조의2에 따른 시설 운영 중지 또는 활동의 중지 명령을 위반한 자
3. 제39조를 위반하여 청소년수련활동을 위탁한 자

다음 각 호의 어느 하나에 해당하는 자에게는 500만원 이하의 과태료를 부과한다(법 제72조).

1. 제6조의8을 위반하여 한국청소년활동진흥원 또는 이와 유사한 명칭을 사용한 자
2. 제67조 제1항에 따른 보고를 하지 아니하거나 검사를 거부·방해 또는 기피한 자

다음 각 호의 어느 하나에 해당하는 자에게는 300만원 이하의 과태료를 부과한다.

1. 제9조의2 제1항을 위반하여 신고를 하지 아니하거나 거짓 또는 그 밖의 부정한 방법으로 신고한 자
2. 제9조의2 제4항을 위반하여 청소년수련활동의 모집을 한 자
3. 제9조의3 제2항을 위반하여 필요한 의료조치를 하지 아니한 자
4. 제9조의5를 위반하여 표시 또는 고지를 하지 아니한 자
5. 제13조 제1항을 위반하여 등록을 하지 아니하고 수련시설을 운영한 자
6. 제14조 제1항을 위반하여 운영대표자를 선임하지 아니한 자(제16조 제4항에 따라 준용되는 경우를 포함한다)
7. 제18조의2를 위반하여 안전교육을 실시하지 아니한 자

7의2. 제18조의3 제3항 후단을 위반하여 자료 제출의 요구에 따르지 아니한 자

7의3. 제19조의2 제3항 후단을 위반하여 자료 제출의 요구에 따르지 아니한 자

8. 제20조에 따른 시정명령을 위반한 자
9. 제21조를 위반하여 같은 조 각 호의 행위를 한 자
10. 제25조를 위반하여 보험에 가입하지 아니한 자
11. 제27조 제1항에 따른 신고를 하지 아니하고 수련시설을 휴지, 재개 또는 폐지한 자
12. 제38조를 위반하여 인증을 받지 아니하고 인증수련활동이나 청소년수련활동의 인증 등 인증을 받았음을 나타내는 표시를 하거나 이와 유사한 표시를 한 자

제 9 장 청소년복지 지원법

(약칭: 청소년복지법)

1. 의의

청소년들은 건강하게 성장하고 능력에 따라 교육을 받으며 가정과 사회의 충분한 돌봄 속에서 생활할 수 있어야 한다. 우리나라의 국가 및 지방자치단체가 청소년복지 정책을 수립하고 시행하는 것은 「헌법」 제34조 제4항에서 제시하고 있는 '국가는 노인과 청소년의 복지향상을 위한 정책을 실시할 의무를 진다'는 규정에 의한 것이다. 이러한 청소년복지 증진을 위하여 「청소년 기본법」 제49조 제4항의 규정에 따라 2004년 「청소년복지 지원법」이 제정되었다. 청소년복지는 청소년이 정상적인 삶을 영위할 수 있는 기본적인 여건을 조성하고, 조화롭게 성장·발달할 수 있도록 제공되는 사회적·경제적 지원을 말한다(「청소년 기본법」 제3조 제4항).

「청소년복지 지원법」은 청소년복지 향상에 관한 사항을 규정함을 목적으로 한다(법 제1조). 청소년의 복지 향상에 대한 가정·사회 및 국가의 책임과 의무를 정하고 이를 실천하기 위하여 필요한 사항을 정함으로써 미래사회의 주역이 될 청소년들의 삶의 질 향상과 최적의 성장·발달을 도모하기 위함이다.

여성가족부장관은 청소년복지 향상을 위한 정책수립에 활용하기 위하여 3년마다 청소년의 의식·태도·생활 등에 관한 실태조사를 실시하고 그 결과를 공표하여야 한다(법 제2조의2).

이 법에서 사용하는 용어의 정의(법 제2조)는 다음과 같다.

1. “청소년”이란 「청소년 기본법」 제3조 제1호 본문에 해당하는 사람을 말한다.
2. “청소년복지”란 「청소년 기본법」 제3조 제4호에 따른 청소년복지를 말한다.
3. “보호자”란 친권자, 법정대리인 또는 사실상 청소년을 양육하는 사람을 말한다.
4. “위기청소년”이란 가정 문제가 있거나 학업 수행 또는 사회 적응에 어려움을 겪는 등 조화롭고 건강한 성장과 생활에 필요한 여건을 갖추지 못한 청소년을 말한다.
5. “가정 밖 청소년”이란 가정 내 갈등·학대·폭력·방임, 가정해체, 가출 등의 사유로 보호자로부터 이탈된 청소년으로서 사회적 보호 및 지원이 필요한 청소년을 말한다.
6. “청소년부모”란 자녀를 양육하는 부모가 모두 청소년인 사람을 말한다.

2. 입법 배경 및 연혁

「청소년복지 지원법」은 청소년의 복지 향상에 대한 가정·사회 및 국가의 책임과 의무를 정하고 이를 실천하기 위하여 필요한 사항을 정함으로써 미래사회의 주역이 될 청소년들의 삶의 질 향상과 최적의 성장·발달을 도모하기 위하여 제정되었다. 「청소년복지 지원법」의 주요 연혁은 다음과 같다.

제·개정 (시행) 일자	제·개정 이유/내용
2004. 2. 9. (2005. 2. 10.) 제정	• 청소년 관련 정책 수립 등의 절차에 청소년의 참여 또는 의견수렴 보장 • 청소년에 대하여 국가 또는 지방자치단체가 운영하는 수송시설, 궁·능, 박물관, 공원, 공연장 등의 시설의 이용료를 면제 또는 할인 • 9세 이상 18세 이하의 청소년에 대하여 청소년증 발급 • 특별지원청소년 지원 • 청소년에 대한 교육적 선도
2010. 5. 17. (2010. 5. 17.)	영업주가 종업원 등에 대한 관리·감독상 주의의무를 다한 경우에는 처벌을 면하게 함으로써 양벌규정에도 책임주의 원칙이 관철되도록 함
2012. 2. 1. (2012. 8. 2.) 전부개정	청소년을 효율적이고 체계적으로 지원
	• 지역사회 청소년통합지원체계 구축·운영 • 위기청소년의 유형별로 다양한 지원 방안을 마련하는 등 위기청소년에 대한 보호 및 지원 강화 • 청소년복지지원기관 및 청소년복지시설의 설치·운영에 관한 내용을 체계적으로 정비 • 이주배경청소년지원센터의 설치·운영 근거 마련

제·개정 (시행) 일자	제·개정 이유/내용
2013. 5. 28. (2013. 11. 29.)	청소년복지지원기관 및 청소년복지시설에 대한 위탁운영의 기준 및 방법 신설
2014. 3. 24. (2014. 6. 25.)	한국청소년상담복지개발원의 원활한 운영
	한국청소년상담복지개발원에의 출연근거를 마련하여 청소년의 복지에 대한 지원을 강화
2015. 2. 3. (2015. 2. 3.)	한국청소년상담복지개발원의 결산서 제출 시기 정비
	준정부기관인 한국청소년상담복지개발원의 결산서 제출에 관한 현행 규정을 「공공기관의 운영에 관한 법률」에 따른 결산서 제출 시기 등에 맞추어 정비함으로써 법률 간의 불일치를 해결하고 법 적용상의 혼란 방지
2016. 5. 29. (2016. 11. 30.)	청소년들의 재범 방지 및 건강한 성장 지원
	• 청소년자립지원관을 청소년쉼터뿐만 아니라 청소년회복지원시설에서 퇴소한 후에도 복귀할 곳이 없을 때에 지원하는 시설로 기능 규정 • 「소년법」 제32조 제1항 제1호 처분을 받은 청소년에게 상담·주거·학업·자립 등을 지원하기 위한 청소년회복지원시설을 청소년복지시설로 규정
2016. 12. 20. (2016. 12. 20.)	청소년 성별 특성 고려 및 가출청소년에 대한 실질적인 보호와 지원 강화
	• 국가와 지방자치단체가 청소년의 건강증진 및 체력 향상을 위하여 질병 예방과 건강교육 등의 필요한 시책을 수립할 때 청소년의 성별 특성을 고려하도록 규정 • 청소년쉼터에서 청소년 본인의 의사에 반하여 퇴소 시킬 수 없도록 하는 규정 마련
2017. 12. 12. (2018. 6. 13.)	여성청소년의 건강한 성장 지원
	여성청소년에게 보건위생에 필수적인 물품 지원
2018. 12. 18. (2018. 12. 18.)	청소년의 복지 향상
	• '교육적 선도'를 '예방적·회복적 보호지원'으로 그 명칭을 변경하고, 보호지원의 목적 및 그 내용을 법률에 보다 구체적으로 규정함 • 법령에서 정한 기간 내에 신고수리 여부를 신고인에게 통지하도록 하고, 그 기간 내에 신고수리 여부나 처리기간의 연장을 통지하지 아니한 경우에는 신고를 수리한 것으로 간주(看做)하는 제도 도입 • 청소년의 의식·태도·생활 등에 대한 실태조사를 3년마다 실시하고 그 결과를 발표
2021. 3. 23. (2021. 9. 24.)	청소년부모 지원 및 한국청소년상담복지개발원의 전문성 강화
	• 지원의 사각지대에 놓여있는 자녀를 함께 양육하는 청소년부모를 지원하기 위한 법적 근거 마련 • "가출 청소년"을 "가정 밖 청소년"으로 용어 변경 • 위기청소년 통합지원 및 관리를 위하여 지자체에 전담기구를 설치하고, 위기청소년통합지원정보시스템을 구축·운영할 수 있는 근거 신설 • 정부로부터 연례적으로 위탁받아 운영하고 있는 사업을 한국청소년상담복지개발원이 고유 사업으로 수행할 수 있도록 근거 마련 • 비밀누설 금지 의무 위반에 대한 벌칙을 상향

제·개정 (시행) 일자	제·개정 이유/내용
2021. 4. 20. (2022. 4. 21.)	여성청소년 생리용품 의무 지원 및 퇴소 청소년 보호조치
	• 여성청소년에게 지원하는 보건위생물품의 용어를 실생활에서 사용하고 있는 용어에 맞게 '생리용품'으로 변경 • 국가 및 지방자치단체로 하여금 여성청소년이 생리용품을 신청하는 경우 이에 대한 지원을 의무화 • 청소년쉼터에서 강제퇴소되는 청소년을 보호할 수 있는 조치 마련

3. 주요 내용

「청소년복지 지원법」에 관한 전반적인 구조와 주요 내용을 정리하면 다음과 같다.

제1장 총칙	제1조(목적) 제2조(정의) 제2조의2(실태조사)
제2장 청소년의 우대 등	제3조(청소년의 우대) 제4조(청소년증)
제3장 청소년의 건강보장	제5조(건강한 성장지원) 제6조(체력검사와 건강진단) 제7조(건강진단 결과의 분석 등) 제8조(건강진단 결과의 공개 금지)
제4장 지역사회 청소년통합지원체계 등	제9조(지역사회 청소년통합지원체계의 구축·운영) 제10조(운영위원회) 제11조(주민의 자원 활동 지원) 제12조(상담과 전화 설치 등)
제5장 위기청소년 지원	제13조(상담 및 교육) 제14조(위기청소년 특별지원) 제15조(특별지원의 신청 및 선정) 제16조(청소년 가출 예방 및 보호·지원) 제17조 삭제 <2014. 5. 28.> 제18조(이주배경청소년에 대한 지원)
제6장 예방적·회복적 보호지원	제19조(예방적·회복적 보호지원의 실시 등) 제20조(시설의 설치·운영 등) 제21조(보호지원후견인)

제7장 청소년복지지원기관	제22조(한국청소년상담복지개발원) 제23조(정관) 제24조(사업계획서의 제출 등) 제25조(보조금 및 출연 등) 제26조(임원) 제27조(이사장) 제28조(「민법」의 준용) 제29조(청소년상담복지센터) 제30조(이주배경청소년지원센터)
제8장 청소년복지시설	제31조(청소년복지시설의 종류) 제32조(청소년복지시설의 설치) 제32조의2(가출청소년의 청소년쉼터 계속 이용) 제33조(휴업·폐업 등의 신고) 제34조(청소년복지시설의 종사자) 제35조(시설개선, 사업정지, 폐쇄 등) 제36조(청문)
제9장 보칙	제37조(비밀 누설의 금지) 제38조(동일 명칭의 사용 금지) 제39조(감독) 제40조(예산의 보조) 제41조(기관·시설 등의 평가) 제42조(권한 등의 위임 및 위탁) 제42조의2(청소년복지지원기관 등의 위탁운영)
제10장 벌칙	제43조(벌칙) 제44조(양벌규정) 제45조(과태료)

1) 청소년의 우대(법 제3조)

국가 또는 지방자치단체는 그가 운영하는 수송시설·문화시설·여가시설 등을 청소년이 이용하는 경우 그 이용료를 면제하거나 할인할 수 있다. 국가 또는 지방자치단체는 다음 각 호의 어느 하나에 해당하는 자가 청소년이 이용하는 시설을 운영하는 경우 청소년에게 그 시설의 이용료를 할인하여 주도록 권고할 수 있다.

1. 국가 또는 지방자치단체의 재정적 보조를 받는 자
2. 관계 법령에 따라 세제상의 혜택을 받는 자

3. 국가 또는 지방자치단체로부터 위탁을 받아 업무를 수행하는 자

제1항 또는 제2항에 따라 이용료를 면제받거나 할인받으려는 청소년은 시설의 관리자에게 주민등록증, 학생증, 청소년증 등 나이를 확인할 수 있는 증표 또는 자료를 제시하여야 한다.

2) 청소년증(법 제4조)

특별자치시장·특별자치도지사 또는 시장·군수·구청장(자치구의 구청장을 말한다. 이하 같다)은 9세 이상 18세 이하의 청소년에게 청소년증을 발급할 수 있다. 청소년증은 다른 사람에게 양도하거나 빌려주어서는 아니 된다. 누구든지 청소년증 외에 청소년증과 동일한 명칭 또는 표시의 증표를 제작·사용하여서는 아니 된다.

<별지 제4호 서식> 청소년증

(앞쪽)

청 소 년 증

사진
(2.5㎝×3㎝)

성명:
주민등록번호:
주소:
유효기한:
. . .

○○시(도) ○○시장(군수·구청장) 직인

86mm×54mm(플라스틱(PVC))

(뒤쪽)

연월일	주소 변동 사항
※ 이 증을 습득하신 분은 우체통에 넣어 주십시오.	

출처: 청소년복지 지원법 시행규칙 [별지 제4호 서식]

3) 청소년의 건강보장

국가 및 지방자치단체는 성별 특성을 고려하여 청소년의 건강 증진 및 체력 향상을 위한 질병 예방, 건강 교육 등의 필요한 시책을 수립하여야 하며, 보호자는 양육하는 청소년의 건강 증진 및 체력 향상에 노력하여야 한다(법 제5조). 이를 위하여 국가 및 지방자치단체는 청소년의 체력검사와 건강진단을 실시할 수 있으며, 결과를 청소년 본인에게 알려주어야 한다. 체력검사·건강진단의 실시와 그 결과 통보를 전문기관 또는 단체에 위탁할 수 있다(법 제6조).

국가 및 지방자치단체는 관련 기관과 협의하여 성별 특성을 반영한 청소년의 건강·체력 기준을 설정하여 보급할 수 있으며, 여성청소년의 건강한 성장을 위하여 여성청소년이 생리용품을 신청하는 경우 이를 지원한다(법 제5조).

4) 지역사회 청소년통합지원체계

지방자치단체의 장은 관할구역의 위기청소년을 조기에 발견하여 보호하고, 청소년복지 및 청소년보호를 효율적으로 수행하기 위하여 지방자치단체, 공공기관, 청소년단체 등이 협력하여 업무를 수행하는 지역사회 청소년통합지원체계를 구축·운영하여야 하며, 국가는 통합지원체계의 구축·운영을 지원하여야 한다(법 제9조).

특별시·광역시·특별자치시·도·특별자치도 및 시·군·구(자치구를 말한다. 이하 같다)는 통합지원체계에 관한 업무를 효율적으로 추진하기 위하여 통합지원체계 전담기구를 설치할 수 있다(법 제9조). 지방자치단체의 장은 통합지원체계의 원활한 운영을 위하여 필요하다고 인정하는 경우에는 청소년 지원에 관한 사항을 심의하는 지역사회 청소년통합지원체계 운영위원회를 둘 수 있으며, 위기청소년의 복지 및 보호와 관련된 정책 등 대통령령으로 정하는 사항을 심의하는 청소년복지심의위원회를 둘 수 있다(법 제10조).

여성가족부장관은 위기청소년 관련 정보의 효율적 처리, 정보 공유 및 기관 간 서비스 연계 등 통합지원체계를 효율적으로 운영하기 위하여 대통령령으로 정하는 바에 따라 위기청소년통합지원정보시스템을 구축·운영할 수 있다.

여성가족부장관은 통합정보시스템을 구축·운영하는 데 필요한 정보로서 다음 각 호의 어느 하나에 해당하는 정보를 정보주체의 명시적 동의를 받아 수집·보유·이용·제공·연계할 수 있다(법 제12조의2).

1. 제9조에 따른 지역사회 청소년통합지원체계 운영에 관한 정보
2. 제12조에 따른 전문가 상담에 관한 정보
3. 제13조에 따른 위기청소년의 가족 및 보호자에 대한 상담 및 교육에 관한 정보
4. 제14조에 따른 위기청소년 특별지원에 관한 정보
5. 제16조에 따른 가정 밖 청소년 지원에 관한 정보
6. 제18조에 따른 이주배경청소년 지원에 관한 정보
7. 제19조에 따른 예방적·회복적 보호지원에 관한 정보
8. 제29조에 따른 청소년상담복지센터에 관한 정보
9. 제31조에 따른 청소년복지시설에 관한 정보
10. 「학교 밖 청소년 지원에 관한 법률」 제12조에 따른 학교 밖 청소년 지원센터 관련 정보
11. 「청소년 보호법」 제27조에 따른 인터넷게임 중독 등의 피해 청소년 지원 관련 정보
12. 「청소년 보호법」 제35조에 따른 청소년 보호·재활센터 관련 정보
13. 「사회보장급여의 이용·제공 및 수급권자 발굴에 관한 법률」 제2조 제1호의 사회보장급여 중 청소년 관련 정보
14. 「주민등록법」에 따른 주민등록 자료 또는 정보
15. 「가족관계의 등록 등에 관한 법률」에 따른 가족관계등록 자료 또는 정보
16. 그 밖에 대통령령으로 정하는 위기청소년 지원 관련 업무 수행에 필요한 정보

여성가족부장관은 위기청소년의 효과적인 보호와 지원을 위하여 위의 정보를 처리하는 민간단체 및 기관과 필요한 정보연계를 위한 조치를 할 수 있다. 이 경우 정보연계 목적의 범위에서 해당 단체와 기관은 연계된 정보를 이용할 수 있다.

5) 위기청소년 지원

(1) 상담 및 교육(법 제13조)

국가 및 지방자치단체는 위기청소년에게 효율적이고 적합한 지원을 하기 위하여 위기청소년의 가족 및 보호자에 대한 상담 및 교육을 실시할 수 있다. 위기청소년의 가족 및 보호자는 국가 및 지방자치단체가 상담 및 교육을 권고하는 경우에는 이에 협조하여 성실히 상담 및 교육을 받아야 한다. 국가 및 지방자치단체는 여성가족부령으로 정하는 일정 소득 이하의 가족 및 보호자가 상담 및 교육을 받은 경우에는 예산의 범위에서 여비 등 실비를 지급할 수 있다.

(2) 위기청소년 특별지원(법 제14조)

국가 및 지방자치단체는 대통령령으로 정하는 바에 따라 위기청소년에게 필요한 사회적·경제적 지원(이하 "특별지원"이라 한다)을 할 수 있다. 특별지원은 생활지원, 학업지원, 의료지원, 직업훈련지원, 청소년활동지원 등 대통령령으로 정하는 내용에 따라 물품 또는 서비스의 형태로 제공한다. 다만, 위기청소년의 지원에 반드시 필요하다고 인정되는 경우에는 금전의 형태로 제공할 수 있다.

(3) 특별지원의 신청 및 선정(법 제15조)

다음 각 호의 어느 하나에 해당하는 사람은 위기청소년을 특별지원 대상 청소년으로 선정하여 줄 것을 특별자치시장·특별자치도지사 또는 시장·군수·구청장에게 신청할 수 있다. 이 경우 제1호 중 보호자 및 제2호부터 제5호까지의 사람은 해당 청소년의 동의를 받아야 한다.

1. 청소년 본인 또는 그 보호자
2. 「청소년 기본법」 제3조 제7호에 따른 청소년지도자
3. 「초·중등교육법」 제19조 제1항에 따른 교원
4. 「사회복지사업법」 제11조에 따른 사회복지사
5. 지방자치단체에서 청소년 업무를 담당하는 공무원

특별자치시장·특별자치도지사 또는 시장·군수·구청장은 신청을 받은 경우에는 심의위원회의 심의를 거쳐 선정 여부와 지원 내용 및 기간을 결정하여야 한다. 다만 긴급하게 지원할 필요가 있다고 판단하는 경우 또는 심의위원회가 구성되지 아니한 경우에는 심의위원회의 심의를 거치지 아니하고 지원 결정을 할 수 있다.

(4) 가정 밖 청소년에 대한 지원(법 제16조)

여성가족부장관 또는 지방자치단체의 장은 가정 밖 청소년의 발생을 예방하기 위한 교육·홍보·연구·조사 등 각종 정책을 수립·시행하여야 한다. 국가 및 지방자치단체는 가정 밖 청소년의 가정·사회 복귀를 돕기 위하여 상담, 보호, 자립 지원, 사후관리 등 필요한 조치를 하여야 한다. 보호자는 가정 밖 청소년의 발생을 예방하기 위하여 노력하여야 하며, 가정 밖 청소년의 가정·사회 복귀를 위한 국가 및 지방자치단체 등의 노력에 적극 협조하여야 한다. 여성가족부장관 또는 지방자치단체의 장은 제1항 및 제2항에 따른 가정 밖 청소년 발생 예방 및 보호·지원에 관한 업무를 청소년단체에 위탁할 수 있다.

(5) 이주배경청소년에 대한 지원(법 제18조)

국가 및 지방자치단체는 다음 각 호의 어느 하나에 해당하는 청소년의 사회 적응 및 학습능력 향상을 위하여 상담 및 교육 등 필요한 시책을 마련하고 시행하여야 한다.

1. 「다문화가족지원법」 제2조 제1호에 따른 다문화가족의 청소년
2. 그 밖에 국내로 이주하여 사회 적응 및 학업 수행에 어려움을 겪는 청소년

(6) 청소년부모에 대한 지원서비스

청소년부모에 대한 지원은 가족지원서비스, 복지지원, 교육지원, 직업체험 및 취업지원 등이 있다.

국가 및 지방자치단체는 청소년부모에게 다음 각 호의 가족지원서비스를 제공할 수 있다(법 제8조의2).

1. 아동의 양육 및 교육 서비스

2. 방문건강관리사업 서비스
3. 교육·상담 등 가족 관계 증진 서비스
4. 그 밖에 대통령령으로 정하는 청소년부모에 대한 가족지원 서비스

국가 및 지방자치단체는 청소년부모와 그 자녀에게 복지지원을 할 수 있다. 복지지원은 생활지원, 의료지원, 주거지원, 청소년활동지원 등 대통령령으로 정하는 내용에 따라 물품 또는 서비스의 형태로 제공한다(법 제8조의3).

국가 및 지방자치단체는 청소년부모가 학업을 할 수 있도록 청소년부모의 선택에 따라 다음 각 호의 어느 하나에 해당하는 지원을 할 수 있다(법 제8조의4).

1. 「초·중등교육법」 제2조에 따른 학교에서의 학적 유지를 위한 지원 및 교육비 지원 또는 검정고시 지원
2. 「평생교육법」 제31조제2항에 따른 학력인정 평생교육시설에 대한 교육비 지원
3. 「초·중등교육법」 제28조에 따른 교육 지원
4. 그 밖에 청소년부모의 교육 지원을 위하여 여성가족부령으로 정하는 사항

국가 및 지방자치단체는 청소년부모가 자녀를 안정적으로 양육할 수 있는 환경을 조성하기 위하여 직업의 체험과 훈련을 할 수 있도록 다음 각 호의 사항을 지원할 수 있다(법 제8조의5).

1. 직업적성 검사 및 진로상담프로그램
2. 직업체험 및 훈련프로그램
3. 직업소개 및 관리
4. 그 밖에 청소년부모의 직업체험 및 훈련에 필요한 사항

6) 예방적·회복적 보호지원의 실시 등(법 제19조)

특별자치시장·특별자치도지사 또는 시장·군수·구청장은 청소년의 비행·일탈을 예방하고 가정·학교·사회 생활에 복귀 및 적응하는 것을 돕기 위하여 다음 각 호의 어느 하나에 해당하는 청소년에 대하여 청소년 본인, 해당 청소년의 보호자 또는 청소년이 취학하고 있는 학교의 장의 신청에 따라 예방적·회복적 보호지원(이하 "보호지원"이라

한다)을 실시할 수 있다. 이 경우 해당 청소년의 보호자 또는 학교의 장이 보호지원을 신청하는 때에는 청소년 본인의 동의를 받아야 한다.

1. 비행·일탈을 저지른 청소년
2. 일상생활에 적응하지 못하여 가정 또는 학교 외부의 교육적 도움이 필요한 청소년

보호지원은 해당 청소년이 정상적인 가정·학교·사회 생활에 복귀 및 적응하는 데에 도움이 되는 방법으로서 상담·교육·자원봉사·수련·체육·단체활동 등 대통령령으로 정하는 방법에 따라 한다.

보호지원의 기간은 6개월 이내로 한다. 다만, 특별자치시장·특별자치도지사 또는 시장·군수·구청장은 보호지원의 결과를 검토하여 보호지원의 연장이 필요하다고 인정하는 경우 청소년 본인의 동의를 받아 6개월의 범위에서 한 번 연장할 수 있다.

7) 청소년복지지원기관

(1) 한국청소년상담복지개발원(법 제22조)

국가는 청소년복지 관련 정책 수립을 지원하고 사업을 효율적이고 체계적으로 수행하기 위하여 한국청소년상담복지개발원(이하 "청소년상담원"이라 한다)을 설립하고 다음의 사업을 한다.

1. 청소년 상담 및 복지와 관련된 정책의 연구
2. 청소년 상담·복지 사업의 개발 및 운영·지원
3. 청소년 상담기법의 개발 및 상담자료의 제작·보급
4. 청소년 상담·복지 인력의 양성 및 교육
5. 청소년 상담·복지 관련 기관 간의 연계 및 지원
6. 청소년상담복지센터, 청소년복지시설 및 「학교 밖 청소년 지원에 관한 법률」 제12조에 따른 학교 밖 청소년 지원센터에 대한 지도 및 지원
7. 청소년 가족에 대한 상담·교육
8. 통합정보시스템의 운영
9. 국가가 설치하는 청소년치료재활센터 및 「청소년 보호법」 제35조 제1항에 따른

청소년 보호·재활센터의 유지·관리 및 운영

10. 그 밖에 청소년상담원의 목적을 수행하기 위하여 필요한 부수사업

청소년상담원은 법인으로 한다.

청소년상담원은 정관으로 정하는 바에 따라 분원(分院)을 둘 수 있다.

청소년상담원은 그 주된 사무소의 소재지에서 설립등기를 함으로써 성립한다.

(2) 청소년상담복지센터(법 제29조)

특별시장·광역시장·특별자치시장·도지사 및 특별자치도지사(이하 "시·도지사"라 한다) 및 시장·군수·구청장은 청소년에 대한 상담·긴급구조·자활·의료지원 등의 업무를 수행하기 위하여 청소년상담복지센터를 설치·운영할 수 있다.

제1항에 따라 특별시·광역시·특별자치시·도 및 특별자치도에 설치된 청소년상담복지센터는 시·군·구의 청소년상담복지센터의 업무를 지도·지원하여야 한다.

시장·군수·구청장은 제1항에 따라 시·군·구에 설치하는 청소년상담복지센터를 「청소년활동 진흥법」 제7조 제1항에 따라 시·군·구에 설치하는 지방청소년활동진흥센터와 통합하여 운영할 수 있다.

시·도지사 또는 시장·군수·구청장은 청소년상담복지센터를 청소년단체에 위탁하여 운영하도록 할 수 있다.

시·도지사 또는 시장·군수·구청장은 청소년상담복지센터를 법인으로 설치할 수 있다.

청소년상담복지센터의 기능(시행령 제14조)

1. 청소년과 부모에 대한 상담·복지지원
2. 상담·복지 프로그램의 개발 및 운영
3. 상담 자원봉사자와 「청소년 기본법」 제3조 제7호에 따른 청소년지도자에 대한 교육 및 연수
4. 청소년 상담 또는 긴급구조를 위한 전화 운영
5. 청소년 폭력·학대 등으로 피해를 입은 청소년의 긴급구조, 법률 및 의료 지원, 일시 보호 지원
6. 청소년의 자립능력 향상을 위한 자활(自活) 및 재활(再活) 지원
7. 그 밖에 청소년상담 및 복지지원 등을 위하여 필요하다고 특별시장·광역시장·특별자치시장·도지사 또는 특별자치도지사가 인정하는 사업`

<별표 1> 청소년상담복지센터의 설치·운영 기준

1. 입지기준

일조·채광·환기 등이 원활하고 급수 및 교통수단 등이 갖추어져 있어 종사자 및 이용자의 건강 유지 및 재해 방지가 가능하고, 종사자 및 이용자가 일상생활을 하는 데 적합한 위치여야 한다.

2. 시설의 구조 및 설비

가. 청소년상담복지센터는 다음의 시설을 갖추어야 한다.

1) 사무실
1개 이상

2) 상담대기실
1개 이상(도서 등을 열람할 수 있는 시설 설치)

3) 집단상담 및 심리검사실
1개 이상(집단상담실과 심리검사실의 공동 사용 가능)

4) 전화 등 상담실
1개 이상(전화상담실과 그 밖의 정보통신망을 통한 상담실의 공동 사용 가능)

5) 위생시설
근무하는 종사자와 예상되는 이용자의 수에 적합한 화장실, 세면장

6) 사업실
수행하는 사업의 수와 같은 수의 분리된 공간

7) 교육실
청소년 및 보호자 등을 교육할 교육실 1개 이상

8) 개인상담실

가) 시·도 청소년상담복지센터
(1) 5개 이상
(2) 원활한 상담과 개인비밀 보호를 위해 분리된 공간 또는 방음(防音) 장치

나) 시·군·구 청소년상담복지센터
(1) 3개소 이상
(2) 원활한 상담과 개인비밀 보호를 위해 분리된 공간 또는 방음 장치

9) 일시보호소(시·도 청소년상담복지센터)
(1) 남성용·여성용 각각 별도로 1개 이상
(2) 숙소, 세면장, 취사시설, 사무실 및 상담실 등 각 1개 이상
(3) 전화, 소방장비 등 비치

나. 규모

1) 시·도 청소년상담복지센터
연면적 400제곱미터 이상의 독립된 공간

2) 시·군·구 청소년상담복지센터
연면적 200제곱미터 이상의 독립된 공간

3. 운영기준

가. 시·도 청소년상담복지센터는 14명 이상의 직원, 시·군·구 청소년상담복지센터는 5명 이상의 직원

으로 운영하되, 지역 실정에 따라 탄력적으로 운영 가능. 이 경우 시·도 청소년상담복지센터는 3명 이상의 청소년상담사를, 시·군·구 청소년상담복지센터는 1명 이상의 청소년상담사를 반드시 두어야 한다.

나. 청소년상담복지센터의 장은 전임이어야 하며, 다른 기관의 업무를 같이 수행할 수 없다. 다만, 청소년상담복지센터의 장이 다음의 어느 하나에 해당하는 경우에는 그러하지 아니하다.

1) 법 제29조 제1항에 따라 특별시장·광역시장·도지사·특별자치도지사 또는 시장·군수·구청장이 직접 설치·운영하는 청소년상담복지센터의 장인 경우

2) 그 밖에 업무 관련성·효율성 등을 고려하여 다른 기관의 업무를 같이 수행할 필요가 있는 경우로서 여성가족부장관이 정하는 그 다른 기관의 장인 청소년상담복지센터의 장의 경우

출처: 청소년복지 지원법 시행령 제14조 제4항 [별표 1]

<별표 2> 청소년상담복지센터 종사자의 자격기준

1. 시·도 청소년상담복지센터

구분	자격기준
가. 센터의 장	1) 상담복지 분야 박사학위를 취득하거나 박사 과정을 이수한 사람으로서 청소년상담복지 관련 실무 경력이 3년 이상인 사람 2) 상담복지 분야 석사학위를 취득한 사람으로서 청소년상담복지 관련 실무 경력이 5년 이상인 사람 3) 상담복지 분야의 4년제 대학을 졸업하거나 이와 같은 수준 이상의 학력이 있다고 다른 법령에서 인정받은 사람으로서 청소년상담복지 관련 실무 경력이 7년 이상인 사람 4) 청소년상담복지 관련 실무에 5년 이상의 경력이 있는 사람으로서 청소년상담복지에 대한 능력과 자질이 있다고 전문기관 및 단체에서 추천하는 사람 중 시·도지사가 인정하는 사람
나. 관리 업무 수행 직원	1) 상담복지 분야 박사학위를 취득하거나 박사 과정을 이수한 사람으로서 청소년상담복지 관련 실무 경력이 1년 이상인 사람 2) 상담복지 분야 석사학위를 취득한 사람으로서 청소년상담복지 관련 실무 경력이 3년 이상인 사람 3) 청소년상담사 1급 4) 청소년상담복지센터에서 청소년대상 실무업무를 3년 이상 수행한 사람
다. 청소년 대상 실무 업무 수행 직원	1) 상담복지 분야 석사 이상의 학위를 취득한 사람으로서 청소년상담복지 관련 업무를 수행할 수 있다고 시·도지사가 인정하는 사람 2) 상담복지 분야의 4년제 대학을 졸업하거나 이와 같은 수준 이상의 학력이 있다고 다른 법령에서 인정받은 사람으로서 청소년상담복지 관련 실무 경력이 1년 이상인 사람 3) 4년제 대학을 졸업하거나 이와 같은 수준 이상의 학력이 있다고 다른 법령에서 인정받은 사람으로서 청소년상담복지 관련 실무경력이 3년 이상인 사람 4) 청소년상담사 2급 이상

구분	자격기준
	5) 청소년상담사 3급, 청소년지도사 2급 또는 사회복지사 2급 이상인 사람으로서 청소년상담복지 관련 실무경력 2년 이상인 사람
라. 행정업무 수행직원	전문대학을 졸업하거나 이와 같은 수준 이상의 학력이 있다고 다른 법령에서 인정받은 사람으로서 해당 업무를 수행할 수 있다고 시·도지사가 인정하는 사람
마. 생활 지도 직원 (일시보호시설근무)	1) 상담복지 분야 학사학위 이상을 취득한 사람으로서 청소년상담복지 관련 업무를 수행할 수 있다고 시·도지사가 인정하는 사람 2) 전문대학을 졸업하거나 이와 같은 수준 이상의 학력이 있다고 다른 법령에서 인정받은 사람으로서 청소년상담복지 관련 실무 경력이 1년 이상인 사람 3) 청소년상담사, 청소년지도사 또는 사회복지사로서 청소년상담복지 관련 실무 경력이 1년 이상인 사람

비고

1. 상담복지 분야란 상담학, 교육학, 심리학, 사회복지(사업)학, 청소년(지도)학 및 상담복지와 관련하여 시·도지사가 인정하는 분야를 말한다.
2. 청소년상담복지 관련 실무란 다음 각 목의 어느 하나에 해당하는 경우를 말한다.
   가. 청소년 관련 기관·단체에서 청소년을 대상으로 상담복지에 관한 업무를 상근으로 수행한 경우
   나. 중앙행정기관 또는 지방자치단체의 청소년 관련 부서에서 청소년 정책 관련 업무를 상근으로 수행한 경우

2. 시·군·구 청소년상담복지센터

구분	자격기준
가. 센터의 장	1) 상담복지 분야 박사학위를 취득하거나 박사 과정을 이수한 사람으로서 청소년상담복지 관련 실무 경력이 1년 이상인 사람 2) 상담복지 분야 석사학위를 취득한 사람으로서 청소년상담복지 관련 실무 경력이 3년 이상인 사람 3) 상담복지 분야의 4년제 대학을 졸업하거나 이와 같은 수준 이상의 학력이 있다고 다른 법령에서 인정받은 사람으로서 청소년상담복지 관련 실무 경력이 5년 이상인 사람 4) 청소년상담사 1급 5) 청소년상담복지 관련 실무에 3년 이상의 경력이 있는 사람으로서 청소년상담복지에 대한 능력과 자질이 있다고 전문기관 및 단체에서 추천하는 사람 중 시장·군수·구청장이 인정하는 사람
나. 관리 업무 수행 직원	1) 상담복지 분야 박사학위를 취득하거나 과정을 이수한 사람 2) 상담복지 분야 석사학위 이상의 학위를 취득한 사람으로서 청소년상담복지 관련 실무 경력이 2년 이상인 사람 3) 청소년상담사 2급 이상 4) 청소년상담복지센터 청소년대상 실무업무를 3년 이상 수행한 사람

구분	자격기준
다. 청소년 대상 실무 업무 수행 직원	1) 대학원의 상담복지 분야 석사학위 이상의 학위를 취득한 사람으로서 청소년 상담복지 관련 업무를 수행할 수 있다고 시장·군수·구청장이 인정하는 사람 2) 상담복지 분야의 4년제 대학을 졸업하거나 이와 같은 수준 이상의 학력이 있다고 다른 법령에서 인정받은 사람으로서 청소년상담복지 관련 실무 경력이 6개월 이상인 사람 3) 상담복지 분야의 전문대학을 졸업하거나 이와 같은 수준 이상의 학력이 있다고 다른 법령에서 인정받은 사람으로서 청소년상담복지 관련 실무 경력이 3년 이상인 사람 4) 4년제 대학을 졸업하거나 이와 같은 수준 이상의 학력이 있다고 다른 법령에서 인정받은 사람으로서 청소년상담복지 관련 실무 경력이 2년 이상인 사람 5) 청소년상담사 2급 이상 6) 청소년상담사 3급, 청소년지도사 2급 또는 사회복지사 2급으로서 청소년 상담복지 관련 실무 경력이 1년 이상인 사람

비고

1. 상담복지 분야란 상담학, 교육학, 심리학, 사회복지(사업)학, 청소년(지도)학 및 상담복지와 관련하여 시장·군수·구청장이 인정하는 분야를 말한다.
2. 청소년상담복지 관련 실무란 다음 각 목의 어느 하나에 해당하는 경우를 말한다.
   가. 청소년 관련 기관·단체에서 청소년을 대상으로 상담복지에 관한 업무를 상근으로 수행한 경우
   나. 중앙행정기관 또는 지방자치단체의 청소년 관련 부서에서 청소년 정책 관련 업무를 상근으로 수행한 경우

출처: 청소년복지 지원법 시행령 제14조 제4항 [별표 2]

(3) 이주배경청소년지원센터(법 제30조)

여성가족부장관은 이주배경청소년 지원을 위한 이주배경청소년지원센터를 설치·운영할 수 있다.

이주배경청소년지원센터의 업무(시행령 제15조)

1. 이주배경청소년 복지에 관한 종합적 안내
2. 이주배경청소년과 그 부모에 대한 상담 및 교육
3. 이주배경청소년의 지원을 위한 인력의 양성 및 연수
4. 이주배경청소년에 대한 국민의 올바른 이해를 돕기 위한 사업
5. 이주배경청소년의 실태에 관한 조사·연구
6. 이주배경청소년의 사회 적응을 위한 프로그램 개발 및 보급
7. 그 밖에 이주배경청소년지원센터의 목적을 수행하기 위하여 필요한 업무

8) 청소년복지시설

(1) 청소년복지시설의 종류(법 제31조)

1. 청소년쉼터: 가정 밖 청소년에 대하여 가정·학교·사회로 복귀하여 생활할 수 있도록 일정 기간 보호하면서 상담·주거·학업·자립 등을 지원하는 시설
2. 청소년자립지원관: 일정 기간 청소년쉼터 또는 청소년회복지원시설의 지원을 받았는데도 가정·학교·사회로 복귀하여 생활할 수 없는 청소년에게 자립하여 생활할 수 있는 능력과 여건을 갖추도록 지원하는 시설
3. 청소년치료재활센터: 학습·정서·행동상의 장애를 가진 청소년을 대상으로 정상적인 성장과 생활을 할 수 있도록 해당 청소년에게 적합한 치료·교육 및 재활을 종합적으로 지원하는 거주형 시설
4. 청소년회복지원시설: 「소년법」 제32조 제1항 제1호에 따른 감호 위탁 처분을 받은 청소년에 대하여 보호자를 대신하여 그 청소년을 보호할 수 있는 자가 상담·주거·학업·자립 등 서비스를 제공하는 시설

〈별표 3〉 청소년복지시설의 설치·운영 기준

1. 청소년복지시설 설치기준
   가. 일시 청소년쉼터
      1) 고정형

구분	기준
입지조건	• 시설의 적정한 분포와 보건·위생·급수·안전·환경 및 교통편의 등을 고려하여 쾌적한 환경의 부지에 설치
건물형태	• 단독건물 또는 상가건물 • 입소인원 1인당 연면적 11제곱미터 이상
침실	• 남·여용 구분 설치 • 채광, 환기 및 냉난방 가능 공간
조리실·식당	• 채광 및 환기 가능 구조 • 위생적인 취사·조리 및 식기소독 설비의 구비
화장실·목욕실	• 남·여용 구분 설치 • 수세식 화장실, 세면·샤워 설비 및 온수 공급

구분	기준
세탁·건조장	• 세탁 및 건조용 설비
상담실	• 칸막이 또는 방음장치를 설치하여 개별상담 및 집단상담이 가능한 공간
단체활동실	• 최대 15명 이상이 참석할 수 있는 공간
사무실	• 사무를 위한 설비를 갖춘 분리된 공간 • 이동형 일시쉼터를 같이 운영하는 경우 고정형 일시쉼터 운영을 위한 사무실과 별도의 사무실
비상재해 대비시설	• 「화재예방, 소방시설 설치·유지 및 안전관리에 관한 법률」에서 정하는 소화기 및 피난기구 등 시설 실정에 맞는 비상재해대비시설 및 장비의 설치·구비

2) 이동형

구분	기준
차량	• 대형버스 또는 이에 준하는 차량
휴게공간	• 간이침대, 소파 등 휴게용 시설 • 조리시설 및 식탁 • 인터넷 및 문화공간 등 단체활동 공간을 갖추어야 한다.
상담공간	• 개별상담 및 집단상담이 가능한 공간 및 설비 • 응급 약품
사무실	• 업무용 책상 및 컴퓨터 등 필요한 설비를 갖추어야 한다. ※ 이동형 차량과 별도의 사무실을 설치하여야 한다.
비상재해 대비시설	• 소화기

나. 단기·중장기 청소년쉼터

구분	기준
입지조건	• 시설의 적정한 분포와 보건·위생·급수·안전·환경 및 교통편의 등을 고려한 쾌적한 환경의 부지에 설치
건물형태	• 단독건물, 연립주택, 상가건물, 아파트 등 • 입소인원 1인당 연면적 11제곱미터 이상
침실	• 채광, 환기 및 냉난방 가능 공간
조리실·식당	• 채광 및 환기 가능 • 위생적인 취사·조리 및 식기소독 설비의 구비

구분	기준
화장실·목욕실	• 남·여용 구분 설치 • 수세식 화장실, 세면·샤워 설비 및 온수 공급
세탁·건조장	• 세탁 및 건조용 설비
상담실	• 칸막이 또는 방음장치를 설치하여 개별상담 및 집단상담이 가능한 공간
단체활동실	• 최대 15명 이상이 참석할 수 있는 공간
사무실	• 사무를 위한 컴퓨터, 책상 등 설비를 갖춘 공간
숙직실	• 숙직을 위한 침구류 등을 갖춘 공간
비상재해 대비시설	• 「화재예방, 소방시설 설치·유지 및 안전관리에 관한 법률」에서 정하는 소화기 및 피난기구 등 시설 실정에 맞는 비상재해대비시설 및 장비의 설치·구비

다. 청소년자립지원관

1) 숙박형 생활시설: 숙박 등 생활 지원과 자립지원프로그램을 제공하는 시설

2) 비숙박형 이용시설: 숙박 지원이 없이 자립지원프로그램을 제공하는 시설

구분	기준
입지조건	• 시설의 적정한 분포와 보건·위생·급수·안전·환경 및 교통편의 등을 고려하여 쾌적한 환경의 부지에 설치
건물형태	• 단독주택, 연립주택, 아파트 등 • 수용 인원 1명당 연면적 11제곱미터 이상
침실	• 남성용·여성용 구분 설치 • 채광, 환기 및 냉난방 가능 공간
조리실·식당	• 채광 및 환기 가능 • 위생적인 취사·조리 및 식기소독 설비의 구비
화장실·목욕실	• 남성용·여성용 구분 설치 • 수세식 화장실, 세면·샤워 설비 및 온수 공급
세탁·건조장	• 세탁 및 건조용 설비
상담실·사무실·숙직실	• 상담 및 사무를 위한 컴퓨터, 책상 등 적절한 설비 구비 • 시설의 여건을 고려하여 숙직실로 통합운영 가능
비상재해 대비시설	• 「화재예방, 소방시설 설치·유지 및 안전관리에 관한 법률」에서 정하는 소화기 및 피난기구 등 시설 실정에 맞는 비상재해대비시설 및 장비의 설치 및 구비
입지조건	• 시설의 적정한 분포와 보건·위생·급수·안전·환경 및 교통편의 등을 고려하여 쾌적한 환경의 부지에 설치

구분	기준
시설형태	• 자립지원프로그램을 원활히 운영할 수 있는 공간을 확보
화장실	• 남성용·여성용 구분 설치 • 수세식 화장실, 세면 설비 및 온수 공급
상담실·사무실	• 상담 및 사무를 위한 컴퓨터, 책상 등 적절한 설비 구비 • 시설의 여건을 고려하여 통합운영 가능
비상재해 대비시설	• 「화재예방, 소방시설 설치·유지 및 안전관리에 관한 법률」에서 정하는 소화기 및 피난기구 등 시설 실정에 맞는 비상재해대비시설 및 장비의 설치 및 구비

라. 청소년치료재활센터

구분		기준
공동생활시설		• 남·여용 구분 설치 • 1개의 공동생활시설은 5~7명의 청소년 및 보호·자립지원 요원 1명이 가족 형태로 생활할 수 있는 거주형 공간 마련 • 채광·환기 및 냉난방이 가능한 침실을 설치 • 휴식을 취하거나 공동 프로그램을 진행할 수 있는 공간 마련 • 간단한 요리가 가능한 시설 설치 • 변기, 세면대와 샤워부스가 갖춰진 위생 공간 및 간단한 세탁을 위한 설비 마련 • 생활지도를 위한 사무실 및 보호·자립지원 요원 침실을 설치
교육·재활훈련시설	학습실	• 1실당 10명 이상의 청소년이 공부할 수 있는 시설
	공연실	• 각종 공연활동과 심리극을 연출할 수 있는 공간
	체육활동실	• 단체 체육활동이 가능한 공간
	진로체험실	• 진로체험이 가능한 설비를 갖춘 공간
	다목적실	• 다양한 소규모 활동이 가능한 공간
	생태체험실	• 다양한 생태문화를 접할 수 있는 산책로와 생태체험 공간
	의무실	• 진찰, 건강상담 및 치료를 위한 공간 • 응급환자를 위한 대비시설 및 비상의약품 상비
전문치료시설	심리검사실	• 지능검사, 성격검사, 적성검사 및 학력검사가 가능하고, 방음시설이 마련된 공간
	심리치료실	• 놀이, 미술, 음악 등을 이용한 심리치료 공간 • 개인치료와 집단치료 공간을 분리하되, 자유롭고 안전하며 안락한 분위기로 조성하고, 방음시설을 구비
	관찰실	• 상담상황 및 안전 상태를 관찰할 수 있는 공간

구분		기준
		• 입소 청소년의 보호자가 입소 청소년에 대한 상담과 치료를 관찰할 수 있는 공간
	상담실	• 개인상담 및 집단상담이 가능하고, 칸막이 또는 방음시설이 마련된 공간
편의시설	휴게실	• 입소 청소년의 휴식, 이용편의와 정서 안정을 위한 실내 및 실외 휴게 공간
	조리실, 식당	• 위생적인 취사·조리 및 식기소독 설비의 구비 • 입소 청소년 전원이 함께 식사가 가능한 공간 마련
	세탁·건조장	• 세탁 및 건조 설비를 갖춘 공간
	화장실·목욕실	• 남·여용 구분 설치 • 수세식 화장실, 세면·샤워 설비 및 온수 공급
지원시설	사무실	• 업무용 책상, 컴퓨터 등 사무에 필요한 설비를 갖춘 공간
	숙직실	• 숙직을 위한 침구류 등을 갖춘 공간
	보호자실	• 보호자 대기 시 이용편의를 위한 공간 • 보호자를 위한 침구류 등을 갖춘 공간

마. 청소년회복지원시설

구분	기준
1) 입지조건	• 시설의 적정한 분포와 보건·위생·급수·안전·환경 및 교통편의 등을 고려하여 쾌적한 환경의 부지에 설치
2) 건물형태	• 단독주택, 연립주택, 상가건물 또는 아파트 등 • 입소인원 1명당 연면적 11제곱미터 이상이고, 최소 5명 이상이 생활할 수 있을 것
3) 침실	• 채광, 환기 및 냉난방이 가능한 공간
4) 사무실	• 사무를 위한 컴퓨터 및 책상 등의 설비를 갖춘 공간
5) 숙직실	• 숙직을 위한 침구류 등을 갖춘 공간
6) 상담실	• 상담을 위한 적당한 설비를 갖춘 공간
7) 조리실·식당	• 채광 및 환기가 가능한 공간 • 위생적인 취사·조리 및 식기소독 설비를 갖춘 공간
8) 화장실·목욕실	• 수세식 화장실 • 목욕실은 세면·샤워 설비를 갖추고 온수 공급이 가능한 공간
9) 세탁·건조장	• 세탁 및 건조용 설비

구분	기준
10) 비상재해 대비시설	• 「화재예방, 소방시설 설치·유지 및 안전관리에 관한 법률」에서 정하는 소화기 및 피난기구 등 시설 실정에 맞는 비상재해 대비시설 및 장비의 설치·구비

비고 : 다음 각 호의 시설 간에는 하나의 공간에 설치하여 겸용할 수 있다.
1. 사무실, 숙직실 또는 상담실
2. 조리실·식당, 화장실·목욕실 또는 세탁·건조장

2. 청소년복지시설 운영기준

가. 관리규정

청소년복지시설의 장은 다음 사항에 관한 규정을 제정하여 효율적으로 시설을 운영하여야 한다.

1) 청소년복지시설의 운영방침
2) 정원 및 직원의 업무 분장
3) 청소년복지시설의 입소 요령
4) 청소년복지시설의 이용 수칙
5) 그 밖에 청소년복지시설 프로그램 운영 등에 관한 내용

나. 장부 등의 비치

청소년복지시설의 장은 다음의 장부 및 서류를 갖추어 두어야 한다.

1) 관리에 관한 장부
가) 청소년복지시설의 연혁에 관한 기록부
나) 직원 관계철(인사기록카드·이력서·사진을 포함한다)
다) 회의록
라) 소속 법인의 정관 및 관계 결의에 관한 서류
마) 문서철(보고서 및 관계 행정기관과 송신 또는 수신한 문서를 포함한다)
바) 문서접수·발송대장

2) 사업에 관한 장부
가) 청소복지시설의 입소자 관계 서류(신상조사서, 건강기록부, 입소자·퇴소자 명단, 보호의 경과, 지도·상담, 법률 지원의 내용 등). 다만, 청소년회복지원시설의 장은 입소자·퇴소자 명단을 갈음하여 감호소년명부를 갖추어 둘 수 있으며, 보호의 경과에 관한 서류는 갖추어 두지 않을 수 있다.
나) 운영일지 및 상담일지
다) 운영프로그램 관리대장(프로그램 운영일지 및 평가 관련 서류)
라) 종사자 교육·훈련 관계 서류

3) 재무·회계에 관한 장부
가) 총계정원장(總計定元帳) 및 수입·지출 보조부
나) 금전출납부(金錢出納簿) 및 그 증명서류
다) 예산서 및 결산서
라) 삭제 <2019. 7. 2.>
마) 비품관리대장
바) 재산대장·재산목록과 그 소유 또는 사용을 증명할 수 있는 서류

사) 입소자의 비용부담 관계 서류
아) 감호비용의 수입·지출 및 집행상황에 관한 서류(청소년회복지원시설의 경우만 해당한다)
자) 각종 증명서류

다. 그 밖의 사항
청소년회복지원시설 안에서는 감호 위탁 처분을 받은 청소년과 청소년회복지원시설 종사자 외에는 거주하지 못한다.

출처: 청소년복지 지원법 시행령 제17조 [별표 3]

(2) 가정 밖 청소년의 청소년쉼터 계속 이용(법 제32조의2)

청소년쉼터(가정 밖 청소년을 7일의 범위에서 일시적으로 보호하는 청소년쉼터는 제외한다)를 설치·운영하는 자는 해당 청소년쉼터에 입소한 가정 밖 청소년이 가정폭력, 친족에 의한 성폭력, 그 밖에 가정으로 복귀하여 생활하기 어려운 사유로서 대통령령으로 정하는 사유가 원인이 되어 입소한 경우에는 그 가정 밖 청소년 본인의 의사에 반하여 퇴소시켜서는 아니 된다. 다만, 해당 가정 밖 청소년이 다음 각 호의 어느 하나에 해당하는 경우에는 그러하지 아니하다.

1. 거짓 또는 부정한 방법으로 청소년쉼터에 입소한 경우
2. 청소년쉼터 안에서 현저한 질서문란 행위를 한 경우

(3) 청소년복지시설의 종사자(법 제34조)

청소년복지시설에는 각 시설의 사업 수행 및 운영에 필요한 종사자를 두어야 한다. 여성가족부장관 또는 지방자치단체의 장은 청소년복지시설 종사자를 양성하고 전문성을 높이기 위한 교육·훈련을 실시하여야 한다. 청소년복지시설 종사자의 자격 및 배치기준은 다음과 같다.

<별표 1> 청소년복지시설의 종사자 자격기준

가. 청소년쉼터 및 청소년자립지원관

직종별	자격기준
시설장	1) 상담복지 분야 박사학위를 취득하거나 박사 과정을 이수한 사람으로서 청소년복지시설 실무경력이 3년 이상인 사람 2) 상담복지 분야 석사학위를 취득한 사람으로서 청소년복지시설 실무경력이 5년 이상

	인 사람 3) 청소년상담사, 청소년지도사, 사회복지사, 임상심리사 및 가족상담 전문가 등 청소년 보호 및 지원을 위한 전문자격을 소지한 사람으로서 청소년상담복지 관련 실무경력이 5년 이상인 사람 4) 청소년상담복지 관련 실무경력이 5년 이상인 사람으로서 청소년 보호 및 지원에 대한 능력과 자질이 있다고 전문기관 및 단체에서 추천하는 사람 중 특별자치시장, 특별자치도지사 또는 시장·군수·구청장이 인정하는 사람
보호·상담원, 자립지원 요원	1) 상담복지 분야의 4년제 이상의 대학을 졸업하거나 이와 같은 수준 이상의 학력이 있다고 다른 법령에서 인정받은 사람 2) 4년제 이상의 대학을 졸업하거나 이와 같은 수준 이상의 학력이 있다고 다른 법령에서 인정받은 사람으로서, 청소년상담복지 관련 실무경력이 2년 이상인 사람 3) 상담복지 분야의 전문대학을 졸업하거나 이와 같은 수준 이상의 학력이 있다고 다른 법령에서 인정받은 사람으로서 청소년상담복지 관련 실무경력이 2년 이상인 사람 4) 청소년상담사, 청소년지도사, 사회복지사, 임상심리사 및 가족상담 전문가 등 청소년 보호 및 지원을 위한 전문자격을 소지한 사람 5) 「근로자직업능력 개발법」에 따른 직업능력개발훈련교사 자격을 가진 사람 6) 그 밖에 1)부터 5)까지와 같은 자격이 있다고 인정되는 사람
행정업무 수행직원	1) 고등학교 이상의 학교를 졸업한 사람으로서 해당 업무를 수행할 능력이 있다고 인정되는 사람 2) 그 밖에 이와 동등한 자격이 있다고 인정되는 사람
조리원	조리사 자격증을 취득하거나 조리 경력이 2년 이상인 사람으로 해당 업무 수행이 가능한 사람

비고

1. "상담복지 분야"란 상담학, 교육학, 심리학, 사회복지(사업)학, 청소년(지도)학 및 상담복지와 관련하여 시·도지사 또는 시장·군수·구청장이 인정하는 분야를 말한다.
2. "청소년상담복지 관련 실무경력"이란 다음 각 목의 어느 하나에 해당하는 경력을 말한다.
   가. 청소년 관련 기관·단체에서 청소년을 대상으로 상담복지에 관한 업무를 상근으로 수행한 경력
   나. 국가 또는 지방자치단체의 청소년 관련 분야에서 청소년 정책 관련 업무를 상근으로 수행한 경력

나. 청소년치료재활센터

직종별	자격기준
시설장	1) 청소년치료재활 관련 분야 박사학위를 취득하거나 박사과정을 이수한 사람으로서 청소년치료재활 관련 분야 실무경력이 5년 이상인 사람 2) 청소년치료재활 관련 분야 석사학위를 취득한 사람으로서 청소년치료재활 관련 분야 실무경력이 7년 이상인 사람 3) 정신건강의학과전문의, 청소년상담사, 청소년지도사, 사회복지사, 임상심리사 관련 전문자격을 소지한 사람으로서 관련 분야 실무경력이 7년 이상인 사람 4) 국가 또는 지방자치단체에서 3급 이상 공무원으로서 청소년치료재활 관련 분야 실무에 5년 이상 종사한 사람 5) 청소년치료재활 관련 분야 실무경력이 10년 이상인 사람으로서, 청소년 보호 및 지

	원에 대한 능력과 자질이 있다고 전문기관 및 단체가 추천하고 여성가족부장관 또는 지방자치단체장이 인정하는 사람
관리업무 책임자	1) 청소년치료재활 관련 분야 박사학위를 취득하거나 박사과정을 이수한 사람으로서 청소년치료재활 관련 분야 실무경력이 3년 이상인 사람 2) 청소년치료재활 관련 분야 석사학위를 취득한 사람으로서 청소년치료재활 관련 분야 실무경력이 5년 이상인 사람 3) 정신건강의학과전문의, 청소년상담사, 청소년지도사, 사회복지사, 임상심리사 관련 전문자격을 소지한 사람으로서 관련 분야 실무경력이 5년 이상인 사람 4) 국가 또는 지방자치단체에서 5급 이상 공무원으로서 청소년치료재활 관련 분야 실무에 5년 이상 종사한 사람 5) 「초·중등교육법」 제21조 제2항에 따른 정교사 자격을 취득한 사람으로서 의료, 심리, 상담, 복지, 청소년 관련 분야 실무에 5년 이상 종사한 사람
상담원	1) 상담학, 교육학, 심리학 관련 학과 전문대학 졸업 또는 이와 같은 수준 이상의 학력이 있다고 다른 법령에서 인정받은 사람으로서 관련 분야 실무경력이 2년 이상인 사람 2) 청소년상담사 또는「초·중등교육법」 제21조에 따른 전문상담교사 자격을 취득한 사람
보호·자립 지원요원	1) 청소년지도사, 사회복지사 관련 전문자격을 소지한 사람 2) 청소년(지도)학, 사회복지(사업)학, 교육학 관련 학과 전문대학 졸업 또는 이와 같은 수준 이상의 학력이 있다고 다른 법령에서 인정받은 사람으로서 관련 분야 실무경력이 2년 이상인 사람
의사	「의료법」 제77조에 따른 정신건강의학과 전문의 자격을 취득한 사람
간호사	1) 「정신건강증진 및 정신질환자 복지서비스 지원에 관한 법률」 제17조에 따른 정신건강간호사 자격을 취득한 사람으로서 관련 분야 실무경력이 1년 이상인 사람 2) 「의료법」 제7조에 따른 간호사 면허를 취득한 사람으로서 관련 분야 실무경력이 1년 이상인 사람
치료사·임상심리사	1) 심리치료 또는 임상심리 관련 분야의 전문대학 졸업 또는 이와 같은 수준 이상의 학력이 있다고 다른 법령에서 인정받은 사람으로서 관련 분야 실무경력이 1년 이상인 사람 2) 「정신건강증진 및 정신질환자 복지서비스 지원에 관한 법률」 제17조에 따른 정신건강임상심리사 자격을 취득한 사람으로서 관련 분야 실무경력이 1년 이상인 사람 3) 「자격기본법」 제23조에 따른 심리치료, 인지치료, 특수치료 관련 공인자격증을 소지한 사람으로서 관련 분야 실무경력이 2년 이상인 사람
행정업무 수행직원	1) 고등학교 이상의 학교를 졸업한 사람으로서 해당 업무를 수행할 능력이 있다고 인정되는 사람 2) 그 밖에 이와 동등한 자격이 있다고 인정되는 사람
전산원	「국가기술자격법」에 따른 전산분야 산업기사 이상의 자격증 소지자로서 관련 분야(정보시스템 및 네트워크, 사무용 전산기기) 경력이 3년 이상인 사람
영양사	「국민영양관리법」 제15조에 따른 영양사 면허를 취득한 사람
조리원	「식품위생법」 제53조에 따른 조리사 면허를 취득하거나 조리 경력이 2년 이상인 사람으로서 해당 업무를 수행할 능력이 있다고 인정되는 사람

시설 관리원	건축, 전기, 기계, 소방설비, 건축설비, 산업안전, 배관설비, 열관리 등 시설관리 분야의 면허 또는 자격증을 소지한 사람
운전원	1종 보통 이상 운전면허 소지자로서 국가기관, 지방자치단체, 공공기관 등에서 운전경력이 3년 이상인 사람

비고

1. "청소년치료재활 관련 분야"란 의학, 간호학, 상담학, 교육학, 심리학, 사회복지(사업)학, 청소년(지도)학을 말한다.
2. "청소년치료재활 관련 분야 실무경력"이란 다음 각 목의 어느 하나에 해당하는 경력을 말한다.
   가. 청소년 관련 기관·단체에서 청소년을 대상으로 상담·복지 및 교육·활동·지도에 관한 업무를 상근으로 수행한 경력
   나. 국가 또는 지방자치단체의 청소년 관련 분야에서 청소년 정책 관련 업무를 상근으로 수행한 경력
   다. 의료기관 또는 청소년 관련 기관·단체에서 청소년을 대상으로 진료, 심리상담 관련 업무를 상근으로 수행한 경력

다. 청소년회복지원시설

직종별	자격기준
시설장	1) 상담복지 또는 소년보호 분야에서 박사학위를 취득한 사람 2) 상담복지 또는 소년보호 분야에서 박사 과정을 이수한 사람으로서 청소년상담복지 또는 소년보호 관련 실무경력이 3년 이상인 사람 3) 상담복지 또는 소년보호 분야에서 석사학위를 취득한 사람으로서 청소년상담복지 또는 소년보호 관련 실무경력이 5년 이상인 사람 4) 청소년상담사, 청소년지도사, 사회복지사, 초등학교 교사, 중등학교 교사, 유치원교사, 보육교사 자격증 또는 가족상담 전문가 등 청소년 보호 및 지원을 위한 전문자격을 소지한 사람으로서 청소년상담복지 또는 소년보호 관련 실무 경력이 5년 이상인 사람 5) 청소년상담복지 또는 소년보호 관련 실무경력이 5년 이상인 사람으로서 청소년 보호 및 지원에 대한 능력과 자질이 있다고 전문기관 또는 단체에서 추천하는 사람 중 특별자치시장·특별자치도지사 또는 시장·군수·구청장이 인정하는 사람
보호·상담원	1) 상담복지 또는 소년보호 분야의 4년제 이상의 대학을 졸업하거나 이와 같은 수준 이상의 학력이 있다고 다른 법령에서 인정받은 사람 2) 4년제 이상의 대학을 졸업하거나 이와 같은 수준 이상의 학력이 있다고 다른 법령에서 인정받은 사람으로서 청소년상담복지 또는 소년보호 관련 실무경력이 2년 이상인 사람 3) 상담복지 분야의 전문대학을 졸업하거나 이와 같은 수준 이상의 학력이 있다고 다른 법령에서 인정받은 사람으로서 청소년상담복지 관련 실무경력이 2년 이상인 사람 4) 청소년상담사, 청소년지도사, 사회복지사, 초등학교 교사, 중등학교 교사, 유치원교사, 보육교사 자격증, 가족상담 전문가 등 청소년보호 및 지원을 위한 전문자격을 소지한 사람 5) 그 밖에 1)부터 4)까지의 규정에 준하는 자격이 있다고 인정되는 사람

비고

1. "상담복지 분야"란 상담학, 교육학, 심리학, 사회복지(사업)학, 아동복지(사업)학, 청소년(지도)학 및 상담복지와 관련하여 시·도지사 또는 시장·군수·구청장이 인정하는 분야를 말한다.
2. "소년보호 분야"란 교정보호학, 경찰행정학, 법학, 범죄사회학, 교정학 및 소년보호와 관련하여 시·도지사 또는 시장·군수·구청장이 인정하는 분야를 말한다.
3. "청소년상담복지 관련 실무경력"이란 다음 각 목의 어느 하나에 해당하는 경력을 말한다.
   가. 청소년 관련 기관·단체에서 청소년을 대상으로 상담복지에 관한 업무를 상근으로 수행한 경력
   나. 국가 또는 지방자치단체의 청소년 관련 분야에서 청소년 정책 관련 업무를 상근으로 수행한 경력
4. "소년보호 관련 실무경력"이란 다음 각 목의 어느 하나에 해당하는 경력을 말한다.
   가. 소년보호 관련 기관·단체에서 소년을 대상으로 소년보호에 관한 업무를 상근으로 수행한 경력.
   나. 국가 또는 지방자치단체의 소년 관련 분야에서 소년보호 정책 관련 업무를 상근으로 수행한 경력
   다. 「소년심판규칙」 제33조 제1항에 근거하여 위탁보호위원으로 위촉되어 활동한 경력

출처: 청소년복지 지원법 시행규칙 제18조 제1항 [별표 1]

<별표 2> 청소년복지시설 종사자의 직종별 배치기준

가. 청소년쉼터, 청소년자립지원관 및 청소년회복지원시설

구분	일시 청소년 쉼터	단기 청소년쉼터				중장기 청소년 쉼터	청소년 자립 지원관	청소년회 복지원시설
		10명 미만	10~15명 미만	15~20명 미만	20~25명 미만			
시설장	1	1	1	1	1	1	1	1
보호·상담원	4	2	3	5	6	2	-	1
자립지원 요원	-	-	-	-	-	-	1	-
행정원	-	-	-	1	1	-	-	-
조리원	-	-	-	1	1	-	-	-
행정원 또는 조리원	1	1	1	-	-	1	1	-
합 계	6	4	5	8	9	4	3	2

비고

1. 시설장은 상근이어야 하며, 다른 기관의 업무를 겸임할 수 없다. 다만, 다음 각 목의 어느 하나에 해당하는 경우에는 그렇지 않다.
   가. 시설장이 공무원인 경우(법 제32조 제1항에 따라 국가 또는 지방자치단체가 직접 설치하여 운영하는 시설의 경우만 해당한다)
   나. 업무 관련성 및 효율성 등을 고려하여 2 이상의 청소년쉼터, 청소년자립지원관 및 청소년회복지원시

설을 연계하여 운영하려는 경우
2. 청소년쉼터 또는 청소년자립지원관은 재정여건 등 불가피한 사유가 있는 경우에는 시설장과 보호·상담원을 겸임할 수 있다.
3. 청소년자립지원관의 경우 행정원 또는 조리원 대신 자립지원요원을 추가로 배치할 수 있다.

나. 청소년치료재활센터

구분	20명 미만	20~30명 미만	30~40명 미만	40~50명 미만	50~60명 미만	60명 이상
시설장	1	1	1	1	1	1
관리업무 책임자	-	-	-	1	1	1
상담원	4	5	6	7	8	9
보호·자립 지원 요원	7	11	15	19	23	27
의사	1	1	1	2	2	2
간호사	1	1	1	1	2	2
치료사	1	1	1	2	2	2
임상심리사	1	1	1	1	1	1
행정업무 수행 직원	2	2	3	3	4	4
전산원	-	-	-	1	1	1
영양사	-	-	-	-	1	1
조리원	1	1	1	1	1	1
시설관리원	1	1	1	1	2	2
운전원	1	1	1	1	2	2

출처: 청소년복지 지원법 시행규칙 제18조 제1항 [별표 2]

9) 보칙

(1) 비밀 누설의 금지(법 제37조)

청소년상담원, 청소년상담복지센터, 이주배경청소년지원센터나 청소년복지시설에서 청소년복지 업무에 종사하거나 종사하였던 사람은 그 직무상 알게 된 비밀을 누설하여서는 아니 된다.

(2) 동일 명칭의 사용 금지(법 제38조)

이 법에 따른 청소년복지지원기관 또는 청소년복지시설이 아니면 한국청소년상담복지개발원, 청소년상담복지센터, 이주배경청소년지원센터 또는 청소년쉼터, 청소년자립지원관, 청소년치료재활센터의 명칭을 사용하지 못한다.

(3) 감독(법 제39조)

국가 및 지방자치단체는 필요한 경우에는 청소년복지지원기관 또는 청소년복지시설에 대하여 업무·회계 및 재산에 관한 사항의 보고 또는 자료의 제출을 명하거나, 소속 공무원으로 하여금 해당 장소에 출입하여 장부 또는 그 밖의 서류를 검사하거나 종사자에게 질문하게 할 수 있다. 출입·검사를 하는 공무원은 그 권한을 표시하는 증표를 지니고 이를 관계인에게 보여주어야 한다.

10) 벌칙

(1) 벌금(법 제43조)

다음 각 호의 어느 하나에 해당하는 사람은 1년 이하의 징역 또는 1천만원 이하의 벌금에 처한다.

1. 제8조를 위반하여 건강진단 결과를 공개한 사람
2. 제37조를 위반하여 비밀을 누설한 사람

다음 각 호의 어느 하나에 해당하는 자는 6개월 이하의 징역 또는 500만원 이하의 벌금에 처한다.

1. 제32조 제2항에 따른 신고를 하지 아니하고 청소년복지시설을 설치·운영한 자
2. 제35조 제1항에 따른 사업의 정지명령 또는 시설의 폐쇄명령을 받고도 그 사업을 하거나 시설을 운영한 자

제12조의2 제9항을 위반하여 통합정보시스템의 자료·정보를 목적 외로 사용하거나 제3자에게 제공·누설한 사람은 5년 이하의 징역 또는 5천만원 이하의 벌금에 처한다.

다음 각 호의 어느 하나에 해당하는 사람은 2년 이하의 징역 또는 2천만원 이하의 벌금에 처한다.

1. 제8조를 위반하여 건강진단 결과를 공개한 사람
2. 제37조를 위반하여 비밀을 누설한 사람

다음 각 호의 어느 하나에 해당하는 자는 6개월 이하의 징역 또는 500만원 이하의 벌금에 처한다.

1. 제32조 제2항에 따른 신고를 하지 아니하고 청소년복지시설을 설치·운영한 자
2. 제35조 제1항에 따른 사업의 정지명령 또는 시설의 폐쇄명령을 받고도 그 사업을 하거나 시설을 운영한 자

(2) 과태료(법 제45조)

다음 각 호의 어느 하나에 해당하는 자에게는 500만원 이하의 과태료를 부과한다.

1. 제38조를 위반하여 동일 명칭을 사용한 자
2. 제39조 제1항에 따른 보고 또는 자료 제출을 하지 아니하거나 검사를 거부·방해 또는 기피한 자

제33조를 위반하여 휴업·폐업 또는 운영 재개 신고를 하지 아니한 자에게는 300만원 이하의 과태료를 부과한다.

다음 각 호의 어느 하나에 해당하는 자에게는 50만원 이하의 과태료를 부과한다.

1. 제4조 제2항을 위반하여 청소년증을 양도하거나 빌려준 사람 또는 양도받거나 빌린 사람
2. 제4조 제3항을 위반하여 청소년증과 동일한 명칭 또는 표시의 증표를 제작하거나 사용한 자

<별표 3> 청소년복지시설에 대한 행정처분의 기준

1. 일반기준

가. 위반행위의 횟수에 따른 행정처분의 기준은 최근 1년간 같은 위반행위로 행정처분을 받은 경우에 적용한다. 이 경우 위반횟수별 처분기준의 적용일은 위반행위에 대하여 처분을 한 날과 다시 같은 위반행위(처분 후의 위반행위만 해당한다)를 적발한 날로 한다.

나. 위반행위가 둘 이상인 경우로서 그에 해당하는 각각의 처분기준이 다른 경우에는 그 중 무거운 처분기준에 따르고, 둘 이상의 처분기준이 같은 사업정지인 경우에는 무거운 처분기준의 2분의 1까지 가중할 수 있되, 각 처분기준을 합산한 기간이나 1년을 초과할 수 없다.

다. 청소년복지시설을 양도·상속하거나 법인을 합병하는 경우에는 양도·상속 또는 합병 전에 해당 청소년복지시설에 행하여진 처분(이미 처분기간이 경과한 처분 및 처분기간이 진행 중인 처분을 포함한다)의 효과는 양수인·상속인 또는 합병 후의 법인이 승계한다.

라. 행정처분권자는 위반행위의 동기·내용 및 위반의 정도 등 다음 사항을 고려하여 그 처분을 감경할 수 있다. 이 경우 그 처분이 사업정지인 경우에는 그 처분기준의 2분의 1의 범위에서 감경할 수 있고, 시설장의 교체인 경우에는 사업정지 15일로, 시설의 폐쇄인 경우에는 시설장의 교체로 감경할 수 있다.

1) 위반행위가 고의나 중대한 과실이 아닌 사소한 부주의나 오류로 인한 것으로 인정되는 경우
2) 위반의 내용·정도가 경미하여 피해자 등에게 미치는 피해가 적다고 인정되는 경우
3) 복지시설이 사업정지 처분을 받을 경우 해당 복지시설의 입소자를 수용할 수 있는 다른 적당한 보호시설이 없는 경우

2. 개별기준

위반행위	근거 법조문	행정처분기준			
		1차 위반	2차 위반	3차 위반	4차 위반
가. 설치기준에 미달하게 된 경우	법 제35조 제1항제1호	개선 명령	사업 정지 15일	시설장의 교체	시설의 폐쇄
나. 사회복지법인이나 비영리법인이 설치·운영하는 시설인 경우 그 사회복지법인이나 비영리법인의 설립허가가 취소된 경우	법 제35조 제1항제2호	시설의 폐쇄			
다. 회계부정, 이용자에 대한 인권침해 등 불법행위가 확인된 경우	법 제35조 제1항제3호	개선 명령	사업 정지 15일	시설장의 교체	시설의 폐쇄
라. 사업정지 기간에 사업을 한 경우	법 제35조 제1항제4호	시설장의 교체	시설의 폐쇄		

출처: 청소년복지 지원법 시행규칙 제19조 [별표 3]

제 10 장 학교폭력예방 및 대책에 관한 법률(약칭: 학교폭력예방법)

1. 의의

현대 사회에서 교육의 중요성은 재론의 여지가 없는 바, 교육은 백년지대계라고 할 정도로 사회의 기본적 제도이자 근간을 이루고 있고, 그러한 교육의 대부분은 학교를 통해서 이루어진다. 학교는 지·덕·체의 공간으로서 미래세대의 사회구성원에게 사회적 가치와 규범을 포함한 문화를 전달하고, 인격적 형성을 도모하는 광범위한 책임을 지고 있다. 따라서 학교와 폭력은 전혀 어울릴 수 없는 것임에도 지금의 우리 사회에서 학교폭력은 너무나 익숙한 용어가 되었으며, 우리 사회의 가장 큰 문제 중의 하나가 되고 있다(조성규, 2018). 이러한 상황에서 학교 폭력에 대한 법·제도적 대응을 위하여 2004년 제정된 법률이 「학교폭력예방 및 대책에 관한 법률」이다.

다수의 청소년이 학교에서 생활을 하고, 학교생활에 청소년의 균형 있는 성장이 매우 깊게 연결되어 있는 현실을 감안할 때 학교폭력 문제는 주요한 청소년문제라고 할 수 있다. 「학교폭력예방 및 대책에 관한 법률」은 학교폭력의 문제를 심각한 사회적 문제로 받아들이고 이를 해결하기 위하여 만들어졌다(기은광, 2020).

이 법은 학교폭력 가해학생을 처벌하기 보다는 교육 및 선도하여 청소년을 폭력으로부터 보호하기 위하여 제정된 법률이다. 학교폭력의 예방과 대책에 필요한 사항을 규정함으로써 피해학생의 보호, 가해학생의 선도·교육 및 피해학생과 가해학생 간의 분쟁조정을 통하여 학생의 인권을 보호하고 학생을 건전한 사회구성원으로 육성함을 목적으로 한다(법 제1조).

이 법에서 사용하는 용어의 정의(법 제2조)는 다음과 같다.

1. "학교폭력"이란 학교 내외에서 학생을 대상으로 발생한 상해, 폭행, 감금, 협박, 약취·유인, 명예훼손·모욕, 공갈, 강요·강제적인 심부름 및 성폭력, 따돌림, 사이버 따돌림, 정보통신망을 이용한 음란·폭력 정보 등에 의하여 신체·정신 또는 재산상의 피해를 수반하는 행위를 말한다.
2. "따돌림"이란 학교 내외에서 2명 이상의 학생들이 특정인이나 특정집단의 학생들을 대상으로 지속적이거나 반복적으로 신체적 또는 심리적 공격을 가하여 상대방이 고통을 느끼도록 하는 모든 행위를 말한다.
3. "사이버 따돌림"이란 인터넷, 휴대전화 등 정보통신기기를 이용하여 학생들이 특정 학생들을 대상으로 지속적, 반복적으로 심리적 공격을 가하거나, 특정 학생과 관련된 개인정보 또는 허위사실을 유포하여 상대방이 고통을 느끼도록 하는 모든 행위를 말한다.
4. "학교"란 「초·중등교육법」 제2조에 따른 초등학교·중학교·고등학교·특수학교 및 각종학교와 같은 법 제61조에 따라 운영하는 학교를 말한다.
5. "가해학생"이란 가해자 중에서 학교폭력을 행사하거나 그 행위에 가담한 학생을 말한다.
6. "피해학생"이란 학교폭력으로 인하여 피해를 입은 학생을 말한다.
7. "장애학생"이란 신체적·정신적·지적 장애 등으로 「장애인 등에 대한 특수교육법」 제15조에서 규정하는 특수교육이 필요한 학생을 말한다.

이 법을 해석·적용하는 경우 국민의 권리가 부당하게 침해되지 아니하도록 주의하여야 한다.

2. 입법 배경 및 연혁

「학교폭력예방 및 대책에 관한 법률」은 심각한 사회문제로 대두하고 있는 학교폭력 문제에 효과적으로 대처하기 위한 전담기구의 설치, 정기적인 학교폭력 예방교육의 실시, 학교폭력 피해자의 보호와 가해자에 대한 선도·교육 등 학교폭력의 예방 및 대책을 위한 제도적 틀을 마련하고자 제정되었다.

학교폭력예방 및 대책에 관한 법률의 주요 연혁은 다음과 같다.

제·개정 (시행) 일자	제·개정 이유/내용
2004. 1. 29. (2004. 7. 30.)	학교폭력예방 및 대책에 관한 법률 제정(법률 제7119호) • 학교폭력문제에 효과적으로 대처하기 위한 전담기구의 설치 • 정기적인 학교폭력 예방교육의 실시 • 학교폭력 피해자의 보호와 가해자에 대한 선도·교육
2008. 3. 14. (2008. 9. 15.) 전부개정	피해학생에 대한 보호와 치료 및 가해학생에 대한 선도를 강화 • 학교폭력의 개념 속에 성폭력 포함 • 학교폭력대책기획위원회의 구성 • 전담기구의 구성 • 피해자 치료비용에 대한 구상권 신설 • 가해학생의 보호자도 함께 특별교육을 받도록 함
2009. 5. 8. (2009. 8. 9.)	학교폭력 예방 강화 • 피해학생에 대한 보복행위 금지 • 장애학생 보호 규정 마련 • 학교폭력 신고 및 상담을 위해 긴급전화 설치
2011. 5. 19. (2011. 11. 20.)	일부개정 • 학교폭력대책자치위원회의 전체 위원의 과빈수를 학부모대표로 위촉 • 피해학생, 가해학생 또는 그 보호자의 신청이 있는 경우에는 학교폭력대책자치위원회의 회의결과를 공개하도록 의무화 • 교육장으로 하여금 학교폭력 예방교육을 위한 홍보물을 연 1회 이상 학부모에게 배포
2012. 1. 26. (2012. 1. 26.)	학교폭력의 정의 구체화 • 학교 내외 관련 종사자들이 따돌림의 심각성을 인식하도록 따돌림의 정의 신설, 강제적인 심부름도 학교폭력 정의에 추가 • 학교폭력에 대한 예방 및 대책의 실효성 확보를 위하여 교육과학기술부장관으로 하여금 시·도 교육청의 학교폭력 예방 및 대책을 평가하고 이를 공표함 • 가해학생의 보호자가 부담하여야 하는 비용에 피해학생 치료를 위한 요양비뿐만 아니라 심리상담·조언 및 일시보호에 드는 비용을 추가 • 학교폭력대책기획위원회 위원에 심리학자를 포함 • 학교폭력대책자치위원회가 가해학생에 대한 조치를 요청할 경우 학교의 장은 30일 이내에 이행 • 가해학생이 다른 학교로 전학을 간 이후에는 피해학생 소속 학교로 다시 전학오는 것을 금지 • 학교폭력자치위원회 조치에 대해 이의가 있는 경우 재심 청구 • 학교폭력 관련 업무를 담당하는 자가 누설해서는 안 되는 자료에 학교폭력 신고자나 고발자와 관련한 자료를 추가
2012. 3. 21. (2012. 4. 1.)	학교폭력 피해학생 보호와 가해학생 조치 • 학교폭력의 범위를 학생 간에 발생한 사건에서 학생을 대상으로 발생한 사건으로 확대 • 학교폭력에 대한 조사·상담·치유를 위한 전문기관을 설치·운영할 수 있는 근거 마련

제·개정 (시행) 일자	제·개정 이유/내용
	• 피해학생에 대한 조치를 자치위원회 요청 7일 이내에 이행하도록 함 • 피해학생의 신속한 치료를 위하여 학교의 장 또는 피해학생의 보호자가 원하는 경우 학교안전공제회 또는 시·도교육청이 비용을 부담한 후 구상권 행사 • 가해학생의 전학 및 퇴학조치에 한정되었던 재심청구를 피해학생에 대해서도 허용 • 가해학생에 대한 조치를 신속하게 이행하고 가해학생에 대한 처분을 의무화 • 학교폭력을 축소·은폐한 학교의 장 및 교원은 징계 가능 • 학교 폭력 예방에 기여한 자에게는 인센티브 지급 • 학교폭력 전담기구에 교감 포함
2013. 7. 30. (2014. 1. 31.)	학생을 안전하게 보호하기 위함
	학생보호인력의 자격요건을 정하고, 학생보호인력을 희망하는 사람에 대한 범죄경력 조회가 가능하도록 함
2015.12. 22. (2016. 6. 23.)	학교폭력 실태조사 규정 마련
	학교폭력 실태조사와 관련하여 실태조사 주기, 실태조사 결과의 공포, 실태조사 관계 기관의 정보제공 의무 및 실태조사의 방법 등의 관련 규정을 마련
2016. 5. 29. (2016. 5. 29.)	행정형벌 규정 조정
	형사처벌에서 합리적 이유 없이 차별하는 위헌성을 제거하고, 불법성에 상응하는 처벌이 되도록 법정형의 편차 조정
2017. 4. 18. (2017. 4. 18.)	학교폭력 피해학생에 대한 보호조치 강화
	학교폭력 피해학생의 보호를 위한 조치 중 심리상담 및 조언을 학내외 전문가에 의한 심리상담 및 조언으로 강화
2017. 11. 28. (2017. 11. 28.)	학교폭력 전담 경찰관
	학교폭력 업무 등을 전담하는 경찰관을 운영할 수 있도록 법적 근거 마련
2019. 8. 20. (2019. 9. 1.)	학교폭력 처리 조정
	• 학교폭력대책자치위원회를 교육지원청으로 상향 이관하여 학교폭력대책심의위원회를 두고 전체위원의 3분의 1 이상을 학부모로 구성 • 2주 이상의 신체적·정신적 치료를 요하는 진단서를 발급받지 않은 경우 등 경미한 학교폭력의 경우 학교의 장이 자체적으로 해결할 수 있도록 함 • 피해학생과 가해학생에 대한 재심기구를 행정심판위원회로 일원화하여 「행정심판법」에 따른 행정심판 청구 가능
2020. 12. 22. (2021. 6. 23.)	학교폭력대책심의위원회 심의의 전문성 제고
	• 학교폭력사안의 심의과정에서 학교폭력 당사자의 심리적 원인을 분석해 적절한 조치를 결정하도록 아동심리 관련 전문가의 의견을 청취할 수 있게 함 • 학교의 장이 사건을 인지한 경우 특별한 사정이 없는 한 피해학생과 가해자를 원칙적으로 분리

3. 주요 내용

「학교폭력예방 및 대책에 관한 법률」의 전반적인 구조와 주요 내용을 정리하면 다음과 같다.

제1조(목적)
제2조(정의)
제3조(해석 · 적용의 주의의무)
제4조(국가 및 지방자치단체의 책무)
제5조(다른 법률과의 관계)
제6조(기본계획의 수립 등)
제7조(학교폭력대책위원회의 설치 · 기능)
제8조(대책위원회의 구성)
제9조(학교폭력대책지역위원회의 설치)
제10조(학교폭력대책지역위원회의 기능 등)
제10조의2(학교폭력대책지역협의회의 설치 · 운영)
제11조(교육감의 임무)
제11조의2(학교폭력 조사 · 상담 등)
제11조의3(관계 기관과의 협조 등)
제12조(학교폭력대책심의위원회의 설치 · 기능)
제13조(심의위원회의 구성 · 운영)
제13조의2(학교의 장의 자체해결)
제14조(전문상담교사 배치 및 전담기구 구성)
제15조(학교폭력 예방교육 등)
제16조(피해학생의 보호)
제16조의2(장애학생의 보호)
제17조(가해학생에 대한 조치)
제17조의2(행정심판)
제18조(분쟁조정)
제19조(학교의 장의 의무)
제20조(학교폭력의 신고의무)
제20조의2(긴급전화의 설치 등)
제20조의3(정보통신망에 의한 학교폭력 등)
제20조의4(정보통신망의 이용 등)
제20조의5(학생보호인력의 배치 등)

제20조의6(학교전담경찰관)
제20조의7(영상정보처리기기의 통합 관제)
제21조(비밀누설금지 등)
제21조의2(「지방교육자치에 관한 법률」에 관한 특례)
제22조(벌칙)
제23조(과태료)

1) 국가 및 지방자치단체의 책무

국가 및 지방자치단체는 학교폭력을 예방하고 근절하기 위하여 조사·연구·교육·계도 등 필요한 법적·제도적 장치를 마련하여야 한다. 국가 및 지방자치단체는 청소년 관련 단체 등 민간의 자율적인 학교폭력 예방활동과 피해학생의 보호 및 가해학생의 선도·교육활동을 장려하여야 한다. 국가 및 지방자치단체는 청소년 관련 단체 등 민간이 건의한 사항에 대하여는 관련 시책에 반영하도록 노력하여야 하며 위의 규정에 따른 책무를 다하기 위하여 필요한 행정적·재정적 지원을 하여야 한다(법 제4조).

학교폭력의 규제, 피해학생의 보호 및 가해학생에 대한 조치에 관하여 다른 법률에 특별한 규정이 있는 경우를 제외하고는 이 법을 적용하되, 성폭력은 다른 법률에 규정이 있는 경우에는 이 법을 적용하지 아니한다(법 제5조).

2) 기본계획의 수립(법 제6조)

교육부장관은 이 법의 목적을 효율적으로 달성하기 위하여 학교폭력의 예방 및 대책에 관한 정책 목표·방향을 설정하고, 이에 따른 학교폭력의 예방 및 대책에 관한 기본계획을 학교폭력대책위원회의 심의를 거쳐 수립·시행하여야 한다. 기본계획은 다음 각 호의 사항을 포함하여 5년마다 수립하여야 한다.

1. 학교폭력의 근절을 위한 조사·연구·교육 및 계도
2. 피해학생에 대한 치료·재활 등의 지원
3. 학교폭력 관련 행정기관 및 교육기관 상호 간의 협조·지원

4. 제14조 제1항에 따른 전문상담교사의 배치 및 이에 대한 행정적·재정적 지원
5. 학교폭력의 예방과 피해학생 및 가해학생의 치료·교육을 수행하는 청소년 관련 단체(이하 "전문단체"라 한다) 또는 전문가에 대한 행정적·재정적 지원
6. 그 밖에 학교폭력의 예방 및 대책을 위하여 필요한 사항

교육부장관은 대통령령으로 정하는 바에 따라 특별시·광역시·특별자치시·도 및 특별자치도(이하 "시·도"라 한다) 교육청의 학교폭력 예방 및 대책과 그에 대한 성과를 평가하고, 이를 공표하여야 한다.

3) 학교폭력대책위원회

학교폭력의 예방 및 대책에 관한 다음 각 호의 사항을 심의하기 위하여 국무총리 소속으로 학교폭력대책위원회(이하 "대책위원회"라 한다)를 둔다(법 제7조).

1. 학교폭력의 예방 및 대책에 관한 기본계획의 수립 및 시행에 대한 평가
2. 학교폭력과 관련하여 관계 중앙행정기관 및 지방자치단체의 장이 요청하는 사항
3. 학교폭력과 관련하여 교육청, 제9조에 따른 학교폭력대책지역위원회, 학교폭력대책지역협의회, 학교폭력대책심의위원회, 전문단체 및 전문가가 요청하는 사항

대책위원회는 위원장 2명을 포함하여 20명 이내의 위원으로 구성한다. 위원장은 국무총리와 학교폭력 대책에 관한 전문지식과 경험이 풍부한 전문가 중에서 대통령이 위촉하는 사람이 공동으로 되고, 위원장 모두가 부득이한 사유로 직무를 수행할 수 없을 때에는 국무총리가 지명한 위원이 그 직무를 대행한다. 위원은 다음 각 호의 사람 중에서 대통령이 위촉하는 사람으로 한다. 다만, 제1호의 경우에는 당연직 위원으로 한다(법 제8조).

1. 기획재정부장관, 교육부장관, 과학기술정보통신부장관, 법무부장관, 행정안전부장관, 문화체육관광부장관, 보건복지부장관, 여성가족부장관, 방송통신위원회 위원장, 경찰청장
2. 학교폭력 대책에 관한 전문지식과 경험이 풍부한 전문가 중에서 제1호의 위원이 각각 1명씩 추천하는 사람
3. 관계 중앙행정기관에 소속된 3급 공무원 또는 고위공무원단에 속하는 공무원으

로서 청소년 또는 의료 관련 업무를 담당하는 사람

4. 대학이나 공인된 연구기관에서 조교수 이상 또는 이에 상당한 직에 있거나 있었던 사람으로서 학교폭력 문제 및 이에 따른 상담 또는 심리에 관하여 전문지식이 있는 사람
5. 판사·검사·변호사
6. 전문단체에서 청소년보호활동을 5년 이상 전문적으로 담당한 사람
7. 의사의 자격이 있는 사람
8. 학교운영위원회 활동 및 청소년보호활동 경험이 풍부한 학부모

위원장을 포함한 위원의 임기는 2년으로 하되, 한 차례에 한정하여 연임할 수 있다. 위원회의 효율적 운영 및 지원을 위하여 간사 1명을 두되, 간사는 교육부장관이 된다. 위원회에 상정할 안건을 미리 검토하는 등 안건 심의를 지원하고, 위원회가 위임한 안건을 심의하기 위하여 대책위원회에 학교폭력대책실무위원회(이하 "실무위원회"라 한다)를 둔다. 그 밖에 대책위원회의 운영과 실무위원회의 구성·운영에 필요한 사항은 대통령령으로 정한다.

4) 학교폭력대책지역위원회

지역의 학교폭력 문제를 해결하기 위하여 시·도에 학교폭력대책지역위원회(이하 "지역위원회"라 한다)를 둔다. 특별시장·광역시장·특별자치시장·도지사 및 특별자치도지사는 지역위원회의 운영 및 활동에 관하여 시·도의 교육감(이하 "교육감"이라 한다)과 협의하여야 하며, 그 효율적인 운영을 위하여 실무위원회를 둘 수 있다. 지역위원회는 위원장 1인을 포함한 11인 이내의 위원으로 구성한다(법 제9조). 지역위원회는 기본계획에 따라 지역의 학교폭력 예방대책을 매년 수립한다(법 제10조).

학교폭력예방 대책을 수립하고 기관별 추진계획 및 상호 협력·지원 방안 등을 협의하기 위하여 시·군·구에 학교폭력대책지역협의회(이하 "지역협의회"라 한다)를 둔다. 지역협의회는 위원장 1명을 포함한 20명 내외의 위원으로 구성한다(법 제10조의2).

5) 교육감의 임무(법 제11조)

교육감은 시·도교육청에 학교폭력의 예방과 대책을 담당하는 전담부서를 설치·운영하여야 한다. 교육감은 관할 구역 안에서 학교폭력이 발생한 때에는 해당 학교의 장 및 관련 학교의 장에게 그 경과 및 결과의 보고를 요구할 수 있다.

교육감은 관할 구역 안의 학교폭력이 관할 구역 외의 학교폭력과 관련이 있는 때에는 그 관할 교육감과 협의하여 적절한 조치를 취하여야 한다. 교육감은 학교의 장으로 하여금 학교폭력의 예방 및 대책에 관한 실시계획을 수립·시행하도록 하여야 한다.

교육감은 제12조에 따른 심의위원회가 처리한 학교의 학교폭력빈도를 학교의 장에 대한 업무수행 평가에 부정적 자료로 사용하여서는 아니 된다.

교육감은 제17조 제1항 제8호에 따른 전학의 경우 그 실현을 위하여 필요한 조치를 취하여야 하며, 제17조 제1항 제9호에 따른 퇴학처분의 경우 해당 학생의 건전한 성장을 위하여 다른 학교 재입학 등의 적절한 대책을 강구하여야 한다.

교육감은 대책위원회 및 지역위원회에 관할 구역 안의 학교폭력의 실태 및 대책에 관한 사항을 보고하고 공표하여야 한다. 관할 구역 밖의 학교폭력 관련 사항 중 관할 구역 안의 학교와 관련된 경우에도 또한 같다.

교육감은 학교폭력의 실태를 파악하고 학교폭력에 대한 효율적인 예방대책을 수립하기 위하여 학교폭력 실태조사를 연 2회 이상 실시하고 그 결과를 공표하여야 한다.

교육감은 학교폭력 등에 관한 조사, 상담, 치유프로그램 운영 등을 위한 전문기관을 설치·운영할 수 있다.

교육감은 관할 구역에서 학교폭력이 발생한 때에 해당 학교의 장 또는 소속 교원이 그 경과 및 결과를 보고하면서 축소 및 은폐를 시도한 경우에는 「교육공무원법」 제50조 및 「사립학교법」 제62조에 따른 징계위원회에 징계의결을 요구하여야 한다.

교육감은 관할 구역에서 학교폭력의 예방 및 대책 마련에 기여한 바가 큰 학교 또는 소속 교원에게 상훈을 수여하거나 소속 교원의 근무성적 평정에 가산점을 부여할 수 있다.

제1항에 따라 설치되는 전담부서의 구성과 제8항에 따라 실시하는 학교폭력 실태조사 및 제9항에 따른 전문기관의 설치에 필요한 사항은 대통령령으로 정한다.

6) 학교폭력 조사·상담

교육감은 학교폭력 예방과 사후조치 등을 위하여 다음 각 호의 조사·상담 등을 수행할 수 있다(법 제11조의2).

1. 학교폭력 피해학생 상담 및 가해학생 조사
2. 필요한 경우 가해학생 학부모 조사
3. 학교폭력 예방 및 대책에 관한 계획의 이행 지도
4. 관할 구역 학교폭력서클 단속
5. 학교폭력 예방을 위하여 민간 기관 및 업소 출입·검사
6. 그 밖에 학교폭력 등과 관련하여 필요한 사항

교육감은 조사·상담 등의 업무를 대통령령으로 정하는 기관 또는 단체에 위탁할 수 있다. 교육감 및 위탁 기관 또는 단체의 장은 제1항에 따른 조사·상담 등의 업무 수행에 필요한 경우 관계 기관의 장에게 협조를 요청할 수 있다.

조사·상담 등을 하는 관계 직원은 그 권한을 표시하는 증표를 지니고 이를 관계인에게 보여주어야 한다. 조사 등의 결과는 학교의 장 및 보호자에게 통보하여야 한다.

교육부장관, 교육감, 지역 교육장, 학교의 장은 학교폭력과 관련한 개인정보 등을 경찰청장, 시·도경찰청장, 관할 경찰서장 및 관계 기관의 장에게 요청할 수 있다. 정보 제공을 요청받은 경찰청장, 시·도경찰청장, 관할 경찰서장 및 관계 기관의 장은 특별한 사정이 없으면 그 요청을 따라야 한다(법 제11조의3).

7) 학교폭력대책심의위원회

학교폭력의 예방 및 대책에 관련된 사항을 심의하기 위하여 「지방교육자치에 관한 법률」 제34조 및 「제주특별자치도 설치 및 국제자유도시 조성을 위한 특별법」 제80조에 따른 교육지원청(교육지원청이 없는 경우 해당 시·도 조례로 정하는 기관으로 한다. 이하 같다)에 학교폭력대책심의위원회(이하 "심의위원회"라 한다)를 둔다. 다만, 심의위원회 구성에 있어 대통령령으로 정하는 사유가 있는 경우에는 교육감 보고를 거쳐 둘 이상의 교육지원청이 공동으로 심의위원회를 구성할 수 있다(법 제12조).

심의위원회는 학교폭력의 예방 및 대책 등을 위하여 다음 각 호의 사항을 심의한다.

1. 학교폭력의 예방 및 대책
2. 피해학생의 보호
3. 가해학생에 대한 교육, 선도 및 징계
4. 피해학생과 가해학생 간의 분쟁조정
5. 그 밖에 대통령령으로 정하는 사항

심의위원회는 해당 지역에서 발생한 학교폭력에 대하여 조사할 수 있고 학교장 및 관할 경찰서장에게 관련 자료를 요청할 수 있다(법 제12조).

심의위원회는 10명 이상 50명 이내의 위원으로 구성하되, 전체위원의 3분의 1 이상을 해당 교육지원청 관할 구역 내 학교(고등학교를 포함한다)에 소속된 학생의 학부모로 위촉하여야 한다(법 제13조).

심의위원회의 위원장은 다음 각 호의 어느 하나에 해당하는 경우에 회의를 소집하여야 한다.

1. 심의위원회 재적위원 4분의 1 이상이 요청하는 경우
2. 학교의 장이 요청하는 경우
3. 피해학생 또는 그 보호자가 요청하는 경우
4. 학교폭력이 발생한 사실을 신고받거나 보고받은 경우
5. 가해학생이 협박 또는 보복한 사실을 신고받거나 보고받은 경우
6. 그 밖에 위원장이 필요하다고 인정하는 경우

심의위원회는 회의의 일시, 장소, 출석위원, 토의내용 및 의결사항 등이 기록된 회의록을 작성·보존하여야 한다.

심의위원회는 심의 과정에서 소아청소년과 의사, 정신건강의학과 의사, 심리학자, 그 밖의 아동심리와 관련된 전문가를 출석하게 하거나 서면 등의 방법으로 의견을 청취할 수 있고, 피해학생이 상담·치료 등을 받은 경우 해당 전문가 또는 전문의 등으로부터 의견을 청취할 수 있다. 다만, 심의위원회는 피해학생 또는 그 보호자의 의사를 확인하여 피해학생 또는 그 보호자의 요청이 있는 경우에는 반드시 의견을 청취하여야 한다(법 제13조).

심의위원회의 회의는 공개하지 아니한다. 다만, 피해학생·가해학생 또는 그 보호자가 회의록의 열람·복사 등 회의록 공개를 신청한 때에는 학생과 그 가족의 성명, 주민등록번호 및 주소, 위원의 성명 등 개인정보에 관한 사항을 제외하고 공개하여야 한다(법 제21조).

심의위원회의 교육 이수 조치를 따르지 아니한 보호자에게는 300만원 이하의 과태료를 부과한다(법 제23조).

8) 학교의 장의 자체해결

피해학생 및 그 보호자가 심의위원회의 개최를 원하지 아니하는 다음 각 호에 모두 해당하는 경미한 학교폭력의 경우 학교의 장은 학교폭력사건을 자체적으로 해결할 수 있다. 이 경우 학교의 장은 지체 없이 이를 심의위원회에 보고하여야 한다(법 제13조의2).

1. 2주 이상의 신체적·정신적 치료가 필요한 진단서를 발급받지 않은 경우
2. 재산상 피해가 없거나 즉각 복구된 경우
3. 학교폭력이 지속적이지 않은 경우
4. 학교폭력에 대한 신고, 진술, 자료제공 등에 대한 보복행위가 아닌 경우

학교의 장이 사건을 자체해결하려는 경우 다음 각 호에 해당하는 절차를 모두 거쳐야 한다.

1. 피해학생과 그 보호자의 심의위원회 개최 요구 의사의 서면 확인
2. 학교폭력의 경중에 대한 제14조제3항에 따른 전담기구의 서면 확인 및 심의

학교의 장은 제16조(피해학생의 보호), 제16조의2(장애학생의 보호), 제17조(가해학생에 대한 조치)에 따른 조치의 이행에 협조하여야 하며, 학교폭력을 축소 또는 은폐해서는 아니 된다. 학교의 장은 교육감에게 학교폭력이 발생한 사실과 제13조의2에 따라 학교의 장의 자체해결로 처리된 사건, 제16조, 제16조의2, 제17조 및 제18조(분쟁조정)에 따른 조치 및 그 결과를 보고하고, 관계 기관과 협력하여 교내 학교폭력 단체의 결성예방 및 해체에 노력하여야 한다(법 제19조).

9) 전문상담교사 배치 및 전담기구 구성(법 제14조)

학교의 장은 학교에 대통령령으로 정하는 바에 따라 상담실을 설치하고, 「초·중등교육법」 제19조의2에 따라 전문상담교사를 둔다.

전문상담교사는 학교의 장 및 심의위원회의 요구가 있는 때에는 학교폭력에 관련된 피해학생 및 가해학생과의 상담결과를 보고하여야 한다.

학교의 장은 교감, 전문상담교사, 보건교사 및 책임교사(학교폭력문제를 담당하는 교사를 말한다), 학부모 등으로 학교폭력문제를 담당하는 전담기구(이하 "전담기구"라 한다)를 구성한다. 이 경우 학부모는 전담기구 구성원의 3분의 1 이상이어야 한다.

학교의 장은 학교폭력 사태를 인지한 경우 지체 없이 전담기구 또는 소속 교원으로 하여금 가해 및 피해 사실 여부를 확인하도록 하고, 전담기구로 하여금 제13조의2에 따른 학교의 장의 자체해결 부의 여부를 심의하도록 한다.

전담기구는 학교폭력에 대한 실태조사와 학교폭력 예방 프로그램을 구성·실시하며, 학교의 장 및 심의위원회의 요구가 있는 때에는 학교폭력에 관련된 조사결과 등 활동결과를 보고하여야 한다.

피해학생 또는 피해학생의 보호자는 피해사실 확인을 위하여 전담기구에 실태조사를 요구할 수 있다.

국가 및 지방자치단체는 실태조사에 관한 예산을 지원하고, 관계 행정기관은 실태조사에 협조하여야 하며, 학교의 장은 전담기구에 행정적·재정적 지원을 할 수 있다.

전담기구는 성폭력 등 특수한 학교폭력사건에 대한 실태조사의 전문성을 확보하기 위하여 필요한 경우 전문기관에 그 실태조사를 의뢰할 수 있다. 이 경우 그 의뢰는 심의위원회 위원장의 심의를 거쳐 학교의 장 명의로 하여야 한다.

10) 학교폭력 예방교육 등(법 제15조)

학교의 장은 학생의 육체적·정신적 보호와 학교폭력의 예방을 위한 학생들에 대한 교육(학교폭력의 개념·실태 및 대처방안 등을 포함하여야 한다)을 학기별로 1회 이상 실시하여야 한다.

학교의 장은 학교폭력의 예방 및 대책 등을 위한 교직원 및 학부모에 대한 교육을 학기별로 1회 이상 실시하여야 한다.

학교의 장은 제1항에 따른 학교폭력 예방교육 프로그램의 구성 및 그 운용 등을 전담기구와 협의하여 전문단체 또는 전문가에게 위탁할 수 있다.

교육장은 제1항부터 제3항까지의 규정에 따른 학교폭력 예방교육 프로그램의 구성과 운용계획을 학부모가 쉽게 확인할 수 있도록 인터넷 홈페이지에 게시하고, 그 밖에 다양한 방법으로 학부모에게 알릴 수 있도록 노력하여야 한다.

11) 피해학생의 보호(법 제16조)

심의위원회는 피해학생의 보호를 위하여 필요하다고 인정하는 때에는 피해학생에 대하여 다음 각 호의 어느 하나에 해당하는 조치(수 개의 조치를 동시에 부과하는 경우를 포함한다)를 할 것을 교육장(교육장이 없는 경우 제12조 제1항에 따라 조례로 정한 기관의 장으로 한다. 이하 같다)에게 요청할 수 있다. 다만, 학교의 장은 학교폭력사건을 인지한 경우 피해학생의 반대의사 등 대통령령으로 정하는 특별한 사정이 없으면 지체 없이 가해자(교사를 포함한다)와 피해학생을 분리하여야 하며, 피해학생이 긴급보호를 요청하는 경우에는 제1호, 제2호 및 제6호의 조치를 할 수 있다. 이 경우 학교의 장은 심의위원회에 즉시 보고하여야 한다(법 제16조).

1. 학내외 전문가에 의한 심리상담 및 조언
2. 일시보호
3. 치료 및 치료를 위한 요양
4. 학급교체
5. 그 밖에 피해학생의 보호를 위하여 필요한 조치

심의위원회는 제1항에 따른 조치를 요청하기 전에 피해학생 및 그 보호자에게 의견진술의 기회를 부여하는 등 적정한 절차를 거쳐야 한다.

제1항에 따른 요청이 있는 때에는 교육장은 피해학생의 보호자의 동의를 받아 7일 이내에 해당 조치를 하여야 한다.

제1항의 조치 등 보호가 필요한 학생에 대하여 학교의 장이 인정하는 경우 그 조치에 필요한 결석을 출석 일수에 포함하여 계산할 수 있다.

학교의 장은 성적 등을 평가하는 경우 제3항에 따른 조치로 인하여 학생에게 불이익을 주지 아니하도록 노력하여야 한다.

피해학생이 전문단체나 전문가로부터 제1항 제1호부터 제3호까지의 규정에 따른 상담 등을 받는 데에 사용되는 비용은 가해학생의 보호자가 부담하여야 한다. 다만, 피해학생의 신속한 치료를 위하여 학교의 장 또는 피해학생의 보호자가 원하는 경우에는 「학교안전사고 예방 및 보상에 관한 법률」 제15조에 따른 학교안전공제회 또는 시·도교육청이 부담하고 이에 대한 상환청구권을 행사할 수 있다.

학교의 장 또는 피해학생의 보호자는 필요한 경우 「학교안전사고 예방 및 보상에 관한 법률」 제34조의 공제급여를 학교안전공제회에 직접 청구할 수 있다.

누구든지 장애 등을 이유로 장애학생에게 학교폭력을 행사하여서는 아니 된다. 심의위원회는 피해학생 또는 가해학생이 장애학생인 경우 심의과정에 「장애인 등에 대한 특수교육법」 제2조 제4호에 따른 특수교육교원 등 특수교육 전문가 또는 장애인 전문가를 출석하게 하거나 서면 등의 방법으로 의견을 청취할 수 있다. 심의위원회는 학교폭력으로 피해를 입은 장애학생의 보호를 위하여 장애인전문 상담가의 상담 또는 장애인전문 치료기관의 요양 조치를 학교의 장에게 요청할 수 있으며, 이 경우 학교의 장은 해당 조치를 하여야 한다(법 제16조의2).

12) 가해학생에 대한 조치(법 제17조)

심의위원회는 피해학생의 보호와 가해학생의 선도·교육을 위하여 가해학생에 대하여 다음 각 호의 어느 하나에 해당하는 조치(수 개의 조치를 동시에 부과하는 경우를 포함한다)를 할 것을 교육장에게 요청하여야 하며, 각 조치별 적용 기준은 대통령령으로 정한다. 다만, 퇴학처분은 의무교육과정에 있는 가해학생에 대하여는 적용하지 아니한다.

1. 피해학생에 대한 서면사과
2. 피해학생 및 신고·고발 학생에 대한 접촉, 협박 및 보복행위의 금지

3. 학교에서의 봉사
4. 사회봉사
5. 학내외 전문가에 의한 특별 교육이수 또는 심리치료
6. 출석정지
7. 학급교체
8. 전학
9. 퇴학처분

제1항에 따라 심의위원회가 교육장에게 가해학생에 대한 조치를 요청할 때 그 이유가 피해학생이나 신고·고발 학생에 대한 협박 또는 보복 행위일 경우에는 같은 항 각 호의 조치를 동시에 부과하거나 조치 내용을 가중할 수 있다.

제1항 제2호부터 제4호까지 및 제6호부터 제8호까지의 처분을 받은 가해학생은 교육감이 정한 기관에서 특별교육을 이수하거나 심리치료를 받아야 하며, 그 기간은 심의위원회에서 정한다.

학교의 장은 가해학생에 대한 선도가 긴급하다고 인정할 경우 우선 제1항제1호부터 제3호까지, 제5호 및 제6호의 조치를 할 수 있으며, 제5호와 제6호의 조치는 동시에 부과할 수 있다. 이 경우 심의위원회에 즉시 보고하여 추인을 받아야 한다.

심의위원회는 제1항 또는 제2항에 따른 조치를 요청하기 전에 가해학생 및 보호자에게 의견진술의 기회를 부여하는 등 적정한 절차를 거쳐야 한다.

제1항에 따른 요청이 있는 때에는 교육장은 14일 이내에 해당 조치를 하여야 한다.

학교의 장이 제4항에 따른 조치를 한 때에는 가해학생과 그 보호자에게 이를 통지하여야 하며, 가해학생이 이를 거부하거나 회피하는 때에는 학교의 장은 「초·중등교육법」 제18조에 따라 징계하여야 한다.

가해학생이 제1항 제3호부터 제5호까지의 규정에 따른 조치를 받은 경우 이와 관련된 결석은 학교의 장이 인정하는 때에는 이를 출석일수에 포함하여 계산할 수 있다.

심의위원회는 가해학생이 특별교육을 이수할 경우 해당 학생의 보호자도 함께 교육을 받게 하여야 한다.

가해학생이 다른 학교로 전학을 간 이후에는 전학 전의 피해학생 소속 학교로 다시

전학올 수 없도록 하여야 한다.

제1항 제2호부터 제9호까지의 처분을 받은 학생이 해당 조치를 거부하거나 기피하는 경우 심의위원회는 제7항에도 불구하고 대통령령으로 정하는 바에 따라 추가로 다른 조치를 할 것을 교육장에게 요청할 수 있다.

가해학생에 대한 조치 및 제11조 제6항에 따른 재입학 등에 관하여 필요한 사항은 대통령령으로 정한다.

13) 행정심판과 분쟁조정

교육장이 제16조 제1항 및 제17조 제1항에 따라 내린 조치에 대하여 이의가 있는 피해학생 또는 그 보호자는 「행정심판법」에 따른 행정심판을 청구할 수 있다.

교육장이 제17조 제1항에 따라 내린 조치에 대하여 이의가 있는 가해학생 또는 그 보호자는 「행정심판법」에 따른 행정심판을 청구할 수 있다.

제1항 및 제2항에 따른 행정심판청구에 필요한 사항은 「행정심판법」을 준용한다(법 제17조의2).

심의위원회는 학교폭력과 관련하여 분쟁이 있는 경우에는 그 분쟁을 조정할 수 있다(법 제18조).

제1항에 따른 분쟁의 조정기간은 1개월을 넘지 못한다.

학교폭력과 관련한 분쟁조정에는 다음 각 호의 사항을 포함한다.

1. 피해학생과 가해학생간 또는 그 보호자 간의 손해배상에 관련된 합의조정
2. 그 밖에 심의위원회가 필요하다고 인정하는 사항

심의위원회는 분쟁조정을 위하여 필요하다고 인정하는 때에는 관계 기관의 협조를 얻어 학교폭력과 관련한 사항을 조사할 수 있다(법 제18조).

심의위원회가 분쟁조정을 하고자 할 때에는 이를 피해학생·가해학생 및 그 보호자에게 통보하여야 한다.

시·도교육청 관할 구역 안의 소속 교육지원청이 다른 학생 간에 분쟁이 있는 경우에는 교육감이 직접 분쟁을 조정한다. 이 경우 제2항부터 제5항까지의 규정을 준용한다.

관할 구역을 달리하는 시·도교육청 소속 학교의 학생 간에 분쟁이 있는 경우에는 피해학생을 감독하는 교육감이 가해학생을 감독하는 교육감과의 협의를 거쳐 직접 분쟁을 조정한다. 이 경우 제2항부터 제5항까지의 규정을 준용한다(법 제18조).

교육장은「지방교육자치에 관한 법률」제35조에도 불구하고 이 법에 따른 고등학교에서의 학교폭력 피해학생 보호, 가해학생 선도·교육 및 피해학생과 가해학생 간의 분쟁조정 등에 관한 사무를 위임받아 수행할 수 있다(법 제21조의2).

14) 학교폭력의 신고(법 제20조)

학교폭력 현장을 보거나 그 사실을 알게 된 자는 학교 등 관계 기관에 이를 즉시 신고하여야 한다.

제1항에 따라 신고를 받은 기관은 이를 가해학생 및 피해학생의 보호자와 소속 학교의 장에게 통보하여야 한다.

제2항에 따라 통보받은 소속 학교의 장은 이를 심의위원회에 지체 없이 통보하여야 한다.

누구라도 학교폭력의 예비·음모 등을 알게 된 자는 이를 학교의 장 또는 심의위원회에 고발할 수 있다. 다만, 교원이 이를 알게 되었을 경우에는 학교의 장에게 보고하고 해당 학부모에게 알려야 한다.

누구든지 제1항부터 제4항까지에 따라 학교폭력을 신고한 사람에게 그 신고행위를 이유로 불이익을 주어서는 아니 된다(법 제20조).

국가 및 지방자치단체는 학교폭력을 수시로 신고받고 이에 대한 상담에 응할 수 있도록 긴급전화를 설치하여야 한다(법 제20조의2).

15) 정보통신망의 이용(법 제20조의4)

국가·지방자치단체 또는 교육감은 학교폭력 예방 업무 등을 효과적으로 수행하기 위하여 필요한 경우 정보통신망을 이용할 수 있다.

국가·지방자치단체 또는 교육감은 제1항에 따라 정보통신망을 이용하여 학교 또는 학생(학부모를 포함한다)이 학교폭력 예방 업무 등을 수행하는 경우 다음 각 호의 어느 하나에 해당하는 비용의 전부 또는 일부를 지원할 수 있다.

1. 학교 또는 학생(학부모를 포함한다)이 전기통신설비를 구입하거나 이용하는 데 소요되는 비용
2. 학교 또는 학생(학부모를 포함한다)에게 부과되는 전기통신역무 요금

16) 학생보호인력의 배치(법 제20조의5)

국가·지방자치단체 또는 학교의 장은 학교폭력을 예방하기 위하여 학교 내에 학생보호인력을 배치하여 활용할 수 있다(법 제20조의5).

다음 각 호의 어느 하나에 해당하는 사람은 학생보호인력이 될 수 없다.

1. 「국가공무원법」 제33조 각 호의 어느 하나에 해당하는 사람
2. 「아동·청소년의 성보호에 관한 법률」에 따른 아동·청소년대상 성범죄 또는 「성폭력범죄의 처벌 등에 관한 특례법」에 따른 성폭력범죄를 저질러 벌금형을 선고받고 그 형이 확정된 날부터 10년이 지나지 아니하였거나, 금고 이상의 형이나 치료감호를 선고받고 그 집행이 끝나거나 집행이 유예·면제된 날부터 10년이 지나지 아니한 사람
3. 「청소년 보호법」 제2조 제5호 가목3) 및 같은 목 7)부터 9)까지의 청소년 출입·고용금지업소의 업주나 종사자

국가·지방자치단체 또는 학교의 장은 제1항에 따른 학생보호인력의 배치 및 활용 업무를 관련 전문기관 또는 단체에 위탁할 수 있다.

제3항에 따라 학생보호인력의 배치 및 활용 업무를 위탁받은 전문기관 또는 단체는 그 업무를 수행하는 경우 학교의 장과 충분히 협의하여야 한다.

국가·지방자치단체 또는 학교의 장은 학생보호인력으로 배치하고자 하는 사람의 동의를 받아 경찰청장에게 그 사람의 범죄경력을 조회할 수 있다.

제3항에 따라 학생보호인력의 배치 및 활용 업무를 위탁받은 전문기관 또는 단체는

해당 업무를 위탁한 국가·지방자치단체 또는 학교의 장에게 학생보호인력으로 배치하고자 하는 사람의 범죄경력을 조회할 것을 신청할 수 있다.

학생보호인력이 되려는 사람은 국가·지방자치단체 또는 학교의 장에게 제2항 각 호의 어느 하나에 해당하지 아니한다는 확인서를 제출하여야 한다.

국가는 학교폭력 예방 및 근절을 위하여 학교폭력 업무 등을 전담하는 경찰관을 둘 수 있다(법 제20조의6).

이 법에 따라 학교폭력의 예방 및 대책과 관련된 업무를 수행하거나 수행하였던 사람은 그 직무로 인하여 알게 된 비밀 또는 가해학생·피해학생 및 제20조에 따른 신고자·고발자와 관련된 자료를 누설하여서는 아니 된다(법 제21조 제1항). 이를 위반한 자는 1년 이하의 징역 또는 1천만원 이하의 벌금에 처한다(법 제22조).

17) 영상정보처리기기의 통합 관제(법 제20조의7)

국가 및 지방자치단체는 학교폭력 예방 업무를 효과적으로 수행하기 위하여 교육감과 협의하여 학교 내외에 설치된 영상정보처리기기(「개인정보 보호법」 제2조 제7호에 따른 영상정보처리기기를 말한다. 이하 이 조에서 같다)를 통합하여 관제할 수 있다. 이 경우 국가 및 지방자치단체는 통합 관제 목적에 필요한 범위에서 최소한의 개인정보만을 처리하여야 하며, 그 목적 외의 용도로 활용하여서는 아니 된다.

제1항에 따라 영상정보처리기기를 통합 관제하려는 국가 및 지방자치단체는 공청회·설명회의 개최 등 대통령령으로 정하는 절차를 거쳐 관계 전문가 및 이해관계인의 의견을 수렴하여야 한다.

제1항에 따라 학교 내외에 설치된 영상정보처리기기가 통합 관제되는 경우 해당 학교의 영상정보처리기기운영자는 「개인정보 보호법」 제25조 제4항에 따른 조치를 통하여 그 사실을 정보주체에게 알려야 한다.

통합 관제에 관하여 이 법에서 규정한 것을 제외하고는 「개인정보 보호법」을 적용한다.

제 11 장 아동학대범죄의 처벌 등에 관한 특례법(약칭: 아동학대처벌법)

1. 의의

아동학대는 보호자를 포함한 성인이 아동의 건강 또는 복지를 해치거나 정상적 발달을 저해할 수 있는 신체적 폭력이나 가혹행위를 하는 것, 보호자를 포함한 성인이 아동의 건강 또는 복지를 해치거나 정상적 발달을 저해할 수 있는 정신적 폭력이나 가혹행위를 하는 것, 보호자를 포함한 성인이 아동의 건강 또는 복지를 해치거나 정상적 발달을 저해할 수 있는 성적 폭력이나 가혹행위를 하는 것, 아동의 보호자가 아동을 유기하거나 방임하는 것을 모두 포함한다(「아동복지법」 제3조 제7호).

「아동학대범죄의 처벌 등에 관한 특례법」은 2013년 12월에 제정되어 가해자의 처벌 강화와 관련한 법체계를 마련하였다는 점에서 아동보호체계의 새로운 변화로 인식되었다. 이 법의 제정으로 인하여 우리나라의 아동보호정책의 형성과 변화에 있어 민간단체－국회·국회의원－정부의 다양한 파트너십의 변화과정을 보여주고 있으며, 자녀 양육에 대한 부모의 권리와 책임인 친권에 국가가 개입할 수 있는 법적 근거가 마련된 것으로 본다(최성은 외, 2021).

이 법은 아동학대범죄의 처벌 및 그 절차에 관한 특례와 피해아동에 대한 보호절차 및 아동학대행위자에 대한 보호처분을 규정함으로써 아동을 보호하여 아동이 건강한 사회 구성원으로 성장하도록 함을 목적으로 한다(법 제1조).

아동학대범죄에 대하여는 이 법을 우선 적용한다. 다만, 「성폭력범죄의 처벌 등에 관한 특례법」, 「아동·청소년의 성보호에 관한 법률」에서 가중처벌되는 경우에는 그 법에서 정한 바에 따른다.

이 법에서 사용하는 용어의 정의(법 제2조)는 다음과 같다.

1. "아동"이란 「아동복지법」 제3조 제1호에 따른 아동을 말한다.
2. "보호자"란 「아동복지법」 제3조 제3호에 따른 보호자를 말한다.
3. "아동학대"란 「아동복지법」 제3조 제7호에 따른 아동학대를 말한다.
4. "아동학대범죄"란 보호자에 의한 아동학대로서 다음 각 목의 어느 하나에 해당하는 죄를 말한다.
   가. 「형법」 제2편 제25장 상해와 폭행의 죄 중 제257조(상해) 제1항·제3항, 제258조의2(특수상해) 제1항(제257조 제1항의 죄에만 해당한다)·제3항(제1항 중 제257조 제1항의 죄에만 해당한다), 제260조(폭행) 제1항, 제261조(특수폭행) 및 제262조(폭행치사상)(상해에 이르게 한 때에만 해당한다)의 죄
   나. 「형법」 제2편 제28장 유기와 학대의 죄 중 제271조(유기) 제1항, 제272조(영아유기), 제273조(학대) 제1항, 제274조(아동혹사) 및 제275조(유기등 치사상)(상해에 이르게 한 때에만 해당한다)의 죄
   다. 「형법」 제2편 제29장 체포와 감금의 죄 중 제276조(체포, 감금) 제1항, 제277조(중체포, 중감금) 제1항, 제278조(특수체포, 특수감금), 제280조(미수범) 및 제281조(체포·감금등의 치사상)(상해에 이르게 한 때에만 해당한다)의 죄
   라. 「형법」 제2편 제30장 협박의 죄 중 제283조(협박) 제1항, 제284조(특수협박) 및 제286조(미수범)의 죄
   마. 「형법」 제2편 제31장 약취, 유인 및 인신매매의 죄 중 제287조(미성년자 약취, 유인), 제288조(추행 등 목적 약취, 유인 등), 제289조(인신매매) 및 제290조(약취, 유인, 매매, 이송 등 상해·치상)의 죄
   바. 「형법」 제2편 제32장 강간과 추행의 죄 중 제297조(강간), 제297조의2(유사강간), 제298조(강제추행), 제299조(준강간, 준강제추행), 제300조(미수범), 제301조(강간등 상해·치상), 제301조의2(강간등 살인·치사), 제302조(미성년자등에 대한 간음), 제303조(업무상위력 등에 의한 간음) 및 제305조(미성년자에 대한 간음, 추행)의 죄
   사. 「형법」 제2편 제33장 명예에 관한 죄 중 제307조(명예훼손), 제309조(출판물등에 의한 명예훼손) 및 제311조(모욕)의 죄
   아. 「형법」 제2편 제36장 주거침입의 죄 중 제321조(주거·신체 수색)의 죄
   자. 「형법」 제2편 제37장 권리행사를 방해하는 죄 중 제324조(강요) 및 제324조의5(미수범)(제324조의 죄에만 해당한다)의 죄
   차. 「형법」 제2편 제39장 사기와 공갈의 죄 중 제350조(공갈), 제350조의2(특수공갈) 및 제352조(미수범)(제350조, 제350조의2의 죄에만 해당한다)의 죄
   카. 「형법」 제2편 제42장 손괴의 죄 중 제366조(재물손괴등)의 죄
   타. 「아동복지법」 제71조제1항 각 호의 죄(제3호의 죄는 제외한다)
   파. 가목부터 타목까지의 죄로서 다른 법률에 따라 가중처벌되는 죄
   하. 제4조(아동학대살해·치사), 제5조(아동학대중상해) 및 제6조(상습범)의 죄

4의2. "아동학대범죄신고등"이란 아동학대범죄에 관한 신고·진정·고소·고발 등 수사 단서의 제공,

진술 또는 증언이나 그 밖의 자료제출행위 및 범인검거를 위한 제보 또는 검거활동을 말한다.

4의3. "아동학대범죄신고자등"이란 아동학대범죄신고등을 한 자를 말한다.

5. "아동학대행위자"란 아동학대범죄를 범한 사람 및 그 공범을 말한다.
6. "피해아동"이란 아동학대범죄로 인하여 직접적으로 피해를 입은 아동을 말한다.
7. "아동보호사건"이란 아동학대범죄로 인하여 제36조 제1항에 따른 보호처분의 대상이 되는 사건을 말한다.
8. "피해아동보호명령사건"이란 아동학대범죄로 인하여 제47조에 따른 피해아동보호명령의 대상이 되는 사건을 말한다.
9. "아동보호전문기관"이란 「아동복지법」 제45조에 따른 아동보호전문기관을 말한다.

9의2. "가정위탁지원센터"란 「아동복지법」 제48조에 따른 가정위탁지원센터를 말한다.

10. "아동복지시설"이란 「아동복지법」 제50조에 따라 설치된 시설을 말한다.
11. "아동복지시설의 종사자"란 아동복지시설에서 아동의 상담·지도·치료·양육, 그 밖에 아동의 복지에 관한 업무를 담당하는 사람을 말한다.

아동학대범죄의 조사·심리에 관하여는 「성폭력범죄의 처벌 등에 관한 특례법」 제29조부터 제32조까지, 제34조부터 제41조까지 및 「아동·청소년의 성보호에 관한 법률」 제29조를 각각 준용한다. 이 경우 "성폭력" 또는 "아동·청소년대상 성범죄"는 "아동학대범죄"로, "피해자"는 "피해아동"으로 본다.

아동학대범죄사건의 형사 및 아동보호 절차에서 참고인이나 증인이 13세 미만의 아동이거나 신체적인 또는 정신적인 장애로 의사소통이나 의사표현에 어려움이 있는 경우 「성폭력범죄의 처벌 등에 관한 특례법」 제36조부터 제39조까지를 준용한다. 이 경우 "성폭력범죄"는 "아동학대범죄"로, "피해자"는 "참고인이나 증인"으로 본다.

2. 입법 배경 및 연혁

아동의 양육은 가족구성원 차원의 과제일 뿐만 아니라 사회구성원 모두의 관심이 필요한 사안으로서, 아동에 대한 학대행위는 성장 단계에 있는 아동의 정서 및 건강에 영구적인 상처를 남길 수 있으므로 그 대상이 성인인 경우보다 엄격한 처벌과 교화가 필요한바, 아동학대범죄에 대한 처벌을 강화하고 아동학대범죄가 발생한 경우 긴급한 조치 및 보호가 가능하도록 제도를 마련함으로써, 아동학대에 대한 강력한 대처와 예방을 통해 아동이 건강한 사회 구성원으로 성장하도록 하기 위하여 제정되었다. 아동학대범죄의 처벌 등에 관한 특례법의 주요 연혁은 다음과 같다.

제·개정 (시행) 일자	제·개정 이유/내용
2014. 1. 28. (2014. 9. 29.)	제정(법률 제12341호)
	아동학대범죄에 대한 처벌을 강화하고 아동학대범죄가 발생한 경우 긴급한 조치 및 보호가 가능하도록 제도를 마련함으로써, 아동학대에 대한 강력한 대처와 예방을 통해 아동이 건강한 사회 구성원으로 성장하도록 하기 위함
2016. 5. 29. (2016. 11. 30.)	신고자 등에 대한 보호조치 신설
	• 아동학대범죄 신고자 등에 대한 해고 등 불이익조치를 금지하고, 이를 위반하여 신고자 등에게 불이익조치를 한 자에 대한 처벌조항을 신설 • 신고자 등이 보복을 당할 우려가 있는 경우 신변안전조치
2017. 12. 19. (2017. 12. 19.)	정서적·심리적 차원의 피해아동 보호 규정 보완
	• 피해아동보호명령에 아동보호전문기관, 상담소 등에의 상담·치료 위탁을 추가하고 해당 절차에 보호자가 참여할 수 있도록 함 • 상습적인 아동학대행위자로 보호처분 등을 이행하지 아니한 자 및 아동학대 치료프로그램 이수명령을 불응한 자에 대한 벌금형을 상향
2020. 3. 24. (2020. 10. 1.)	아동학대행위 예방 및 보호 강화
	• 아동학대행위를 예방하기 위한 시·도지사 또는 시장·군수·구청장의 역할 확대 • 피해아동보호명령의 기간을 3개월 단위로 연장할 수 있도록 하던 것을 6개월 단위로 연장할 수 있도록 하고, 총 기간의 상한을 4년으로 하던 것을 성년에 도달하는 때까지로 함 • 아동학대전담공무원과 아동보호전문기관의 종사자에 대하여 관계 행정기관의 장이 실시하는 교육에 사례관리에 필요한 지식, 이 법에서 정한 절차, 관련 법제도 등을 추가 • 아동학대 현장조사를 거부하는 자에게 과태료 부과
2021. 1. 26. (2021. 1. 26.)	아동학대범죄의 신고에 따른 현장 대응의 실효성 향상
	• 아동학대범죄 신고시 즉시 조사 또는 수사 착수 • 아동학대범죄 현장출동, 현장조사 및 응급조치 등 보완
2021. 3. 16. (2021. 3. 16.)	아동학대범죄의 수사 및 재판 과정에서 피해아동의 권익보호
	• 아동학대살해죄를 신설하여 가중처벌 • 피해아동에 대한 국선변호사 및 국선보조인의 선정을 의무화

3. 주요 내용

「아동학대범죄의 처벌 등에 관한 특례법」의 전반적인 구조와 주요 내용을 정리하면 다음과 같다.

제1장 총칙	제1조(목적) 제2조(정의) 제3조(다른 법률과의 관계)
제2장 아동학대범죄의 처벌에 관한 특례	제4조(아동학대살해·치사) 제5조(아동학대중상해) 제6조(상습범) 제7조(아동복지시설의 종사자 등에 대한 가중처벌) 제8조(형벌과 수강명령 등의 병과) 제9조(친권상실청구 등)
제3장 아동학대범죄의 처리절차에 관한 특례	제10조(아동학대범죄 신고의무와 절차) 제10조의2(불이익조치의 금지) 제10조의3(아동학대범죄신고자등에 대한 보호조치) 제10조의4(고소에 대한 특례) 제11조(현장출동) 제11조의2(조사) 제12조(피해아동 등에 대한 응급조치) 제13조(아동학대행위자에 대한 긴급임시조치) 제14조(임시조치의 청구) 제15조(응급조치·긴급임시조치 후 임시조치의 청구) 제16조(피해아동에 대한 변호사 선임의 특례) 제17조(준용) 제17조의2(증인에 대한 신변안전조치)
제4장 아동보호사건	제18조(관할) 제19조(아동학대행위자에 대한 임시조치) 제20조(임시조치의 고지) 제21조(임시조치의 집행) 제22조(임시조치의 변경) 제23조(임시로 후견인의 임무를 수행할 사람) 제24조(사법경찰관의 사건송치) 제25조(검사의 결정 전 조사) 제26조(조건부 기소유예) 제27조(아동보호사건의 처리) 제28조(검사의 송치)

	제29조(법원의 송치) 제30조(송치 시의 아동학대행위자 처리) 제31조(송치서) 제32조(이송) 제33조(보호처분의 효력) 제34조(공소시효의 정지와 효력) 제35조(비밀엄수 등의 의무) 제36조(보호처분의 결정 등) 제37조(보호처분의 기간) 제38조(보호처분 결정의 집행) 제39조(보고와 의견 제출 등) 제40조(보호처분의 변경) 제41조(보호처분의 취소) 제42조(보호처분의 종료) 제43조(비용의 부담) 제44조(준용) 제45조(항고와 재항고)
제5장 피해아동보호명령	제46조(피해아동보호명령사건의 관할) 제47조(가정법원의 피해아동에 대한 보호명령) 제48조(보조인) 제49조(국선보조인) 제50조(피해아동보호명령의 집행 및 취소와 변경) 제51조(피해아동보호명령의 기간) 제52조(피해아동에 대한 임시보호명령) 제53조(이행실태의 조사) 제54조(병합심리) 제55조(아동학대전담공무원 등에 대한 교육) 제55조의2(자료요청 및 면담) 제56조(준용) 제57조(항고와 재항고) 제58조(위임규정)
제6장 벌칙	제59조(보호처분 등의 불이행죄) 제60조(피해자 등에 대한 강요행위) 제61조(업무수행 등의 방해죄) 제62조(비밀엄수 등 의무의 위반죄) 제62조의2(불이익조치 금지 위반죄) 제63조(과태료) 제64조(벌칙적용에 있어서 공무원의 의제)

1) 아동학대범죄의 처벌에 관한 특례

(1) 아동학대살해·치사(법 제4조)

제2조 제4호 가목부터 다목까지의 아동학대범죄를 범한 사람이 아동을 살해한 때에는 사형, 무기 또는 7년 이상의 징역에 처한다.

제2조 제4호 가목부터 다목까지의 아동학대범죄를 범한 사람이 아동을 사망에 이르게 한 때에는 무기 또는 5년 이상의 징역에 처한다.

(2) 아동학대중상해(법 제5조)

제2조 제4호 가목부터 다목까지의 아동학대범죄를 범한 사람이 아동의 생명에 대한 위험을 발생하게 하거나 불구 또는 난치의 질병에 이르게 한 때에는 3년 이상의 징역에 처한다.

(3) 상습범(법 제6조)

상습적으로 제2조 제4호 가목부터 파목까지의 아동학대범죄를 범한 자는 그 죄에 정한 형의 2분의 1까지 가중한다. 다만, 다른 법률에 따라 상습범으로 가중처벌되는 경우에는 그러하지 아니하다.

(4) 아동복지시설의 종사자 등에 대한 가중처벌(법 제7조)

제10조 제2항 각 호에 따른 아동학대 신고의무자가 보호하는 아동에 대하여 아동학대범죄를 범한 때에는 그 죄에 정한 형의 2분의 1까지 가중한다.

(5) 형벌과 수강명령 등의 병과(법 제8조)

법원은 아동학대행위자에 대하여 유죄판결(선고유예는 제외한다)을 선고하면서 200시간의 범위에서 재범예방에 필요한 수강명령(「보호관찰 등에 관한 법률」에 따른 수강명령을 말한다. 이하 같다) 또는 아동학대 치료프로그램의 이수명령(이하 "이수명령"이라 한다)을 병과할 수 있다.

아동학대행위자에 대하여 제1항의 수강명령은 형의 집행을 유예할 경우에 그 집행유예기간 내에서 병과하고, 이수명령은 벌금형 또는 징역형의 실형(實刑)을 선고할 경우에 병과한다.

법원이 아동학대행위자에 대하여 형의 집행을 유예하는 경우에는 제1항에 따른 수강명령 외에 그 집행유예기간 내에서 보호관찰 또는 사회봉사 중 하나 이상의 처분을 병과할 수 있다.

제1항에 따른 수강명령 또는 이수명령은 형의 집행을 유예할 경우에는 그 집행유예기간 내에, 벌금형을 선고할 경우에는 형 확정일로부터 6개월 이내에, 징역형의 실형을 선고할 경우에는 형기 내에 각각 집행한다.

제1항에 따른 수강명령 또는 이수명령이 벌금형 또는 형의 집행유예와 병과된 경우에는 보호관찰소의 장이 집행하고, 징역형의 실형과 병과된 경우에는 교정시설의 장이 집행한다. 다만, 징역형의 실형과 병과된 이수명령을 모두 이행하기 전에 석방 또는 가석방되거나 미결구금일수 산입 등의 사유로 형을 집행할 수 없게 된 경우에는 보호관찰소의 장이 남은 이수명령을 집행한다.

제1항에 따른 수강명령 또는 이수명령은 다음 각 호의 내용으로 한다.

1. 아동학대 행동의 진단·상담
2. 보호자로서의 기본 소양을 갖추게 하기 위한 교육
3. 그 밖에 아동학대행위자의 재범예방을 위하여 필요한 사항

형벌과 병과하는 보호관찰, 사회봉사, 수강명령 및 이수명령에 관하여 이 법에서 규정한 사항 외에는 「보호관찰 등에 관한 법률」을 준용한다.

(6) 친권상실청구(법 제9조)

아동학대행위자가 제5조 또는 제6조의 범죄를 저지른 때에는 검사는 그 사건의 아동학대행위자가 피해아동의 친권자나 후견인인 경우에 법원에 「민법」 제924조의 친권상실의 선고 또는 같은 법 제940조의 후견인의 변경 심판을 청구하여야 한다. 다만, 친권상실의 선고 또는 후견인의 변경 심판을 하여서는 아니 될 특별한 사정이 있는 경우에는 그러하지 아니하다.

검사가 제1항에 따른 청구를 하지 아니한 때에는 특별시장·광역시장·특별자치시장·도지사·특별자치도지사(이하 "시·도지사"라 한다) 또는 시장·군수·구청장(자치구의 구청장을 말한다. 이하 같다)은 검사에게 제1항의 청구를 하도록 요청할 수 있다. 이 경우 청구를 요청받은 검사는 요청받은 날부터 30일 내에 그 처리 결과를 시·도지사 또는 시장·군수·구청장에게 통보하여야 한다.

제2항 후단에 따라 처리 결과를 통보받은 시·도지사 또는 시장·군수·구청장은 그 처리 결과에 대하여 이의가 있을 경우 통보받은 날부터 30일 내에 직접 법원에 제1항의 청구를 할 수 있다.

2) 아동학대범죄의 처리절차에 관한 특례

(1) 아동학대범죄 신고의무와 절차

누구든지 아동학대범죄를 알게 된 경우나 그 의심이 있는 경우에는 특별시·광역시·특별자치시·도·특별자치도(이하 "시·도"라 한다), 시·군·구(자치구를 말한다. 이하 같다) 또는 수사기관에 신고할 수 있다(법 제10조).

다음 각 호의 어느 하나에 해당하는 사람이 직무를 수행하면서 아동학대범죄를 알게 된 경우나 그 의심이 있는 경우에는 시·도, 시·군·구 또는 수사기관에 즉시 신고하여야 한다.

1. 「아동복지법」 제10조의2에 따른 아동권리보장원(이하 "아동권리보장원"이라 한다) 및 가정위탁지원센터의 장과 그 종사자
2. 아동복지시설의 장과 그 종사자(아동보호전문기관의 장과 그 종사자는 제외한다)
3. 「아동복지법」 제13조에 따른 아동복지전담공무원
4. 「가정폭력방지 및 피해자보호 등에 관한 법률」 제5조에 따른 가정폭력 관련 상담소 및 같은 법 제7조의2에 따른 가정폭력피해자 보호시설의 장과 그 종사자
5. 「건강가정기본법」 제35조에 따른 건강가정지원센터의 장과 그 종사자
6. 「다문화가족지원법」 제12조에 따른 다문화가족지원센터의 장과 그 종사자
7. 「사회보장급여의 이용·제공 및 수급권자 발굴에 관한 법률」 제43조에 따른 사회복지전담공무원 및 「사회복지사업법」 제34조에 따른 사회복지시설의 장과 그 종사자
8. 「성매매방지 및 피해자보호 등에 관한 법률」 제9조에 따른 지원시설 및 같은 법 제17조에 따른

성매매피해상담소의 장과 그 종사자

9. 「성폭력방지 및 피해자보호 등에 관한 법률」 제10조에 따른 성폭력피해상담소, 같은 법 제12조에 따른 성폭력피해자보호시설의 장과 그 종사자 및 같은 법 제18조에 따른 성폭력피해자통합지원센터의 장과 그 종사자
10. 「119구조·구급에 관한 법률」 제2조 제4호에 따른 119구급대의 대원
11. 「응급의료에 관한 법률」 제2조 제7호에 따른 응급의료기관등에 종사하는 응급구조사
12. 「영유아보육법」 제7조에 따른 육아종합지원센터의 장과 그 종사자 및 제10조에 따른 어린이집의 원장 등 보육교직원
13. 「유아교육법」 제2조 제2호에 따른 유치원의 장과 그 종사자
14. 아동보호전문기관의 장과 그 종사자
15. 「의료법」 제3조 제1항에 따른 의료기관의 장과 그 의료기관에 종사하는 의료인 및 의료기사
16. 「장애인복지법」 제58조에 따른 장애인복지시설의 장과 그 종사자로서 시설에서 장애아동에 대한 상담·치료·훈련 또는 요양 업무를 수행하는 사람
17. 「정신건강증진 및 정신질환자 복지서비스 지원에 관한 법률」 제3조 제3호에 따른 정신건강복지센터, 같은 조 제5호에 따른 정신의료기관, 같은 조 제6호에 따른 정신요양시설 및 같은 조 제7호에 따른 정신재활시설의 장과 그 종사자
18. 「청소년 기본법」 제3조 제6호에 따른 청소년시설 및 같은 조 제8호에 따른 청소년단체의 장과 그 종사자
19. 「청소년 보호법」 제35조에 따른 청소년 보호·재활센터의 장과 그 종사자
20. 「초·중등교육법」 제2조에 따른 학교의 장과 그 종사자
21. 「한부모가족지원법」 제19조에 따른 한부모가족복지시설의 장과 그 종사자
22. 「학원의 설립·운영 및 과외교습에 관한 법률」 제6조에 따른 학원의 운영자·강사·직원 및 같은 법 제14조에 따른 교습소의 교습자·직원
23. 「아이돌봄 지원법」 제2조제4호에 따른 아이돌보미
24. 「아동복지법」 제37조에 따른 취약계층 아동에 대한 통합서비스지원 수행인력
25. 「입양특례법」 제20조에 따른 입양기관의 장과 그 종사자

누구든지 제1항 및 제2항에 따른 신고인의 인적 사항 또는 신고인임을 미루어 알 수 있는 사실을 다른 사람에게 알려주거나 공개 또는 보도하여서는 아니 된다.

제2항에 따른 신고가 있는 경우 시·도, 시·군·구 또는 수사기관은 정당한 사유가 없으면 즉시 조사 또는 수사에 착수하여야 한다.

누구든지 아동학대범죄신고자 등에게 아동학대범죄신고 등을 이유로 불이익조치를 하여서는 아니 된다(법 제10조의2). 아동학대범죄신고자 등에 대하여는 「특정범죄신고자 등 보호법」 제7조부터 제13조까지의 규정을 준용한다(법 제10조의3).

(2) 고소에 대한 특례(법 제10조의4)

피해아동 또는 그 법정대리인은 아동학대행위자를 고소할 수 있다. 피해아동의 법정대리인이 아동학대행위자인 경우 또는 아동학대행위자와 공동으로 아동학대범죄를 범한 경우에는 피해아동의 친족이 고소할 수 있다.

피해아동은 「형사소송법」 제224조에도 불구하고 아동학대행위자가 자기 또는 배우자의 직계존속인 경우에도 고소할 수 있다. 법정대리인이 고소하는 경우에도 또한 같다.

피해아동에게 고소할 법정대리인이나 친족이 없는 경우에 이해관계인이 신청하면 검사는 10일 이내에 고소할 수 있는 사람을 지정하여야 한다.

(3) 현장출동(법 제11조)

아동학대범죄 신고를 접수한 사법경찰관리나 「아동복지법」 제22조 제4항에 따른 아동학대전담공무원은 지체 없이 아동학대범죄의 현장에 출동하여야 한다. 이 경우 수사기관의 장이나 시·도지사 또는 시장·군수·구청장은 서로 동행하여 줄 것을 요청할 수 있으며, 그 요청을 받은 수사기관의 장이나 시·도지사 또는 시장·군수·구청장은 정당한 사유가 없으면 사법경찰관리나 아동학대전담공무원이 아동학대범죄 현장에 동행하도록 조치하여야 한다.

아동학대범죄 신고를 접수한 사법경찰관리나 아동학대전담공무원은 아동학대범죄가 행하여지고 있는 것으로 신고된 현장 또는 피해아동을 보호하기 위하여 필요한 장소에 출입하여 아동 또는 아동학대행위자 등 관계인에 대하여 조사를 하거나 질문을 할 수 있다. 다만, 아동학대전담공무원은 다음 각 호를 위한 범위에서만 아동학대행위자 등 관계인에 대하여 조사 또는 질문을 할 수 있다.

1. 피해아동의 보호
2. 「아동복지법」 제22조의4의 사례관리계획에 따른 사례관리(이하 "사례관리"라 한다)

시·도지사 또는 시장·군수·구청장은 제1항에 따른 현장출동 시 아동보호 및 사례관리를 위하여 필요한 경우 아동보호전문기관의 장에게 아동보호전문기관의 직원이 동행할 것을 요청할 수 있다. 이 경우 아동보호전문기관의 직원은 피해아동의 보호 및 사례관리를 위한 범위에서 아동학대전담공무원의 조사에 참여할 수 있다.

제2항 및 제3항에 따라 출입이나 조사를 하는 사법경찰관리, 아동학대전담공무원 또는 아동보호전문기관의 직원은 그 권한을 표시하는 증표를 지니고 이를 관계인에게 내보여야 한다.

제2항에 따라 조사 또는 질문을 하는 사법경찰관리 또는 아동학대전담공무원은 피해아동, 아동학대범죄신고자등, 목격자 등이 자유롭게 진술할 수 있도록 아동학대행위자로부터 분리된 곳에서 조사하는 등 필요한 조치를 하여야 한다.

누구든지 제1항부터 제3항까지의 규정에 따라 현장에 출동한 사법경찰관리, 아동학대전담공무원 또는 아동보호전문기관의 직원이 제2항 및 제3항에 따른 업무를 수행할 때에 폭행·협박이나 현장조사를 거부하는 등 그 업무 수행을 방해하는 행위를 하여서는 아니 된다.

제1항에 따른 현장출동이 동행하여 이루어지지 아니한 경우 수사기관의 장이나 시·도지사 또는 시장·군수·구청장은 현장출동에 따른 조사 등의 결과를 서로에게 통지하여야 한다.

(4) 조사(법 제11조의2)

아동학대전담공무원은 피해아동의 보호 및 사례관리를 위한 조사를 할 수 있다. 이 경우 아동학대전담공무원은 아동학대행위자 및 관계인에 대하여 출석·진술 및 자료제출을 요구할 수 있으며, 아동학대행위자 및 관계인은 정당한 사유가 없으면 이에 따라야 한다.

제1항에 관하여는 「행정조사기본법」 제4조, 제5조, 제9조, 제10조, 제17조, 제21조를 준용한다. 이 경우 "행정조사"는 "제1항에 따른 아동학대전담공무원의 조사"로, "행정기관"은 "시·도 또는 시·군·구"로, "조사대상자"는 "아동학대행위자 및 관계인"으로 본다.

(5) 피해아동 등에 대한 응급조치(법 제12조)

제11조 제1항에 따라 현장에 출동하거나 아동학대범죄 현장을 발견한 경우 또는 학대현장 이외의 장소에서 학대피해가 확인되고 재학대의 위험이 급박·현저한 경우, 사법경찰관리 또는 아동학대전담공무원은 피해아동, 피해아동의 형제자매인 아동 및 피

해아동과 동거하는 아동(이하 "피해아동등"이라 한다)의 보호를 위하여 즉시 다음 각 호의 조치(이하 "응급조치"라 한다)를 하여야 한다. 이 경우 제3호의 조치를 하는 때에는 피해아동등의 이익을 최우선으로 고려하여야 하며, 피해아동등을 보호하여야 할 필요가 있는 등 특별한 사정이 있는 경우를 제외하고는 피해아동등의 의사를 존중하여야 한다.

1. 아동학대범죄 행위의 제지
2. 아동학대행위자를 피해아동등으로부터 격리
3. 피해아동등을 아동학대 관련 보호시설로 인도
4. 긴급치료가 필요한 피해아동을 의료기관으로 인도

사법경찰관리나 아동학대전담공무원은 제1항 제3호 및 제4호 규정에 따라 피해아동등을 분리·인도하여 보호하는 경우 지체 없이 피해아동등을 인도받은 보호시설·의료시설을 관할하는 시·도지사 또는 시장·군수·구청장에게 그 사실을 통보하여야 한다.

제1항 제2호부터 제4호까지의 규정에 따른 응급조치는 72시간을 넘을 수 없다. 다만, 본문의 기간에 공휴일이나 토요일이 포함되는 경우로서 피해아동등의 보호를 위하여 필요하다고 인정되는 경우에는 48시간의 범위에서 그 기간을 연장할 수 있다.

제3항에도 불구하고 검사가 제15조 제2항에 따라 임시조치를 법원에 청구한 경우에는 법원의 임시조치 결정 시까지 응급조치 기간이 연장된다.

사법경찰관리 또는 아동학대전담공무원이 제1항에 따라 응급조치를 한 경우에는 즉시 응급조치결과보고서를 작성하여야 한다. 이 경우 사법경찰관리가 응급조치를 한 경우에는 관할 경찰관서의 장이 시·도지사 또는 시장·군수·구청장에게, 아동학대전담공무원이 응급조치를 한 경우에는 소속 시·도지사 또는 시장·군수·구청장이 관할 경찰관서의 장에게 작성된 응급조치결과보고서를 지체 없이 송부하여야 한다.

제5항에 따른 응급조치결과보고서에는 피해사실의 요지, 응급조치가 필요한 사유, 응급조치의 내용 등을 기재하여야 한다.

누구든지 아동학대전담공무원이나 사법경찰관리가 제1항에 따른 업무를 수행할 때에 폭행·협박이나 응급조치를 저지하는 등 그 업무 수행을 방해하는 행위를 하여서는 아니 된다.

사법경찰관리는 제1항 제1호 또는 제2호의 조치를 위하여 다른 사람의 토지·건물·

배 또는 차에 출입할 수 있다.

(6) 아동학대행위자에 대한 긴급임시조치

사법경찰관은 제12조 제1항에 따른 응급조치에도 불구하고 아동학대범죄가 재발될 우려가 있고, 긴급을 요하여 제19조 제1항에 따른 법원의 임시조치 결정을 받을 수 없을 때에는 직권이나 피해아동등, 그 법정대리인(아동학대행위자를 제외한다. 이하 같다), 변호사(제16조에 따른 변호사를 말한다. 제48조 및 제49조를 제외하고는 이하 같다), 시·도지사, 시장·군수·구청장 또는 아동보호전문기관의 장의 신청에 따라 제19조 제1항 제1호부터 제3호까지의 어느 하나에 해당하는 조치를 할 수 있다.

사법경찰관은 제1항에 따른 조치(이하 "긴급임시조치"라 한다)를 한 경우에는 즉시 긴급임시조치결정서를 작성하여야 하고, 그 내용을 시·도지사 또는 시장·군수·구청장에게 지체 없이 통지하여야 한다.

제2항에 따른 긴급임시조치결정서에는 범죄사실의 요지, 긴급임시조치가 필요한 사유, 긴급임시조치의 내용 등을 기재하여야 한다(법 제13조).

검사는 아동학대범죄가 재발될 우려가 있다고 인정하는 경우에는 직권으로 또는 사법경찰관이나 보호관찰관의 신청에 따라 법원에 제19조 제1항 각 호의 임시조치를 청구할 수 있다. 피해아동 등, 그 법정대리인, 변호사, 시·도지사, 시장·군수·구청장 또는 아동보호전문기관의 장은 검사 또는 사법경찰관에게 제1항에 따른 임시조치의 청구 또는 그 신청을 요청하거나 이에 관하여 의견을 진술할 수 있다. 제2항에 따른 요청을 받은 사법경찰관은 제1항에 따른 임시조치를 신청하지 아니하는 경우에는 검사 및 임시조치를 요청한 자에게 그 사유를 통지하여야 한다(법 제14조).

사법경찰관이 제12조 제1항 제2호부터 제4호까지의 규정에 따른 응급조치 또는 제13조 제1항에 따른 긴급임시조치를 하였거나 시·도지사 또는 시장·군수·구청장으로부터 제12조 제1항 제2호부터 제4호까지의 규정에 따른 응급조치가 행하여졌다는 통지를 받은 때에는 지체 없이 검사에게 제19조에 따른 임시조치의 청구를 신청하여야 한다. 제1항의 신청을 받은 검사는 임시조치를 청구하는 때에는 응급조치가 있었던 때부터 72시간(제12조 제3항 단서에 따라 응급조치 기간이 연장된 경우에는 그 기간을 말한다) 이내에, 긴급임시조치가 있었던 때부터 48시간 이내에 하여야 한다. 이 경우 제12조 제5항에 따라 작성된 응급조치결과보고서 및 제13조 제2항에 따라 작성된 긴급임시조치결정서를 첨부하여야 한다. 사법경찰관은 검사가 제2항에 따라 임시조치를 청구하지 아니하거나 법원이 임시조치의 결정을 하지 아니한 때에는 즉시 그 긴급임시조치를 취소하여야 한다(법 제15조).

(7) 피해아동에 대한 변호사 선임의 특례

아동학대범죄의 피해아동 및 그 법정대리인은 형사 및 아동보호 절차상 입을 수 있는 피해를 방지하고 법률적 조력을 보장하기 위하여 변호사를 선임할 수 있다.

제1항에 따른 변호사는 검사 또는 사법경찰관의 피해아동 및 그 법정대리인에 대한 조사에 참여하여 의견을 진술할 수 있다. 다만, 조사 도중에는 검사 또는 사법경찰관의 승인을 받아 의견을 진술할 수 있다.

제1항에 따른 변호사는 피의자에 대한 구속 전 피의자심문, 증거보전절차, 공판준비기일 및 공판절차에 출석하여 의견을 진술할 수 있다. 이 경우 필요한 절차에 관한 구체적 사항은 대법원규칙으로 정한다.

제1항에 따른 변호사는 증거보전 후 관계 서류나 증거물, 소송계속 중의 관계 서류나 증거물을 열람하거나 등사할 수 있다.

제1항에 따른 변호사는 형사 및 아동보호 절차에서 피해아동 및 그 법정대리인의 대리가 허용될 수 있는 모든 소송행위에 대한 포괄적인 대리권을 가진다.

검사는 피해아동에게 변호사가 없는 경우 형사 및 아동보호 절차에서 피해아동의 권익을 보호하기 위하여 국선변호사를 선정하여야 한다(법 제16조).

검사는 아동학대범죄사건의 증인이 피고인 또는 그 밖의 사람으로부터 생명·신체에 해를 입거나 입을 염려가 있다고 인정될 때에는 관할 경찰서장에게 증인의 신변안전을 위하여 필요한 조치를 할 것을 요청하여야 한다. 증인은 검사에게 제1항의 조치를 하도록 청구할 수 있다. 재판장은 검사에게 제1항의 조치를 하도록 요청할 수 있다. 제1항의 요청을 받은 관할 경찰서장은 즉시 증인의 신변안전을 위하여 필요한 조치를 하고 그 사실을 검사에게 통보하여야 한다(법 제17조의2).

3) 아동보호사건

아동보호사건의 관할은 아동학대행위자의 행위지, 거주지 또는 현재지를 관할하는 가정법원으로 한다. 다만, 가정법원이 설치되지 아니한 지역에서는 해당 지역의 지방법원(지원을 포함한다. 이하 같다)으로 한다. 아동보호사건의 심리와 결정은 단독판사(이하 "판사"라 한다)가 한다(법 제18조).

아동보호사건의 조사·심리·보호처분 및 민사처리에 관한 특례 등에 대하여는 「가정폭력범죄의 처벌 등에 관한 특례법」 제18조의2, 제19조부터 제28조까지, 제30조부터 제39조까지, 제42조, 제56조부터 제62조까지의 규정을 준용한다. 이 경우 "가정보호사건"은 "아동보호사건"으로, "가정폭력행위자"는 "아동학대행위자"로, "피해자"는 "피해아동"으로, "가정폭력범죄"는 "아동학대범죄"로 본다(법 제44조).

(1) 아동학대행위자에 대한 임시조치(법 제19조)

판사는 아동학대범죄의 원활한 조사·심리 또는 피해아동등의 보호를 위하여 필요하다고 인정하는 경우에는 결정으로 아동학대행위자에게 다음 각 호의 어느 하나에 해당하는 조치(이하 "임시조치"라 한다)를 할 수 있다.

1. 피해아동등 또는 가정구성원(「가정폭력범죄의 처벌 등에 관한 특례법」 제2조 제2호에 따른 가정구성원을 말한다. 이하 같다)의 주거로부터 퇴거 등 격리
2. 피해아동등 또는 가정구성원의 주거, 학교 또는 보호시설 등에서 100미터 이내의 접근 금지
3. 피해아동등 또는 가정구성원에 대한 「전기통신기본법」 제2조제1호의 전기통신을 이용한 접근 금지
4. 친권 또는 후견인 권한 행사의 제한 또는 정지
5. 아동보호전문기관 등에의 상담 및 교육 위탁
6. 의료기관이나 그 밖의 요양시설에의 위탁
7. 경찰관서의 유치장 또는 구치소에의 유치

제1항 각 호의 처분은 병과할 수 있다.

판사는 피해아동등에 대하여 제12조 제1항 제2호부터 제4호까지의 규정에 따른 응

급조치가 행하여진 경우에는 임시조치가 청구된 때로부터 24시간 이내에 임시조치 여부를 결정하여야 한다.

제1항 각 호의 규정에 따른 임시조치기간은 2개월을 초과할 수 없다. 다만, 피해아동등의 보호를 위하여 그 기간을 연장할 필요가 있다고 인정하는 경우에는 결정으로 제1항 제1호부터 제3호까지의 규정에 따른 임시조치는 두 차례만, 같은 항 제4호부터 제7호까지의 규정에 따른 임시조치는 한 차례만 각 기간의 범위에서 연장할 수 있다.

제1항 제6호에 따라 위탁을 하는 경우에는 의료기관 등의 장에게 아동학대행위자를 보호하는 데에 필요한 사항을 부과할 수 있다.

제1항 제6호에 따라 민간이 운영하는 의료기관 등에 아동학대행위자를 위탁하려는 경우에는 제5항에 따라 부과할 사항을 그 의료기관 등의 장에게 미리 고지하고 동의를 받아야 한다.

법원은 제1항에 따른 임시조치를 결정한 경우에는 검사, 피해아동등, 그 법정대리인, 변호사, 시·도지사 또는 시장·군수·구청장 및 피해아동등을 보호하고 있는 기관의 장에게 통지하여야 한다.

제1항 제5호에 따른 상담 및 교육을 행한 아동보호전문기관의 장 등은 그 결과보고서를 판사와 검사에게 제출하여야 한다.

제1항 각 호의 위탁 대상이 되는 상담소, 의료기관, 요양시설 등의 기준과 위탁의 절차 및 제7항에 따른 통지의 절차 등 그 밖에 필요한 사항은 대법원규칙으로 정한다.

(2) 임시조치의 고지, 집행, 변경

법원은 제19조 제1항 제6호 및 제7호의 조치를 한 경우에는 그 사실을 아동학대행위자의 보조인(제44조에서 준용하는 「가정폭력범죄의 처벌 등에 관한 특례법」 제28조에 따른 보조인을 말한다. 이하 같다)이 있는 경우에는 보조인에게, 보조인이 없는 경우에는 아동학대행위자가 지정한 사람에게 통지하여야 한다. 이 경우 제19조 제1항 제7호의 조치를 하였을 때에는 아동학대행위자에게 변호사 등 보조인을 선임할 수 있으며 항고를 제기할 수 있음을 고지하여야 한다(법 제20조).

판사는 제19조 제1항 각 호에 규정된 임시조치의 결정을 한 경우에는 가정보호사건

조사관, 법원공무원, 사법경찰관리 또는 구치소 소속 교정직공무원으로 하여금 집행하게 할 수 있다.

제1항에 따른 집행담당자는 아동학대행위자의 임시조치 이행상황에 대하여 시·도지사 또는 시장·군수·구청장에게 통보하여야 한다.

피해아동등 또는 가정구성원은 제19조 제1항 제1호 및 제2호의 임시조치 후 주거, 학교 또는 보호시설 등을 옮긴 경우에는 관할 법원에 임시조치 결정의 변경을 신청할 수 있다.

시·도지사 또는 시장·군수·구청장은 아동학대행위자의 임시조치 이행을 관리하고, 아동학대행위자가 임시조치 결정을 이행하지 않거나 그 집행에 따르지 아니하는 경우 적절한 조치를 하여야 한다(법 제21조).

아동학대행위자, 그 법정대리인이나 보조인은 제19조 제1항 각 호에 따른 임시조치 결정의 취소 또는 그 종류의 변경을 관할 법원에 신청할 수 있다. 판사는 정당한 이유가 있다고 인정하는 경우에는 직권 또는 제1항의 신청에 따라 결정으로 해당 임시조치를 취소하거나 그 종류를 변경할 수 있다. 판사는 임시조치를 받은 아동학대행위자가 제19조 제1항 제5호 및 제6호의 임시조치 결정을 이행하지 아니하거나 그 집행에 따르지 아니하면 직권 또는 검사, 시·도지사, 시장·군수·구청장, 피해아동등, 그 법정대리인이나 변호사 또는 제19조 제1항 각 호의 위탁 대상이 되는 기관의 장의 청구에 따라 결정으로 그 임시조치를 변경할 수 있다(법 제22조).

(3) 임시로 후견인의 임무를 수행할 사람(법 제23조)

판사는 제19조 제1항 제4호의 임시조치로 인하여 피해아동등에게 친권을 행사하거나 후견인의 임무를 수행할 사람이 없는 경우 그 임시조치의 기간 동안 시·도지사 또는 시장·군수·구청장, 아동권리보장원의 장, 아동보호전문기관의 장 및 가정위탁지원센터의 장으로 하여금 임시로 후견인의 임무를 수행하게 하거나 그 임무를 수행할 사람을 선임하여야 한다.

제1항의 경우 판사는 피해아동등의 이익을 최우선으로 고려하고 그 의견을 존중하여야 하며, 피해아동등, 변호사, 시·도지사 또는 시장·군수·구청장, 아동권리보장원

의 장, 아동보호전문기관의 장 및 가정위탁지원센터의 장 등 피해아동등을 보호하고 있는 사람은 그 선임에 관하여 의견을 제시할 수 있다.

법원이 제1항에 따른 조치를 한 경우에는 그 사실을 피해아동등, 변호사, 시·도지사 또는 시장·군수·구청장, 아동권리보장원의 장, 아동보호전문기관의 장 및 가정위탁지원센터의 장 등 피해아동등을 보호하고 있는 사람에게 고지하여야 한다.

제1항에 따라 임시로 후견인의 임무를 수행하는 사람은 피해아동등이 소유한 재산의 보존 및 피해아동등의 보호를 위한 범위에서만 후견인의 임무를 수행할 수 있다.

임시로 후견인의 임무를 수행하는 사람에 대해서는 「민법」 제949조를 준용한다.

임시로 후견인의 임무를 수행하는 사람에 대한 선임, 사임 및 변경의 절차 등에 필요한 사항은 대법원규칙으로 정한다.

(4) 사건 송치

사법경찰관은 아동학대범죄를 신속히 수사하여 사건을 검사에게 송치하여야 한다. 이 경우 사법경찰관은 해당 사건을 아동보호사건으로 처리하는 것이 적절한지에 관한 의견을 제시할 수 있다(법 제24조).

검사는 제27조에 따라 아동보호사건으로 처리하는 경우에는 그 사건을 제18조 제1항에 따른 관할 법원에 송치하여야 한다. 검사는 아동학대범죄와 그 외의 범죄가 경합(競合)하는 경우에는 아동학대범죄에 대한 사건만을 분리하여 관할 법원에 송치할 수 있다(법 제28조).

법원은 아동학대행위자에 대한 피고사건을 심리한 결과 제36조에 따른 보호처분을 하는 것이 적절하다고 인정하는 경우에는 결정으로 사건을 관할 법원에 송치할 수 있다(법 제29조).

제28조 또는 제29조에 따른 송치결정이 있는 경우 아동학대행위자를 구금하고 있는 시설의 장은 검사의 이송지휘를 받은 때부터 관할 법원이 있는 시·군에서는 24시간 이내에, 그 밖의 시·군에서는 48시간 이내에 아동학대행위자를 관할 법원에 인도하여야 한다. 이 경우 법원은 아동학대행위자에 대하여 제19조에 따른 임시조치 여부를 결정하여야 한다(법 제30조). 이에 따른 인도와 결정은 「형사소송법」 제92조, 제203조 또

는 제205조의 구속기간 내에 이루어져야 한다.

아동학대행위자에 대한 구속영장의 효력은 제1항 후단에 따라 임시조치 여부를 결정한 때에 상실된 것으로 본다(법 제30조).

제28조 또는 제29조에 따라 사건을 아동보호사건으로 송치하는 경우에는 송치서를 보내야 한다. 송치서에는 아동학대행위자의 성명, 주소, 생년월일, 직업, 피해아동과의 관계 및 행위의 개요와 가정 상황을 적고 그 밖의 참고자료를 첨부하여야 한다(법 제31조).

아동보호사건을 송치 받은 법원은 사건이 그 관할에 속하지 아니하거나 적정한 조사·심리를 위하여 필요하다고 인정하는 경우에는 결정으로 그 사건을 즉시 다른 관할 법원에 이송하여야 한다. 이에 따른 이송결정을 한 경우에는 지체 없이 그 사유를 첨부하여 아동학대행위자와 피해아동, 그 법정대리인, 변호사 및 검사에게 통지하여야 한다(법 제32조).

제36조에 따른 보호처분이 확정된 경우에는 그 아동학대행위자에 대하여 같은 범죄사실로 다시 공소를 제기할 수 없다. 다만, 제41조 제1호에 따라 송치된 경우에는 그러하지 아니하다(법 제33조).

(5) 검사의 결정 전 조사(법 제25조)

검사는 아동학대범죄에 대하여 아동보호사건 송치, 공소제기 또는 기소유예 등의 처분을 결정하기 위하여 필요하다고 인정하면 아동학대행위자의 주거지 또는 검찰청 소재지를 관할하는 보호관찰소의 장에게 아동학대행위자의 경력, 생활환경, 양육능력이나 그 밖에 필요한 사항에 관한 조사를 요구할 수 있다.

제1항의 요구를 받은 보호관찰소의 장은 지체 없이 이를 조사하여 서면으로 해당 검사에게 통보하여야 하며, 조사를 위하여 필요한 경우에는 소속 보호관찰관에게 아동학대행위자 또는 관계인을 출석하게 하여 진술요구를 하는 등의 방법으로 필요한 사항을 조사하게 할 수 있다.

제2항에 따른 조사를 할 때에는 미리 아동학대행위자 또는 관계인에게 조사의 취지를 설명하여야 하고, 그 인권을 존중하며, 직무상 비밀을 엄수하여야 한다.

검사는 아동학대범죄에 관하여 필요한 경우 시·도지사, 시장·군수·구청장 또는 아동보호전문기관의 장에 대하여 제1항의 결정에 필요한 자료의 제출을 요구할 수 있다.

검사는 제1항의 결정을 할 때에는 보호관찰소의 장으로부터 통보받은 조사 결과 및 시·도지사, 시장·군수·구청장 또는 아동보호전문기관의 장으로부터 제출 받은 자료 등을 참고하여 피해아동 보호와 아동학대행위자의 교화·개선에 가장 적합한 결정을 하여야 한다.

(6) 조건부 기소유예(법 제26조)

검사는 아동학대범죄를 수사한 결과 다음 각 호의 사유를 고려하여 필요하다고 인정하는 경우에는 아동학대행위자에 대하여 상담, 치료 또는 교육 받는 것을 조건으로 기소유예를 할 수 있다.

1. 사건의 성질·동기 및 결과
2. 아동학대행위자와 피해아동과의 관계
3. 아동학대행위자의 성행(性行) 및 개선 가능성
4. 원가정보호의 필요성
5. 피해아동 또는 그 법정대리인의 의사

(7) 아동보호사건의 처리(법 제27조)

검사는 아동학대범죄로서 제26조 각 호의 사유를 고려하여 제36조에 따른 보호처분을 하는 것이 적절하다고 인정하는 경우에는 아동보호사건으로 처리할 수 있다.

1. 피해자의 고소가 있어야 공소를 제기할 수 있는 아동학대범죄에서 고소가 없거나 취소된 경우
2. 피해자의 명시적인 의사에 반하여 공소를 제기할 수 없는 아동학대범죄에서 피해자가 처벌을 희망하지 아니한다는 명시적 의사표시를 하였거나 처벌을 희망하는 의사표시를 철회한 경우

(8) 공소시효의 정지와 효력(법 제34조)

아동학대범죄의 공소시효는 「형사소송법」 제252조에도 불구하고 해당 아동학대범

죄의 피해아동이 성년에 달한 날부터 진행한다.

아동학대범죄에 대한 공소시효는 해당 아동보호사건이 법원에 송치된 때부터 시효 진행이 정지된다. 다만, 다음 각 호의 어느 하나에 해당하는 경우에는 그 때부터 진행된다.

1. 해당 아동보호사건에 대하여 제44조에 따라 준용되는 「가정폭력범죄의 처벌 등에 관한 특례법」 제37조 제1항 제1호에 따른 처분을 하지 아니한다는 결정이 확정된 때
2. 해당 아동보호사건이 제41조 또는 제44조에 따라 준용되는 「가정폭력범죄의 처벌 등에 관한 특례법」 제27조 제2항 및 제37조 제2항에 따라 송치된 때

공범 중 1명에 대한 제2항의 시효정지는 다른 공범자에게도 효력을 미친다.

(9) 비밀엄수 등의 의무(법 제35조)

아동학대범죄의 수사 또는 아동보호사건의 조사·심리 및 그 집행을 담당하거나 이에 관여하는 공무원, 보조인, 진술조력인, 아동보호전문기관 직원과 그 기관장, 상담소 등에 근무하는 상담원과 그 기관장 및 제10조 제2항 각 호에 규정된 사람(그 직에 있었던 사람을 포함한다)은 그 직무상 알게 된 비밀을 누설하여서는 아니 된다.

신문의 편집인·발행인 또는 그 종사자, 방송사의 편집책임자, 그 기관장 또는 종사자, 그 밖의 출판물의 저작자와 발행인은 아동보호사건에 관련된 아동학대행위자, 피해아동, 고소인, 고발인 또는 신고인의 주소, 성명, 나이, 직업, 용모, 그 밖에 이들을 특정하여 파악할 수 있는 인적 사항이나 사진 등을 신문 등 출판물에 싣거나 방송매체를 통하여 방송할 수 없다.

피해아동의 교육 또는 보육을 담당하는 학교의 교직원 또는 보육교직원은 정당한 사유가 없으면 해당 아동의 취학, 진학, 전학 또는 입소(그 변경을 포함한다)의 사실을 아동학대행위자인 친권자를 포함하여 누구에게든지 누설하여서는 아니 된다.

(10) 보호처분의 결정

판사는 심리의 결과 보호처분이 필요하다고 인정하는 경우에는 결정으로 다음 각 호의 어느 하나에 해당하는 보호처분을 할 수 있다.

1. 아동학대행위자가 피해아동 또는 가정구성원에게 접근하는 행위의 제한
2. 아동학대행위자가 피해아동 또는 가정구성원에게 「전기통신기본법」 제2조 제1호의 전기통신을 이용하여 접근하는 행위의 제한
3. 피해아동에 대한 친권 또는 후견인 권한 행사의 제한 또는 정지
4. 「보호관찰 등에 관한 법률」에 따른 사회봉사·수강명령
5. 「보호관찰 등에 관한 법률」에 따른 보호관찰
6. 법무부장관 소속으로 설치한 감호위탁시설 또는 법무부장관이 정하는 보호시설에의 감호위탁
7. 의료기관에의 치료위탁
8. 아동보호전문기관, 상담소 등에의 상담위탁

제1항 각 호의 처분은 병과할 수 있다.

제1항 제3호의 처분을 하는 경우에는 피해아동을 아동학대행위자가 아닌 다른 친권자나 친족 또는 아동복지시설 등으로 인도할 수 있다.

판사가 제1항 제3호의 보호처분을 하는 경우 보호처분의 기간 동안 임시로 후견인의 임무를 수행할 사람의 선임 등에 대하여는 제23조를 준용한다.

법원은 제1항에 따라 보호처분의 결정을 한 경우에는 지체 없이 그 사실을 검사, 아동학대행위자, 피해아동, 법정대리인, 변호사, 시·도지사 또는 시장·군수·구청장, 보호관찰관 및 보호처분을 위탁받아 하는 보호시설, 의료기관, 아동보호전문기관 또는 상담소 등(이하 "수탁기관"이라 한다)의 장에게 통지하여야 한다. 다만, 수탁기관이 국가나 지방자치단체가 운영하는 기관이 아닌 경우에는 그 기관의 장으로부터 수탁에 대한 동의를 받아야 한다.

제1항 제4호부터 제8호까지의 규정에 따라 처분을 한 경우에는 법원은 아동학대행위자의 교정에 필요한 참고자료를 보호관찰관 또는 수탁기관의 장에게 보내야 한다.

제1항 제6호의 감호위탁기관은 아동학대행위자에 대하여 그 성행을 교정하기 위한 교육을 하여야 한다(법 제36조).

법원은 제36조 제1항 제4호부터 제8호까지의 규정에 따른 보호처분을 결정한 경우에는 보호관찰관 또는 수탁기관의 장에게 아동학대행위자에 관한 보고서 또는 의견서

제출을 요구할 수 있고, 그 집행에 대하여 필요한 지시를 할 수 있다. 보호관찰관 또는 수탁기관의 장은 제1항의 경우 외에도 아동학대행위자가 제36조 제1항 제4호부터 제8호까지의 규정에 따른 보호처분을 이행하지 아니하거나 그 집행에 따르지 아니하는 경우에는 보호처분의 이행 실태에 대한 보고서 또는 의견서를 법원에 제출하여야 한다(법 제39조).

(11) 보호처분의 변경, 취소, 종료

법원은 보호처분이 진행되는 동안 필요하다고 인정하는 경우에는 직권 또는 검사, 시·도지사, 시장·군수·구청장, 보호관찰관 또는 수탁기관의 장의 청구에 의하여 결정으로 보호처분의 종류와 기간을 변경할 수 있다.

법원은 필요한 경우 제38조 제1항에 따른 집행담당자로 하여금 집행상황을 보고하도록 할 수 있으며, 가정보호사건조사관으로 하여금 보호처분에 관한 집행상황에 대하여 조사하도록 할 수 있다.

제1항에 따라 보호처분의 종류와 기간을 변경하는 경우 종전의 처분기간을 합산하여 제36조 제1항 제1호부터 제3호까지 및 제5호부터 제8호까지의 규정에 따른 보호처분의 기간은 2년을, 같은 항 제4호의 규정에 따른 사회봉사·수강명령의 시간은 400시간을 각각 초과할 수 없다.

법원은 제1항에 따라 처분변경 결정을 한 경우에는 지체 없이 그 사실을 검사, 아동학대행위자, 피해아동, 법정대리인, 변호사, 보조인, 시·도지사 또는 시장·군수·구청장, 보호관찰관 및 수탁기관의 장에게 통지하여야 한다(법 제40조).

법원은 보호처분을 받은 아동학대행위자가 제36조 제1항 제4호부터 제8호까지의 규정에 따른 보호처분 결정을 이행하지 아니하거나 그 집행에 따르지 아니하면 직권 또는 검사, 피해아동, 그 법정대리인, 변호사, 시·도지사, 시장·군수·구청장, 보호관찰관이나 수탁기관의 장의 청구에 의하여 결정으로 그 보호처분을 취소하고 다음 각 호에 따라 처리하여야 한다(법 제41조).

1. 제28조에 따라 검사가 송치한 사건인 경우에는 관할 법원에 대응하는 검찰청의 검사에게 송치

2. 제29조에 따라 법원이 송치한 사건인 경우에는 송치한 법원에 이송

법원은 아동학대행위자의 성행이 교정되어 정상적인 가정생활이 유지될 수 있다고 판단되거나 그 밖에 보호처분을 계속할 필요가 없다고 인정하는 경우에는 직권 또는 검사, 피해아동, 그 법정대리인, 변호사, 시·도지사, 시장·군수·구청장, 보호관찰관이나 수탁기관의 장의 청구에 의하여 결정으로 보호처분의 전부 또는 일부를 종료할 수 있다(법 제42조).

제19조 제1항 제6호에 따른 임시조치 또는 제36조 제1항 제7호 및 제8호에 따른 보호처분을 받은 아동학대행위자는 위탁 또는 보호처분에 필요한 비용을 부담한다. 다만, 아동학대행위자가 지급할 능력이 없는 경우에는 국가가 부담할 수 있다. 판사는 아동학대행위자에게 제1항 본문에 따른 비용의 예납(豫納)을 명할 수 있다. 제1항에 따라 아동학대행위자가 부담할 비용의 계산, 청구 및 지급 절차, 그 밖에 필요한 사항은 대법원규칙으로 정한다(법 제43조).

(12) 항고와 재항고

제19조의 임시조치(연장 또는 변경의 결정을 포함한다. 이하 같다), 제36조의 보호처분, 제40조의 보호처분의 변경 및 제41조의 보호처분의 취소에 있어서 그 결정에 영향을 미칠 법령 위반이 있거나 중대한 사실 오인이 있는 경우 또는 그 결정이 현저히 부당한 경우에는 검사, 아동학대행위자, 법정대리인 또는 보조인은 가정법원본원합의부에 항고할 수 있다. 다만, 가정법원이 설치되지 아니한 지역에서는 지방법원본원합의부에 하여야 한다.

법원이 제44조가 준용하는 「가정폭력범죄의 처벌 등에 관한 특례법」 제37조에 따라 처분을 하지 아니한다는 결정을 한 경우 그 결정이 현저히 부당할 때에는 검사, 피해아동, 그 법정대리인 또는 변호사는 항고할 수 있다. 이 경우 항고법원에 관하여는 제1항을 준용한다.

항고는 그 결정을 고지받은 날부터 7일 이내에 하여야 한다.

임시조치·보호처분의 항고·재항고에 관하여는 「가정폭력범죄의 처벌 등에 관한 특례법」 제50조부터 제54조까지의 규정을 준용한다. 이 경우 "가정보호사건"은 "아동보호사건"으로 본다.

4) 피해아동보호명령

(1) 피해아동에 대한 보호명령

피해아동보호명령사건의 관할은 아동학대행위자의 행위지·거주지 또는 현재지 및 피해아동의 거주지 또는 현재지를 관할하는 가정법원으로 한다. 다만, 가정법원이 설치되지 아니하는 지역에 있어서는 해당 지역의 지방법원으로 한다. 피해아동보호명령사건의 심리와 결정은 판사가 한다(법 제46조).

피해아동보호명령사건의 조사·심리에 관하여는 「가정폭력범죄의 처벌 등에 관한 특례법」 제19조부터 제22조까지, 제30조부터 제32조까지 및 제34조부터 제36조까지의 규정을 준용한다. 이 경우 "가정보호사건"은 "아동보호사건"으로, "가정폭력행위자"는 "아동학대행위자"로, "피해자"는 "피해아동"으로, "가정폭력범죄"는 "아동학대범죄"로, "보호처분"은 "피해아동보호명령"으로 본다(법 제56조).

판사는 직권 또는 피해아동, 그 법정대리인, 변호사, 시·도지사 또는 시장·군수·구청장의 청구에 따라 결정으로 피해아동의 보호를 위하여 다음 각 호의 피해아동보호명령을 할 수 있다(법 제47조).

1. 아동학대행위자를 피해아동의 주거지 또는 점유하는 방실(房室)로부터의 퇴거 등 격리
2. 아동학대행위자가 피해아동 또는 가정구성원에게 접근하는 행위의 제한
3. 아동학대행위자가 피해아동 또는 가정구성원에게 「전기통신기본법」 제2조 제1호의 전기통신을 이용하여 접근하는 행위의 제한
4. 피해아동을 아동복지시설 또는 장애인복지시설로의 보호위탁
5. 피해아동을 의료기관으로의 치료위탁

5의2. 피해아동을 아동보호전문기관, 상담소 등으로의 상담·치료위탁

6. 피해아동을 연고자 등에게 가정위탁
7. 친권자인 아동학대행위자의 피해아동에 대한 친권 행사의 제한 또는 정지
8. 후견인인 아동학대행위자의 피해아동에 대한 후견인 권한의 제한 또는 정지
9. 친권자 또는 후견인의 의사표시를 갈음하는 결정

아동보호전문기관의 장은 시·도지사 또는 시장·군수·구청장에게 제1항에 따른 피

해아동보호명령의 청구를 요청할 수 있다. 이 경우 시·도지사 또는 시장·군수·구청장은 요청을 신속히 처리해야 하며, 요청받은 날부터 15일 이내에 그 처리 결과를 아동보호전문기관의 장에게 통보하여야 한다.

제1항 각 호의 처분은 병과할 수 있다.

판사가 제1항 각 호의 피해아동보호명령을 하는 경우 피해아동, 그 법정대리인, 변호사, 시·도지사 또는 시장·군수·구청장 및 아동보호전문기관의 장은 관할 법원에 대하여 필요한 의견을 진술할 수 있다.

판사가 제1항 제7호 및 제8호의 피해아동보호명령을 하는 경우 피해아동보호명령의 기간 동안 임시로 후견인의 임무를 수행할 자의 선임 등에 대하여는 제23조를 준용한다.

제1항 제4호·제5호·제5호의2·제6호의 규정에 따른 위탁 대상이 되는 아동복지시설, 의료기관, 아동보호전문기관·상담소 등, 연고자 등의 기준과 위탁의 절차 및 집행 등에 필요한 사항은 대법원규칙으로 정한다.

판사는 제1항 제5호의2에 따른 피해아동보호명령을 하는 경우 필요하다고 인정하는 때에는 피해아동의 보호자를 그 과정에 참여시킬 수 있다.

(2) 보조인(법 제48조)

피해아동 및 아동학대행위자는 피해아동보호명령사건에 대하여 각자 보조인을 선임할 수 있다. 피해아동 및 아동학대행위자의 법정대리인·배우자·직계친족·형제자매, 아동학대전담공무원, 아동보호전문기관의 상담원과 그 기관장 및 제16조에 따른 변호사는 보조인이 될 수 있다. 변호사(「변호사법」에 따른 변호사를 말한다. 이하 제49조에서 같다)가 아닌 사람을 보조인으로 선임하거나 제2항에 따른 보조인이 되려면 법원의 허가를 받아야 한다.

판사는 언제든지 제3항의 허가를 취소할 수 있다.

제1항에 따른 보조인의 선임은 심급마다 보조인과 연명날인한 서면으로 제출하여야 한다. 제2항에 따른 보조인이 되고자 하는 자는 심급별로 그 취지를 신고하여야 한다. 이 경우 보조인이 되고자 하는 자와 피해아동·아동학대행위자 사이의 신분관계 또는 보조인이 되고자 하는 자의 직위를 소명하는 서면을 첨부하여야 한다.

제1항에 따른 보조인은 독립하여 절차행위를 할 수 있고, 제2항에 따른 보조인은 독립하여 피해아동 또는 아동학대행위자의 명시한 의사에 반하지 아니하는 절차행위를 할 수 있다. 다만, 법률에 다른 규정이 있는 때에는 예외로 한다.

(3) 국선보조인(법 제49조)

다음 각 호의 어느 하나에 해당하는 경우 법원은 직권에 의하거나 피해아동 또는 피해아동의 법정대리인·직계친족·형제자매, 아동학대전담공무원, 아동보호전문기관의 상담원과 그 기관장의 신청에 따라 변호사를 피해아동의 보조인으로 선정하여야 한다.

1. 피해아동에게 신체적·정신적 장애가 의심되는 경우
2. 빈곤이나 그 밖의 사유로 보조인을 선임할 수 없는 경우
3. 그 밖에 판사가 보조인이 필요하다고 인정하는 경우

법원은 아동학대행위자가 「형사소송법」 제33조 제1항 각 호의 어느 하나에 해당하는 경우에는 직권으로 변호사를 아동학대행위자의 보조인으로 선정할 수 있다.

제1항과 제2항에 따라 선정된 보조인에게 지급하는 비용에 대하여는 「형사소송비용 등에 관한 법률」을 준용한다.

(4) 피해아동보호명령의 집행 및 취소와 변경(법 제50조)

관할 법원의 판사는 제47조 제1항 제1호부터 제5호까지, 제5호의2 및 제6호의 규정에 따른 피해아동보호명령을 하는 경우, 가정보호사건조사관, 법원공무원, 사법경찰관리 또는 구치소 소속 교정직공무원으로 하여금 이를 집행하게 하거나, 시·도지사 또는 시장·군수·구청장에게 그 집행을 위임할 수 있다.

판사는 제1항에 따른 집행담당자에게 피해아동보호명령의 집행상황보고서 또는 의견서를 요구할 수 있고, 그 집행에 필요한 지시를 할 수 있으며, 필요한 경우 가정보호사건조사관으로 하여금 피해아동보호명령의 집행과 관련한 사항에 대하여 조사하도록 할 수 있다.

피해아동, 그 법정대리인, 변호사, 시·도지사 또는 시장·군수·구청장은 제47조 제1항에 따른 보호명령의 취소 또는 그 종류의 변경을 신청할 수 있으며, 아동보호전문기

관의 장은 시·도지사 또는 시장·군수·구청장에게 보호명령의 취소 또는 그 종류의 변경 신청을 요청할 수 있다.

판사는 상당한 이유가 있다고 인정하는 때에는 직권 또는 제3항의 신청에 따라 결정으로 해당 피해아동보호명령을 취소하거나 그 종류를 변경할 수 있다.

법원은 제51조 제1항에 따른 피해아동보호명령의 기간이 종료된 경우 시·도지사 또는 시장·군수·구청장에게 그 사실을 통지하여야 한다(법 제50조).

제47조 제1항 제1호부터 제5호까지, 제5호의2 및 제6호부터 제8호까지의 피해아동보호명령의 기간은 1년을 초과할 수 없다. 다만, 관할 법원의 판사는 피해아동의 보호를 위하여 그 기간의 연장이 필요하다고 인정하는 경우 직권 또는 피해아동, 그 법정대리인, 변호사, 시·도지사 또는 시장·군수·구청장의 청구에 따른 결정으로 6개월 단위로 그 기간을 연장할 수 있다. 보호관찰소의 장 및 아동보호전문기관의 장은 시·도지사 또는 시장·군수·구청장에게 제1항 단서에 따른 피해아동보호명령의 연장 청구를 요청할 수 있으며, 시·도지사 또는 시장·군수·구청장은 요청받은 날부터 15일 이내에 그 처리 결과를 요청자에게 통보하여야 한다. 제1항에 따라 연장된 기간은 피해아동이 성년에 도달하는 때를 초과할 수 없다(법 제51조).

(5) 피해아동에 대한 임시보호명령(법 제52조)

관할 법원의 판사는 제47조에 따른 피해아동보호명령의 청구가 있는 경우에 피해아동 보호를 위하여 필요하다고 인정하는 때에는 결정으로 임시로 제47조제1항 각 호의 어느 하나에 해당하는 조치(이하 "임시보호명령"이라 한다)를 할 수 있다.

임시보호명령의 기간은 피해아동보호명령의 결정 시까지로 한다. 다만, 판사는 필요하다고 인정하는 경우에는 그 기간을 제한할 수 있다.

판사가 제47조 제1항 제7호 및 제8호에 따라 임시보호명령을 한 경우 그 임시보호명령의 기간 동안 임시로 후견인의 임무를 수행할 자의 선임 등에 대하여는 제23조를 준용한다.

임시보호명령의 집행 및 취소와 변경에 대하여는 제50조를 준용한다. 이 경우 "피해아동보호명령"은 "임시보호명령"으로 본다(법 제52조).

관할 법원은 가정보호사건조사관, 법원공무원, 사법경찰관리 또는 보호관찰관 등으로 하여금 임시보호명령 및 피해아동보호명령의 이행실태에 대하여 수시로 조사하게 하고, 지체 없이 그 결과를 보고하도록 할 수 있다. 관할 법원은 임시보호명령 및 피해아동보호명령을 받은 아동학대행위자가 그 결정을 이행하지 아니하거나 집행에 따르지 아니하는 때에는 그 사실을 관할 법원에 대응하는 검찰청 검사에게 통보할 수 있다(법 제53조).

법원은 사건의 관련성이 인정되어 병합하여 심리할 필요성이 있는 경우에는 피해아동보호명령사건과 아동보호사건을 병합하여 심리할 수 있다(법 제54조).

(6) 아동학대전담공무원 등에 대한 교육

법무부장관 등 관계 행정기관의 장은 아동학대전담공무원, 사법경찰관리 및 아동보호전문기관의 종사자에게 아동학대사건의 조사와 사례관리에 필요한 전문지식, 이 법에서 정한 절차, 관련 법제도, 국제인권조약에 명시된 아동의 인권 및 피해아동 보호를 위한 조사방법 등에 관하여 교육을 실시하여야 한다(법 제55조).

법무부장관은 아동학대 및 아동보호의 실태를 파악하고 제도를 개선하기 위하여 시·도지사 또는 시장·군수·구청장, 아동권리보장원의 장 및 아동보호전문기관의 장에게 관련 통계 등 자료를 요청할 수 있다.

법무부장관은 중대한 아동학대 사건이 발생하여 필요하다고 인정하면 해당 사건의 실태파악 및 제도개선을 위하여 관련 공무원, 아동보호전문기관 또는 관계인을 면담하거나 질문할 수 있다(법 제55조의2).

(7) 항고와 재항고(법 제57조)

제47조에 따른 피해아동보호명령(제51조에 따른 연장의 결정을 포함한다) 및 제50조에 따른 그 취소 또는 종류의 변경, 제52조에 따른 임시보호명령 및 그 취소 또는 종류의 변경에 있어서 그 결정에 영향을 미칠 법령 위반이 있거나 중대한 사실오인이 있는 때 또는 그 결정이 현저히 부당한 때에는 피해아동, 아동학대행위자, 법정대리인, 변호사, 시·도지사, 시장·군수·구청장 또는 보조인은 가정법원본원합의부에 항고할 수 있다. 다만, 가정법원이 설치되지 아니한 지역에서는 지방법원본원합의부에 하여야 한다.

판사가 피해아동보호명령의 청구를 기각한 경우 피해아동, 그 법정대리인, 변호사, 시·도지사 또는 시장·군수·구청장은 항고할 수 있다. 이 경우 항고법원에 관하여는 제1항을 준용한다.

아동보호전문기관의 장은 시·도지사 또는 시장·군수·구청장에게 제1항 및 제2항에 따른 항고를 요청할 수 있다.

제1항 및 제2항에 따른 피해아동보호명령 등의 항고 및 재항고에 관하여는 「가정폭력범죄의 처벌 등에 관한 특례법」 제49조 제3항 및 제50조부터 제53조까지의 규정을 준용한다.

5) 벌칙

(1) 보호처분 등의 불이행죄(법 제59조)

다음 각 호의 어느 하나에 해당하는 아동학대행위자는 2년 이하의 징역 또는 2천만원 이하의 벌금 또는 구류에 처한다.

1. 제19조 제1항 제1호부터 제4호까지의 어느 하나에 해당하는 임시조치를 이행하지 아니한 아동학대행위자
2. 제36조 제1항 제1호부터 제3호까지의 어느 하나에 해당하는 보호처분이 확정된 후에 이를 이행하지 아니한 아동학대행위자
3. 제47조에 따른 피해아동보호명령, 제52조에 따른 임시보호명령이 결정된 후에 이를 이행하지 아니한 아동학대행위자

상습적으로 제1항의 죄를 범한 아동학대행위자는 5년 이하의 징역이나 5천만원 이하의 벌금에 처한다.

제8조 제1항에 따라 이수명령을 부과받은 사람이 보호관찰소의 장 또는 교정시설의 장의 이수명령 이행에 관한 지시에 불응하여 「보호관찰 등에 관한 법률」 또는 「형의 집행 및 수용자의 처우에 관한 법률」에 따른 경고를 받은 후 재차 정당한 사유 없이 이수명령 이행에 관한 지시에 불응한 경우 다음 각 호에 따른다.

1. 벌금형과 병과된 경우에는 500만원 이하의 벌금에 처한다.

2. 징역형의 실형과 병과된 경우에는 1년 이하의 징역 또는 1천만원 이하의 벌금에 처한다.

(2) 피해자 등에 대한 강요행위(법 제60조)

폭행이나 협박으로 아동학대범죄의 피해아동 또는 제2조 제2호에 따른 보호자를 상대로 합의를 강요한 사람은 7년 이하의 징역에 처한다.

(3) 업무수행 등의 방해죄(법 제61조)

제11조 제2항·제3항, 제12조 제1항, 제19조 제1항 각 호, 제36조 제1항 각 호 또는 제47조 제1항 각 호에 따른 업무를 수행 중인 사법경찰관리, 아동학대전담공무원이나 아동보호전문기관의 직원에 대하여 폭행 또는 협박하거나 위계 또는 위력으로써 그 업무수행을 방해한 사람은 5년 이하의 징역 또는 5천만원 이하의 벌금에 처한다.

단체 또는 다중의 위력을 보이거나 위험한 물건을 휴대하여 제1항의 죄를 범한 때에는 그 정한 형의 2분의 1까지 가중한다.

제1항의 죄를 범하여 사법경찰관리, 아동학대전담공무원이나 아동보호전문기관의 직원을 상해에 이르게 한 때에는 3년 이상의 유기징역에 처한다. 사망에 이르게 한 때에는 무기 또는 5년 이상의 징역에 처한다.

(4) 비밀엄수 등 의무의 위반죄(법 제62조)

제35조 제1항에 따른 비밀엄수 의무를 위반한 보조인, 진술조력인, 아동보호전문기관 직원과 그 기관장, 상담소 등에 근무하는 상담원과 그 기관장 및 제10조 제2항 각 호에 규정된 사람(그 직에 있었던 사람을 포함한다)은 3년 이하의 징역이나 5년 이하의 자격정지 또는 3천만원 이하의 벌금에 처한다. 다만, 보조인인 변호사에 대하여는 「형법」 제317조 제1항을 적용한다.

제10조 제3항을 위반하여 신고인의 인적사항 또는 신고인임을 미루어 알 수 있는 사실을 다른 사람에게 알려주거나 공개 또는 보도한 자는 3년 이하의 징역이나 3천만원 이하의 벌금에 처한다.

제35조 제2항의 보도 금지 의무를 위반한 신문의 편집인·발행인 또는 그 종사자, 방송사의 편집책임자, 그 기관장 또는 종사자, 그 밖의 출판물의 저작자와 발행인은 500만원 이하의 벌금에 처한다.

(5) 불이익조치 금지 위반죄

제10조의2를 위반하여 아동학대범죄신고자등에게 파면, 해임, 해고, 그 밖에 신분상실에 해당하는 신분상의 불이익조치를 한 자는 2년 이하의 징역 또는 2천만원 이하의 벌금에 처한다.

제10조의2를 위반하여 아동학대범죄신고자등에게 다음 각 호의 어느 하나에 해당하는 불이익조치를 한 자는 1년 이하의 징역 또는 1천만원 이하의 벌금에 처한다(법 제62조의2).

1. 징계, 정직, 감봉, 강등, 승진 제한, 그 밖에 부당한 인사조치
2. 전보, 전근, 직무 미부여, 직무 재배치, 그 밖에 본인의 의사에 반하는 인사조치
3. 성과평가 또는 동료평가 등에서의 차별과 그에 따른 임금 또는 상여금 등의 차별 지급
4. 교육 또는 훈련 등 자기계발 기회의 취소, 예산 또는 인력 등 가용자원의 제한 또는 제거, 보안정보 또는 비밀정보 사용의 정지 또는 취급 자격의 취소, 그 밖에 근무조건 등에 부정적 영향을 미치는 차별 또는 조치
5. 주의 대상자 명단 작성 또는 그 명단의 공개, 집단 따돌림, 폭행 또는 폭언, 그 밖에 정신적·신체적 손상을 가져오는 행위
6. 직무에 대한 부당한 감사 또는 조사나 그 결과의 공개

아동보호전문기관의 장과 그 직원 및 진술조력인은 「형법」 제129조부터 제132조까지의 규정에 따른 벌칙의 적용에서는 공무원으로 본다(법 제64조).

(6) 과태료(법 제63조)

다음 각 호의 어느 하나에 해당하는 사람에게는 1천만원 이하의 과태료를 부과한다.

1. 정당한 사유 없이 판사의 아동보호사건의 조사·심리를 위한 소환에 따르지 아니한 사람

2. 정당한 사유 없이 제10조 제2항에 따른 신고를 하지 아니한 사람

3. 정당한 사유 없이 제11조 제6항을 위반하여 사법경찰관리, 아동학대전담공무원 또는 아동보호전문기관의 직원이 수행하는 현장조사를 거부한 사람

3의2. 정당한 사유 없이 제11조의2 제1항 후단을 위반하여 아동학대전담공무원의 출석·진술 및 자료제출 요구에 따르지 아니하거나 거짓으로 진술 또는 자료를 제출한 사람

4. 정당한 사유 없이 제13조 제1항에 따른 긴급임시조치를 이행하지 아니한 사람

5. 정당한 사유 없이 제36조 제1항 제4호부터 제8호까지의 보호처분이 확정된 후 이를 이행하지 아니하거나 집행에 따르지 아니한 사람

6. 정당한 사유 없이 제39조에 따른 보고서 또는 의견서 제출 요구에 따르지 아니한 사람

제1항에 따른 과태료는 대통령령으로 정하는 바에 따라 관계 행정기관의 장이 부과·징수한다.

제 12 장 학교 밖 청소년 지원에 관한 법률(약칭: 학교밖청소년법)

1. 의의

이 법은 「청소년 기본법」 제49조 제4항에 따라 학교 밖 청소년 지원에 관한 사항을 규정함으로써 학교 밖 청소년이 건강한 사회구성원으로 성장할 수 있도록 함을 목적으로 한다(법 제1조). 학교 밖 청소년 지원에 관하여 다른 법률에 특별한 규정이 있는 경우를 제외하고는 이 법에 따른다(법 제4조).

국가와 지방자치단체는 학교 밖 청소년에 대한 사회적 차별 및 편견을 예방하고 학교 밖 청소년을 존중하고 이해할 수 있도록 조사·연구·교육 및 홍보 등 필요한 조치를 하여야 한다. 국가와 지방자치단체는 학교 밖 청소년을 조기에 발견하고, 지원에 필요한 법적·제도적 장치를 마련하여 시행하여야 하며 학교 밖 청소년의 교육복지 실현을 위하여 노력하여야 한다(법 제3조).

이 법에서 사용하는 용어의 뜻은 다음과 같다(법 제2조).

1. "청소년"이란 「청소년 기본법」 제3조 제1호 본문에 해당하는 사람을 말한다.
2. "학교 밖 청소년"이란 다음 각 목의 어느 하나에 해당하는 청소년을 말한다.
   가. 「초·중등교육법」 제2조의 초등학교·중학교 또는 이와 동일한 과정을 교육하는 학교에 입학한 후 3개월 이상 결석하거나 같은 법 제14조 제1항에 따라 취학의무를 유예한 청소년
   나. 「초·중등교육법」 제2조의 고등학교 또는 이와 동일한 과정을 교육하는 학교에서 같은 법 제18조에 따른 제적·퇴학처분을 받거나 자퇴한 청소년
   다. 「초·중등교육법」 제2조의 고등학교 또는 이와 동일한 과정을 교육하는 학교에 진학하지 아니한 청소년
3. "학교 밖 청소년 지원 프로그램"이란 학교 밖 청소년의 개인적 특성과 수요를 고려한 상담지원, 교육지원, 직업체험 및 취업지원, 자립지원 등의 프로그램을 말한다.

2. 입법 배경 및 연혁

「청소년복지 지원법」, 「초·중등교육법」 등 관계 법률에 근거하여 학업중단 숙려제 등 학교 밖 청소년 지원 정책이 추진 중이나, 대부분의 지원정책이 학교 밖 청소년을 시혜적 복지의 대상으로 보고 지원내용 또한 학업복귀에 집중되어 있어 능동적 자아실현의 주체로서 학교 밖 청소년의 다양한 정책수요에 부응하지 못하고 있는 실정이다. 이에 학교 밖 청소년 지원을 위한 국가와 지방자치단체의 책무를 명시하고, 학교 밖 청소년에 대한 정확한 실태조사를 바탕으로 학교 밖 청소년의 개인적 특성과 수요를 고려한 상담지원, 교육지원, 취업 및 진로·직업체험 지원, 자립지원 등이 이루어지도록 종합적·체계적인 지원체계를 마련함으로써 학교 밖 청소년이 건강한 사회구성원으로 성장할 수 있도록 지원하고자 제정하게 되었다.

「학교 밖 청소년 지원에 관한 법률」의 주요 연혁은 다음과 같다.

제·개정 (시행) 일자	제·개정 이유/내용
2014. 5. 28. (2015. 5. 29.) 제정	• 학교 밖 청소년 정의 • 학교 밖 청소년 지원을 위한 프로그램의 개발 및 지원 • 3년마다 학교 밖 청소년에 대한 실태조사 • 학교 밖 청소년 지원위원회 • 학교 밖 청소년 지원센터
2017. 3. 21. (2017. 3. 21.)	학교 밖 청소년 개인정보 제공으로 학교 밖 청소년지원센터 연계 용이
2018. 1. 16. (2018. 7. 17.)	학교 밖 청소년의 자립에 필요한 의료지원에 건강진단과 의료비 지원 포함
2021. 3. 23. (2021. 3. 23.)	• 학교장 및 단체장은 학교 밖 청소년의 동의 없이도 개인정보를 지원센터로 연계 가능 • 학교 밖 청소년 실태조사의 주기 단축 • 지원센터 평가 근거 마련과 평가 비용지원

3. 주요 내용

「학교 밖 청소년 지원에 관한 법률」의 전반적인 구조와 주요 내용을 정리하면 다음과 같다.

제1조(목적)
제2조(정의)
제3조(국가와 지방자치단체의 책무)
제4조(다른 법률과의 관계)
제5조(학교 밖 청소년 지원계획)
제6조(실태조사)
제7조(학교 밖 청소년 지원 위원회)
제8조(상담지원)
제9조(교육지원)
제10조(직업체험 및 취업지원)
제11조(자립지원)
제12조(학교 밖 청소년 지원센터)
제13조(지원센터의 지정 취소 등)
제14조(지역사회 청소년통합지원체계와의 연계)
제15조(지원센터에의 연계)
제16조(비밀유지 의무)
제17조(관계 기관의 협조)
제18조(권한의 위임과 위탁)
제19조(유사 명칭의 사용 금지)
제20조(벌칙)
제21조(과태료)

1) 학교 밖 청소년 지원계획

국가와 지방자치단체는 「청소년 기본법」 제14조에 따라 연도별 시행계획을 수립하는 경우 다음 각 호의 사항을 포함하여야 한다(법 제5조).

1. 학교 밖 청소년에 대한 사회적 편견과 차별 예방 및 사회적 인식 개선에 관한 사항
2. 학교 밖 청소년 지원 프로그램의 개발 및 지원에 관한 사항

3. 학교 밖 청소년 지원을 위한 관련 기관 간 협력체계 및 지역사회 중심의 지원체계 구축·운영에 관한 사항
4. 학교 밖 청소년 지원을 위한 조사·연구·교육·홍보 및 제도개선에 관한 사항
5. 「청소년복지 지원법」 제14조의 위기청소년 특별지원 등 사회적 지원방안
6. 학교 밖 청소년 지원을 위한 재원 확보 및 배분에 관한 사항
7. 그 밖에 학교 밖 청소년 지원을 위하여 필요한 사항

여성가족부장관은 학교 밖 청소년의 현황 및 실태 파악과 학교 밖 청소년 지원 정책 수립을 위한 기초자료로 활용하기 위하여 2년마다 학교 밖 청소년에 대한 실태조사를 실시하고, 그 결과를 공표하여야 한다. 실태조사 중 학업중단 현황에 관한 조사는 교육부장관과 협의하여 실시한다. 여성가족부장관은 제1항에 따른 실태조사에 필요한 경우 관계 중앙행정기관의 장, 지방자치단체의 장 또는 「공공기관의 운영에 관한 법률」에 따른 공공기관의 장, 그 밖의 관련 법인·단체에 대하여 필요한 자료 제출 또는 의견 진술을 요청할 수 있다. 이 경우 요청을 받은 자는 정당한 사유가 없으면 이에 협조하여야 한다(법 제6조).

2) 학교 밖 청소년 지원 위원회(법 제7조)

학교 밖 청소년 지원에 관한 다음 각 호의 사항을 심의하기 위하여 여성가족부장관 소속으로 학교 밖 청소년 지원 위원회(이하 "지원위원회"라 한다)를 둔다.

1. 학교 밖 청소년 지원정책의 목표 및 기본방향에 관한 사항
2. 학교 밖 청소년 지원을 위한 법령 및 제도의 개선에 관한 사항
3. 학교 밖 청소년 지원계획의 수립에 관한 사항
4. 관련 기관 간 협력체계 및 지역사회 중심의 지원체계 구축에 관한 사항
5. 그 밖에 학교 밖 청소년 지원에 관하여 협의가 필요한 사항

지원위원회는 위원장 1명과 부위원장 1명을 포함한 15명 이내의 위원으로 구성하고, 위원은 당연직 위원과 위촉직 위원으로 구성한다.

지원위원회의 조직·구성 및 운영 등에 필요한 사항은 대통령령으로 정한다.

3) 지원 내용

(1) 상담지원 및 교육지원

국가와 지방자치단체는 학교 밖 청소년에 대하여 효율적이고 적합한 지원을 할 수 있도록 심리상담, 진로상담, 가족상담 등 상담을 제공할 수 있다(법 제8조 제1항).

국가와 지방자치단체는 학교 밖 청소년이 학업에 복귀하고 자립할 수 있도록 다음 각 호의 사항을 지원할 수 있다(법 제9조).

1. 「초·중등교육법」 제2조의 초등학교·중학교로의 재취학 또는 고등학교로의 재입학
2. 「초·중등교육법」 제60조의3의 대안학교로의 진학
3. 「초·중등교육법」 제27조의2에 따라 초등학교·중학교 또는 고등학교를 졸업한 사람과 동등한 학력이 인정되는 시험의 준비

(2) 직업체험 및 취업지원(법 제10조)

국가와 지방자치단체는 학교 밖 청소년이 자신의 적성과 능력에 맞는 직업의 체험과 훈련을 할 수 있도록 다음 각 호의 사항을 지원할 수 있다.

1. 직업적성 검사 및 진로상담프로그램
2. 직업체험 및 훈련프로그램
3. 직업소개 및 관리
4. 그 밖에 학교 밖 청소년의 직업체험 및 훈련에 필요한 사항

국가와 지방자치단체는 학교 밖 청소년을 대상으로 취업 및 직무수행에 필요한 지식·기술 및 태도를 습득·향상시키기 위하여 직업교육 훈련을 실시할 수 있다.

(3) 자립지원(법 제11조)

국가와 지방자치단체는 대통령령으로 정하는 바에 따라 학교 밖 청소년의 자립에 필요한 생활지원, 문화공간지원, 의료지원(「청소년복지 지원법」 제6조 제1항에 따라 건강진단을 받은 후 확진을 위한 검사에 사용된 의료비의 지원을 포함한다), 정서지원 등을 제공할 수 있다.

국가와 지방자치단체는 경제교육, 법률교육, 문화교육 등 학교 밖 청소년의 자립에

필요한 교육을 지원할 수 있다.

국가와 지방자치단체는 제1항에 따른 지원이 필요한 학교 밖 청소년에게 「청소년복지 지원법」 제14조에 따른 위기청소년 특별지원을 우선적으로 제공할 수 있다.

4) 학교 밖 청소년 지원센터(법 제12조)

국가와 지방자치단체는 학교 밖 청소년 지원을 위하여 필요한 경우 학교 밖 청소년 지원센터(이하 "지원센터"라 한다)를 설치하거나 다음 각 호에 해당하는 기관이나 단체를 지원센터로 지정할 수 있다.

1. 「청소년복지 지원법」 제29조의 청소년상담복지센터
2. 「청소년 기본법」 제3조 제8호의 청소년단체
3. 학교 밖 청소년을 지원하기 위하여 필요한 전문인력과 시설을 갖춘 기관 또는 단체

지원센터는 다음 각 호의 업무를 수행한다.

1. 제8조부터 제11조까지의 학교 밖 청소년 지원
2. 학교 밖 청소년 지원을 위한 지역사회 자원의 발굴 및 연계·협력
3. 학교 밖 청소년 지원 프로그램의 개발 및 보급
4. 학교 밖 청소년 지원 프로그램에 대한 정보제공 및 홍보
5. 학교 밖 청소년 지원 우수사례의 발굴 및 확산
6. 학교 밖 청소년에 대한 사회적 인식 개선
7. 그 밖에 학교 밖 청소년 지원을 위하여 필요한 사업

지원센터에는 학교 밖 청소년 지원 업무를 수행하기 위하여 관련 분야에 대한 학식과 경험을 가진 전문인력을 두어야 한다.

국가 및 지방자치단체의 장은 제2항 각 호의 업무 수행에 필요한 비용을 지원할 수 있다.

제1항의 지원센터의 설치기준 및 지정기준, 지정기간, 지정절차, 제3항의 전문인력의 기준 등에 필요한 사항은 대통령령으로 정한다(법 제12조).

여성가족부장관은 3년마다 지원센터의 운영실적을 평가하고, 그 결과를 지원센터의

감독, 지원 등에 반영할 수 있다(법 제12조의2). 국가와 지방자치단체의 장은 지원센터가 다음 각 호의 어느 하나에 해당하는 경우에는 6개월의 범위에서 업무의 전부 또는 일부를 정지하거나 그 지정을 취소할 수 있다. 다만, 제1호에 해당하는 경우에는 지정을 취소하여야 한다. 지원센터의 지정을 취소하려면 청문을 거쳐야 한다(법 제13조).

1. 거짓이나 그 밖의 부정한 방법으로 지정을 받은 경우
2. 지정받은 사항을 위반하여 업무를 행한 경우
3. 제12조 제5항에 따른 지정기준 등에 적합하지 아니하게 된 경우

지원센터는 학교 밖 청소년 지원업무를 수행함에 있어 「청소년복지 지원법」 제9조의 지역사회 청소년통합지원체계를 구성하는 기관과 연계 및 협력하여야 한다(법 제14조).

<별표 1> 지원센터의 설치·지정 기준 및 전문인력 기준

1. 입지기준
   지원센터는 일조·채광·환기 등이 원활하고 급수 및 교통수단 등이 갖추어져 있어 종사자와 이용자의 건강 유지 및 재해 방지가 가능하고, 종사자와 이용자가 일상생활을 하기에 적합한 위치에 있어야 한다.

2. 규모
   지원센터는 연면적 150제곱미터 이상의 공간을 갖추어야 한다.

3. 구조 및 설비: 지원센터는 다음 각 목의 시설을 갖추어야 한다.
   가. 사무를 위한 적절한 설비를 갖춘 1개 이상의 사무실
   나. 원활한 상담과 개인비밀 보호를 위해 분리된 공간 또는 방음 장치를 갖춘 1개 이상의 상담실
   다. 1개 이상의 상담대기실
   라. 1개 이상의 휴게실. 다만, 다목에 따른 상담대기실과 공동으로 사용할 수 있다.
   마. 1개 이상의 교육실

4. 전문인력 기준

구분	자격기준 등
가. 지원센터의 장	다음의 어느 하나에 해당하는 사람 1명을 두어야 한다. 다만, 지원센터의 장은 청소년 지원을 위한 기관 또는 단체의 장과 겸임할 수 있다. 1) 「고등교육법」 제2조 제1호부터 제3호까지 또는 제5호에 따른 학교를 졸업하여 청소년 관련 분야의 학사학위를 보유하거나 이와 같은 수준의 학력이 있다고 다른 법령에서 인정하는 사람으로서 학교 밖 청소년 관련 실무 경력이 5년 이상인 사람 2) 「고등교육법」 제2조 제4호에 따른 전문대학을 졸업하여 청소년 관련 분야의 전문학사학위를 보유하거나 이와 같은 수준의 학력이 있다고 다른 법령에서 인정하는 사람으로서 학교 밖 청소년 관련 실무 경력이 7년 이상인 사람

구분	자격기준 등
	3) 청소년상담사, 청소년지도사, 사회복지사, 직업상담사 자격증 소지자로서 학교 밖 청소년 관련 실무 경력이 5년 이상인 사람 4) 학교 밖 청소년 관련 실무 경력이 10년 이상인 사람
나. 관리 업무 수행 직원	다음의 어느 하나에 해당하는 상근(常勤) 직원 1명 이상을 두어야 한다. 1) 「고등교육법」 제2조 제1호부터 제3호까지 또는 제5호에 따른 학교를 졸업하여 청소년 관련 분야의 학사학위를 보유하거나 이와 같은 수준의 학력이 있다고 다른 법령에서 인정하는 사람으로서 학교 밖 청소년 관련 실무 경력이 3년 이상인 사람 2) 「고등교육법」 제2조 제4호에 따른 전문대학을 졸업하여 청소년 관련 분야의 전문학사학위를 보유하거나 이와 같은 수준의 학력이 있다고 다른 법령에서 인정하는 사람으로서 학교 밖 청소년 관련 실무 경력이 5년 이상인 사람 3) 청소년상담사, 청소년지도사, 사회복지사, 직업상담사 자격증 소지자로서 학교 밖 청소년 관련 실무 경력이 3년 이상인 사람 4) 학교 밖 청소년 관련 실무 경력이 7년 이상인 사람
다. 청소년 대상 업무 수행 직원	다음의 어느 하나에 해당하는 상근 직원 1명 이상을 두어야 한다. 1) 「고등교육법」 제2조 제1호부터 제3호까지 또는 제5호에 따른 학교를 졸업하여 청소년 관련 분야의 학사학위를 보유하거나 이와 같은 수준의 학력이 있다고 다른 법령에서 인정하는 사람 2) 「고등교육법」 제2조 제4호에 따른 전문대학을 졸업하여 청소년 관련 분야의 전문학사학위를 보유하거나 이와 같은 수준의 학력이 있다고 다른 법령에서 인정하는 사람으로서 학교 밖 청소년 관련 실무 경력이 2년 이상인 사람 3) 청소년상담사, 청소년지도사, 사회복지사, 직업상담사 자격증 소지자 4) 학교 밖 청소년 관련 실무 경력이 5년 이상인 사람

비고

1. "청소년 관련 분야"란 상담학, 교육학, 심리학, 사회복지(사업)학, 청소년(지도)학 및 학교 밖 청소년과 관련하여 여성가족부장관이 인정하는 분야를 말한다.
2. "학교 밖 청소년 관련 실무"란 다음 각 목의 어느 하나에 해당하는 업무를 말한다.
   가. 청소년을 대상으로 하는 육성·활동·복지·보호 등에 관한 업무
   나. 「초·중등교육법 시행령」 제54조 제3항 제2호에 따른 지원사업을 실시하는 기관 및 「학교폭력예방 및 대책에 관한 법률」 제11조 제9항에 따라 설치된 전문기관에서 상근으로 수행하는 상담업무
   다. 중앙행정기관 또는 지방자치단체의 청소년 관련 부서에서 수행하는 청소년 정책 관련 행정업무

출처: 학교 밖 청소년 지원에 관한 법률 시행령 제6조 제1항 [별표1]

「초·중등교육법」 제2조 각 호의 각급 학교의 장(이하 이 조에서 "학교장"이라 한다)은 소속 학교의 학생이 학교 밖 청소년이 되는 경우에는 해당 청소년에게 학교 밖 청소년

지원 프로그램을 안내하고 지원센터를 연계하여야 한다(법 제15조).

「청소년복지 지원법」 제9조에 따른 지역사회 청소년통합지원체계에 포함된 기관 또는 단체의 장은 지원이 필요한 학교 밖 청소년을 발견한 경우에는 지체 없이 해당 청소년에게 학교 밖 청소년 지원 프로그램을 안내하고 지원센터를 연계하여야 한다.

제1항 및 제2항에 따라 학교 밖 청소년을 지원센터에 연계하는 경우 학교장 및 단체장은 해당 청소년(제6호의 경우 해당 청소년의 법정대리인)에게 다음 각 호의 개인정보의 수집·이용 목적, 수집 항목, 보유·이용 기간 및 파기 방법(이하 "개인정보동의고지사항"이라 한다)을 고지하고 동의를 받은 후 개인정보를 수집하여 지원센터에 제공할 수 있다. 다만, 해당 청소년의 동의 의사를 확인할 수 없는 경우에는 그 청소년의 법정대리인에게 개인정보동의고지사항을 고지하고 동의를 받아 제공할 수 있다(법 제15조).

1. 학교 밖 청소년의 성명
2. 학교 밖 청소년의 생년월일
3. 학교 밖 청소년의 성별
4. 학교 밖 청소년의 주소
5. 학교 밖 청소년의 연락처(전화번호·전자우편주소 등)
6. 학교 밖 청소년의 법정대리인 연락처(전화번호·전자우편주소 등)

제3항에도 불구하고 학교장 및 단체장은 해당 청소년이 「교육기본법」 제8조 제1항에 따른 의무교육 대상자인 경우에는 해당 청소년 또는 청소년의 법정대리인의 동의 없이 개인정보를 수집하여 지원센터에 제공할 수 있다. 다만, 질병 또는 출국을 사유로 학교 밖 청소년이 되는 경우는 제외한다.

지원센터의 장은 제4항에 따라 개인정보를 제공받은 날부터 6개월 이내에 해당 청소년 또는 청소년의 법정대리인에게 개인정보동의고지사항 및 「개인정보 보호법」 제37조 제1항에 따른 개인정보의 처리정지 요구 권한을 고지하고 동의를 받아야 한다. 이 경우 해당 청소년 또는 청소년의 법정대리인이 개인정보의 처리정지를 요구하거나 개인정보를 제공받은 날부터 6개월 이내에 동의를 받지 못한 경우에는 즉시 개인정보를 파기하여야 한다.

제1항 및 제2항에 따른 학교 밖 청소년 지원 프로그램의 안내 및 지원센터의 연계에

필요한 사항은 여성가족부령으로 정한다(법 제15조).

학교 밖 청소년 지원 관련 업무에 종사하거나 종사하였던 자는 그 직무상 알게 된 비밀을 다른 사람에게 누설하거나 직무상 목적 외의 용도로 이용하여서는 아니 된다(법 제16조). 직무상 알게 된 비밀을 누설하거나 직무상 목적 외에 이용한 사람은 3년 이하의 징역 또는 3천만원 이하의 벌금에 처한다(법 제20조).

이 법에 따른 지원센터가 아니면 학교 밖 청소년 지원센터 또는 이와 유사한 명칭을 사용하지 못한다(법 제19조). 지원센터 또는 이와 유사한 명칭을 사용한 자에게는 300만원 이하의 과태료를 부과한다(법 제21조).

제 13 장 소년법

1. 의의

「소년법」은 1958년 제정되어 청소년 관련 법 중에서 가장 오래된 법률이며, 범죄를 저지르거나 저지를 우려가 있는 청소년을 대상으로 형사처벌 및 형사소송절차상 특례와 함께 청소년의 회복을 위한 보호조치 등을 담고 있는 법률이다.

소년은 성인에 비해 육체적·정신적으로 성숙하지 못한 상태라고 할 수 있다. 따라서 다양한 호기심과 관심을 가질 시기이기 때문에 범죄를 범할 가능성도 높지만 철저한 관리 및 보호가 이루어진다면 반성과 개선의 정도도 성인들과는 달리 크다고 할 수 있다. 따라서 소년의 재사회화를 통한 사회복귀는 「소년법」이 가지고 있는 가장 중요한 내용이며, 소년보호이념을 실천하기 위한 핵심적 사항이라고 할 수 있다(박호현·김종호, 2018).

발달적·환경적으로 위기에 처한 청소년을 성인과 동일한 잣대로 처벌하게 되면 청소년의 발달을 저해할 뿐만 아니라 청소년에 대한 가정·사회·국가의 책임을 청소년 개인에게 전가시키는 것이다. 또한 청소년은 개인·가정·국가·사회의 노력으로 얼마든지 다른 삶을 살 수 있고 변화할 수 있으므로 청소년에게 변화의 기회를 부여하는 것이 마땅할 수 있다. 이 때문에 「소년법」의 존속과 폐지를 둘러싼 다양한 논쟁에도 불구하고 「소년법」이 청소년 육성제도로서 여전히 필요한 것이다(기은광, 2020).

이 법은 반사회성(反社會性)이 있는 소년의 환경 조정과 품행 교정(矯正)을 위한 보호처분 등의 필요한 조치를 하고, 형사처분에 관한 특별조치를 함으로써 소년이 건전하게 성장하도록 돕는 것을 목적으로 한다(법 제1조). 이 법에서 "소년"이란 19세 미만인 자를 말하며, "보호자"란 법률상 감호교육(監護敎育)을 할 의무가 있는 자 또는 현재 감호하는 자를 말한다(법 제2조).

2. 입법 배경 및 연혁

「소년법」은 반사회성 있는 소년에 대하여 그 환경의 조정과 성행의 교정에 관한 보호처분을 행하고, 형사처분에 관한 특별조치를 행함으로써 소년의 건전한 육성을 기하고자 제정되었다. 「소년법」의 주요 연혁은 다음과 같다.

제·개정 (시행) 일자	제·개정 이유/내용
1958. 7. 24. (1958. 7. 24.) 제정	• 반사회성 있는 소년의 교정에 관한 보호처분을 행하고, 형사처분에 관한 특별조치 • 이 법의 적용대상이 되는 소년을 20세 미만의 자로 함 • 조선소년령은 이를 폐지함
1963. 7. 31. (1963. 10. 1.)	가정법원의 발족(1963년 10월 1일)이 계기가 되었으며, 소년보호를 교육적이고 과학적으로 발전시켜 처우 결정과 집행에 있어 사회와 가정 및 국가기관 상호 간에 유기적인 협조 명시
1977. 12. 31. (1977. 12. 31.)	소년감별소 신설에 따라 사건을 조사·심리하는 법원소년부로 하여금 소년감별소의 감별결과와 의견을 참작하도록 하고, 판사와 사건의 조사·심리에 필요한 때에는 소년을 소년감별소에 위탁할 수 있도록 하며 18세 이상의 소년에 대하여는 환형처분을 할 수 있도록 함
1988. 12. 31. (1989. 7. 1.) 전부개정	비행소년에 대한 효율적 교화를 위하여 보호처분을 다양화하고, 보호관찰제도를 활성화하며, 소년심판절차에 진술거부권의 고지 등 적법절차를 보장하고, 현행규정의 운영상 나타난 소년사건 처리절차상의 미비점을 정비·보완함
2007. 5. 17. (2008. 1. 1.)	소년보호사건 기록과 증거물의 열람·등사에 관한 규율
2007. 12. 21. (2008. 6. 22.)	청소년 재범률이 높은 수준과 범죄의 흉포화, 처벌 위주에서 교화·선도 중심으로 소년사업체계 개편, 촉법소년·우범소년의 연령(12세 이상에서 10에 이상)인하
2014. 1. 7. (2014. 1. 7.)	형사처벌 중 자유형은 징역형으로 통일
2014. 12. 30. (2015. 7. 1.)	보호자 특별교육명령 이행률을 높여 입법목적을 더욱 효과적으로 달성할 수 있도록 보호자 특별교육명령 불이행 시 과태료 금액을 상향(100만 원에서 300만 원)

제·개정 (시행) 일자	제·개정 이유/내용
2015. 12. 1. (2015. 12. 1.)	소년원 송치 처분의 경우에도 원판결에 따른 송치기간이 항고에 따른 송치기간에 산입될 수 있도록 법적 근거를 마련함으로써 소년의 기본적 인권이 더욱 보장될 수 있도록 보완
2018. 9. 18. (2018. 9. 18.)	소년이었을 때 범한 죄에 의하여 형의 집행유예나 선고유예를 받은 경우에도 자격에 관한 법령을 적용할 때 형의 선고를 받지 아니한 것으로 보되, 형의 선고유예가 실효되거나 형의 집행유예가 실효·취소된 경우에는 그 때에 형을 선고받은 것으로 봄

3. 주요 내용

「소년법」의 전반적인 구조와 주요 내용을 정리하면 다음과 같다.

장	절	조문
제1장 총칙		제1조(목적) 제2조(소년 및 보호자)
제2장 보호사건	제1절 통칙	제3조(관할 및 직능) 제4조(보호의 대상과 송치 및 통고) 제5조(송치서) 제6조(이송) 제7조(형사처분 등을 위한 관할 검찰청으로의 송치) 제8조(통지)
	제2절 조사와 심리	제9조(조사 방침) 제10조(진술거부권의 고지) 제11조(조사명령) 제12조(전문가의 진단) 제13조(소환 및 동행영장) 제14조(긴급동행영장) 제15조(동행영장의 방식) 제16조(동행영장의 집행) 제17조(보조인 선임) 제17조의2(국선보조인) 제18조(임시조치) 제19조(심리 불개시의 결정) 제20조(심리 개시의 결정) 제21조(심리 기일의 지정) 제22조(기일 변경) 제23조(심리의 개시)

		제24조(심리의 방식) 제25조(의견의 진술) 제25조의2(피해자 등의 진술권) 제25조의3(화해권고) 제26조(증인신문, 감정, 통역·번역) 제27조(검증, 압수, 수색) 제28조(원조, 협력) 제29조(불처분 결정) 제30조(기록의 작성) 제30조의2(기록의 열람·등사) 제31조(위임규정)
	제3절 보호처분	제32조(보호처분의 결정) 제32조의2(보호관찰처분에 따른 부가처분 등) 제33조(보호처분의 기간) 제34조(몰수의 대상) 제35조(결정의 집행) 제36조(보고와 의견 제출) 제37조(처분의 변경) 제38조(보호처분의 취소) 제39조(보호처분과 유죄판결) 제40조(보호처분의 경합) 제41조(비용의 보조) 제42조(증인 등의 비용)
	제4절 항고	제43조(항고) 제44조(항고장의 제출) 제45조(항고의 재판) 제46조(집행 정지) 제47조(재항고)
제3장 형사사건	제1절 통칙	제48조(준거법례) 제49조(검사의 송치) 제49조의2(검사의 결정 전 조사) 제49조의3(조건부 기소유예) 제50조(법원의 송치) 제51조(이송) 제52조(소년부 송치 시의 신병 처리) 제53조(보호처분의 효력) 제54조(공소시효의 정지) 제55조(구속영장의 제한)
	제2절 심판	제56조(조사의 위촉) 제57조(심리의 분리)

		제58조(심리의 방침) 제59조(사형 및 무기형의 완화) 제60조(부정기형) 제61조(미결구금일수의 산입) 제62조(환형처분의 금지) 제63조(징역·금고의 집행) 제64조(보호처분과 형의 집행) 제65조(가석방) 제66조(가석방 기간의 종료) 제67조(자격에 관한 법령의 적용)
제3장의2 비행 예방		제67조의2(비행 예방정책)
제4장 벌칙		제68조(보도 금지) 제69조(나이의 거짓 진술) 제70조(조회 응답) 제71조(소환의 불응 및 보호자 특별교육명령 불응)

1) 보호사건

(1) 관할 및 직능(법 제3조)

소년 보호사건의 관할은 소년의 행위지, 거주지 또는 현재지로 한다. 소년 보호사건은 가정법원소년부 또는 지방법원소년부[이하 "소년부(少年部)"라 한다]에 속한다. 소년 보호사건의 심리(審理)와 처분 결정은 소년부 단독판사가 한다.

(2) 보호의 대상과 송치 및 통고

다음 각 호의 어느 하나에 해당하는 소년은 소년부의 보호사건으로 심리한다.

1. 죄를 범한 소년
2. 형벌 법령에 저촉되는 행위를 한 10세 이상 14세 미만인 소년
3. 다음 각 목에 해당하는 사유가 있고 그의 성격이나 환경에 비추어 앞으로 형벌 법령에 저촉되는 행위를 할 우려가 있는 10세 이상인 소년
   가. 집단적으로 몰려다니며 주위 사람들에게 불안감을 조성하는 성벽(性癖)이 있는 것

나. 정당한 이유 없이 가출하는 것

다. 술을 마시고 소란을 피우거나 유해환경에 접하는 성벽이 있는 것

제1항 제2호 및 제3호에 해당하는 소년이 있을 때에는 경찰서장은 직접 관할 소년부에 송치(送致)하여야 한다. 제1항 각 호의 어느 하나에 해당하는 소년을 발견한 보호자 또는 학교·사회복리시설·보호관찰소(보호관찰지소를 포함한다. 이하 같다)의 장은 이를 관할 소년부에 통고할 수 있다(법 제4조).

소년 보호사건을 송치하는 경우에는 송치서에 사건 본인의 주거·성명·생년월일 및 행위의 개요와 가정 상황을 적고, 그 밖의 참고자료를 첨부하여야 한다(법 제5조).

소년부는 조사 또는 심리한 결과 금고 이상의 형에 해당하는 범죄 사실이 발견된 경우 그 동기와 죄질이 형사처분을 할 필요가 있다고 인정하면 결정으로써 사건을 관할 지방법원에 대응한 검찰청 검사에게 송치하여야 한다. 소년부는 조사 또는 심리한 결과 사건의 본인이 19세 이상인 것으로 밝혀진 경우에는 결정으로써 사건을 관할 지방법원에 대응하는 검찰청 검사에게 송치하여야 한다. 다만, 제51조에 따라 법원에 이송하여야 할 경우에는 그러하지 아니하다(법 제7조).

(3) 이송

보호사건을 송치받은 소년부는 보호의 적정을 기하기 위하여 필요하다고 인정하면 결정(決定)으로써 사건을 다른 관할 소년부에 이송할 수 있다. 소년부는 사건이 그 관할에 속하지 아니한다고 인정하면 결정으로써 그 사건을 관할 소년부에 이송하여야 한다(법 제6조).

소년부는 제6조(이송)과 제7조(송치)에 따른 결정을 하였을 때에는 지체 없이 그 사유를 사건 본인과 그 보호자에게 알려야 한다(법 제8조).

2) 조사와 심리

조사는 의학·심리학·교육학·사회학이나 그 밖의 전문적인 지식을 활용하여 소년과 보호자 또는 참고인의 품행, 경력, 가정 상황, 그 밖의 환경 등을 밝히도록 노력하여야

한다(법 제9조). 소년부 또는 조사관이 범죄 사실에 관하여 소년을 조사할 때에는 미리 소년에게 불리한 진술을 거부할 수 있음을 알려야 한다(법 제10조).

소년부 판사는 조사관에게 사건 본인, 보호자 또는 참고인의 심문이나 그 밖에 필요한 사항을 조사하도록 명할 수 있다. 소년부는 통고된 소년을 심리할 필요가 있다고 인정하면 그 사건을 조사하여야 한다(법 제11조).

(1) 전문가의 진단(법 제12조)

소년부는 조사 또는 심리를 할 때에 정신건강의학과의사·심리학자·사회사업가·교육자나 그 밖의 전문가의 진단, 소년 분류심사원의 분류심사 결과와 의견, 보호관찰소의 조사결과와 의견 등을 고려하여야 한다.

(2) 소환 및 동행영장

소년부 판사는 사건의 조사 또는 심리에 필요하다고 인정하면 기일을 지정하여 사건 본인이나 보호자 또는 참고인을 소환할 수 있다. 사건 본인이나 보호자가 정당한 이유 없이 소환에 응하지 아니하면 소년부 판사는 동행영장을 발부할 수 있다(법 제13조).

소년부 판사는 사건 본인을 보호하기 위하여 긴급조치가 필요하다고 인정하면 제13조 제1항에 따른 소환 없이 동행영장을 발부할 수 있다(법 제14조).

동행영장에는 다음 각 호의 사항을 적고 소년부 판사가 서명날인하여야 한다(법 제15조).

1. 소년이나 보호자의 성명
2. 나이
3. 주거
4. 행위의 개요
5. 인치(引致)하거나 수용할 장소
6. 유효기간 및 그 기간이 지나면 집행에 착수하지 못하며 영장을 반환하여야 한다는 취지
7. 발부연월일

동행영장은 조사관이 집행한다. 소년부 판사는 소년부 법원서기관·법원사무관·법

원주사·법원주사보나 보호관찰관 또는 사법경찰관리에게 동행영장을 집행하게 할 수 있다. 동행영장을 집행하면 지체 없이 보호자나 보조인에게 알려야 한다(법 제16조).

(3) 보조인 선임(법 제17조)

사건 본인이나 보호자는 소년부 판사의 허가를 받아 보조인을 선임할 수 있다.

보호자나 변호사를 보조인으로 선임하는 경우에는 제1항의 허가를 받지 아니하여도 된다.

보조인을 선임함에 있어서는 보조인과 연명날인한 서면을 제출하여야 한다. 이 경우 변호사가 아닌 사람을 보조인으로 선임할 경우에는 위 서면에 소년과 보조인과의 관계를 기재하여야 한다.

소년부 판사는 보조인이 심리절차를 고의로 지연시키는 등 심리진행을 방해하거나 소년의 이익에 반하는 행위를 할 우려가 있다고 판단하는 경우에는 보조인 선임의 허가를 취소할 수 있다.

보조인의 선임은 심급마다 하여야 한다.

「형사소송법」 중 변호인의 권리의무에 관한 규정은 소년 보호사건의 성질에 위배되지 아니하는 한 보조인에 대하여 준용한다.

(4) 국선보조인(법 제17조의2)

소년이 소년분류심사원에 위탁된 경우 보조인이 없을 때에는 법원은 변호사 등 적정한 자를 보조인으로 선정하여야 한다.

소년이 소년분류심사원에 위탁되지 아니하였을 때에도 다음의 경우 법원은 직권에 의하거나 소년 또는 보호자의 신청에 따라 보조인을 선정할 수 있다.

1. 소년에게 신체적·정신적 장애가 의심되는 경우
2. 빈곤이나 그 밖의 사유로 보조인을 선임할 수 없는 경우
3. 그 밖에 소년부 판사가 보조인이 필요하다고 인정하는 경우

제1항과 제2항에 따라 선정된 보조인에게 지급하는 비용에 대하여는 「형사소송비용 등에 관한 법률」을 준용한다.

(5) 임시조치(법 제18조)

소년부 판사는 사건을 조사 또는 심리하는 데에 필요하다고 인정하면 소년의 감호에 관하여 결정으로써 다음 각 호의 어느 하나에 해당하는 조치를 할 수 있다.

1. 보호자, 소년을 보호할 수 있는 적당한 자 또는 시설에 위탁
2. 병원이나 그 밖의 요양소에 위탁
3. 소년분류심사원에 위탁

동행된 소년 또는 제52조 제1항에 따라 인도된 소년에 대하여는 도착한 때로부터 24시간 이내에 제1항의 조치를 하여야 한다.

제1항 제1호 및 제2호의 위탁기간은 3개월을, 제1항 제3호의 위탁기간은 1개월을 초과하지 못한다. 다만, 특별히 계속 조치할 필요가 있을 때에는 한 번에 한하여 결정으로써 연장할 수 있다.

제1항 제1호 및 제2호의 조치를 할 때에는 보호자 또는 위탁받은 자에게 소년의 감호에 관한 필요 사항을 지시할 수 있다.

소년부 판사는 제1항의 결정을 하였을 때에는 소년부 법원서기관·법원사무관·법원주사·법원주사보, 소년분류심사원 소속 공무원, 교도소 또는 구치소 소속 공무원, 보호관찰관 또는 사법경찰관리에게 그 결정을 집행하게 할 수 있다.

제1항의 조치는 언제든지 결정으로써 취소하거나 변경할 수 있다.

(6) 심리 불개시의 결정(법 제19조)

소년부 판사는 송치서와 조사관의 조사보고에 따라 사건의 심리를 개시(開始)할 수 없거나 개시할 필요가 없다고 인정하면 심리를 개시하지 아니한다는 결정을 하여야 한다. 이 결정은 사건 본인과 보호자에게 알려야 한다.

사안이 가볍다는 이유로 심리를 개시하지 아니한다는 결정을 할 때에는 소년에게 훈계하거나 보호자에게 소년을 엄격히 관리하거나 교육하도록 고지할 수 있다.

제1항의 결정이 있을 때에는 제18조의 임시조치는 취소된 것으로 본다.

소년부 판사는 소재가 분명하지 아니하다는 이유로 심리를 개시하지 아니한다는 결정을 받은 소년의 소재가 밝혀진 경우에는 그 결정을 취소하여야 한다.

(7) 심리 개시의 결정(법 제20조)

소년부 판사는 송치서와 조사관의 조사보고에 따라 사건을 심리할 필요가 있다고 인정하면 심리 개시 결정을 하여야 한다.

제1항의 결정은 사건 본인과 보호자에게 알려야 한다. 이 경우 심리 개시 사유의 요지와 보조인을 선임할 수 있다는 취지를 아울러 알려야 한다.

(8) 심리 기일

소년부 판사는 심리 기일을 지정하고 본인과 보호자를 소환하여야 한다. 다만, 필요가 없다고 인정한 경우에는 보호자는 소환하지 아니할 수 있다.

보조인이 선정된 경우에는 보조인에게 심리 기일을 알려야 한다(법 제21조).

소년부 판사는 직권에 의하거나 사건 본인, 보호자 또는 보조인의 청구에 의하여 심리 기일을 변경할 수 있다. 기일을 변경한 경우에는 이를 사건 본인, 보호자 또는 보조인에게 알려야 한다(법 제22조).

(9) 심리 개시

심리 기일에는 소년부 판사와 서기가 참석하여야 한다.

조사관, 보호자 및 보조인은 심리 기일에 출석할 수 있다(법 제23조).

심리는 친절하고 온화하게 하여야 한다.

심리는 공개하지 아니한다. 다만, 소년부 판사는 적당하다고 인정하는 자에게 참석을 허가할 수 있다(법 제24조).

(10) 의견의 진술

조사관, 보호자 및 보조인은 심리에 관하여 의견을 진술할 수 있다.

제1항의 경우에 소년부 판사는 필요하다고 인정하면 사건 본인의 퇴장을 명할 수 있다(법 제25조).

소년부 판사는 피해자 또는 그 법정대리인·변호인·배우자·직계친족·형제자매(이하 이 조에서 "대리인등"이라 한다)가 의견진술을 신청할 때에는 피해자나 그 대리인등에게 심리 기일에 의견을 진술할 기회를 주어야 한다. 다만, 다음 각 호의 어느 하나에 해당하는 경우에는 그러하지 아니하다(법 제25조의2).

1. 신청인이 이미 심리절차에서 충분히 진술하여 다시 진술할 필요가 없다고 인정되는 경우
2. 신청인의 진술로 심리절차가 현저하게 지연될 우려가 있는 경우

(11) 화해권고(법 제25조의3)

소년부 판사는 소년의 품행을 교정하고 피해자를 보호하기 위하여 필요하다고 인정하면 소년에게 피해 변상 등 피해자와의 화해를 권고할 수 있다.

소년부 판사는 제1항의 화해를 위하여 필요하다고 인정하면 기일을 지정하여 소년, 보호자 또는 참고인을 소환할 수 있다.

소년부 판사는 소년이 제1항의 권고에 따라 피해자와 화해하였을 경우에는 보호처분을 결정할 때 이를 고려할 수 있다.

(12) 불처분 결정(법 제29조)

소년부 판사는 심리 결과 보호처분을 할 수 없거나 할 필요가 없다고 인정하면 그 취지의 결정을 하고, 이를 사건 본인과 보호자에게 알려야 한다.

(13) 기록의 열람·등사(법 제30조의2)

소년 보호사건의 기록과 증거물은 소년부 판사의 허가를 받은 경우에만 열람하거나 등사할 수 있다. 다만, 보조인이 심리 개시 결정 후에 소년 보호사건의 기록과 증거물을 열람하는 경우에는 소년부 판사의 허가를 받지 아니하여도 된다.

3) 보호처분

(1) 보호처분의 결정(법 제32조)

소년부 판사는 심리 결과 보호처분을 할 필요가 있다고 인정하면 결정으로써 다음

각 호의 어느 하나에 해당하는 처분을 하여야 한다.

1. 보호자 또는 보호자를 대신하여 소년을 보호할 수 있는 자에게 감호 위탁
2. 수강명령
3. 사회봉사명령
4. 보호관찰관의 단기(短期) 보호관찰
5. 보호관찰관의 장기(長期) 보호관찰
6. 「아동복지법」에 따른 아동복지시설이나 그 밖의 소년보호시설에 감호 위탁
7. 병원, 요양소 또는 「보호소년 등의 처우에 관한 법률」에 따른 의료재활소년원에 위탁
8. 1개월 이내의 소년원 송치
9. 단기 소년원 송치
10. 장기 소년원 송치

다음 각 호 안의 처분 상호 간에는 그 전부 또는 일부를 병합할 수 있다.

1. 제1항 제1호·제2호·제3호·제4호 처분
2. 제1항 제1호·제2호·제3호·제5호 처분
3. 제1항 제4호·제6호 처분
4. 제1항 제5호·제6호 처분
5. 제1항 제5호·제8호 처분

제1항 제3호의 처분은 14세 이상의 소년에게만 할 수 있다.

제1항 제2호 및 제10호의 처분은 12세 이상의 소년에게만 할 수 있다.

제1항 각 호의 어느 하나에 해당하는 처분을 한 경우 소년부는 소년을 인도하면서 소년의 교정에 필요한 참고자료를 위탁받는 자나 처분을 집행하는 자에게 넘겨야 한다.

소년의 보호처분은 그 소년의 장래 신상에 어떠한 영향도 미치지 아니한다.

(2) 보호관찰처분에 따른 부가처분 등(법 제32조의2)

제32조 제1항 제4호 또는 제5호의 처분을 할 때에 3개월 이내의 기간을 정하여 「보호소년 등의 처우에 관한 법률」에 따른 대안교육 또는 소년의 상담·선도·교화와 관련된 단체나 시설에서의 상담·교육을 받을 것을 동시에 명할 수 있다.

제32조 제1항 제4호 또는 제5호의 처분을 할 때에 1년 이내의 기간을 정하여 야간

등 특정 시간대의 외출을 제한하는 명령을 보호관찰대상자의 준수 사항으로 부과할 수 있다.

소년부 판사는 가정상황 등을 고려하여 필요하다고 판단되면 보호자에게 소년원·소년분류심사원 또는 보호관찰소 등에서 실시하는 소년의 보호를 위한 특별교육을 받을 것을 명할 수 있다.

(3) 보호처분의 기간(법 제33조)

제32조 제1항 제1호·제6호·제7호의 위탁기간은 6개월로 하되, 소년부 판사는 결정으로써 6개월의 범위에서 한 번에 한하여 그 기간을 연장할 수 있다. 다만, 소년부 판사는 필요한 경우에는 언제든지 결정으로써 그 위탁을 종료시킬 수 있다.

제32조 제1항 제4호의 단기 보호관찰기간은 1년으로 한다.

제32조 제1항 제5호의 장기 보호관찰기간은 2년으로 한다. 다만, 소년부 판사는 보호관찰관의 신청에 따라 결정으로써 1년의 범위에서 한 번에 한하여 그 기간을 연장할 수 있다.

제32조 제1항 제2호의 수강명령은 100시간을, 제32조 제1항 제3호의 사회봉사명령은 200시간을 초과할 수 없으며, 보호관찰관이 그 명령을 집행할 때에는 사건 본인의 정상적인 생활을 방해하지 아니하도록 하여야 한다.

제32조 제1항 제9호에 따라 단기로 소년원에 송치된 소년의 보호기간은 6개월을 초과하지 못한다.

제32조 제1항 제10호에 따라 장기로 소년원에 송치된 소년의 보호기간은 2년을 초과하지 못한다.

제32조 제1항 제6호부터 제10호까지의 어느 하나에 해당하는 처분을 받은 소년이 시설위탁이나 수용 이후 그 시설을 이탈하였을 때에는 위 처분기간은 진행이 정지되고, 재위탁 또는 재수용된 때로부터 다시 진행한다.

(4) 몰수의 대상(법 제34조)

소년부 판사는 제4조 제1항 제1호·제2호에 해당하는 소년에 대하여 제32조의 처분을 하는 경우에는 결정으로써 다음의 물건을 몰수할 수 있다.

1. 범죄 또는 형벌 법령에 저촉되는 행위에 제공하거나 제공하려 한 물건
2. 범죄 또는 형벌 법령에 저촉되는 행위로 인하여 생기거나 이로 인하여 취득한 물건
3. 제1호와 제2호의 대가로 취득한 물건

제1항의 몰수는 그 물건이 사건 본인 이외의 자의 소유에 속하지 아니하는 경우에만 할 수 있다. 다만, 사건 본인의 행위가 있은 후 그 정을 알고도 취득한 자가 소유한 경우에는 그러하지 아니하다.

(5) 보호처분의 변경 및 취소

소년부 판사는 위탁받은 자나 보호처분을 집행하는 자의 신청에 따라 결정으로써 제32조의 보호처분과 제32조의2의 부가처분을 변경할 수 있다(법 제37조 제1항).

보호처분이 계속 중일 때에 사건 본인이 처분 당시 19세 이상인 것으로 밝혀진 경우에는 소년부 판사는 결정으로써 그 보호처분을 취소하고 다음의 구분에 따라 처리하여야 한다.

1. 검사·경찰서장의 송치 또는 제4조제3항의 통고에 의한 사건인 경우에는 관할 지방법원에 대응하는 검찰청 검사에게 송치한다.
2. 제50조에 따라 법원이 송치한 사건인 경우에는 송치한 법원에 이송한다.

제4조 제1항 제1호·제2호의 소년에 대한 보호처분이 계속 중일 때에 사건 본인이 행위 당시 10세 미만으로 밝혀진 경우 또는 제4조 제1항 제3호의 소년에 대한 보호처분이 계속 중일 때에 사건 본인이 처분 당시 10세 미만으로 밝혀진 경우에는 소년부 판사는 결정으로써 그 보호처분을 취소하여야 한다(법 제38조).

보호처분이 계속 중일 때에 사건 본인에 대하여 유죄판결이 확정된 경우에 보호처분을 한 소년부 판사는 그 처분을 존속할 필요가 없다고 인정하면 결정으로써 보호처분을 취소할 수 있다(법 제39조).

보호처분이 계속 중일 때에 사건 본인에 대하여 새로운 보호처분이 있었을 때에는 그 처분을 한 소년부 판사는 이전의 보호처분을 한 소년부에 조회하여 어느 하나의 보호처분을 취소하여야 한다(법 제40조).

(6) 항고와 재항고

제32조에 따른 보호처분의 결정 및 제32조의2에 따른 부가처분 등의 결정 또는 제37조의 보호처분·부가처분 변경 결정이 다음 각 호의 어느 하나에 해당하면 사건 본인·보호자·보조인 또는 그 법정대리인은 관할 가정법원 또는 지방법원 본원 합의부에 항고할 수 있다.

1. 해당 결정에 영향을 미칠 법령 위반이 있거나 중대한 사실 오인(誤認)이 있는 경우
2. 처분이 현저히 부당한 경우

항고를 제기할 수 있는 기간은 7일로 한다(법 제43조).

항고를 할 때에는 항고장을 원심(原審) 소년부에 제출하여야 한다.

항고장을 받은 소년부는 3일 이내에 의견서를 첨부하여 항고법원에 송부하여야 한다(법 제44조).

항고법원은 항고 절차가 법률에 위반되거나 항고가 이유 없다고 인정한 경우에는 결정으로써 항고를 기각하여야 한다.

항고법원은 항고가 이유가 있다고 인정한 경우에는 원결정(原決定)을 취소하고 사건을 원소년부에 환송(還送)하거나 다른 소년부에 이송하여야 한다. 다만, 환송 또는 이송할 여유가 없이 급하거나 그 밖에 필요하다고 인정한 경우에는 원결정을 파기하고 불처분 또는 보호처분의 결정을 할 수 있다(법 제45조).

항고는 결정의 집행을 정지시키는 효력이 없다(법 제46조).

항고를 기각하는 결정에 대하여는 그 결정이 법령에 위반되는 경우에만 대법원에 재항고를 할 수 있다(법 제47조).

4) 형사사건(법 제48조)

소년에 대한 형사사건에 관하여는 이 법에 특별한 규정이 없으면 일반 형사사건의 예에 따른다.

(1) 검사의 송치(법 제49조)

검사는 소년에 대한 피의사건을 수사한 결과 보호처분에 해당하는 사유가 있다고

인정한 경우에는 사건을 관할 소년부에 송치하여야 한다.

소년부는 제1항에 따라 송치된 사건을 조사 또는 심리한 결과 그 동기와 죄질이 금고 이상의 형사처분을 할 필요가 있다고 인정할 때에는 결정으로써 해당 검찰청 검사에게 송치할 수 있다.

제2항에 따라 송치한 사건은 다시 소년부에 송치할 수 없다.

(2) 검사의 결정 전 조사(법 제49조의2)

검사는 소년 피의사건에 대하여 소년부 송치, 공소제기, 기소유예 등의 처분을 결정하기 위하여 필요하다고 인정하면 피의자의 주거지 또는 검찰청 소재지를 관할하는 보호관찰소의 장, 소년분류심사원장 또는 소년원장(이하 "보호관찰소장등"이라 한다)에게 피의자의 품행, 경력, 생활환경이나 그 밖에 필요한 사항에 관한 조사를 요구할 수 있다.

제1항의 요구를 받은 보호관찰소장등은 지체 없이 이를 조사하여 서면으로 해당 검사에게 통보하여야 하며, 조사를 위하여 필요한 경우에는 소속 보호관찰관·분류심사관 등에게 피의자 또는 관계인을 출석하게 하여 진술요구를 하는 등의 방법으로 필요한 사항을 조사하게 할 수 있다.

제2항에 따른 조사를 할 때에는 미리 피의자 또는 관계인에게 조사의 취지를 설명하여야 하고, 피의자 또는 관계인의 인권을 존중하며, 직무상 비밀을 엄수하여야 한다.

검사는 보호관찰소장등으로부터 통보받은 조사 결과를 참고하여 소년피의자를 교화·개선하는 데에 가장 적합한 처분을 결정하여야 한다.

(3) 조건부 기소유예(법 제49조의3)

검사는 피의자에 대하여 다음 각 호에 해당하는 선도(善導) 등을 받게 하고, 피의사건에 대한 공소를 제기하지 아니할 수 있다. 이 경우 소년과 소년의 친권자·후견인 등 법정대리인의 동의를 받아야 한다.

1. 범죄예방자원봉사위원의 선도
2. 소년의 선도·교육과 관련된 단체·시설에서의 상담·교육·활동 등

(4) 법원의 송치와 이송

법원은 소년에 대한 피고사건을 심리한 결과 보호처분에 해당할 사유가 있다고 인정하면 결정으로써 사건을 관할 소년부에 송치하여야 한다(법 제50조).

소년부는 제50조에 따라 송치받은 사건을 조사 또는 심리한 결과 사건의 본인이 19세 이상인 것으로 밝혀지면 결정으로써 송치한 법원에 사건을 다시 이송하여야 한다(법 제51조).

제49조 제1항이나 제50조에 따른 소년부 송치결정이 있는 경우에는 소년을 구금하고 있는 시설의 장은 검사의 이송 지휘를 받은 때로부터 법원 소년부가 있는 시·군에서는 24시간 이내에, 그 밖의 시·군에서는 48시간 이내에 소년을 소년부에 인도하여야 한다. 이 경우 구속영장의 효력은 소년부 판사가 제18조제1항에 따른 소년의 감호에 관한 결정을 한 때에 상실한다.

제1항에 따른 인도와 결정은 구속영장의 효력기간 내에 이루어져야 한다(법 제52조).

(5) 보호처분의 효력과 공소시효의 정지

제32조의 보호처분을 받은 소년에 대하여는 그 심리가 결정된 사건은 다시 공소를 제기하거나 소년부에 송치할 수 없다. 다만, 제38조 제1항 제1호의 경우에는 공소를 제기할 수 있다(법 제53조).

제20조에 따른 심리 개시 결정이 있었던 때로부터 그 사건에 대한 보호처분의 결정이 확정될 때까지 공소시효는 그 진행이 정지된다(법 제54조).

(6) 구속영장의 제한(법 제55조)

소년에 대한 구속영장은 부득이한 경우가 아니면 발부하지 못한다. 소년을 구속하는 경우에는 특별한 사정이 없으면 다른 피의자나 피고인과 분리하여 수용하여야 한다.

5) 심판

(1) 심리

소년에 대한 형사사건의 심리는 다른 피의사건과 관련된 경우에도 심리에 지장이 없으면 그 절차를 분리하여야 한다(법 제57조).

소년에 대한 형사사건의 심리는 친절하고 온화하게 하여야 한다. 심리에는 소년의 심신상태, 품행, 경력, 가정상황, 그 밖의 환경 등에 대하여 정확한 사실을 밝힐 수 있도록 특별히 유의하여야 한다(법 제58조).

(2) 사형 및 무기형의 완화(법 제59조)

죄를 범할 당시 18세 미만인 소년에 대하여 사형 또는 무기형(無期刑)으로 처할 경우에는 15년의 유기징역으로 한다.

(3) 부정기형(법 제60조)

소년이 법정형으로 장기 2년 이상의 유기형(有期刑)에 해당하는 죄를 범한 경우에는 그 형의 범위에서 장기와 단기를 정하여 선고한다. 다만, 장기는 10년, 단기는 5년을 초과하지 못한다.

소년의 특성에 비추어 상당하다고 인정되는 때에는 그 형을 감경할 수 있다.

형의 집행유예나 선고유예를 선고할 때에는 제1항을 적용하지 아니한다.

소년에 대한 부정기형을 집행하는 기관의 장은 형의 단기가 지난 소년범의 행형(行刑) 성적이 양호하고 교정의 목적을 달성하였다고 인정되는 경우에는 관할 검찰청 검사의 지휘에 따라 그 형의 집행을 종료시킬 수 있다.

(4) 형의 집행

18세 미만인 소년에게는 「형법」 제70조에 따른 유치선고를 하지 못한다. 다만, 판결선고 전 구속되었거나 제18조 제1항 제3호의 조치가 있었을 때에는 그 구속 또는 위탁의 기간에 해당하는 기간은 노역장(勞役場)에 유치된 것으로 보아 「형법」 제57조를 적용할 수 있다(법 제62조).

징역 또는 금고를 선고받은 소년에 대하여는 특별히 설치된 교도소 또는 일반 교도소 안에 특별히 분리된 장소에서 그 형을 집행한다. 다만, 소년이 형의 집행 중에 23세가 되면 일반 교도소에서 집행할 수 있다(법 제63조).

보호처분이 계속 중일 때에 징역, 금고 또는 구류를 선고받은 소년에 대하여는 먼저 그 형을 집행한다(법 제64조).

소년이었을 때 범한 죄에 의하여 형의 선고 등을 받은 자에 대하여 다음 각 호의 경우 자격에 관한 법령을 적용할 때 장래에 향하여 형의 선고를 받지 아니한 것으로 본다(법 제67조).

1. 형을 선고받은 자가 그 집행을 종료하거나 면제받은 경우
2. 형의 선고유예나 집행유예를 선고받은 경우

(5) 가석방

징역 또는 금고를 선고받은 소년에 대하여는 다음 각 호의 기간이 지나면 가석방(假釋放)을 허가할 수 있다(법 제65조).

1. 무기형의 경우에는 5년
2. 15년 유기형의 경우에는 3년
3. 부정기형의 경우에는 단기의 3분의 1

징역 또는 금고를 선고받은 소년이 가석방된 후 그 처분이 취소되지 아니하고 가석방 전에 집행을 받은 기간과 같은 기간이 지난 경우에는 형의 집행을 종료한 것으로 한다. 다만, 제59조의 형기(刑期) 또는 제60조 제1항에 따른 장기의 기간이 먼저 지난 경우에는 그 때에 형의 집행을 종료한 것으로 한다(법 제66조).

6) 벌칙

이 법에 따라 조사 또는 심리 중에 있는 보호사건이나 형사사건에 대하여는 성명·연령·직업·용모 등으로 비추어 볼 때 그 자가 당해 사건의 당사자라고 미루어 짐작할 수 있는 정도의 사실이나 사진을 신문이나 그 밖의 출판물에 싣거나 방송할 수 없다. 이를 위반한 다음 각 호의 자는 1년 이하의 징역 또는 1천만원 이하의 벌금에 처한다(법 제68조).

1. 신문 : 편집인 및 발행인

2. 그 밖의 출판물 : 저작자 및 발행자

3. 방송 : 방송편집인 및 방송인

성인(成人)이 고의로 나이를 거짓으로 진술하여 보호처분이나 소년 형사처분을 받은 경우에는 1년 이하의 징역에 처한다(법 제69조).

소년 보호사건과 관계있는 기관은 그 사건 내용에 관하여 재판, 수사 또는 군사상 필요한 경우 외의 어떠한 조회에도 응하여서는 아니 된다. 이를 위반한 자는 1년 이하의 징역 또는 1천만원 이하의 벌금에 처한다(법 제70조).

소환에 정당한 이유 없이 응하지 아니한 자와 특별교육명령에 정당한 이유 없이 응하지 아니한 자에게는 300만원 이하의 과태료를 부과한다(법 제71조).

제 14 장 보호소년 등의 처우에 관한 법률(약칭: 보호소년법)

1. 의의

우리나라의 소년사법에 있어서 핵심 법령이라고 할 수 있는 「보호소년 등의 처우에 관한 법률」은 1958. 8. 7. 법률 제493호로 제정된 「소년원법」에 기원을 두고 있다. 당시의 「소년원법」은 '소년원'이라는 단일기관의 명칭을 법률 제명으로 사용하고 있어 소년원 운영에 관한 사항만 규율하고 있다는 오해의 소지가 컸기 때문에, 법률의 제명을 「보호소년 등의 처우에 관한 법률」로 하여 법률의 내용을 포괄적으로 반영할 수 있도록 하고, 보호소년 등의 처우를 위한 소년원 및 소년분류심사원의 역할과 사명에 부합하도록 목적을 수정하였다(박찬걸, 2014).

제정 당시 「소년원법」은 보호처분에 의하여 송치된 소년을 수용하여 이들에게 교정교육을 행하는 소년원에 대한 역할과 임무를 주로 규정하고 있었다. 이후 1988. 12. 31. 법률 4058호로 개정된 제3차 「소년원법」에서부터 '소년원'과 '소년감별소'의 조직과 기능 기타 소년의 교정교육 등에 관하여 필요한 사항을 규정함을 목적으로 하면서 제정되었으며, 1995. 1. 5. 법률 제4929호로 개정된 제5차 「소년원법」에서는 '소년감별소'의 명칭이 '소년분류심사원'으로 변경되었다(박찬걸, 2014).

이 법은 보호소년 등의 처우 및 교정교육과 소년원과 소년분류심사원의 조직, 기능 및 운영에 관하여 필요한 사항을 규정함을 목적으로 한다(법 제1조).

소년원을 초·중등교육, 직업능력개발훈련, 의료재활 등 기능별로 분류하여 운영하게 할 수 있으며, 의료재활 기능을 전문적으로 수행하는 소년원을 의료재활소년원으로 운영한다.

이 법에서 사용하는 용어의 뜻은 다음과 같다(법 제2조).

1. "보호소년"이란 「소년법」 제32조 제1항 제7호부터 제10호까지의 규정에 따라 가정법원소년부 또는 지방법원소년부(이하 "법원소년부"라 한다)로부터 위탁되거나 송치된 소년을 말한다.
2. "위탁소년"이란 「소년법」 제18조 제1항 제3호에 따라 법원소년부로부터 위탁된 소년을 말한다.
3. "유치소년"이란 「보호관찰 등에 관한 법률」 제42조 제1항에 따라 유치(留置)된 소년을 말한다.
4. "보호소년등"이란 보호소년, 위탁소년 또는 유치소년을 말한다.

소년원장 또는 소년분류심사원장은 보호소년등을 처우할 때에 인권보호를 우선적으로 고려하여야 하며, 그들의 심신 발달 과정에 알맞은 환경을 조성하고 안정되고 규율 있는 생활 속에서 보호소년등의 성장 가능성을 최대한으로 신장시킴으로써 사회적응력을 길러 건전한 청소년으로서 사회에 복귀할 수 있도록 하여야 한다. 보호소년에게는 품행의 개선과 진보의 정도에 따라 점차 향상된 처우를 하여야 한다.

2. 입법 배경 및 연혁

「보호소년 등의 처우에 관한 법률」은 소년원을 설치하여 보호처분을 받고 송치된 범죄소년이 재생의 길과 사회활동에 적응할 수 있도록 이들을 수용하고 교정교육을 담당하도록 하며, 그 운영에 관한 사항을 정하고자 제정되었다. 「보호소년 등의 처우에 관한 법률」의 주요 연혁은 다음과 같다.

제·개정 (시행) 일자	제·개정 이유/내용
1958. 8. 7. (1958. 8. 7.) 제정	• 「소년원법」 제정 • 보호처분 범죄소년을 대상으로 소년원의 교정교육과 운영에 관한 사항 규정
1977. 12. 31. (1977. 12. 31.)	소년감별소를 신설하여 가위탁된 소년의 자질감별을 행하게 하고 보호처분된 소년에 대하여 성행의 개선과 진보의 정도에 따라 단계적 처우를 실시하여 조사심리와 교정의 성과를 높이고자 함
1988. 12. 31. (1989. 7. 1.) 전부개정	소년원 및 소년감별소의 교육·보호기능을 다양하게 확대하고, 보호소년등의 권익신장과 처우의 개선을 도모하며, 「보호관찰법」의 제정과 소년법의 개정에 따라 관련사항 및 관계조문을 정비

제·개정 (시행) 일자	제·개정 이유/내용
1995. 1. 5. (1995. 1. 5.)	"소년감별소" 명칭을 "소년분류심사원"으로 변경하고 동 기관명칭변경에 따른 관련용어를 정비함
2004. 1. 20. (2004. 4. 21.)	비정규학교로 운영되어 온 소년원학교를 「초·중등교육법」에 의한 정규학교로 그 성격을 명확히 하고, 소년원을 퇴원하는 보호소년에 대한 사후지도를 강화하는 등 수요자중심 교육을 통하여 보호소년의 인권신장과 완전한 사회복귀를 도모함
2007. 12. 21. (2008. 6. 22.)	「소년원법」을 「보호소년 등의 처우에 관한 법률」로 변경 인권보호의무 규정 등 처우 관련 규정을 신설하여 보호소년 등의 인권보장을 강화하는 한편, 법 문장을 원칙적으로 한글로 적고, 어려운 용어를 쉬운 용어로 바꾸며, 복잡하고 어색한 문장을 간결하며 자연스럽게 하는 등 국민이 법 문장을 이해하기 쉽게 정비하고, 그 밖에 소년사법체계 개선을 위한 「소년법」의 개정 추진과 연계하여 관련 규정을 정비
2010. 5. 4. (2010. 5. 4.)	소년보호협회가 정부사업인 소년원 퇴원생 창업지원 업무의 수탁대행 및 청소년 비행예방사업을 수행하는 과정에서 불가피하게 발생하는 국유재산 사용에 대하여 대부료나 사용료를 면제함
2013. 7. 30. (2014. 1. 31.)	학교폭력 등 청소년 비행예방 및 재범방지를 위한 대안교육과정에 학교폭력 예방교육 및 가해학생·보호자 특별교육 등을 포함하고, 「소년법」에 따른 소년의료보호시설 위탁처분과 「보호관찰 등에 관한 법률」에 따른 소년분류심사원 유치와 관련된 내용을 명확히 규정하며, 가족 등과의 전화통화를 허용하는 등 보호소년 등의 처우를 개선하여 보호소년 등의 인권보호를 강화하고 교정교육의 실효성 제고
2014. 1. 7. (2014. 7. 8.)	소년원장이나 소년분류심사원장이 개인이나 단체가 소년원이나 소년분류심사원에 수용된 보호소년 또는 위탁소년의 학업 지원 등을 위하여 기탁하는 금품을 접수할 수 있도록 함
2016. 3. 29. (2016. 9. 30.)	신설하는 소년원 및 소년분류심사원의 규모 및 생활실 등 설비 기준을 명시하고, 규율위반 행위를 한 보호소년 등에 대한 징계의 종류를 다양화함으로써 보호소년 등에 대한 인권 친화적인 교육 및 처우 환경을 조성하는 한편, 머리보호장비의 사용 근거 마련
2018. 9. 18. (2018. 9. 18.)	'남자', '여자'라는 표현에서 '남성', '여성'이라는 표현으로 변경하여 양성평등의 기본가치와 법문표현의 통일성 제고
2020. 10. 20. (2020. 10. 20.)	• 보호소년 등이 공동생활 외에 1인 생활을 할 수 있는 근거 마련 • 보호소년 등에 대한 처우 및 징계사항을 심의하는 보호소년등처우·징계위원회의 근거 마련 • 의료재활 기능을 수행하는 소년원에서 출원(出院)한 보호소년 등에 대한 외래진료 지원제도 마련 • 소년원에서 퇴원한 소년에 대한 범죄경력자료와 수사경력자료의 조회를 관계기관에 요청할 수 있는 근거 마련 • 근신의 징계를 받은 보호소년 등에게도 매주 1회 이상의 체육활동을 보장하여 보호소년 등의 건강권 보호

3. 주요 내용

「보호소년 등의 처우에 관한 법률」의 전반적인 구조와 주요 내용을 정리하면 다음과 같다.

제1장 총칙	제1조(목적) 제1조의2(정의) 제2조(처우의 기본원칙) 제3조(임무) 제4조(관장 및 조직) 제5조(소년원의 분류 등) 제6조(소년원 등의 규모 등)
제2장 수용·보호	제7조(수용절차) 제8조(분류처우) 제8조의2 삭제 <2016. 3. 29.> 제9조(보호처분의 변경 등) 제10조(원장의 면접) 제11조(청원) 제12조(이송) 제13조(비상사태 등의 대비) 제14조(사고 방지 등) 제14조의2(보호장비의 사용) 제14조의3(전자장비의 설치·운영) 제14조의4(규율 위반 행위) 제15조(징계) 제15조의2(보호소년등처우·징계위원회) 제16조(포상) 제17조(급여품 등) 제18조(면회·편지·전화통화) 제19조(외출) 제20조(환자의 치료) 제20조의2(진료기록부 등의 관리) 제20조의3(출원생의 외래진료) 제21조(감염병의 예방과 응급조치) 제22조(금품의 보관 및 반환) 제23조(친권 또는 후견)
제3장 분류심사	제24조(분류심사) 제25조(분류심사관) 제26조(청소년심리검사 등) 제27조(분류심사 결과 등의 통지)

제4장 교정교육 등	제28조(교정교육의 원칙) 제29조(학교의 설치·운영) 제29조의2(「초·중등교육법」에 관한 특례) 제29조의3(「학교폭력예방 및 대책에 관한 법률」에 관한 특례) 제30조(교원 등) 제31조(학적관리) 제32조(다른 학교로의 전학·편입학) 제33조(통학) 제34조(전적학교의 졸업장 수여) 제35조(직업능력개발훈련) 제36조(직업능력개발훈련교사) 제37조(통근취업) 제38조(안전관리) 제39조(생활지도) 제40조(특별활동) 제41조(교육계획 등) 제42조(장학지도) 제42조의2(대안교육 및 비행예방 등) 제42조의3(보호자교육)
제5장 출원	제43조(퇴원) 제44조(임시퇴원) 제44조의2(보호소년의 출원) 제45조(보호소년의 인도) 제45조의2(사회정착지원) 제46조(퇴원자 또는 임시퇴원자의 계속 수용) 제47조(물품 또는 귀가여비의 지급) 제48조(임시퇴원 취소자의 재수용)
제6장 보칙	제49조(방문 허가 등) 제50조(협조 요청) 제50조의2(청소년심리상담실) 제51조(소년보호협회) 제51조의2(소년보호위원) 제52조(소년분류심사원이 설치되지 아니한 지역에서의 소년분류심사원의 임무수행) 제53조(기부금품의 접수) 제54조(범죄경력자료 등의 조회 요청)

1) 임무와 규모

소년원은 보호소년을 수용하여 교정교육을 하는 것을 임무로 한다.

소년분류심사원은 다음 각 호의 임무를 수행한다(법 제3조).

1. 위탁소년의 수용과 분류심사
2. 유치소년의 수용과 분류심사
3. 「소년법」 제12조에 따른 전문가 진단의 일환으로 법원소년부가 상담조사를 의뢰한 소년의 상담과 조사
4. 「소년법」 제49조의2에 따라 소년 피의사건에 대하여 검사가 조사를 의뢰한 소년의 품행 및 환경 등의 조사
5. 제1호부터 제4호까지의 규정에 해당되지 아니하는 소년으로서 소년원장이나 보호관찰소장이 의뢰한 소년의 분류심사

신설하는 소년원 및 소년분류심사원은 수용정원이 150명 이내의 규모가 되도록 하여야 한다. 다만, 소년원 및 소년분류심사원의 기능·위치나 그 밖의 사정을 고려하여 그 규모를 증대할 수 있다.

보호소년등의 개별적 특성에 맞는 처우를 위하여 소년원 및 소년분류심사원에 두는 생활실은 대통령령으로 정하는 바에 따라 소규모로 구성하여야 한다.

소년원 및 소년분류심사원의 생활실이나 그 밖의 수용생활을 위한 설비는 그 목적과 기능에 맞도록 설치되어야 한다.

소년원 및 소년분류심사원의 생활실은 보호소년등의 건강한 생활과 성장을 위하여 적정한 수준의 공간과 채광·통풍·난방을 위한 시설이 갖추어져야 한다(법 제6조).

2) 수용·보호

(1) 수용절차(법 제7조)

보호소년등을 소년원이나 소년분류심사원에 수용할 때에는 법원소년부의 결정서, 법무부장관의 이송허가서 또는 지방법원 판사의 유치허가장에 의하여야 한다.

원장은 새로 수용된 보호소년등에 대하여 지체 없이 건강진단과 위생에 필요한 조치를 하여야 한다.

원장은 새로 수용된 보호소년등의 보호자나 보호소년등이 지정하는 자(이하 "보호자등"이라 한다)에게 지체 없이 수용 사실을 알려야 한다.

(2) 분류처우(법 제8조)

원장은 보호소년등의 정신적·신체적 상황 등 개별적 특성을 고려하여 생활실을 구분하는 등 적합한 처우를 하여야 한다.

보호소년등은 다음 각 호의 기준에 따라 분리 수용한다.

1. 남성과 여성
2. 보호소년, 위탁소년 및 유치소년

「소년법」 제32조 제1항 제7호의 처분을 받은 보호소년은 의료재활소년원에 해당하는 소년원에 수용하여야 한다.

원장은 보호소년등이 희망하거나 특별히 보호소년등의 개별적 특성에 맞는 처우가 필요한 경우 보호소년등을 혼자 생활하게 할 수 있다.

(3) 보호처분의 변경(법 제9조)

소년원장은 보호소년이 다음 각 호의 어느 하나에 해당하는 경우에는 소년원 소재지를 관할하는 법원소년부에 「소년법」 제37조에 따른 보호처분의 변경을 신청할 수 있다.

1. 중환자로 판명되어 수용하기 위험하거나 장기간 치료가 필요하여 교정교육의 실효를 거두기가 어렵다고 판단되는 경우
2. 심신의 장애가 현저하거나 임신 또는 출산(유산·사산한 경우를 포함한다), 그 밖의 사유로 특별한 보호가 필요한 경우
3. 시설의 안전과 수용질서를 현저히 문란하게 하는 보호소년에 대한 교정교육을 위하여 보호기간을 연장할 필요가 있는 경우

소년분류심사원장은 위탁소년이 제1항 각 호의 어느 하나에 해당하는 경우에는 위

탁 결정을 한 법원소년부에 「소년법」 제18조에 따른 임시조치의 취소, 변경 또는 연장에 관한 의견을 제시할 수 있다.

소년분류심사원장은 유치소년이 제1항 제1호 또는 제2호에 해당하는 경우에는 유치허가를 한 지방법원 판사 또는 소년분류심사원 소재지를 관할하는 법원소년부에 유치허가의 취소에 관한 의견을 제시할 수 있다.

제3항에 따른 의견 제시 후 지방법원 판사 또는 법원소년부 판사의 유치 허가 취소 결정이 있으면 소년분류심사원장은 그 유치소년을 관할하는 보호관찰소장에게 이를 즉시 통보하여야 한다.

제1항에 따른 보호처분의 변경을 할 경우 보호소년이 19세 이상인 경우에도 「소년법」 제2조 및 제38조 제1항에도 불구하고 같은 법 제2장의 보호사건 규정을 적용한다.

(4) 이송(법 제12조)

소년원장은 분류수용, 교정교육상의 필요, 그 밖의 이유로 보호소년을 다른 소년원으로 이송하는 것이 적당하다고 인정하면 법무부장관의 허가를 받아 이송할 수 있다.

「소년법」 제32조 제1항 제7호의 처분을 받은 보호소년은 의료재활소년원에 해당하지 아니하는 소년원으로 이송할 수 없다.

(5) 비상사태의 대비와 사고 방지

원장은 천재지변이나 그 밖의 재난 또는 비상사태에 대비하여 계획을 수립하고 보호소년등에게 대피훈련 등 필요한 훈련을 실시하여야 한다.

원장은 천재지변이나 그 밖의 재난 또는 비상사태가 발생한 경우에 그 시설 내에서는 안전한 대피방법이 없다고 인정될 때에는 보호소년등을 일시적으로 적당한 장소로 긴급 이송할 수 있다(법 제13조).

원장은 보호소년등이 이탈, 난동, 폭행, 자해(自害), 그 밖의 사고를 일으킬 우려가 있을 때에는 이를 방지하는 데에 필요한 조치를 하여야 한다.

보호소년등이 소년원이나 소년분류심사원을 이탈하였을 때에는 그 소속 공무원이 재수용할 수 있다(법 제14조).

(6) 보호장비의 사용(법 제14조의2)

보호장비의 종류는 다음 각 호와 같다.

1. 수갑
2. 포승(捕繩)
3. 가스총
4. 전자충격기
5. 머리보호장비
6. 보호대(保護帶)

원장은 다음 각 호의 어느 하나에 해당하는 경우에는 소속 공무원으로 하여금 보호소년등에 대하여 수갑, 포승 또는 보호대를 사용하게 할 수 있다.

1. 이탈·난동·폭행·자해·자살을 방지하기 위하여 필요한 경우
2. 법원 또는 검찰의 조사·심리, 이송, 그 밖의 사유로 호송하는 경우
3. 그 밖에 소년원·소년분류심사원의 안전이나 질서를 해칠 우려가 현저한 경우

원장은 다음 각 호의 어느 하나에 해당하는 경우에는 소속 공무원으로 하여금 보호소년등에 대하여 수갑, 포승 또는 보호대 외에 가스총이나 전자충격기를 사용하게 할 수 있다.

1. 이탈, 자살, 자해하거나 이탈, 자살, 자해하려고 하는 때
2. 다른 사람에게 위해를 가하거나 가하려고 하는 때
3. 위력으로 소속 공무원의 정당한 직무집행을 방해하는 때
4. 소년원·소년분류심사원의 설비·기구 등을 손괴하거나 손괴하려고 하는 때
5. 그 밖에 시설의 안전 또는 질서를 크게 해치는 행위를 하거나 하려고 하는 때

제3항에 따라 가스총이나 전자충격기를 사용하려면 사전에 상대방에게 이를 경고하여야 한다. 다만, 상황이 급박하여 경고할 시간적인 여유가 없는 때에는 그러하지 아니하다.

원장은 보호소년등이 자해할 우려가 큰 경우에는 소속 공무원으로 하여금 보호소년등에게 머리보호장비를 사용하게 할 수 있다.

보호장비는 필요한 최소한의 범위에서 사용하여야 하며, 보호장비를 사용할 필요가

없게 되었을 때에는 지체 없이 사용을 중지하여야 한다.

보호장비는 징벌의 수단으로 사용되어서는 아니 된다.

(7) 전자장비의 설치·운영(법 제14조3)

소년원 및 소년분류심사원에는 보호소년등의 이탈·난동·폭행·자해·자살, 그 밖에 보호소년등의 생명·신체를 해치거나 시설의 안전 또는 질서를 해치는 행위(이하 이 조에서 "자해등"이라 한다)를 방지하기 위하여 필요한 최소한의 범위에서 전자장비를 설치하여 운영할 수 있다.

보호소년등이 사용하는 목욕탕, 세면실 및 화장실에 전자영상장비를 설치하여 운영하는 것은 자해등의 우려가 큰 때에만 할 수 있다. 이 경우 전자영상장비로 보호소년등을 감호할 때에는 여성인 보호소년등에 대해서는 여성인 소속 공무원만, 남성인 보호소년등에 대해서는 남성인 소속 공무원만이 참여하여야 한다.

제1항 및 제2항에 따라 전자장비를 설치·운영할 때에는 보호소년등의 인권이 침해되지 아니하도록 하여야 한다.

(8) 규율 위반 행위(법 제14조4)

보호소년등은 다음 각 호의 행위를 하여서는 아니 된다.

1. 「형법」, 「폭력행위 등 처벌에 관한 법률」, 그 밖의 형사 법률에 저촉되는 행위
2. 생활의 편의 등 자신의 요구를 관철할 목적으로 자해하는 행위
3. 소년원·소년분류심사원의 안전 또는 질서를 해칠 목적으로 단체를 조직하거나 그 단체에 가입하거나 다중을 선동하는 행위
4. 금지물품을 반입하거나 이를 제작·소지·사용·수수(授受)·교환 또는 은닉하는 행위
5. 정당한 사유 없이 교육 등을 거부하거나 게을리하는 행위
6. 그 밖에 시설의 안전과 질서 유지를 위하여 법무부령으로 정하는 규율을 위반하는 행위

(9) 징계(법 제15조)

원장은 보호소년등이 제14조의4 각 호의 어느 하나에 해당하는 행위를 하면 제15조의2 제1항에 따른 보호소년등 처우·징계위원회의 의결에 따라 다음 각 호의 어느 하나에 해당하는 징계를 할 수 있다.

1. 훈계
2. 원내 봉사활동
3. 서면 사과
4. 20일 이내의 텔레비전 시청 제한
5. 20일 이내의 단체 체육활동 정지
6. 20일 이내의 공동행사 참가 정지
7. 20일 이내의 기간 동안 지정된 실(室) 안에서 근신하게 하는 것

제1항 제3호부터 제6호까지의 처분은 함께 부과할 수 있다.

제1항 제7호의 처분은 14세 미만의 보호소년등에게는 부과하지 못한다.

원장은 제1항 제7호의 처분을 받은 보호소년등에게 개별적인 체육활동 시간을 보장하여야 한다. 이 경우 매주 1회 이상 실외운동을 할 수 있도록 하여야 한다.

제1항 제7호의 처분을 받은 보호소년등에게는 그 기간 중 같은 항 제4호부터 제6호까지의 처우 제한이 함께 부과된다. 다만, 원장은 보호소년등의 교화 또는 건전한 사회복귀를 위하여 특히 필요하다고 인정하면 텔레비전 시청, 단체 체육활동 또는 공동행사 참가를 허가할 수 있다.

소년원장은 보호소년이 제1항 각 호의 어느 하나에 해당하는 징계를 받은 경우에는 법무부령으로 정하는 기준에 따라 교정성적 점수를 빼야 한다.

징계는 당사자의 심신상황을 고려하여 교육적으로 하여야 한다.

원장은 보호소년등에게 제1항에 따라 징계를 한 경우에는 지체 없이 그 사실을 보호자에게 통지하여야 한다.

원장은 징계를 받은 보호소년등의 보호자와 상담을 할 수 있다.

(10) 보호소년등처우 · 징계위원회(법 제15조의2)

보호소년등의 처우에 관하여 원장의 자문에 응하게 하거나 징계대상자에 대한 징계를 심의· 의결하기 위하여 소년원 및 소년분류심사원에 보호소년등처우· 징계위원회를 둔다.

제1항에 따른 보호소년등처우· 징계위원회(이하 "위원회"라 한다)는 위원장을 포함한 5명 이상 11명 이하의 위원으로 구성하고, 민간위원은 1명 이상으로 한다.

위원회가 징계대상자에 대한 징계를 심의· 의결하는 경우에는 1명 이상의 민간위원이 해당 심의· 의결에 참여하여야 한다.

위원회는 소년보호에 관한 학식과 경험이 풍부한 외부인사로부터 의견을 들을 수 있다.

제1항부터 제4항까지에서 규정한 사항 외에 위원회의 구성과 운영 등에 필요한 사항은 대통령령으로 정한다.

위원회의 위원 중 공무원이 아닌 사람은「형법」제127조 및 제129조부터 제132조까지의 규정을 적용할 때에는 공무원으로 본다.

(11) 포상과 급여품

원장은 교정성적이 우수하거나 품행이 타인의 모범이 되는 보호소년등에게 포상을 할 수 있다.

원장은 제1항에 따라 포상을 받은 보호소년등에게는 특별한 처우를 할 수 있다(법 제16조).

보호소년등에게는 의류, 침구, 학용품, 그 밖에 처우에 필요한 물품을 주거나 대여한다.

보호소년등에게는 주식, 부식, 음료, 그 밖의 영양물을 제공하되, 그 양은 보호소년등이 건강을 유지하고 심신의 발육을 증진하는 데에 필요한 정도이어야 한다(법 제17조).

(12) 면회 · 편지 · 전화통화(법 제18조)

원장은 비행집단과 교제하고 있다고 의심할 만한 상당한 이유가 있는 경우 등 보호소년등의 보호 및 교정교육에 지장이 있다고 인정되는 경우 외에는 보호소년등의 면회를 허가하여야 한다. 다만, 제15조 제1항 제7호의 징계를 받은 보호소년등에 대한 면회는 그 상대방이 변호인이나 보조인(이하 "변호인등"이라 한다) 또는 보호자인 경우에 한정하여 허가할 수 있다.

보호소년등이 면회를 할 때에는 소속 공무원이 참석하여 보호소년등의 보호 및 교정교육에 지장이 없도록 지도할 수 있다. 이 경우 소속 공무원은 보호소년등의 보호 및 교정교육에 지장이 있다고 인정되는 경우에는 면회를 중지할 수 있다.

제2항 전단에도 불구하고 보호소년등이 변호인등과 면회를 할 때에는 소속 공무원이 참석하지 아니한다. 다만, 보이는 거리에서 보호소년등을 지켜볼 수 있다.

원장은 공동으로 비행을 저지른 관계에 있는 사람의 편지인 경우 등 보호소년등의 보호 및 교정교육에 지장이 있다고 인정되는 경우에는 보호소년등의 편지 왕래를 제한할 수 있으며, 편지의 내용을 검사할 수 있다.

제4항에도 불구하고 보호소년등이 변호인등과 주고받는 편지는 제한하거나 검사할 수 없다. 다만, 상대방이 변호인등임을 확인할 수 없는 때에는 예외로 한다.

원장은 공범 등 교정교육에 해가 된다고 인정되는 사람과의 전화통화를 제한하는 등 보호소년등의 보호 및 교정교육에 지장을 주지 아니하는 범위에서 가족 등과 전화통화를 허가할 수 있다.

(13) 외출(법 제19조)

소년원장은 보호소년에게 다음 각 호의 어느 하나에 해당하는 사유가 있을 때에는 본인이나 보호자등의 신청에 따라 또는 직권으로 외출을 허가할 수 있다.

1. 직계존속이 위독하거나 사망하였을 때
2. 직계존속의 회갑 또는 형제자매의 혼례가 있을 때
3. 천재지변이나 그 밖의 사유로 가정에 인명 또는 재산상의 중대한 피해가 발생하였을 때
4. 병역, 학업, 질병 등의 사유로 외출이 필요할 때
5. 그 밖에 교정교육상 특히 필요하다고 인정할 때

(14) 환자의 치료

원장은 보호소년등이 질병에 걸리면 지체 없이 적정한 치료를 받도록 하여야 한다.

원장은 소년원이나 소년분류심사원에서 제1항에 따른 치료를 하는 것이 곤란하다고 인정되면 외부 의료기관에서 치료를 받게 할 수 있다.

원장은 보호소년등이나 그 보호자등이 자비(自費)로 치료받기를 원할 때에는 이를 허가할 수 있다.

소년원 및 소년분류심사원에 근무하는 간호사는 「의료법」 제27조에도 불구하고 야간 또는 공휴일 등 의사가 진료할 수 없는 경우 대통령령으로 정하는 경미한 의료행위를 할 수 있다(법 제20조).

소년원 및 소년분류심사원에 근무하는 의사와 간호사는 보호소년등에 대한 진료기록부, 간호기록부, 그 밖의 진료에 관한 기록을 소년원과 소년분류심사원의 정보를 통합적으로 관리하기 위하여 법무부장관이 운영하는 정보시스템에 입력하고 보존하여야 한다(법 제20조의2).

(15) 출원생의 외래진료(법 제20조의3)

의료재활소년원장은 의료재활소년원 출원생(出院生)이 외래진료를 신청하는 경우 의료재활소년원에서 검사, 투약 등 적절한 진료 및 치료를 받도록 할 수 있다.

법무부장관은 의료재활소년원 출원생이 신청하는 경우 「치료감호 등에 관한 법률」 제16조의2 제1항 제2호에 따른 법무부장관이 지정하는 기관에서 외래진료를 받도록 할 수 있다. 이 경우 법무부장관은 예산의 범위에서 진료비용을 지원할 수 있다.

(16) 감염병의 예방과 응급조치(법 제21조)

원장은 소년원이나 소년분류심사원에서 감염병이 발생하거나 발생할 우려가 있을 때에는 이에 대한 상당한 조치를 하여야 한다.

원장은 보호소년등이 감염병에 걸렸을 때에는 지체 없이 격리 수용하고 필요한 응급조치를 하여야 한다.

(17) 금품의 보관 및 반환

원장은 보호소년등이 갖고 있던 금전, 의류, 그 밖의 물품을 보관하는 경우에는 이를 안전하게 관리하고 보호소년등에게 수령증을 내주어야 한다.

원장은 보호소년등의 퇴원, 임시퇴원, 사망, 이탈 등의 사유로 금품을 계속 보관할 필요가 없게 되었을 때에는 본인이나 보호자등에게 반환하여야 한다.

제2항에 따라 반환되지 아니한 금품은 퇴원, 임시퇴원, 사망, 이탈 등의 사유가 발생한 날부터 1년 이내에 본인이나 보호자등이 반환 요청을 하지 아니하면 국고에 귀속하거나 폐기한다(법 제22조).

원장은 미성년자인 보호소년등이 친권자나 후견인이 없거나 있어도 그 권리를 행사할 수 없을 때에는 법원의 허가를 받아 그 보호소년등을 위하여 친권자나 후견인의 직무를 행사할 수 있다(법 제23조).

3) 분류심사

분류심사는 제3조 제2항에 해당하는 소년의 신체, 성격, 소질, 환경, 학력 및 경력 등에 대한 조사를 통하여 비행 또는 범죄의 원인을 규명하여 심사대상인 소년의 처우에 관하여 최선의 지침을 제시함을 목적으로 한다. 분류심사를 할 때에는 심리학·교육학·사회학·사회복지학·범죄학·의학 등의 전문적인 지식과 기술에 근거하여 보호소년등의 신체적·심리적·환경적 측면 등을 조사·판정하여야 한다(법 제24조).

제3조 제2항에 따른 임무를 수행하기 위하여 소년분류심사원에 분류심사관을 둔다. 분류심사관은 제24조 제2항에 따른 학문적 소양과 전문지식을 갖추어야 한다(법 제25조).

소년분류심사원장은 「청소년 기본법」 제3조 제1호에 따른 청소년이나 그 보호자가 적성검사 등 진로탐색을 위한 청소년심리검사 또는 상담을 의뢰하면 이를 할 수 있다. 이 경우에는 법무부장관이 정하는 바에 따라 실비를 받을 수 있다(법 제26조). 소년분류심사원장은 청소년심리상담실을 설치·운영할 수 있다(법 제50조의2).

소년분류심사원장은 제3조 제2항 제1호부터 제4호까지의 규정에 따른 분류심사 또는 조사 결과와 의견 등을 각각 법원소년부 또는 검사에게 통지하여야 한다. 소년분류심사원장은 제3조 제2항 제1호부터 제3호까지에 규정된 소년이 보호처분의 결정을 받으면 그 소년의 분류심사 결과 및 의견 또는 상담조사 결과 및 의견을 지체 없이 그 처분을 집행하는 소년원이나 보호관찰소에서 정보시스템으로 열람할 수 있도록 통지하여야 한다. 소년분류심사원장은 제3조 제2항 제5호에 따른 분류심사 또는 제26조에 따른 청소년심리검사 등을 하였을 때에는 그 결과를 각각 분류심사 또는 심리검사 등을 의뢰한 자에게 통지하고 필요한 의견을 제시할 수 있다(법 제27조).

소년분류심사원이 설치되지 아니한 지역에서는 소년분류심사원이 설치될 때까지 소년분류심사원의 임무는 소년원이 수행하고, 위탁소년 및 유치소년은 소년원의 구획된 장소에 수용한다(법 제52조).

4) 교정교육

소년원의 교정교육은 규율있는 생활 속에서 초·중등교육, 직업능력개발훈련, 인성교육, 심신의 보호·지도 등을 통하여 보호소년이 전인적인 성장·발달을 이루고 사회생활에 원만하게 적응할 수 있도록 하여야 한다(법 제28조).

법무부장관은 대통령령으로 정하는 바에 따라 소년원에 「초·중등교육법」 제2조 제1호부터 제4호까지의 학교(이하 "소년원학교"라 한다)를 설치·운영할 수 있다(법 제29조).

(1) 교원 등(법 제30조)

소년원학교에는 「초·중등교육법」 제21조 제2항에 따른 자격을 갖춘 교원을 두되, 교원은 일반직공무원으로 임용할 수 있다.

제1항에 따라 일반직공무원으로 임용된 교원의 경력·연수 및 직무 수행 등에 관하여 필요한 사항은 대통령령으로 정한다. 이 경우 「교육기본법」 및 「교육공무원법」에 따라 임용된 교원과 동등한 처우를 받도록 하여야 한다.

제1항과 제2항에도 불구하고 소년원학교의 교장(이하 "소년원학교장"이라 한다)은 소년원학교가 설치된 소년원의 장이, 교감은 그 소년원의 교육과정을 총괄하는 부서의 장으로서 대통령령으로 정하는 자가 겸직할 수 있다.

소년원학교장은 소년원학교의 교육과정을 원활하게 운영하기 위하여 필요하면 관할 교육청의 장에게 소년원학교 교사와 다른 중·고등학교 교사간 교환수업 등 상호 교류 협력을 요청할 수 있다.

(2) 학적관리(법 제31조)

보호소년이 소년원학교에 입교하면 「초·중등교육법」에 따라 입학·전학 또는 편입학한 것으로 본다.

「초·중등교육법」 제2조의 학교에서 재학하던 중 소년분류심사원에 위탁되거나 유치된 소년 및 「소년법」 제32조 제1항 제8호의 처분을 받은 소년의 수용기간은 그 학교의 수업일수로 계산한다.

소년원학교장은 보호소년이 입교하면 그 사실을 보호소년이 최종적으로 재학했던 학교[이하 "전적학교(前籍學校)"라 한다]의 장에게 통지하고 그 보호소년의 학적에 관한 자료를 보내줄 것을 요청할 수 있다.

제3항에 따른 요청을 받은 전적학교의 장은 교육의 계속성을 유지하는 데에 필요한 학적사항을 지체 없이 소년원학교장에게 보내야 한다.

(3) 전학·편입학

보호소년이 소년원학교에서 교육과정을 밟는 중에 소년원에서 퇴원하거나 임시퇴원하여 전적학교 등 다른 학교에 전학이나 편입학을 신청하는 경우 전적학교 등 다른 학교의 장은 정당한 사유를 제시하지 아니하는 한 이를 허가하여야 한다(법 제32조). 소년원장은 교정성적이 양호한 보호소년의 원활한 학업 연계를 위하여 필요하다고 판단되면 보호소년을 전적학교 등 다른 학교로 통학하게 할 수 있다(법 제33조).

소년원학교에서 교육과정을 마친 보호소년이 전적학교의 졸업장 취득을 희망하는 경우 소년원학교장은 전적학교의 장에게 학적사항을 통지하고 졸업장의 발급을 요청할 수 있다. 요청을 받은 전적학교의 장은 정당한 사유를 제시하지 아니하는 한 졸업장을 발급하여야 한다. 이 경우 그 보호소년에 관한 소년원학교의 학적사항은 전적학교의 학적사항으로 본다(법 제34조).

(4) 직업능력개발훈련

소년원의 직업능력개발훈련은 「근로자직업능력 개발법」으로 정하는 바에 따른다.

소년원장은 법무부장관의 허가를 받아 산업체의 기술지원이나 지원금으로 직업능력개발훈련을 실시하거나 소년원 외의 시설에서 직업능력개발훈련을 실시할 수 있다.

고용노동부장관은 보호소년의 직업능력개발훈련에 관하여 법무부장관에게 필요한 권고를 할 수 있다(법 제35조).

직업능력개발훈련을 실시하는 소년원에는 「근로자직업능력 개발법」으로 정한 자격을 갖춘 직업능력개발훈련교사를 둔다(법 제36조).

소년원장은 보호소년이 직업능력개발훈련과정을 마쳤을 때에는 산업체에 통근취업하게 할 수 있다. 소년원장은 보호소년이 제1항에 따라 취업을 하였을 때에는 해당 산업체로 하여금 「근로기준법」을 지키게 하고, 보호소년에게 지급되는 보수는 전부 본인에게 지급하여야 한다(법 제37조).

(5) 안전관리 및 생활지도

소년원장은 직업능력개발훈련을 실시할 때 보호소년에게 해롭거나 위험한 일을 하게 하여서는 아니 된다.

소년원장은 직업능력개발훈련을 실시할 때 기계, 기구, 재료, 그 밖의 시설 등에 의하여 보호소년에게 위해가 발생할 우려가 있으면 이를 방지하는 데에 필요한 조치를 하여야 한다(법 제38조).

원장은 보호소년등의 자율성을 높이고 각자가 당면한 문제를 스스로 해결하여 사회생활에 적응할 수 있는 능력을 기르도록 생활지도를 하여야 한다(법 제39조).

소년원장은 보호소년의 취미와 특기를 신장하고 집단생활의 경험을 통하여 민주적이고 협동적인 생활태도를 기르도록 특별활동지도를 하여야 한다(법 제40조).

(6) 교육계획 및 장학지도

소년원장은 보호소년의 연령, 학력, 적성, 진로, 교정의 난이도 등을 고려하여 처우과정을 정하고 교정목표를 조기에 달성할 수 있도록 교육계획을 수립·시행하여야 한다.

소년원장은 제1항의 교육계획에 따른 교육과정을 운영하고 법무부장관이 정하는 바에 따라 그 결과를 평가하여 출원(出院), 포상 등 보호소년의 처우에 반영할 수 있다(법 제41조).

법무부장관은 교정교육 성과를 평가하고 개선하기 위하여 소속 공무원으로 하여금 장학지도를 하게 할 수 있다(법 제42조).

소년원과 소년분류심사원은 「소년법」 제32조의2 제3항에 따라 교육명령을 받은 보호자 또는 보호소년등의 보호자를 대상으로 역할개선 중심의 보호자교육과정을 운영한다(법 제42조의3).

(7) 대안교육 및 비행예방(법 제42조의2)

소년원 및 소년분류심사원은 청소년 등에게 비행예방 및 재범방지 또는 사회적응을 위한 체험과 인성 위주의 교육을 실시하기 위하여 다음 각 호의 교육과정(이하 "대안교육과정"이라 한다)을 운영한다.

1. 「소년법」 제32조의2 제1항에 따라 법원소년부 판사가 명한 대안교육
2. 「소년법」 제49조의3 제2호에 따라 검사가 의뢰한 상담·교육·활동 등
3. 「초·중등교육법」 제18조에 따른 징계대상인 학생으로서 각급학교의 장이 의뢰한 소년의 교육
4. 「학교폭력예방 및 대책에 관한 법률」 제15조 제3항에 따른 학교폭력 예방교육과 같은 법 제17조에 따른 가해학생 및 보호자 특별교육

원장은 행정기관, 지방자치단체, 학교, 그 밖의 단체 등과 협력하여 지역사회의 청소년 비행을 예방하기 위하여 적극 노력하여야 한다.

5) 출원(법 제44조의2)

소년원장은 제43조 제3항 및 제44조의 신청에 대하여 「보호관찰 등에 관한 법률」 제25조에 따른 법무부장관의 퇴원·임시퇴원 허가를 통보받으면 해당 허가서에 기재되어 있는 출원예정일에 해당 보호소년을 출원시켜야 한다. 다만, 제46조에 따라 계속

수용하는 경우(제45조 제3항의 경우를 포함한다)에는 그러하지 아니하다.

(1) 퇴원

소년원장은 보호소년이 22세가 되면 퇴원시켜야 한다.

소년원장은 「소년법」 제32조 제1항 제8호 또는 같은 법 제33조 제1항·제5항·제6항에 따라 수용상한기간에 도달한 보호소년은 즉시 퇴원시켜야 한다.

소년원장은 교정성적이 양호하며 교정의 목적을 이루었다고 인정되는 보호소년(「소년법」 제32조 제1항 제8호에 따라 송치된 보호소년은 제외한다)에 대하여는 「보호관찰 등에 관한 법률」에 따른 보호관찰심사위원회에 퇴원을 신청하여야 한다.

위탁소년 또는 유치소년의 소년분류심사원 퇴원은 법원소년부의 결정서에 의하여야 한다(법 제43조).

소년원장은 교정성적이 양호한 자 중 보호관찰의 필요성이 있다고 인정되는 보호소년(「소년법」 제32조 제1항 제8호에 따라 송치된 보호소년은 제외한다)에 대하여는 「보호관찰 등에 관한 법률」 제22조 제1항에 따라 보호관찰심사위원회에 임시퇴원을 신청하여야 한다(법 제44조).

(2) 보호소년의 인도(법 제45조)

소년원장은 보호소년의 퇴원 또는 임시퇴원이 허가되면 지체 없이 보호자등에게 보호소년의 인도에 관하여 알려야 한다.

소년원장은 퇴원 또는 임시퇴원이 허가된 보호소년을 보호자등에게 직접 인도하여야 한다. 다만, 보호소년의 보호자등이 없거나 제44조의2 본문에 따른 출원예정일부터 10일 이내에 보호자등이 인수하지 아니하면 사회복지단체, 독지가, 그 밖의 적당한 자에게 인도할 수 있다.

제2항 단서에 따라 사회복지단체 등에 인도되기 전까지의 보호소년에 대해서는 제46조 제1항에 따른 계속 수용에 준하여 처우한다.

(3) 사회정착지원(법 제45조의2)

원장은 출원하는 보호소년등의 성공적인 사회정착을 위하여 장학·원호·취업알선 등 필요한 지원을 할 수 있다.

제1항에 따른 사회정착지원의 기간은 6개월 이내로 하되, 6개월 이내의 범위에서 한 번에 한하여 그 기간을 연장할 수 있다.

원장은 제51조에 따른 소년보호협회 및 제51조의2에 따른 소년보호위원에게 사회정착지원에 관한 협조를 요청할 수 있다.

(4) 퇴원자 또는 임시퇴원자의 계속 수용(법 제46조)

퇴원 또는 임시퇴원이 허가된 보호소년이 질병에 걸리거나 본인의 편익을 위하여 필요하면 본인의 신청에 의하여 계속 수용할 수 있다.

소년원장은 제1항에 따른 계속 수용의 사유가 소멸되면 지체 없이 보호소년을 보호자등에게 인도하여야 한다.

소년원장은 제1항에 따라 임시퇴원이 허가된 보호소년을 계속 수용할 때에는 그 사실을 보호관찰소장에게 통지하여야 한다(법 제46조).

소년원장은 보호소년이 퇴원허가 또는 임시퇴원허가를 받거나 「소년법」 제37조 제1항에 따라 처분변경 결정을 받았을 때에는 필요한 경우 물품 또는 귀가여비를 지급할 수 있다(법 제47조).

소년원장은 「보호관찰 등에 관한 법률」 제48조에 따라 임시퇴원이 취소된 자는 지체 없이 재수용하여야 한다. 재수용된 자의 수용기간은 수용상한기간 중 남은 기간으로 하며, 새로 수용된 보호소년에 준하여 처우를 한다(법 제48조).

(5) 소년보호협회(법 제51조)

보호소년등을 선도하기 위하여 법무부장관 감독하에 소년 선도에 관하여 학식과 경험이 풍부한 인사로 구성되는 소년보호협회를 둘 수 있다.

소년보호협회의 설치, 조직, 그 밖의 운영에 필요한 사항은 대통령령으로 정한다.

국가는 소년보호협회에 보조금을 지급할 수 있다.

국가는 보호소년등의 교정교육과 사회복귀 지원 및 청소년 비행예방을 위하여 필요하다고 인정하는 경우에는 「국유재산법」에도 불구하고 소년보호협회에 소년원, 소년분류심사원 및 「보호관찰 등에 관한 법률」 제14조에 따른 보호관찰소의 시설, 그 밖에 대통령령으로 정하는 국유재산을 무상으로 대부하거나 사용허가 할 수 있다.

제4항에 따라 국유재산을 무상으로 대부하거나 사용허가하는 경우 그 기간은 「국유재산법」 제35조 제1항 또는 같은 법 제46조 제1항에서 정하는 바에 따른다.

제5항의 대부기간 또는 사용허가기간이 끝난 국유재산에 대해서는 그 대부기간 또는 사용허가기간을 초과하지 아니하는 범위에서 종전의 대부계약 또는 사용허가를 갱신할 수 있다.

국가나 지방자치단체는 소년보호협회에 대하여 「조세특례제한법」 및 「지방세특례제한법」에서 정하는 바에 따라 국세 또는 지방세를 감면할 수 있다.

(6) 소년보호위원(법 제51조의 2)

보호소년등의 교육 및 사후지도를 지원하기 위하여 소년보호위원을 둘 수 있다.

소년보호위원은 명예직으로 하며, 법무부장관이 위촉한다.

소년보호위원에게는 예산의 범위에서 직무수행에 필요한 비용의 전부 또는 일부를 지급할 수 있다.

제 15 장 한국청소년연맹 육성에 관한 법률(약칭: 청소년연맹법)

1. 의의

이 법은 대한민국 청소년에 대한 전인교육(全人教育)과 훈련을 통하여 새로운 민족관과 국가관을 정립시켜 조국통일과 민족 웅비(雄飛)의 새 역사 창조에 이바지할 수 있는 민족주체세력을 양성함과 동시에 세계로 향한 진취적 기상을 북돋우기 위하여 설립된 사단법인 한국청소년연맹을 지원·육성함으로써 민족의 번영과 국가·사회 발전에 이바지함을 목적으로 한다(법 제1조).

국가 또는 지방자치단체는 한국청소년연맹의 조직과 활동에 필요한 편의를 제공하는 등 협조·지원할 수 있다. 여성가족부장관은 국가시책에 따라 필요하다고 인정할 때에는 한국청소년연맹의 활동 내용과 방법의 일부를 수정·조정할 수 있다.

2. 입법 배경 및 연혁

「한국청소년연맹 육성에 관한 법률」은 대한민국 청소년의 전인교육 훈련을 통하여 새로운 민족관과 국가관을 정립시켜 조국통일과 민족웅비의 새 역사창조에 이바지할 수 있는 민족주체세력을 양성함과 동시에 세계로 향한 진취적 기상을 진작시키기 위하여 설립된 사단법인 한국청소년연맹을 지원 육성하여, 동연맹이 민족의 번영과 국가사회발전에 기여하게 하고자 제정되었다. 「한국청소년연맹 육성에 관한 법률」의 주요 연혁은 다음과 같다.

제·개정 (시행) 일자	제·개정 이유/내용
1981. 4. 13. (1981. 4. 13.)	사단법인 한국청소년연맹을 지원 육성하기 위하여 조직과 활동에 관하여 필요한 편의를 제공하고, 협조 지원할 수 있도록 하며, 국 공유재산, 학교시설 및 군사시설을 그 용도에 지장을 주지 아니하는 한 무상대부 또는 양여하거나 사용 수익할 수 있도록 함
2010. 5. 17. (2010. 5. 17.)	한국청소년연맹 또는 이와 유사한 명칭의 사용 금지 의무를 위반한 자에 대하여 종전에는 200만원 이하의 벌금에 처하던 것을 200만원 이하의 과태료로 전환
2011. 5. 19. (2011. 5. 19.)	법 문장을 원칙적으로 한글로 적고, 어려운 용어를 쉬운 용어로 바꾸며, 길고 복잡한 문장은 체계 등을 정비하여 간결하게 하는 등 국민이 법 문장을 이해하기 쉽게 정비

3. 주요 내용

「한국청소년연맹 육성에 관한 법률」의 전반적인 구조와 주요 내용을 정리하면 다음과 같다.

제1조(목적)
제2조(협조 및 지원)
제3조(활동 조정)
제4조(국유재산·공유재산의 대부 및 시설지원 등)
제5조(보조 등)
제6조(조세 감면 등)
제7조(예산 등의 보고)
제8조(결산 등의 보고 등)
제9조(업무검사 등)
제10조(유사 명칭의 사용금지)
제11조(과태료)
제12조삭제

1) 국유재산·공유재산의 대부 및 시설지원 등(법 제4조)

국가 또는 지방자치단체는 한국청소년연맹의 육성을 위하여 필요한 경우에는 「국유재산법」 또는 「공유재산 및 물품 관리법」 등의 규정에도 불구하고 국유재산·공유재산, 학교시설 및 군사시설을 그 용도에 지장을 주지 아니하는 범위에서 무상으로 대부 또는 양여하거나 사용·수익하게 할 수 있다.

제1항에 따라 무상으로 대부 또는 양여하거나 사용·수익하게 하는 경우에 그 내용과 조건은 해당 재산의 중앙관서의 장 또는 지방자치단체의 장과 한국청소년연맹 간의 계약에 따른다.

2) 보조 등(법 제5조)

국가 또는 지방자치단체는 한국청소년연맹에 그 조직과 활동에 필요한 운영경비와 시설비 및 국내외 행사에 필요한 경비를 보조할 수 있다. 개인·법인 또는 단체는 한국청소년연맹의 시설 및 운영을 지원하기 위하여 금전이나 그 밖의 재산을 기부할 수 있다.

3) 조세 감면 등(법 제6조)

정부는 한국청소년연맹에 대하여 「조세특례제한법」에서 정하는 바에 따라 조세를 감면할 수 있다. 제5조 제2항에 따라 한국청소년연맹에 기부한 금전이나 그 밖의 재산에 대하여는 「조세특례제한법」에서 정하는 바에 따라 소득계산의 특례를 적용할 수 있다.

4) 예·결산

한국청소년연맹은 매 회계연도 시작 전에 다음 해의 예산서 및 사업계획서를 작성하여 여성가족부장관에게 보고하여야 한다. 이를 변경할 때에도 같다(법 제7조). 한국청소년연맹은 매 회계연도의 세입·세출 결산보고서와 사업실적보고서를 작성하여 다음해 1월 31일까지 여성가족부장관에게 보고하여야 한다. 세입·세출 결산보고서에는 여성가족부장관이 지정하는 공인회계사의 감사보고서를 첨부한다(법 제8조).

5) 업무검사(법 제9조)

여성가족부장관은 감독에 필요한 경우에는 한국청소년연맹에 그 업무사항에 관한 자료 및 보고서의 제출을 명하거나 소속 공무원으로 하여금 그 업무를 검사하게 할 수 있다.

6) 유사 명칭의 사용금지

누구든지 한국청소년연맹 또는 이와 유사한 명칭을 사용할 수 없다(법 제10조). 이를 위반한 자에게는 200만원 이하의 과태료를 부과한다(법 제11조).

제 16 장 한국과학우주청소년단 육성에 관한 법률(약칭: 과학청소년단법)

1. 의의

이 법은 과학기술 중심사회의 주역인 대한민국 청소년들에게 미래를 향한 꿈과 희망을 심어주고 과학 한국을 이끌어 나갈 창의적 인재로 육성하기 위하여 설립된 한국과학우주청소년단을 지원·육성함으로써 과학기술 개발의지를 높이고, 국가 발전에 이바지함을 목적으로 한다(법 제1조).

2. 입법 배경 및 연혁

「한국과학우주청소년단 육성에 관한 법률」은 학교 현장에서 실습 위주의 과학활동을 통하여 과학기술 인재의 양성에 일익을 담당하고 있는 한국과학우주청소년단을 지원·육성하기 위한 법률적 근거를 마련함으로써 과학기술의 발전과 국가발전을 도모하고자 제정되었다. 이 법은 2017년 「정부조직법」 일부개정법률에 의해 "미래창조과학부장관"을 각각 "과학기술정보통신부장관"으로 변경한 것 외에는 개정한 바 없이 시행되고 있다.

3. 주요 내용

「한국과학우주청소년단 육성에 관한 법률」의 전반적인 구조와 주요 내용을 정리하면 다음과 같다.

제1조(목적)
제2조(협조 및 지원)
제3조(보조 등)
제4조(조세감면 등)
제5조(지원단체의 수익사업 실시)
제6조(수익사업의 정지명령)
제7조(예산서 등의 제출)
제8조(결산보고서 등의 제출)
제9조(업무의 검사 등)
제10조(동일명칭의 사용금지)
제11조(과태료)

1) 협조 및 지원

국가 또는 지방자치단체는 한국과학우주청소년단의 조직과 활동에 필요한 편의를 제공하고, 협조와 지원을 할 수 있다(법 제2조). 국가 또는 지방자치단체는 과학청소년단에 대하여 그 조직과 활동에 필요한 운영경비와 시설비 및 국내외 행사에 필요한 경비를 보조할 수 있다. 개인·법인 또는 단체는 과학청소년단의 시설 및 운영을 지원하기 위하여 금전, 그 밖의 재산을 기부할 수 있다(법 제3조).

2) 조세감면 등(법 제4조)

국가 또는 지방자치단체는 과학청소년단에 대하여 「조세특례제한법」, 「지방세법」, 그 밖의 조세 관련 법률에서 정하는 바에 따라 조세를 감면할 수 있다. 제3조 제2항에 따라 과학청소년단에 기부한 금전, 그 밖의 재산에 대하여는 「조세특례제한법」에서 정하는 바에 따라 소득계산의 특례를 적용할 수 있다.

3) 지원단체의 수익사업

과학청소년단을 지원하는 자 또는 단체(이하 "과학청소년단지원단체"라 한다)는 과학기술정보통신부장관의 승인을 받아 과학청소년단을 지원하기 위하여 필요한 수익사업을 할 수 있다(법 제5조).

과학기술정보통신부장관은 수익사업을 하는 과학청소년단지원단체가 해당 사업으로부터 생긴 수익을 과학청소년단 지원 외의 목적에 사용하거나 사용할 우려가 있는 경우에는 해당 과학청소년단지원단체에 대하여 6개월 이내의 기간을 정하여 그 사업의 정지를 명하고 필요한 조치를 할 수 있다(법 제6조).

4) 예·결산

과학청소년단은 매 회계연도가 시작되기 전에 다음 연도 예산서와 사업계획서를 작성하여 과학기술정보통신부장관에게 제출하여야 한다. 이를 변경할 때에도 또한 같다(법 제7조). 과학청소년단은 매 회계연도의 세입·세출결산보고서와 사업실적 보고서를 작성하여 다음 연도 3월말까지 과학기술정보통신부장관에게 제출하여야 한다(법 제8조).

5) 업무의 검사 등(법 제9조)

과학기술정보통신부장관은 필요한 때에는 과학청소년단에 대하여 그 업무에 관한 자료 또는 보고서를 제출하게 하거나 소속 공무원으로 하여금 그 업무를 검사하게 할 수 있다.

6) 동일명칭의 사용금지

이 법에 따른 과학청소년단이 아닌 자는 한국과학우주청소년단이라는 명칭을 사용하지 못한다(법 제10조). 이를 위반한 자에게는 200만원 이하의 과태료를 부과한다(법 제11조).

참고문헌

국무총리 청소년보호위원회(2002). 바람직한 청소년 행정체계 개선방안.

권기헌(2008). 정책학: 현대 정책이론의 창조적 탐색. 박영사.

기은광(2020). 청소년육성제도론. 동문사.

김광웅·이종원·천정웅·이용교·길은배·전명기·정효진(2009). 한국청소년정책 20년사: 한국 청소년 정책의 성과와 전망. 한국청소년정책연구원.

김애숙(2010). 청소년건전육성을 위한 청소년정책 효과에 관한 연구. 성산효대학원대학교 박사학위논문.

김영인(2007). 청소년의 대한민국청소년의회참여경험과 시민성변화. 청소년학연구, 14(6), 99-127.

김영한·서정아·권일남(2019). 미래지향적 청소년 관련 법 정비방안. 한국청소년정책연구원.

류지성(2010). 정책학. 대영문화사.

민희·윤성이(2016). 감정과 정치참여. 한국정치학회보, 50(1), 271-294.

박경일(2020). 사회복지정책론. 공동체.

박광덕(1998). 현대사회복지정책론. 박영사.

박찬걸(2014). 「보호소년 등의 처우에 관한 법률」 제17차 개정의 주요내용 및 평가. 소년보호연구, 26, 177-212.

박호현·김종호(2018). 소년법 개정논의에 대한 고찰-소년사법의 보호이념 강화를 중심으로. 동아법학, 78, 1-26.

배정수·노지운·이혜경(2021). 청소년육성제도론. 학지사.

신복기·박경일·이명현·윤기혁·권진아(2019). 사회복지행정론. 공동체.

양정하·황인옥·신현석·유태완·윤기혁(2020). 사회복지정책론. 양서원.

여성가족부(2020). 2020 청소년백서.

이광호(2012). 새로운 청소년육성제도 및 정책론. 창지사.

이재철(2019). 정치참여의 유형비교: 수도권 시민의 관습적 정치참여와 비관습적 정치참여 분석. 현대정치연구, 12(3), 35-67.

이창호(2020). 선거법개정에 따른 청소년정책 및 활동지원방안 연구. 한국청소년정책연구원 연구보고서, 1-125.

이창호·최용환·도수관(2016). 청소년정책 분석 및 평가제도 체계화 방안 연구. 한국청소년정책연구원.

임동호·류동수·싱시한·이경민·정정란·차승준·최용희(2019), 청소년육성제도론, 지식공동체.

전희일·신명철·류기덕·신용식·유영주·정남환·최은규(2018). 청소년정책 및 육성제도론. 양서원.

정순원(2007). 청소년 보호의 목적과 헌법적 근거, 공법연구, 35(3), 109-138.

정정길·최종원·이시원·정준금·정광호(2011). 정책학원론. 대명출판사.

조성규(2018). 「학교폭력예방 및 대책에 관한 법률」의 법적 문제. 행정법연구, 56, 229-256.

조영승(2003). 청소년수련활동의 의미와 청소년의 법적 지위에 관한 연구. 청소년학연구, 10(4), 317-354.

천정웅·김윤나(2013). 청소년육성제도론. 신정.

천정웅 · 김윤나(2013). 청소년육성제도론. 신정.
최봉기(2004). 정책학. 박영사.
최성은 · 권준이 · 신가원(2021). 한국의 아동보호정책 형성과 변동: 「아동학대범죄의 처벌 등에 관한 특례법」 제정과정을 중심으로. 국가정책연구, 35(3), 233-270.
한국복지행정학회(2015). 사회복지행정론. 양서원.
한국청소년개발원(2003). 청소년정책론. 교육과학사.
현외성(2013). 한국사회복지법제론. 양서원.
황성철 · 정무성 · 강철희 · 최재성(2020). 사회복지행정론. 정민사.

Easton, David.(1965). *A Systems Analysis of Political Life*. New York : John Wiley and Sons. p. 358.
Gilbert N., & Specht, H.(1986). *Dimensions of Social Welfare Policy*. New Jersy : Prentice- Hall.
Patte, C., Seyd, P., & Whiteley,P. (2003). Citizenship and civic engagement: Attitudes and behaviour in Britain, *Political Studies, 51*, 443-468.

찾아보기

저자소개

박선숙

신라대학교 사회복지학박사
현) 동명대학교 사회복지학과 교수

|저서 및 논문|
사회문제와 사회복지(2020)
“청소년의 공동체의식과 대인관계에서 자아존중감의 매개효과 검증”(2017)
“부모 양육태도 유형과 청소년 비행행위 유형과의 연관관계”(2017)
“청소년 개인 특성별 사이버비행 위험군과 안전군에 관한 연구 -의사결정트리 분석을 이용하여”(2018)
“의사결정나무모형을 이용한 청소년의 진로정체감 예측요인에 관한 연구”(2018)
“초기 청소년의 부모양육태도와 사이버비행 간의 관계: 그릿과 학업성취도의 매개효과”(2021)
“청소년의 정서문제가 사이버비행에 미치는 영향: 팬덤활동과 청소년활동의 매개효과를 중심으로”(2021)

윤기혁

부산대학교 사회복지학박사
현) 동명대학교 사회복지학과 교수

|저서 및 논문|
휴먼서비스조직에서의 위험관리(2017)
사회복지행정론(2019)
사회복지정책론(2020)
“공공청소년수련시설 운영실태 및 개선방안”(2019)
“청소년수련시설 종사자의 감정노동이 직무스트레스에 미치는 영향에서 소진의 매개효과”(2019)
“사물인터넷 환경에서 청소년수련시설 종사자의 사회적 지지가 서비스 질에 미치는 영향: 임파워먼트의 매개효과 중심으로”(2020)

한승협

고려대학교 법학박사
현) 부산여자대학교 사회복지학부 교수

|저서 및 논문|
법과 사회(2008)
사회복지법제론(2012)
사회복지행정론(2015)
사회복지정책론(2017)
“기여분 제도에 관한 연구”(2015)
“청소년기본법에 대한 연구”(2016)

청소년육성제도론

1판 1쇄 발행 2022년 3월 2일
1판 4쇄 발행 2025년 1월 30일

저　　자 | 박선숙 윤기혁 한승협
발 행 인 | 박철용
발 행 처 | 양서원
주　　소 | 경기도 파주시 직지길 522 파주출판도시
전　　화 | 031-955-8000(代)
팩　　스 | 031-955-8005
홈페이지 | www.yswpub.co.kr
이 메 일 | yswgroup@naver.com
출판등록 | 1987년 11월 24일 제 406-2003-037 호

ISBN 978-89-994-1234-9

정가 22,000원